歷史迴廊
016

你所不知道的工業革命

現代世界的創建1776-1914年

The Industrial Revolutionaries

The Creation of the Modern World 1776-1914

蓋文・威特曼（Gavin Weightman）著
賈士蘅　譯

謝辭

對於我們這些獨自工作、沒有學術同儕陪伴和其廣博學識可供參考的人而言，網路具有無比的價值。目前網路上有很多原始的文件可以立即下載，也可以透過電子圖書館輕易地接觸到有用的參考書。這些資源減少了一個作者的枯數之感，然而更重要的是，能與世界各地不全是主流學者、專家及熱心人士聯絡。

我在研究《你所不知道的工業革命》這部書的時候，有幸及早在倫敦圖書館找到稱為《早期工業技術轉移到美國》這部書。它以簡明的章節敘述歐洲的工業專門知識和技術，在十九世早期如何被帶到大西洋的彼岸。此書於一九八七年出版，距今已二十年，我最初不知道能不能找到其作者史泰波頓。但是在電腦上一查，便輕而易舉地發現：他是紐約寂靜谷的洛克斐勒檔案中心執行主任。

我發電子郵件給史泰波頓先生，他立即回覆我。接下來的對話對於《你所不知道的工業革命》這部書的撰述有絕對的重要性。他指引我到所謂「工藝技術轉移」的這門歷史學，還給了我一個十分有用的參考書，且由初次接觸起一年多，史泰波頓和我從未在電話上談話。我們全是以電子郵件聯絡；當然，我們也未見過面。如果不是因為網路，或許我也只能用由倫敦圖書館借得的他那本書了。可是由於網路，我欠他的人情實在太多。

如果不是倫敦圖書館，我根本無法找到那本重要的書，我在此也想再對這個圖書館所有的工作人員表示謝意，他們惠我良多。我所參考的十八和十九世紀著作大半是大英圖書館的收藏。這個書館藏書的深度令我驚訝！如陶瓷業者瑋緻活一七八三年規勸他的技術工人不被法國製造商引誘出國的小冊子。我也有幸使用改革俱樂部的圖書館，其館長布倫代爾一直很幫忙。

關於本書所談早期的鐵路和促進鐵路的人威廉．詹姆斯的生平，我很感激克耐兒，他訂正了我書中的這一章，並在若干重要的地方糾正我的錯誤。他所寫詹姆斯傳記，將於二〇〇七年底由鐵路及運河學會出版。我在找尋有關十八世紀最大工業間諜約翰．霍克的資料時，得到邁可．奧德雷的協助。邁克為找尋現存關於這位英王詹姆斯二世擁護者和叛徒，以及在英國被視為是叛徒在法國又被視為是英雄的霍克的少許資料時，遍訪蘭開斯特的圖書館。加拿大的布來恩．史都華在我寫本書的「跋」時，提供了不少可貴的意見。

我要在此表達對大西洋圖書公司的托比．蒙迪和安格斯．麥克金農的謝意，他們建議我用「你所不知道的工業革命」這個書名。大西洋圖書公司的安格斯、莎拉．諾曼和路易莎．裘納也很關照我。我也要對彼得斯．佛瑞塞和鄧洛普公司的查理．華克和麗迪亞．劉易士表示感謝。他們一直在照顧我的權益。

蓋文．威特曼　識　二〇〇七年

目次

謝辭……3
引言……13
第一章　間諜……21
第二章　愛鐵成狂……31
第三章　帶著工具的旅人……45
第四章　康瓦耳人的小型發動機……55
第五章　首級得以保全……73
第六章　工廠中的一些美國人……93
第七章　鐵路人物……119
第八章　火車前的排障器和木料軌道……137
第九章　吃烤牛肉的英國人上工去了……151
第十章　沒有官銜的先知……171
第十一章　一股熱氣流……187
第十二章　摩斯電碼的解密……193

第十三章　奇觀之宮……207
第十四章　「一個十分漂亮的末尾」……225
第十五章　石油先驅……243
第十六章　鋼鐵革命……259
第十七章　蘇格蘭人和武士……273
第十八章　馬力……285
第十九章　門羅公園的魔法師……307
第二十章　魚雷的恐怖……323
第二十一章　合成的世界……339
跋……359
註釋……369
參考書目……383
譯名對照表……390

插圖目次

第一章　多軸紡織機，一八一一。瑞斯，《藝術、科學和文學百科全書》。……21
第二章　大砲鑽孔機，一八一二。瑞斯，《藝術、科學和文學百科全書》。……31
第三章　運河一景，一八〇年。瑞斯，《藝術、科學和文學百科全書》。……45
第四章　特里維西克的可攜帶蒸氣機——「誰追得上我便搭乘我」，一八一四。（Courtesy of the Trevithick Society）。……55
第五章　斷頭臺，一七九〇年代。（Courtesy FCIT）。……73
第六章　富爾頓的潛水器，一七九八。（Public domain）。……93
第七章　可攜帶的經緯儀，一八一七。在瑞斯，「藝術、科學和文學百科全書」。……119
第八章　帶前方排障器的蒸氣火車，約一八五〇年。（Courtesy FCIT）。……137
第九章　粗工，在（幽點利物）聽奇（Punch）卷二八，一八五五。……151
第十章　日耳曼關稅，約一八三〇。（Public bomain）。……171
第十一章　威爾斯的鐵工廠，約一八四〇。（Public bomain）。……187
第十二章　摩斯電碼機，一八七七（Courtesy of the Library of Congress, LC-USZ62-110409）。……193

第十三章　水晶宮，一八五一。（Mary Evans Picture Library, 10071391）。…… 207
第十四章　約翰·萬次郎，約一八五二。（The Museum of Art, Kochi Japan.）。… 225
第十五章　詹姆斯·楊昂的石蠟燈，約一八六四年。（Courtesy of Strathclyde University Archives）。…… 243
第十六章　亨利·柏塞麥的可移動吹風爐，約一八六四年，在柏塞麥自傳。…… 259
第十七章　日本東京的蒸氣車輛，一八七〇。（Courtesy of Library of Congress, LC-USZC4-10643）。…… 273
第十八章　早期的汽車，《觀察家報》（Observer）（一八七二年十二月九日）。 285
第十九章　湯姆斯·愛迪生的電燈，一八八〇年。（Courtesy of the U·S National Archives and Records）。…… 307
第二十章　有舷外裝置的魚雷小艇攻擊一艘裝甲艦，《哈潑週刊》（Harper's Weekly），一八七七年七月十四日。（Couretesy of the U·S Navy Collection, Washington D·C.）…… 323
第二十一章　素比格在吉森的實驗室，約一八四〇（Public domain）…… 339

彩圖第一組

一、德比郡的克朗福工廠，一七七一。（Mary Evans Picture Library, 10090218.）

二、約翰·威京遜，約一七八〇年代。（Science Museum, 10419510.）

三、杜邦火藥廠，一八〇四。（Hagley Museum and Library.）

四、馬克·布魯耐爾，約一八〇二。（Science Museum, 10300792.）

五、戰船，一八〇〇年代早期。（Mary Evans Picture Library, 10043435.）

六、富爾頓的拓墾性輪船「北河號」或「克勒蒙號」，一八〇七。（Science Museum, 10318047.）

七、理查·特里維西克，一八一六。（Science Museum, 10198838.）

八、巴黎到魯昂的鐵路，一八〇〇年代。（Science Museum, 10419999.）

九、「水晶宮」開展，一八五一。（Mary Evans Picture Library, 10022873.）

十〇、布拉馬扣鎖的挑戰牌，一八〇一。（Science Museum, 10305355.）

彩圖第二組

一一、麥考米克收割機，約一八五〇年。（Mary Evans Picture Library, 10002154.）

一二、利物浦到曼徹斯特鐵路上的鐵路運輸，一八三四。（NRM, 10302114.）

一三、在日本的美國輪船，一八六一。（Courtesy of the Libeary of Congress, LC-USZC4-1274.）

一四、程莫頗灣之戰（一九〇四年二月八日）。（Arthur M. Sackler Gallery Smithsonian Iinstition, Washington D.C., Gift Gregory Patricia Kruglak, S2007.37a-c.）

一五、騎腳踏車，約一八八七年。（Courtesy of the Library of Congress, LC-USZC4-3043.）

一六、第一部安裝有可膨脹輪胎的腳踏車，一八八八年。（Mary Evans Picture Library, 1012907.）

一七、在英國乘汽車，一九〇三。（Evans Picture Library, 10040114.）

一八、按利比克食譜所製肉精廣告，一八〇〇年代。（Copyright Bibliotheque des Arts Decoratifs, Paris, France/Arshives Charmet/The Bridgeman Art Library.）

彩圖第三組

一九、美國遠征日本橫濱，一八五四。（Courtesy of the Library of Congress, LC-USZ62-8127.）

二〇、「長州五傑」，一八六三。（Courtesy of University College London.）

二一、利比克，一八四三（science Museum, 10267609.）

二二、柏塞麥，約一八七〇。（Rischgitz/Getty Images.）

二三、愛迪生，10301363.

二四、懷德海，一八七五。（Public domain.）

二五、戴姆勒摩托車，一八八五。（Science Museum, 10322617.）

二六、鄧洛普，約一八九〇。（science Museum, 10301166.）

二七、倫敦市馬拉的巴士，一九〇〇年早期。（Mary Evas Picture Library, 10193106.）

二八、海軍上將羅傑斯特汶斯基，一九〇四。（RIA Novosti/TopFoto, 08280045.）

二九、慶祝樸茲茅斯條約簽署的明信片，一九〇五。（Courtesy of the Library of Congress, LC-DIG-ppmsca-08199.）

三〇、新兵，一九一四。（Imperical Museum, Q53581.）

引言

在一八六三年攝於倫敦的一幅照片中，五名身著黑色套裝、髮型怪異的年輕男子，看上去像是現代的流行歌曲合唱團，或像是日本人對披頭四合唱團的模仿。他們事實上是偷渡到倫敦的勇敢革命分子，數年以後都成為日本有權勢、有名聲的人。日本人稱他們為長州五傑；長州是他們共同所屬的家族之名。長州五傑[1]以參與促成日本現代化和轉型為工業強國而享有盛名。

這五個人是非法離開日本，冒著生命的危險來到英國，想要發現西方國家所以成功的密訣。那時的日本乃由幕府統治，它實行鎖國政策已二百餘年，欲使日本不受外界的影響，只允許在像南部長崎這樣的地方設立商棧與外國人貿易。雖然日本此時在文化和藝術上都有高度精深的發展，但其經濟與工業都仍然幾乎停留在中古時代。事實上，在日本人目睹噴著黑煙而且航行不用揚帆的船隻接近其海岸以前，日本政府摒棄並忽視現代世界。當日本人與這些入侵者交戰時，這種像龍一般的船隻，其火力非日本列炮可與競爭。而當其船員最後獲准登陸以後，他們所展示奇異機器，可以在一條似軌道的東西上拉整整一車廂的人；而他們手上的另一個玩意，幾乎可以立即產生出維妙維肖、令人訝異的肖像。因而這五名武士出發到西方取經，希望知道如何可以在日本也建設像西方社會一般，能製造技術奇蹟的社會。

到了一八六〇年代晚期，像長州五傑這樣的改革家，終於推翻了舊日的秩序，讓十五歲的小皇帝復辟，並以「惡補」工業制度的辦法肇始了明治時代。由於這次改革驚人的成功，日本得以在一九〇四年大敗俄國，並摧毀其沙皇大部分的海軍。一九一四年，當歐洲諸國劃清界線，雙方預備一戰時，日本站在英國的一方。英國的英格蘭和蘇格蘭工程師，前此已將上一個世紀世界歷史上最輝煌的實際性發明時期所創造出來的科技和行政技巧，在短短數年內完全傳授給日本人。

在日本人獲得成果以前，第一次「工業革命」在英國完成才不過一百年。這項革命並非出於任何人事先的計畫。機器時代的來臨和工廠在新型市鎮的興起，乃是由於一陣爆發性的創新，而這一陣爆發性的創新，其起源至今仍是歷史家爭論的課題。由於這些創新，新型市鎮工廠吐黑煙的煙囪，比教堂的尖塔更高。工業革命對英國來說，其最重要的意義是在於，像利物浦和曼徹斯特這樣城市的興起。一七六〇年代以後，這些城市的人口激增。由於出生率上升而死亡率下降，英國全國的人口也迅速增長。而由於此時英國熱能和推動蒸氣機的動力都依賴煤，在地下儲藏有煤礦的鄉村，採礦比務農更有利可圖。為了工業用途而開採煤礦和鐵礦等金屬，其所僱用的勞工在全國勞工中所占比例不斷上升。因為在工廠和車間工作的機會增加，許多家庭離開田地，使英國的鄉村風味減少而城市氣息增加。以蒸氣為動力的機器化現象，產生了前所未有的財富，但也造成許多新的艱難困苦，可是工業革命一旦開始，便不能停止。

新的工業力量在過了半個世紀以後，才造成英國社會質地的重大改變。為此，有人至今認為用「革命」一詞如果不是完全錯誤，也會造成誤解。在一八二〇年代，最初創造「工業革命」這個名稱的似乎是一位法國人，以對應政治性和非工業性的「法國大革命」。這個詞彙在十九世紀開始流通，他於三十歲之齡英年早逝以後，到一八八四年才因湯恩比《論工業革命的演講》一書的出版而廣泛為人使用。

照湯恩比看來，英國之所以能肇始工業變革和開啟世界歷史上的新紀元，不僅是由於其在機械上發明的才智，其成功的要素是其可以接受改變（借用十八世紀的話來說便是「改進」）的政治文化。為了使革新生效，舊日的工作習慣必須揚棄，舊日的權利必須作廢，必須設計出各種新的供應資金辦法，也必須放鬆國家整個的社會和經濟結構。學會如何修築一條蒸氣鐵路是一回事（到了一八三〇年代，這段鐵路可以連其駕駛員和守衛一起買下來），但是知道如何籌款修築它，如何決定徵用誰的土地修築它，和火車票應賣多少錢一張，卻完全是另外一回事。一八七〇年代，日本人必須處理這樣的問題；而當法國、德國和俄國等其他國家想要仿效英國工業上的成功時，也必須解決這些問題。新出現的美國，恰好是在新工業社會正成型的這個歷史轉折點時期獲得獨立。它革新和使用工業技術的衝力，不像為傳統所限的歐洲那樣受到抑制。

因而這本《你所不知道的工業革命》所談的不僅是發明家，也不是一八五一年在倫敦海德公園所舉辦的「大博覽會」機械展品的目錄。

這些展品曾使狄更斯為之心煩意亂，他在「大博覽會」展出的那個夏天逃離倫敦，把他在塔維斯托廣場的房子租了出去，然後躲到肯特郡海岸上的布羅斯泰。本書的讀者，如果在一提到機械活塞和大氣壓力便感到無趣時，也會同情狄更斯。狄氏由布羅斯泰寫道：

「我已被這個博覽會弄得精疲力盡。這並不是說它空無一物，而是說它東西太多，我只去過兩次；東西這麼多，簡直把我弄得糊里糊塗。我生來害怕看奇異的景象，這麼多奇異的景象聚集在一起，更使我害怕。除了那個人造噴泉和那個高大強壯、有男子氣概的女人以外，我不確知自己還看到些什麼。非說謊話不可是件可怕的事；但如果有人問我：參觀過這個博覽會沒有？我一定會說參觀過，因為我如果說沒有，他一定會向我說明博覽會，而這是我受不了的。」

本書必須包含若干技術上的解釋，但卻無意說明任何「發動機」如何作用。作者認為，一個人要想描寫汽車的用途多麼有趣，及汽車對一般社會的影響，不必先懂得如何製造汽車。作者認為，事實上，對於英國人在造成第一次工業革命中其機械發明才智的過分強調，是十分容易導致誤解的。譬如，推廣鐵路的人，如土地測量員詹姆斯對於鐵路事業的創辦，和修築鐵路的人如史蒂文生家族或哈克渥斯家族，對鐵路事業的貢獻一樣重要。而且，在工業時代的早年，剽竊的情形非常普遍，幾乎永遠無法確知是誰最先發明了什麼，事實上，比較容易的事情是否定幾個頑固的荒誕說法。例如，至今仍有人在胡說：陰鬱和多病的瓦特，在注視一壺沸水的壺蓋被蒸氣掀起以後，發明了蒸氣機。

我在這本研究工業制度在十八世紀中葉以後傳播各地的書中所提到其生平和成就的許多人物，雖在當日也享有盛名，今年卻已沒沒無聞。蘭開夏郡的天主教叛徒霍克曾躲掉被關在倫敦紐蓋特監獄和一定會被處死的命運。他在法國比較知名。在法國，他專門竊取英國紡織機機器的秘密，並引誘工人到他在魯昂的工廠工作。十八世紀工業上的間諜活動很普遍，對於將英國工業制度的種子種植在歐洲和北美洲，有部分的促成作用。然而，有的工業家對其工作質量的優越很有自信，不怕在國外設廠。譬如愛鐵成狂的威京遜，便曾在羅亞爾河邊建立其大砲反導管工廠。

美國自一七八三年終於獲得獨立之時起，尤其受惠於技術工匠的大批入境。這些人大多來自英國，有的也來自法國和德國；他們為美國創造出其最初的各種工業。美國在其開國的最初五十年間，幾乎沒有開採煤礦的工業，而只是依靠其森林中豐富的木材資源，因而此時其工業化尤其值得注意。美國的運河和早期的鐵路，乃是在英國工程師的協助下開鑿或鋪設，其最早的火車頭也是由大西洋彼岸運來。那個時候，有志向的美國人紛紛前往英國學習測量和工程學的技術，就好像去工業的發源地朝聖一樣。其中一位叫艾倫，他是在美國本土駕駛蒸氣火車頭的第一人。但是大西洋兩岸之間的流動並非一定是單向的。美國人富爾頓愛好冒險，他最初乃以畫家的身分前往歐洲，卻在歐洲喜愛上發明。因為未能使拿破崙和英國海軍部相信他發明的魚雷和潛水艇有奇效，富爾頓乃回到美國，並於一八〇七年創立世界上第一家載客的汽船公司。他第一批使用英國發動機的汽船，乃在赫德遜河上行駛，但不久汽船即成為美國第一次工業革命氣的象徵，在密西西比河和南方各「奴隸」州其他河流上載運棉花。

另外一位多產的美國發明家是雕刻師及喜好蒸氣的柏金斯。他在一八一八年帶著工具和幾個工人乘船到倫敦，想要贏得一次為英格蘭銀行製造無法偽造的鈔票所舉行的競賽。他這個志向沒有達成，但卻留在英國渡過餘生。他的公司在一八六〇年印製了第一批黑辨士郵票。有一次他本人給威靈頓公爵示範了一架以蒸氣為動力的機關槍，令公爵大吃一驚。

工業制度傳播最初的第三世紀左右，成就似乎注定不高的國家，是英國最難對付的競爭對手法國。把法國工藝技術的落後完全歸罪於大革命和斷頭臺是錯誤的，但是那個令人毛骨悚然的機器，確實曾用於斬首許多傑出的科學家和知識分子。這也迫使當代一位最才華橫溢的工程師和發明家，馬克．布魯耐爾逃亡到美國，而後又與他英籍的妻子蘇菲亞．金當在美國定居。成為維多利亞時代超級工程明星的是他的兒子，伊山巴．布魯耐爾，可是本書中所記的是其父馬克，因為馬克是一位真的發明家。杜邦家族為逃避上斷頭臺的命運，乃在美國成立了一家火藥工廠，其專門知識和技術乃由法國帶來，而其中大部分是由在恐怖時代被斬首的偉大代學家拉瓦錫所研發。今日，杜邦公司乃是世界上一個偉大的化學公司。

後革命時代法國的所長是理論科學，著名的化學家如蓋—盧薩克，將化學實驗和分析的基本原理傳授給許多有志的日耳曼人和某些美國人。然而，英國的工程師在工藝技術的實際應用上優越得多，又比法國人先進得多，因而在一八四〇年代，他們修築了法國第一條重要的鐵路；這條由巴黎到魯昂的鐵路，後來又延伸到勒哈佛。事實上，十九世紀中葉，英國人在全世界各地修築鐵路。像湯姆斯．布拉西和威廉．麥肯錫這樣的包商，經常帶著名符其實的「修路工人」大軍，這些人挖掘山丘以開鑿道路和建立路基，築成千哩鐵路線。

回想起來，世界各地皆垂涎由工業生產所滋生財富和權勢的人，其借助英國專業知識和技術的程度是驚人的，幾乎每一個有分量的人都去英國住一住，也許只是為了在這第一個工業國家鍍鍍金，或想出售什麼新發明。英國人很捧德國化學家利比克，而他的明星學生霍夫曼是倫敦的第一位現代化學的教師。雖然煤氣和石油發動機最早是在法國和日耳曼發明的，可是像戴姆勒這樣卓越的工程師，都在英國住一住，觀察其工廠的管理辦法。

但是日本迅速的工業化，無疑是照單全收英國知識技術的最不尋常例子，舊日的幕府一旦被推翻，在英國人的協助下，日本人邀請工程師去日本教授工藝技術，由修路搭橋到舖設鐵路線和建築燈塔。俄國人有一個多世紀之久依靠外國專門知識與技術的進口，而本身未學到什麼知識些技術，可是日本人自一開始便旨在創造其本土的製造業。有些蘇格蘭人被日本視為英雄，但在其自己的故鄉卻沒沒無聞：如協助長州五傑逃到英國的商人約翰．布雷克．格羅福，或建築日本第一批燈塔的理查．布倫敦。日本人也認識到教育的重要性，引入許多學者和教師，為他們創辦大學。這個情景無可避免的結果是：當俄國和日本敵對的帝國主義野心造成他們之間的衝突時，在一九〇五年的對馬海峽之戰中，俄國艦隊幾乎全軍覆沒。早在一八六三年時，當日本人受到英國炮艦的轟擊時，他們便得到一個教訓：工業制度等於軍事勢力，如果他們拒絕現代化，便會冒了成為一個強國殖民地的危險。

給這樣的一本書選擇要列入的素材，不可避免是帶有主觀的成分的。由十八世紀的英國一直到第一次世界大戰爆發，成萬的重要人士均曾參與工業社會的創建與傳播。本書只寫到一九一四年，因為再往下寫便會過於累贅，而且所有的工業要素到那時均已齊備：石油和蒸氣驅動的發動機、包括無線電報的電子溝通方式、電燈和電動馬達、鐵船和較空氣為輕的飛行機器。到了那個時候，作為第一個工業國家的英國，與美國和德國相較已經失勢，而且一個熟悉的模式已經出現：所有的工藝技術都必然會逐漸過時。

一度有人以為，由於工業制度的力量太大，所有的國家到後來都必然會屈服於它，整個世界均將生活在大城市，其勞動大軍釘住生產線，而各地的農業和食物生產將高度機械化，只需在人口稀少的鄉間有一巴掌的工作人員。一九六〇年代，經濟學家想像他們藉由研究工業社會在英國和歐洲大陸的興起，便可以預料它下一步會走到那兒去。那個時候，有人認為許多國家，尤其是新近獨立的非洲國家，正瀕於經濟起飛。所有走向工業社會的國家都會經過「各種成長的階段」，而這些階段是可預料的。可是後來實際發生的情形卻很不一樣：工業上的新發明和全球經濟的創造，使預測的經濟學家大惑不解。

工業變造的研究充滿疑問。一度最富有的國家是傑出的製造業者，但是現在最昌盛富有的國家根本不具工業的形象：它們大半的工廠均已關閉，其工作外包給比較貧窮的國家去做，因為貧窮的國家工資較低。有的國家從來沒有發展工業，也談不上有什麼工廠，但是卻異常富有，因為它們有石油儲藏。像原始的軋棉機這樣的機器又有永遠的問題：這種節省勞力的器械，卻大大的增加了對勞力的需求，曾使美國南部的奴隸制度得以持續了很多年。

為什麼工業制度能在某些國家建立而又不能在某些國家建立——例如它為何在歐洲北部地區比在歐洲南部地區發達——這個問題是不容易回答的。過去大家喜歡說是由於落後的國家的國民性有缺陷——這往往是對義大利和西班牙的批評。事實上，甚至到今天還有一些認真和博學的評論家以為，某些文化拒斥工業化和現代化，或者缺少像自由言論或普及教育這種必要的成分：例如，他們問，一個正統的回教國家會接受工業制度嗎？雖然本書在敘述歐洲工業發展的時候作出了一些解釋，但其目的不是要解答上述的問題。《你所不知道的工業革命》這本書所說的是另一個故事——一個工業制度由十八世紀中葉一直到二十世紀初不同凡響的故事。

第一章　間諜

十八世紀中，英國各處都有間諜。他們雖然喬裝成各種人物，但野心只有一個，那便是挖掘英國工業成功的秘密。間諜來自歐洲大陸許多國家，如俄國、丹麥，瑞典和普魯士；但最熱切的間諜則來自英國的勁敵法國。許多間諜很有學問，裝成漠不關心的遊客，他們編寫的報告像是純粹的學術論文。也有一些間諜喬裝成工人，希望接近一件像惡魔一樣靈巧的機械。在他們進不去機房的地方，這些間諜便只有潛伏在當地的旅店，希望可以和懂得機械的人攀談，以便用高額的酬勞引誘這些人渡過英吉利海峽到歐洲大陸。

十八世紀上半葉，法人和其他歐洲人已經明白英國在工業上是走在最前面。譬如，那個時候木炭這種燃料已經貴到讓人買不起，而英國新取得了精煉鐵的技術，不用木炭而用焦煤。若干處理生羊毛的步驟是行業秘密，也是很多人想求得的。有些鐘錶匠的神秘技巧也一樣。在沒有任何真正可靠的教學或雜誌期刊可以傳播如何工作的知識資訊的情況下，偷取一項新發明最有效的辦法便是賄賂一個技術工人離職。事實上，一七一九年時，英國政府已通過法律禁止技工移民到法國或到任何與英國競爭的國家，並且處罰引誘他們的人。其時，英國最擔心的是失去鑄鐵工人和鐘錶匠。但是，十八世紀中葉以後，紡織工業有驚人的發展，因而成為外國間諜主要的目標，也導致保護主義的立法，禁止工具、機械以及人員出境，霍克背叛了英國而成為法國最大的間諜。他在紡織這個行業上的間諜專業，使他的職業生涯跨越了半個技術迅速創新的世紀。

將生綿處理並紡織得強韌且均勻的紗綿機械，全是出於少數幾個英國的先驅，其中有的在短短幾年間致富。他們興建最早的紗廠，在其中工作的是孩童和婦女，每班十三小時，大半的棉線由手搖紡織機的織工製成廉價的花棉布，行銷全世界。百萬哩長的紗綿，外銷到尚未學得製造生產如此價廉物美紗綿、機械秘密的國家。第一個革命性的紗線廠乃於一七七一年在德比郡興建，建在德文河的鄉間，德文河的水流供給它動力。一直到幾年以後，可以驅動紡棉機或其他機器的蒸氣機械才設計出來。

所謂的克朗福廠，乃由兩個人所建。一個是阿克萊特，阿氏原為理髮匠、外科醫師及製造假髮的人；另一個是斯卓特，斯氏是諾丁漢市的製襪商，曾發明用機器織有稜線的襪子、設計精巧的「織架」。克朗福廠的新東西和其石造廠房所隱藏的大秘密乃是「水架」。水架是大半由木頭製成的複雜機器，其上有許多輪齒、滑輪和令人弄不清楚的精巧器件，一次可以轉動九十一個紡錘，也就是相當於近百名坐在門廊前使用搖動紡輪的住茅屋工人。由紡輪或同時可紡幾條綿的舊式紡紗機所生產的棉線，通常不夠強韌，不能用作棉布的經緯綿，而必須與亞麻或羊毛線交織在一起。可是阿克萊特水架的紡錘所製的高品質棉線，可以用作經綿和緯線，因而可以用來織成百分之百棉質的布料。

十八世紀最後二十五年間及之後多年，紡線和製布乃是英國和歐洲大陸大半地方最重要的一種工業。傳統上，自家生產的綿羊毛是基本原料，另外還有由藍花亞麻搗爛的莖製成的亞麻線。最精緻的布料是由絲所製。絲乃來自中國，或來自義大利和法國種植桑樹有成、可以養蠶的地區。生長在埃及和印度的棉樹，在歐洲北部的溫帶氣候中不能種植，因而在一七七〇年代以前比較不重要，棉線是蘭開夏郡某地的特產品，通常用來和羊毛或並麻線混合製成各種布料。

幾百年來，印度製造多彩量輕和可洗的純棉布行銷世界市場。歐洲人在十六和十七世紀進入這個市場。一六〇〇年成立的英國東印度公司，長期在馬拉巴海岸的加利卡特收買印度棉布，而後以棉布在印度尼西亞交易香料。近十七世紀末，這個公司為了找賺錢的新方法，將若干船的多彩印度棉布運回英國。這事不但在英國，也在歐洲大陸各地造成轟動。棉布洗了以後不褪色，但在印度本土以外沒有人知道這是怎麼回事。當東印度公司的職員由泰晤士河回馬拉巴海岸時，他們隨身攜帶的文件，說明什麼花色在英國會受歡迎。

但是東印度公司不久便出了麻煩，被人指控從事不愛國的牟取暴利活動。在英國織羊毛布和出產絲的地區，「棉布」成為一個髒詞。在法國以及其歐洲大陸國家，這些奇妙印度貨對既有的紡織工業所造成的威脅，迅速引起反應。在倫敦的史皮非它區，穿著棉布長袍的婦女受到攻擊，釀成所謂的「印花布暴亂」（Calico roots）。「Calico」一字指所有棉貨，其字源是貨物集散地加利卡特。為了保護本地的工業，政府規定出售和穿著純棉貨為非法。英國在一七二一到一七七六年有些禁令，不過當時也有許多智巧的辦法可以規避此一禁令。歐洲大陸也有類似的禁令。

但是西方人已愛上棉布。英國的染工對印度棉布經久不褪色的祕密大惑不解。又有一些人著力想發現如何大量和廉價生產紗線的辦法。一七四〇年代有人嘗試用機器紡棉，但基於某種原因未能成功。一直到一七六〇年代某個時候，最初的多軸紡織機才出現。一般以為這種紡織機是蘭開夏郡紡織工人哈格雷夫所發明，他是用一柄削鉛筆刀製作出其原型。多軸紡織機是一個小機器，用手搖一個輪子，便可一次周轉九個線軸。由於線上必須保持張力，其中是有點竅門，但一個小孩也可以操作它，它也可以放置在簡陋小屋的室內。它雖然是革命性的一種發明，但是根據最初申請專利的複製品看，它看上去雖不像中古時期的機器，卻也是很原始的一個機器。

據說哈格雷夫被逐出蘭開夏郡，而在諾丁漢市發展其紡紗機。很快便有人仿製這種新機器；不久便有成百上千的多軸紡紗機在作業。未幾，阿克萊特帶著紡紗機的設計來到諾丁漢。他的這種紡紗機乃由「發動機馬」或一個水輪所驅動。阿克萊特似乎不懂紡織品，所以必須請教一個鐘錶匠有關機件的事，並找到一個有技巧的合夥——斯卓特。他們的克朗福工廠一間始作業，便吸引了來自英國和歐洲大陸各地為之著迷的訪客，其中許多顯然是間諜。

你如果看一看阿克萊特最初水架的圖形，便可立即明白抄襲它並非易事。有些人賄賂工人讓他們看一點紡紗機和英國其他科技新事物，想要了解它們如何運作。但是看克朗福工廠所有的這種早期設備，不如找一個曾在裡面工作的人，也不如以高薪和舒適生活引誘這樣的工人出國。但是任何接受這些提供的人也冒了個相當大的險，因為根據英國的法律，他們留在英國家中的財物可能被沒收，他們將來如果在英國也可能繫獄。

可是這些威脅未能抑制約翰．霍克，他仍得以將大量的英國工匠引誘到法國工作。霍克於一七一九年在曼徹斯特市附近的斯特雷特福德出生，他的父親是一個鐵匠，霍克還是嬰兒的時候父親便去世了。霍克年二十出頭時，擔任曼徹斯特紡織業中的學徒，見習用滾子壓平布的工作。他後來與富人摩斯合夥，到一七四五年時已有一個興隆的營業。就在那一年，支持「年輕的覬覦王位者」——查理王子的勢力達到了蘭開夏郡。霍克和摩斯都是天主教徒，他們加入了唐力上校所快速集合的「曼徹斯特集團」，在史稱「四五年」的叛變中，為「覬覦王位者」作戰。這是一次瘋狂的冒險之舉，不久即慘被敉平。在卡洛登的坎伯蘭公爵獲得決定性的勝利，摩斯和霍克在康日蘭郡的卡來爾地方被俘，和其他涉及此次叛亂的軍官和士兵一起，被送往倫敦的紐蓋特監獄候審。

十八世紀中期的紐蓋特是一座陰森嚴厲的堡壘，但是管理卻富商業性，囚犯可以花錢購買特權。摩斯設法賄賂獄卒，買到繩索和可以在監獄的牆上鑽洞的工具。霍克是個大塊頭，在摩斯由洞中鑽出監獄以後，他卻卡在洞中，以致摩斯不得不回來把洞再挖大一點。霍克多年以後常拿這個逃脫的故事當笑話，娛樂他的法國朋友。他說他們抓住打結的床單下到一個屋頂，由屋頂跳到監獄旁一個商人家。霍克跳得不好，落在一個水桶中，但還是逃了出來。另有一個說法是，霍克被一個倫敦婦人用出售蔬菜水果的零售店藏匿了六個星期，而後逃到荷蘭，並於一七四六年到達巴黎。

霍克在法國加入一個蘇格蘭步兵團在法蘭德斯作戰。根據他自己的說法，他再度冒了生命的危險，於一七五〇年秘密陪伴查理王子到英國。次年他在諾曼第的魯昂找到一間房子，魯昂素有相當大規模的簡陋紡織工業，他對這行很感興趣，乃與兩個法國同事合股製造絲絨，但一七五三年時，他似乎還想回英國。摩斯的女兒嫁入加特賽家，加家乃一世家，霍克透過加特賽家詢問英國政府，是否能寬恕他叛逆地擁立詹姆斯二世家人的行動。或許是英國政府拒絕特赦他，或許是他沒有接到回音，總之一七五四年他受邀在魯昂創辦一家紡織工廠，這事是在多軸紡織機和水架都尚未發明以前，但是此時英國已有處理生羊毛或生棉以備紡製的機器。霍克遊說魯昂的法國布料檢驗員說，法國值得由蘭開夏郡進口一些專門技術和知識。這個檢驗員介紹他認識楚丁，楚丁是創辦郵政與「橋路部門」的人，當時是法國商業局的局長。楚氏對霍克的能力與知識頗有信心。

楚丁很快籌到一筆錢（約三百五十鎊）支付霍克喬裝回英國的費用，以便使他可以在曼徹斯特及其他蘭開夏郡的市鎮窺察。霍克的母親當時還在世，並協助他尋找布料的樣品和對某些特殊方法熟習的工人。他在蘭開夏郡瘋狂努力工作了三個月，遣送若干工人到一個臨時的接待中心由他的妻子接待，而後把們他送去魯昂。在短時間內，魯昂市郊的聖西浮便成立了一個由皇家贊助的紡織企業，有整整一隊的英國工人，包括木匠、細木工人及使用研光機壓光布的工人，都在霍克指導之下。一七五四年十月，聖西浮的全部八十六名工匠中，有二十名英國技術工人。在其後的幾年間，他們在研習處理棉花及紡棉機器上，不僅是在魯昂，在法國其他地方也有影響力。

在楚丁贊助下，霍克事業蓬勃發展，他的薪資很高，一定比他在蘭開夏郡當一名製造工人賺得更多。由楚丁檔案中的一封信，可以清楚看見霍克的主要責任是當間諜：「如果一個人想把外國的技術引進法國，尤其是把世界上工業最進步的英國的技術引進法國，他便可先請霍克先生與英國秘密通信，由英國快速而穩妥的取得他所需要機器模型與工具樣品。」霍克本人似乎輕而易舉地規避了英國海關官員，他喜歡過於擁擠的倫敦港口，混水摸魚，經由這個港口把英國的技術工匠和機器運到法國。他選用由泰晤士河駛往鹿特丹的船隻，使人不懷疑船上的人貨均是運往魯昂。所有最新近的設備（一七六〇年代以後的多軸紡織機、一七七〇年代以後的水架，以及由多軸紡織機的水架混合製成的紡織機），都非法運到法國。

有些間諜卻被捕。史特拉斯堡人亞伯特於一七九一年以土魯斯一家紗廠代理人的身分來到英國。他在英國徵召技術工人（其中有一名修斯）時被捕，於一七九二年在蘭開斯特接受巡迴裁判而被定罪，判罰五百英鎊和監禁一年。亞伯特付不起罰款，因而在蘭開斯特繫獄五年而後才回到法國。他在法國大無畏地藉旅居法國英國工匠之助開設了自己的紡織廠。他從不回頭看，而在法國巴黎成為了一名紡織機製造商，並於一八〇六年巴黎工業博覽會上得到獎章。亞伯特後來轉行製造蒸氣機，並因而與他的合夥人獲得更多獎章。不過他在最後還鄉在史特拉斯堡過退休生活以前，是由英國和美洲進口外國的新發明。

霍克始終沒有被捕。他後來遊說法國當局說，如果法國政府給他高官厚祿，則他彰著的成功例子可以鼓勵更多的英國工匠效法他。一七五五年四月，他受任為法國七位製造廠檢查長之一，並希望在紡織業外的其他領域鼓吹借用英國工業上的優異作法。霍克在晚年成了個大人物，晉升法國貴族階級並得到科學院的褒獎。美國的出版商、學者發明家富蘭克林曾經造訪他，他並與一七八四繼富蘭克林之後擔任美國駐法大使的傑佛遜友好。霍克急切地想與美國拉近關係，但是在美國贏得英國獨立之戰之後僅僅三年，他便在一七八六年逝世了。

霍克逝世的那一年，倫敦《泰晤士報》的前身《世鑒日報》刊登了一篇文章，清楚記述霍克一度想回英國並曾要求寬恕。霍克那時在法國已卓然有成，但是這篇文章說他表示，如果紐卡索公爵允許他再回英國經營事業，則他可以放棄他在魯昂的工廠。根據報紙上的說法，公爵的反應是：「這不過是他想取得寬恕的一個詭計，他將永遠得不到寬恕。他可以想幹什麼便幹什麼。」於是霍克不情不願地投靠法國朝廷，並開始製造棉布。

紐卡索公爵後來認識到他的錯誤，不僅寬恕霍克，並且想以四百英鎊讓他拋棄在法國的工廠。《世鑒日報》說：他的回答「高尚、對他本人好，但好像害到我們。」他說：「我前此不過是想要一個寬恕而已，你現在提出的條件為時已晚，因為若干上流社會的人士已把他們的財產付給我，全靠我履行合約的信用。」為了這個目標，棉紗製造業便被引入諾曼第，而且由此時起，法國便盡一切力量予以鼓勵。在曼徹斯特和其他地方都曾屢次發現偷取新機器樣式的間諜。於是這家報紙說，霍克對英國所造成的破壞和傷害，或許比失去美洲更大。[1]

霍克是一名間諜，此事簡單明瞭，但是尚有許多由法國到英國的訪客，他們不是間諜，在表面上好像是些貴客，像德聖方和特克先生這樣的旅客，以及其他大多數的法國著名人士，他們毫無不良居心、顯然天真的寫下對英國工業制度所作觀察的紀實。在旅途中，一定會有人帶他們去克朗福工廠參觀，而且可能在夜晚看到紡錘在燭光下旋轉，或是去位於塞文河峽谷陡斜一側的煤溪山谷鑄鐵工廠的烈火熊熊地獄參觀。世界第一座鐵橋便位於此，一七八一年啟用。還有位於伯明罕市郊蘇和的博爾頓工廠。布氏在此所製造的鈕扣、釦子和各種金屬精美小裝飾品，十八世紀人稱「玩具」。由一七七〇年起，博爾頓的工廠也製造蘇格蘭人瓦特所發明，當日最著名的固定蒸氣發動機。任何認真的旅客一定也會去參觀伊突利亞。瑋緻活在此的世界聞名瓷器廠，製造華麗的陶瓷器和整套的茶具，並且十分注意流行的新款式。

當日主要的工業家，在面對外國來的訪客時，感到很為難。像博爾頓和瑋緻活這樣的人，其產品行銷歐洲各地，因而不想得罪可能成為他們顧客的人，一個訪客也可能想要訂購他們的貨品或他們的一部機器，而他們也不一定是不想賣。偶爾，一個外國人也可能脫口說出真正有用的技術資訊。譬如，博爾頓利用他在法國的聯絡人發現鍍金上的祕密，並在他蘇和的工廠僱用了一些著名的雕刻師，包括法人德羅茲和來自法國蘭德斯的庫其勒。然而，他們永遠沒有把握他們的客人不會偷他們行業上的秘密，因而必須決定給客人看多少，或者許不許他們進工廠來。不少著名的訪客因他們冷淡的接待而大為失望。

瑋緻活深切地感到有人想引誘他的技術工人到法國去的威脅。一七八三年，他發表了一本小冊子，冊名是《致陶瓷製造業工人書談為外國製造業者服務》，作者署名「女王陛下的陶瓷業者瑋緻活」。他並以一句格言「滾石不生苔，轉業不聚財」為小冊子的序言。瑋緻活責備那些為了較高工資被引誘到國外工作的工人，認為他們最後一定比離職時更窮。譬如，法國的業主怎麼能花得起比英國本地給工人六倍高的工資給他們利誘去的工人？「這些法國業主一定不會獲利，只要我們可以把比他們的商品更價廉物美的商品外銷法國。而既然他們的工資加倍，我們一定不難做到這一點。」[2]

無可避免的是，外國的製陶瓷業者會用英國人訓練法國的學徒，而一旦法國的學徒學會了，其英國教師便不再有需要，也不再享受高薪。事實上到後來，法國製陶瓷的業主給這些英國工人的待遇，還比不上英國本地業主給工人的待遇高。法國這樣低的工資，對自幼比吃田裡青蛙和野草更好更多食物的英國人而言，是只能過得起苦日子。

當一個英國技術工人去國外時，英國被偷走的不一定是發明創造的能力，而是他對工業技術的了解。而十八世紀時，外國人咸認為英國人對工業技術最有知識，也就最能將新穎的構想轉化為成功的商業投機。一七二年，德福在其所著《英國商業的計畫》一書中寫道：「關於英國人的性格有一句諺語——他們較長於改進而非發明；較長於推展別人做成的設計和計畫，而非自己做出計畫和設計。而更重要的是，事實上似乎也是如此，而且這話說得很公道。」[3]當時的另一句諺語是：「要一樣東西好，它得是法國的發明而在英實現。」

在英國本土，偷竊技術與把一個工廠的工人引誘到另一個工廠的現象一樣普遍。著名的紡織機械發明人哈格雷夫和阿克萊特，或許竟是抄襲別人發明的人。是誰發明了什麼，至今沒有確切的證據。但是說自己有一項發明並不保證一個人的成功。雖然阿克萊特後來成了個大富翁，哈格雷夫卻失敗了。阿克萊特極不可能有技術上的能力發明任何複雜機器或知道什麼祕訣。他比較是一個「促成」的人，告訴別人說他想要什麼，讓別人去解決問題。就水架這件事來說，發明水架的天才，很可能是一個名叫凱伊的鐘錶匠，阿克萊特是在當年四處旅行製造假髮兜售時遇到凱伊的。凱伊後來對阿克萊特所獲得的水架專利權提出質疑，而且打贏了這場官司，但是那時阿克萊特卻致富已久，並且得到「爵士」的榮銜。

十八世紀一直到進入十九世紀，英國都有禁止出口工人和機器的法律。一八二四年時，英國國會重新審查這些法律。雖然為此問題所組成的特別委員會，在廣泛從製造業者處收集證據以後，發現間諜行為和引誘工人出國的現象仍然盛行，但是對「自由貿易」新的熱衷，使英國不再抑制本國的知識流向國外。這個特別委員會懷疑，在當時的情形下，找有特殊技巧的工人是否還很重要，因為發明的性質已愈形複雜，專利法的應用已更嚴格，而技術性出版物上面的資訊愈來愈多。技術工人現在可以自由出國，不必害怕有人在其行李中搜查特殊的專家工具。但是除了令人不解的允許蒸氣機出口以外，出口關鍵性機器的禁令，一直到一八四〇年代才廢止。

總之，如法國人後來所明白的，要把英國的工業制度零零碎碎轉移過英吉利海峽，不能只是引誘英國工人離鄉背井到法國。在蒸氣機的時代，充分而廉價的煤供應是必要的，工業必須建在煤田上面，或者是要有價格便宜的運輸──在鐵路出現以前，靠的就是廉價的船運。英國的極大有利條件，是其豐富的煤田位於有潮汐的河流的沿岸，而這些河流經由海岸線彼此繫聯。法國大多的煤田都在北方，而其許多紡織工業是在里昂區的隆河上。這只不過是英法兩國一個基本上的差異。又有許多其他差別是關於政府對工業的態度（譬如法國政府比英國政府更喜歡控制工業）及富有階級對製造業的態度。正如湯恩比日後在他的著作《論工業革命的演講》中所說：工業起飛的關鍵在於放鬆舊日同業工會的各種限制，和其他對工業成長的文化抑制。

因而，當日的關鍵人物或許不主要是技術工匠，而是有才智的企業家和商人。像博爾頓和瑋緻活這樣的人，將多種技巧合而為一。到了後來，他們可能考慮把工廠搬到國外，利用較廉價的土地和勞力，或擴大營業。他們事實上對賣給外國買主很滿意。然而，有一個和他們同時代的人差異似乎很大：不害怕外國人的競爭，尤其不害怕法國人的競爭。他對自己的優越很有把握，毫無顧慮的把他的企業安置在法國。他後來被稱為「愛鐵成狂的威京遜」不是沒有道理的。

第二章　愛鐵成狂

一七八六年七月十二日，許多貴賓在巴黎市政府的輝煌枝形吊燈下享受酒宴，其中有兩位是在法國著名的英國人。這次酒宴，是為了慶祝一套全新的巴黎供水系統的完工。這兩位英國貴賓是兄弟：威廉．威京遜和約翰．威京遜。他們曾供應法國許多哩的鐵管，他們也曾負責裝設蒸氣機，把水由塞納河抽運到蓄水池，蒸氣機和鐵管一樣，都是在英國製造；蒸氣機的製造人是威京遜兄弟的好友和營業合夥人：伯明罕市的布爾頓先生和瓦特先生。

法國人由英國購買鐵管並沒有什麼奇怪，因為他們自己的鐵工業在十八世紀中沒有大的進步，而且他們的鑄造工廠在品質和價錢上，都比不上這兩位威京遜兄弟中年長的一位——約翰．威京遜的工廠。約翰「以愛鐵成狂的威京遜」一名廣為人知。十八世紀中，大半的時間英國和法國是處於交戰狀態。對這些鐵管的供應者來說有點不大方便而且奇怪的是，不止一批鐵管是在英法作戰期間運到法國的。甚至，約翰．威京遜之所以成為一位主要的、知名的製鐵業者，是因為他替英國海軍製造高級的鐵砲，而砲管與巴黎的水管看上去沒有太大的差別。

長久以來，便有人懷疑威京遜以大砲資敵，把大砲喬裝成水管運往法國，但是這個問題至今還沒有令人滿意的解決。無庸置疑的是：對於與敵人交易或在他位於什羅浦郡布若斯萊的著名鐵工廠招待訪客，他都似乎沒有感到良心不安。兩位法國貴族——拉羅契福考兄弟——曾寫下他們在一七八五年旅遊英國工業地區時，在布若斯萊工廠的所見所聞：「威京遜先生是世界上位最偉大的製鐵業者。他主要是以自己的天才而成為大富豪。我們並沒有見到威氏，他在倫敦著了涼，那天正臥病。他看了我們帶去的一封信，把我們送到他最近處的工廠。他工廠的辦事員讓我們參觀他們工作的一切情形。布若斯萊工廠是開的，也沒有禁止工人說話。工人給法國訪客看他們的一切，而這兩位訪客發現工人們知識豐富。他們也注意到工人可以吃到很多高品質的牛肉，這與法國工人的待遇是不一樣的；但鐵工的輪班制也難對付。法蘭索亞·拉·羅什富科其時只有十幾歲，他寫道：「看到他們工作的情形，和我以前也常想到的一樣，想起我真是幸運，我生在富裕的家庭，不必工作以便維持生活。如果我必須盡力工作三小時而後睡三小時，我會非常不快樂。他們的命運真悲慘！我們奢侈的享受竟要付出這麼大的代價！」[1]如果他知道布若斯萊一班是十二小時而非三小時，他一定更難過了。他誤以為一班是三小時，乃由於英文譯成法文時所犯的錯誤。

十年前，法國人便已讚美約翰·威京遜。英國與法國曾兵連禍結七年，史稱「七年戰爭」。七年戰爭在一七六三年由六個歐洲交戰國締結和約而告結束。法國人在戰爭中發現約翰的工廠為英國海軍所製造的大砲，在英國對法國的戰爭中十分有效。在陸地上，戰場上的大砲乃由黃銅製成，因而比沉重的鐵製武器輕也容易操作。在海上，大家喜歡用鐵製品。法國人鑄砲用在模子中做的砲管，而後予以弄平。但是這些砲管靠不住，往往在開砲的時候爆炸而把水手炸死，因為鐵中暗藏的小孔和雜質造成許多危險的點。英國大砲的表現比較好，也少有意外事故。由於英國皇家海軍所用的鐵大半由約翰·威京遜供應，不久以後，法國的旅客兼間諜便叩起他的大門。

一七六四年，出身里昂一個煉鐵家庭的年輕工程師賈爾斯，被派往英國調查製鐵的方法。英國不像法國及世界上其餘國家那樣用木炭為燃料煉鐵，而是用一種改變了的煤煉鐵。賈爾斯的旅行路線由霍克擬定，他後來報告說，他在蘇格蘭卡隆地方所見的煉鐵廠，慢慢燃燒生煤，讓它變成稱為焦煤，這個過程與燒木炭的過程相仿。燒木炭是把一堆木頭慢慢燃燒若干天，除掉其中的雜質，尤其是硫磺。使用焦炭的辦法，使製鐵可以有充份的燃料，這是燒木炭者的矮樹叢森林始終比不上的。煉焦煤上的突破，是早在一七〇九年便在什羅浦郡的塞文河峽谷中一個稱為煤溪山谷的地方達成的，這是布里斯托市一個教友派教徒的成績。那個時候，黃銅和紅銅貨品是英國奴隸貿易中的貴重貨幣，這個教友派家庭便是從事製造黃銅和紅銅的行業。教友派家庭當時也涉奴隸貿易，不過他們後來主張廢止奴隸制度。後來老年的達比在煤溪谷買了一個多少已經倒閉的鐵工廠，試驗用焦煤煉鐵。他最後得以用這個方法生產可用的銑鐵。

為什麼這一突破會在英國而非歐洲其他地方出現，至今仍然不得其解。但是在煤成為其他歐洲國家重要燃料以前，英國已經大量開採和燒煤。十六世紀時，很多英國的製造業者已由燒木頭改燒煤作為燃料：鐵匠、製玻璃者、染工、製磚業等等。到了一七〇〇年時，英國東北部沿泰因河的地方，已在將成千噸的煤礦用運煤船的艦隊運往倫敦；這個艦隊，當時是英國最大的商船艦隊。庫克船長最初是在惠特比地方為東岸煤貿易所修造的運煤船上學會船藝。他一七七八年的探險船也是一艘運煤船。這艘原名「潘布魯克伯爵號」的運煤船，乃由在查山的造船所改裝和武裝，重新命名為「企圖號」。

廣泛在製造業中使用煤，卻也受到一大限制：當時煤不能用來煉鐵礦。這是一個化學的問題，因為用生煤加熱的鐵礦會被琉璜污染，而因此變為易碎和無用。鐵礦只能用木炭煉，木炭是木頭加熱以後將雜質燻了出來而成。用木炭煉製的銑鐵或鐵條，而後可以在煤爐中加工。鐵條的質地因使用的鐵礦和煉工的技巧而異，一直到十八世紀下半，英國還由瑞典和俄國進口大量的高品質鐵條。這兩個國家都有很多木材，可以轉化為木炭及質地優良的礦砂。雪菲爾市的刀、劍、餐具製造業乃依靠進口的鐵棒，而後用亨茲曼所發明的程序，把鐵棒轉化為精良的鋼——也就是把鐵在黏土製的坩堝中以極高的溫度加熱。（參見第十六章）

鐵礦的煉製其實是一種「煮」的過程，其間基本的成分質地可以有極大的差異。至少四千年前，埃及和中東地區的古代國家已在製造鐵器，因而鎔化沼澤以及岩石中礦石的技術，已有極長的歷史，岩石用得尤其普遍。一個重大的進步乃由歐洲大陸傳入英國，也就是用一股氣流提高爐子中的溫度，爐子是由工人、馬匹和水車操作的風箱。十七世紀時，英國的製鐵工業乃限於在木材多以便可以有木炭、河流可以驅動水車、以及鐵礦在附近的區域，因為運重東西的運費貴得嚇人。

因而，用焦煤煉鐵的辦法具有革命性，這也便是為什麼法國人急切地想學得這個步驟的秘密的原因。它使鐵工業不必依賴森林地區。而且由於最初以煤為燃料的蒸氣機已開始成為風箱的動能，鐵工業也可不再必須建在河流上的地點。但是這些都很花時間，在焦煤煉製的鐵已很普通而舊式的木炭爐已開始作廢的時候，老達比墓木已拱。

約翰．「愛鐵成狂」．威京遜出生於一七二八年左右（確切日期不詳），自年幼時起便懂得煉鐵。他的父親依撒克曾使用過各種焦煤爐，並獲有好幾種專利權。他最成功的一項發明是中空的匣狀熨斗，紡織業用這種熨斗燙平布料，尤其是亞麻布。依撒克後來攜家帶眷去到北威爾斯的柏山定居。他在柏山廿年做了好幾種工作，並因發明石熔爐吹鎔化的鐵而又獲得一項專利權。

他的兒子約翰不是一個粗魯的機械士。約翰在肯達的羅塞倫博士所辦的「不從國教學院」受教育，而後成為一個五金批發商。一七五五年他和一位略有資產的女士結婚，並用妻子的錢在密德蘭的黑鄉設起焦煤鎔爐。他製造的銑鐵，別人用來製造成鍋盤等烹飪用具及海軍用的大砲。成為一位有名的製鐵業者以後，他與一個商人與地主的商業組合結為合夥，這個商業組合想在煤溪山谷的達比家族拓墾性的工廠近處架設新鎔爐。這項工程在維雷竣工，與達比工廠隔塞文河相對。

約翰·威京遜在布羅斯定居下來，不久便成為這家工廠的總主管。工廠為英國政府鑄造海軍用的大砲及砲彈，另外，誰給錢便給誰做，甚至也替海盜的船做，因此十分賺錢。約翰同時又與其父依撒克合夥，但是他們的合夥事業失敗，二人吵架分手。老依撒克逝世時是個破產商人，但約翰繼續經營這個事業而終於成功。一七七四年，他取得一項專利而因此一舉成名——他發明了一個在實體鐵質大砲模子鑽孔的程序。好幾種類似的鑽孔辦法前幾年已存在，但威京遜的機器是其改良辦法—大砲本身旋轉，鑽孔的工具固定。

正當威京遜在海內外馳名時，法國步兵旅長德·拉·胡利艾前來造訪他。胡利艾乃來自南部的柏皮南，一七七五年前來參觀英國的鑄鐵工廠。這是一次官方的訪問，由路易十六贊助，也得到胡利艾曾在那兒試驗用焦煤煉鐵的蘭格多集團的援款。之前，法國人曾屢次設法與英國人用焦煤煉鐵的辦法爭勝，但都不怎麼成功。陪同胡利艾來的還有一名充當翻譯人員的牧師麥克德莫先生。胡利艾迫切想知道，英國人的優勢是否由於其鐵礦和煤礦有什麼特殊的地方，或者只是因為英國的鑄鐵業者有他也可以取得的竅門。[2]

這個法國人的結論是：英國的鐵礦和煤礦與法國的鐵礦和煤礦沒有什麼大的不同，而最緊要的是製焦煤和在爐子中用焦煤煉鐵的方法。但是他錯了，因為鐵礦和煤礦的質地非常重要。但是他確信如果他能由愛鐵成狂的威京遜處購得專家的知識，他可以在法國建立與英國類似的鐵工業。他說：「我是一個熱心的軍人，心存為國王服務之念。我忽然想到把一個可以達成這個目標的人帶到法國去。威京遜有四家鑄鐵廠，而且鑄造大砲非常完美。我設法給這位卓越的鑄鐵業者幾點模糊的暗示：『如果一個英國人到法國來替法國鑄造類似的東西，便可以大大的發財。』」

胡利艾來見威京遜時，手上持有布爾頓和瓦特二人的介紹信，威氏曾為布爾頓及瓦特製造圓筒。見過威京遜以後，胡利艾又寫信感謝布爾頓與瓦特，並說他得到威氏的禮遇。威氏在他布羅斯來的寓所款待胡利艾和胡的隨員，並帶他們參觀煤溪谷。

威京遜願意考慮這位法國人所提，請他在英吉利海峽對岸開業的建議，但不同意法國政府任何出資的要求，因為他覺得法國政府靠不住。然而，如果是與胡利艾做私人性質的安排，那麼他便會感興趣，而且認為將來會有好的利潤。他的條件很苛刻：保證這個法國鐵工廠產品有十二年的市場，煤所有的各項稅收均免除，他可以自由地在任何時候，把大砲及砲彈視自己所好出口到任何地方，以及炸彈的製造超過規定的需求數額。這位法國人同意上述所有條件，接受了這一未來企業的平分秋色的合股經營建議。唯一的附帶條文是：如果英法兩國打起仗來，則這些新鑄造廠出產的武器，只能出售給「中立國家」。

約翰·威京遜說：他本人去法國不成問題，但是他當時在北威爾斯的柏山主管鑄造工廠的弟弟，可能很想接受這份工作。胡利艾報導說：「次日我去到在瑞克斯漢附近的柏山鑄造工廠，主管這個工廠的是他弟弟，一個三十到三十五歲的人（威廉是時三十二歲），我告訴他我和他哥哥談話的內容，他似乎對雙方的看法都表贊同，並且很希望看看法國。」於是胡利艾向法國政府報告，如果法國政府同意威京遜所提的條件，他可以把英國製造大砲、砲彈和炸彈的知識技藝運回法國去。他力言用英國知識和技術製造的大砲，不會比在法國製造的成本更高，而其質地更好，外銷可以有利潤；而且當其他的英國製造商看到在英吉利海峽對面開業如何有利可圖時，便有許多會學步威京遜，把他們的知識技術帶到法國。

威廉·威京遜於一七七五年渡過海峽，以胡利艾和法國政府賓客的身分來到法國。他在南特附近的羅亞爾河上的印德勒島創設了一家鐵工廠，製造大砲。按照威京遜所發明、也就是柏山工廠所用的辦法，鐵不是在這兒精煉。相反地，所用的原料打成鐵塊，再熔以後倒入沙範——這是威京遜的發明。然而用來鑽大砲的機器不是威京遜取得專利權的那種，而是與之相似、由法國以前用來鑽銅槍管的那種所改良的機器。

最初威廉管理印德勒鑄造廠的年薪是一萬二千里佛（超過今日的十三萬鎊）。兩年以後，法國又給他更多的錢（約今日十六萬鎊），讓他在勃艮地蒙森尼附近的勒克魯索設立一家新工廠。這家蒙森尼工廠成為歐洲第一家成功的焦煤製煉工廠，並且在威廉發財回英國以後繼續作業。但是羅亞爾河與勃艮地的這兩個企業，都在法國大革命的混亂中蒙受損失，以致到後來威京遜知識和技術的行銷，並沒有給英國的鐵工業製造真正的競爭對手。

一七七七年以後，在法國政府批准一項供應巴黎更多水份的計畫以後，推廣這項計畫的人，立即到英國去購買所須的設備。這項供水計畫乃由兩個姓裴利爾的兄弟所提出，它需要用由塞納河汲水的泵以及將水輸送給顧客用的許多哩長的鐵管。當裴氏兄弟在布羅斯來造訪約翰・威京遜和到布爾頓及瓦特的蘇和工廠以前，法國已先與威廉・威京遜聯絡。約翰・威京遜、布爾頓和瓦特都投資這個巴黎計畫，並廉價出售其鐵管和蒸氣機給法國，因為他們相信他們的股份會有可觀的贏利。

但是這整個企業卻充滿危險。一七七六年，英國與其美州的殖民地開戰，戰爭一直延續到一七八三年，而法國支持英國的美洲殖民地。供應敵方盟邦很容易被誤認為是大砲的鐵管已經是一個問題，而英國周圍的海路又是十分危險。海軍在徵用船支和士兵，而民團法案規定國內要有一支常備軍隊抵禦外來的侵略。不過通過其與政府官員的聯絡以及憑藉極大的毅力，威京遜、布爾頓和瓦特終於取得輸出蒸氣機和鐵管的「護照」，並且僱用在契斯特的瑪麗號輪船的約翰・威廉斯船長運送部分船貨。他們希望這些船貨可以安抵塞納河潮水止處的魯昂。

可是威廉斯船長訂下他自己的條件。約翰・威京遜一七七九年七月四日寫信給瓦特說：「他說如果每噸船上的貨物付給他的運費不到五鎊，他不可能上到魯昂，而且，如果他的船在哈佛勒先卸下一半的貨，便根本去不了魯昂。他去過這兩個地方，熟悉那條河、港口和慣例。照他的說法，駛過哈佛勒簡直等於發瘋。他說如果他答應去，則溯這條河而上他需繳的費用是英幣七十鎊，還可能耽擱兩個月。他現在的工資大約一個月二十鎊而且待遇優厚，現在找人也不容易。」[3]

事實上，一七七九年夏天，英國政府已下令禁止所有到外國港口的船隻載貨，因而不知道瑪麗號是否能出航。她在契斯特的港口道普上貨，並裝上十二門砲以抵禦可能受到的攻擊。但是在出航以前，強拉他人服役的拉伕隊，把她所有的水手都扣押了下來。威廉斯船長集合了一批新的水手，但這一批也被扣押，在船終於出航以前，第三批水手也被扣押。最後，船到了法國，但不是到哈佛勒而是到諾曼第的港口洪福勒，而後威廉斯船長經普里茅斯回來，以便上第二批託他運的貨。但是他又不容易取得出航的許可，而旨在為巴黎用的水管和許多發動機零件，放在契普斯托的碼頭上達數日之久。

這些水管到一七八一年還沒有離開英國。約翰·威京遜很擔心，因為裴利爾兄弟尚未付清他第一批貨的錢，欠他大約九千鎊，也就是今日的五十萬鎊多。威京遜手上只有巴黎水公司的股份，但一時也拿不到股息。他猜想「這個企業牽涉到的公爵和朝臣太多。」同時，堆在契魯斯托碼頭的鐵管在生銹並且引起猜疑。寶恩在他一七八一年六月十六到十七的日記上曾記下這些鐵管：「在碼頭上有令人難以置信的大量水管（看上去像大炮），每條九呎長，重約八百磅。這水管是獲准運往法國的。送去近二十一哩長的水管。」[4]

一七八二年三月，一個煤溪谷的小店主向財政部打了個小報告，說威京遜利用外銷沒有問題的水管的道路通行權為掩護，擬在六個星期內運送到法國二萬四千噸的「大砲砲彈。砲彈形似極厚的圓筒，現已裝載上威京遜所僱用的所謂輸出以法國的鐵管的船隻。」財政部把這份情報交給關稅大臣，但其所進行的調查沒有結果，因而未對威京遜、布爾頓和瓦特採取行動。

威京遜不大可能曾由這個巴黎項目中賺了什麼錢。雖然他和他的弟弟出席了巴黎工廠峻工的慶典，但是一七八九年的法國大革命掃蕩了這個水公司，因而其股份也沒有股息可言，但是這個持續了很久的冒險故事說明，沒有任何事物可以抑制像約翰·威京遜這樣凶猛的資本家的貿易衝動，也可以說明，他對於和敵人親善毫無良心不安可言。

尋求外國知識和技術的法國人，心中總是認為不論是什麼樣的製造業，他們自己都會學得其所涉及的知識與技術。但是其他的國家似乎只是垂涎外國人的秘訣，設法把它注入他們自己蕭條的經濟。俄國尤其多次設法收買英國的工業家，而且也相當成功。一七六二年登基的凱撒琳大帝滿懷改革的熱忱，很喜歡由國外進口知識技術。一七六三年的一份宣言說：

如果任何已在俄國定居的外國人在俄國建廠製造其商品，而俄國本身尚未製造這樣的商品，我們允許其所製造這樣的商品外銷到我們的帝國以外十年，不需付任何內陸通行稅、港稅或邊境上的關稅。如果任何外國資本家在俄國建立製造廠，我們允許他為他的工廠購買任何必須教育的奴隸和農夫。對於那些已在我們帝國及其殖民地定居的外國人，我們允許他們指定喜歡的市場和市集，而不必付我們財政部任何稅。[5]

一七七〇年，以自煤溪谷偷來的工人為工人的蘇格蘭卡隆鐵工廠，已經以其所製造的一種小型的強力大砲而馳名。水手們稱這種小砲為「破壞者」，因為它在舷側會戰中有極大的破壞力。俄國人很想要它，後來得以利誘卡隆工廠的一些工作人員在聖彼得堡建立了一個類似的鑄造廠。卡隆工廠乃由盧柏克及嘉柏特所建，但是嘉柏特的女婿實際上予以接管。這個女婿名嘉斯柯恩，俊美過人但不可靠。他在遭遇到財務上的困難以後移民聖彼得堡，與他以前的工作會合而且致富，受到凱撒琳大帝的支持。他後來成為俄國政府的官員，俄國人稱他為國家顧問官卡爾．卡洛維其．嘉斯柯恩。他於一八〇六年在聖彼得堡逝世。

卡隆工廠的另一名學徒白爾德於一七八六年去俄國與嘉斯柯恩會合，三年後並與一名合夥建立了一家鑄鐵廠及砲廠。白爾德一七六六年出世，有十個兄弟姐妹，其父為福斯河與克來德運河的監督。白爾德是一位工程師也是一位製造業者，他的專長是製造蒸氣機，並在俄國製造了俄國的第一艘汽船伊利沙維它號，這艘汽艇經常行駛於克隆斯塔與聖彼得堡之間。他也供應修築俄國最初幾座鐵橋所需的材料。他經營的一家最新式的工廠異常成功，這個盛名造成俄文的一個俗語：「像經營一家白爾德工廠一樣順利。」布爾頓本人與俄國有活潑的交易，俄國人並請他為一家鑄幣廠裝設機器。在這個以前，俄國也迫切的想引誘瓦特去。一七七一年，瓦持的友人在俄國有一個學術性職位的羅必森——推薦瓦特為「女皇陛下鑄鐵質軍械大師」。瓦特猶豫了一下，而後用最禮貌的措辭說他不去。在一七七五年俄國再度想利誘瓦特去以後，瓦特的朋友達爾文寫信給他：「天知道當我聽說一隻俄國熊用它的大足掌抓住你，要把你拉到俄國去時，是如何驚嚇。請千萬不要去，能不去就不去。俄國像是神話中噴火巨人的窟，你可以看到許多野獸往裡走的腳印，但很少有幾個回來。」[6]

一度瑞典也邀請布爾頓前往。一七五三年，瑞典國王答應給移民到瑞典在瑞典重要鋼鐵工業中工作的外國人特權。（其時瑞典在森林地帶鑄鐵工廠中生產大約世界上四分之一的鐵。）那個時候，布爾頓的企業有時並不興隆，他似乎曾表示想去瑞典。一七九五年，瑞典以很好的條件請他，包括五百鎊的旅費、一千五百鎊預付包括水輪在內的設備費，以及所有未來出口貨物百分之二十到百分之二十五的分紅。他可以在瑞典任何他喜歡的地方成立企業，並且他用的英國煤也免稅。他可以有一位富有的股東；他由海外所得的付款也可作特殊的安排。布爾頓回絕了這個邀請。後來有些普魯士的製造業者請他去當合夥人時，他也回絕。然而，一八〇〇年時，英國政府允許布爾頓他自己的特殊設備出售給俄國作為帝國鑄幣廠銘刻硬幣之用，此舉使其他伯明罕的製造業者大為驚愕。在布氏於一八〇九年去世不以前不久，他用同樣的設備把在倫敦塔的英國廠現代化。

至於威京遜兄弟：在法國那項企業以後，威廉回到英國，並與其兄失和。威廉挑撥離間約翰．威京遜與布爾頓及瓦特之間的感情，提出證據說明其兄未經許可出售他們獲有專賣權的蒸氣機。約翰．威京遜安然度過所有這些風波，他的企業日益興隆，仍然是名符其實的「愛鐵成狂的威京遜」。他是十八世紀世界大奇蹟──塞文河在煤溪谷下游第一座鑄鐵大橋的主要促成者。這座大橋在一七七九年竣工，一七八一年通車，所用的鐵來自達比工廠。

約翰．威京遜也於一七八七年七月六日在塞文河上，把或許是第一條完全用鐵製的船下水（現在有一項記錄說，在這件事以前十年，已有一艘鐵製的遊樂船泛行於佛斯河上。）威京遜給船命名為「試驗號」），在一大群前來參觀其下水典禮的人前面，用他自己重三十二磅的大砲鳴向它致敬。這條不像是真實的船，七十呎長、九呎八吋寬，重八噸。威京遜驕傲地的給一個叫斯托克代的人寫信，簡短的記述這件事：

先生：

上週我的鐵船下水了，它符合我一切的期望。原來一千人中有九百九十九個不相信會有這件事，但現在也不能不信了。它將是一個「九天的奇事」，暫時引人注意，但不久即被遺忘──也像哥倫布的蛋。

約翰．威京遜

一七八七年七月十四日於布羅斯東[7]

如果說這條鐵船像是「哥倫布的蛋」令人不易了解，我們可以說，威京遜的意思是：「第一天似乎不可能的事，第二天便沒有甚麼稀奇」。他用鐵所做成的，比哥倫布為給別人看如何把蛋豎立在其一端上所玩的花樣更了不起——當年哥倫布把蛋的一端打碎，因而這一端成為平的，正如據說哥倫布對那些做不到豎立蛋的人所大聲說的：「在別人告訴他怎麼辦以後，任何人都可以辦到！」

威京遜的自信心勝過常人。大多數其他的製造業者都對行業秘密的偷竊感到焦慮，而他卻不感到焦慮。他弟弟在法國的企業，如果不是由於革命的動亂，也當有更光明的未來。不過，勃艮地勒克魯索的工廠在拿破崙失敗以後確曾復興，因為法國和其他歐洲國家在拿破崙失敗以後，開始迅速工業化。

威京遜不停地試驗新的工作項目，不論是想在溫室種葡萄，並由一個棵葡萄樹上採收一千八百串葡萄、或是開墾荒地、或是取得鄉間的房子。不過他的暮年並不完全平靜，他的第一任妻子年紀輕輕便去世了，留給他的一個女兒，由收養她的父母帶大。在他第一任妻子去世的同一年，他又與瑪麗．李結婚。李帶給他的錢，使他可以成為一個鐵工廠廠長，但卻無子女。在與其弟失和以後，約翰．威京遜的企業沒有繼承人。他一度想讓他外甥——約瑟夫．普里斯特萊接管他的企業。這個外甥是著名的教區牧師和化學家約瑟夫．普里斯特萊的兒子，但是不久威京遜又不用他。

威氏以前的一個秘書說，他在法國逗留的時間很長，染上法國人的品行與風氣。易言之，他有許多戀情，對象往往是他在那兒的許多宅邸所僱的女僕。他不育的妻子似乎對這樣的事能夠容忍，不過現在已不存在他們關於私人生活的信件。威京遜七十七歲時，與一個女僕瑪麗．安．劉易士成家。瑪麗．安生了二女一男，最小的一個出生時他已八十歲。

他的一個「愛鐵成狂」的方案是製造鐵鑄的棺材。這個想法並不是沒有道理，因為那個時候，盜墓的人還在供應外科醫生其教學與研究所需的屍體。威京遜在他的每一個中豪宅中放一個他自己的棺材。有客人來的時候，他常喜歡先躲在棺材裡，而後跳出來嚇他們。這個惡作劇往往把前來赴宴的女客嚇得昏倒。他曾遺命把他放在這樣一個棺材中，葬在距他過世的地方最近的一個豪宅地下。可是，在他於一八〇八年七月十四日過世以後，他的遺囑執行卻先把他放在一個鉛和木頭製成的棺材中，而後把這個棺材放在靈車上，運到他遙遠的在康伯蘭郡的城堡頭海岸物業上，那兒已備有一個鐵棺。駕車的人走一條捷徑在摩坎比灣荷姆島附近穿越沙灘。這其實也是常有人走的路，但是那天潮水來得異常凶猛，靈車陷入沙中。駕車的人不得不在潮水退去以前暫時拋棄靈車，好幾星期以後，威京遜才得以在城堡頭入葬。但是他的鉛棺太大，放不進在那兒等著他的鐵棺。而且他們所選的安葬地點泥土又太淺，替他挖掘墳墓的人不久便觸到岩石。

威京遜生前自下自己的墓誌銘，並且喜歡朗誦給朋友聽：

> 被由迫害、惡毒，和羨慕中解救出來的約翰·威京遜，在這兒長眠了。這位鑄鐵大師希望如耶穌·基督所宣講的，他會有更高的社會階級和天國華廈。他深信耶穌的福音，他的一生都用在造福人群的行動上。他頗相信他會去天國，因為他留在英國各處的工廠，見證他在死亡解救他以前，工作愈來愈努力。
>
> 時在一八七七年，高齡 x x。[8]

這分墓誌銘原為刻在他墓地上的方尖形碑而寫，但是他的遺囑執行人予以校訂，改得比較謙遜。威京遜死在他著名鐵工廠的所在地布來德雷，死後當地有一個謠傳，說他在七年後會騎著他的那匹灰馬，在布來德雷出現。一八一五年七月十四月，成千的人聚集在布來德雷，想看這位「愛鐵成狂」的威京遜再現，但是他並沒有出現。他死後不久，他的鐵帝國崩解，因為他的遺囑有爭議、新的鍛鐵辦法出現，而且在滑鐵盧之戰以後拿破崙戰爭結束時，鐵工業短期衰落。透過他自己以及弟弟威廉的努力，約翰·威京遜在法國播下鐵工業的種子，這一工業在十九世紀中卓然成立。

然而，威京遜的影響力沒有超過法國以東多少，而對大西洋的彼岸來說更無意義。美國工業化的種子在十八世紀末生根，那時美國沒有煤礦可言，也沒有以焦煤為原料的鐵工業。但是那時由英國輸出到美國的其他技巧，在美國獨立以後對這個新國家有極大的價值。

第三章　帶著工具的旅人

一七七三年到一七七六年，也就是美國獨立戰爭以前的幾年，大約有六千人離開英國，移民到美洲及西印度群島。其中五分之一在日後成為紡織業中心的費城定居。他們當然不都是技術工匠。根據保存在英國的記錄，他們之中一半多一點是「受服務契約束縛的」僕人，也就是與一個在美洲的僱主簽有契約，這趟由英國渡過大西洋到美洲的旅費，由這個雇主支付。移民之中，有許多是包括婦孺和老年人的家庭，但是典型的移民是二十出頭的年輕男人，他們自己付旅費，希望未來在美洲過較好的生活。其中有少數在文件上寫自己是「勞工」，但大多數有某種生意或屬於某種行業，如製搪瓷工、做當時男人所戴假髮的工人、製皮手筒工人、製數學儀器工人等等。記錄上一共有二百五十種不同的技巧。他們絕大多數是去美洲的東岸，只有百分之五留在西印度群島，其中一半留在牙買加，在美洲的殖民地中，馬里蘭——也就是這些移民最先到達的地方——是他們最喜歡的目的地，接下來是費城，維吉尼亞和新斯科夏半島。

這些移民中有些是紡織工人，熟悉最新的紡羊毛和棉花技術。多軸紡織機雖然是一種智巧的機器，但也相當簡單，不難複製；一七七五年時，殖民時代的美洲已複製有這種紡織機。一七七四年，在英國德比郡擁有自己紡織工廠的海格，由利物浦來到賓夕凡尼亞的費城。他想開辦企業，但發現紗線非常短缺——這也是刺激最初多軸紡織機發明的原因。一七七五年三月，他向賓夕凡尼亞的議會陳情，想要獲得將這種發明帶到美洲成本的補償：「他發現紡紗的高價格是他生意的一大障礙，乃教人製造與英國最近發明的紡紗機類似的機器，而大大減少勞力的費用。由於，沒有人提供他一個計畫或模型，他花了很多時間和錢才製造出一架多軸紡織機。」[1]

像海格所展示的這種企業，本來可以帶動美洲本土的紡織工業，但是由於美國革命戰爭的爆發，與其一七七五年到一七八三年的連綿戰爭，美洲沒有發展紡織業或任何其他工業的條件。而當戰爭停止，當時擁有東海岸十三個殖民地的美國，不再是英國的殖民地而是一個外國時，英國禁止技術工人及機器輸出到美國。由這個時候起一直到禁令取消，離開英國到美國的工匠，必須使用那些去法國或其他歐洲國家的工匠所用的詭計。

到了一七八〇年代，美國十分想要最新的英國紡織機器，不論是阿克瑞的水架或是克朗普頓的紡織機。但是想把這些機器的模型通過英國海關運來美國，或在美國自己從頭製造，卻非常困難。無可避免地，所遭遇的困難不少，其中最具有悲喜劇意味的是一七八三年費利浦斯所遭遇的。費利浦斯小心的計畫逃避英國海關檢查的辦法，把包括克朗普頓的紡織機在內的若干機器裝在大桶中，桶上隨便標明是「皇后器皿」——當時瑋緻活所製的流行陶瓷器。他先把兒子派到費城，而後自己搭上與運送他祕密船貨的同一艘船由利物浦出發。然而，當這艘船停泊在愛爾蘭的柯爾克港時，費利浦斯卻病倒了。他的船貨繼續隨船駛往費城，而他自己回到利物浦，不久他就在利物浦去世。

他的兒子在費城收到這批機器，但不知如何予以裝配，因而把它們出售給海格和海格的合夥人。但是這些人也不會裝配這樣的設備，只設法裝配了一架還可以使用的小型多軸紡織機，和一架梳理棉毛纖維的機器。海格把費利浦斯的機械儲存了起來，最後在一七八七年把它們出售。買主把它們運回英國，此舉使費城的社交界大吃一驚，因為這個社交界正設法利誘英國的紡織工人到費城來。他們旋即要求美國政府制訂自己的保護主義立法，禁止新發明由美國偷運回英國。

畢竟，把整個機器運到國外，不如把機器的模型和草圖運到國外實際。機器的模型和草圖也常運到國外，但是在那個時代，沒有什麼真能取代那些懂得機器工作原理，並在英國實際裝配機器的人。而且，十八世紀最後的十年間，英國生產的機器更多——阿克瑞的企業帝國擴張到整個英格蘭北部，並且進入蘇格蘭，因而英國有工具和知識技術裝配機器的人愈來愈多了。

一七八九年，新創立的美國國會，通過幾項法律，希望鼓勵製造業的發展。賓夕凡尼亞州也宣布，賓州將報償任何可以建構像當時在英國生產的成哩長的紗線的那種紡棉線水架的人。一個年輕人注意到這種引誘。斯雷特於一七六八年在克朗福工廠附近、德比郡的柏爾柏出生，他自十四歲起，便在這個由斯卓特和阿克瑞所成立的開創性現代工業的模範工廠中工作。他的家庭稱是「自耕農，也就是還算有錢的農夫。斯雷特在二十一歲時，已是克朗福工廠的一個管理人員，很受僱主的賞識。雖然他在英國顯然會有很好的前途，可是賓夕凡尼亞的獎賞很具吸引力。他在聽到美國這種獎賞以後不久，便由利物浦乘船橫渡大西洋。」

據說斯雷特為了怕被扣押，沒有冒險帶任何工具和設計圖。傳聞他曾喬裝躲避海關人員的質詢，但一位熟識他的人在傳記中說，他乾脆穿著像個農夫，因而不需要假裝他不是一個工匠。就這樣，斯雷特於一七八九年安抵美國，腦子裡面記得水架的複雜機械以及一種紡織機。在姓布朗的商人家族出資支持之下，他在羅德島的鮑特克地方開業。不過，雖然這些紡紗廠不久即開始生產，但他與布朗家族的關係一直不融洽。顯然這個家族不像他所希望的那樣禮遇他，他們把他當成一個粗魯的機械士，而非有技巧的工程師或企業夥伴。

斯雷特終於成立他自己的工廠，日後並在諸子的協助下，在美國發展出完善的紡織工業。由於他是第一位把工業時代早期的一項偉大創新技術移植到美國，而且維持其發展一直到十九世紀開始以後很久的人，到今天大家還稱他為「美國工業革命之父」。他在美國工作的時候，意識到必須適應美國的社會情況。在英國工廠可以很容易僱到女工和童工，但在美國不行，他不得不設法讓許多家族住在他工廠的附近，並為這些家庭的丈夫安置工作。這種作法日後稱為「羅德島制度」，不過事實上，它與阿克瑞吉斯卓特在克朗福等早期工廠找童工時所做的安排類似。克朗福有一個酒店、一年一度的運動競賽和賞心樂事、以及有項樓的住宅。織工總是男人，可在頂樓工作。

美國歷史給斯雷特一個特殊的地位，因為他的成就很了不起也很顯著，並且牽涉到顯然新穎和「工業性的」事物。可是在他為利所誘由英國橫渡大西洋到美國的同時，也有許多其他的旅人由英國來到美國，美國人珍視且渴望這些旅人特殊的知識技術。這些人之中，有年輕的工程師威斯頓和拉卓布。他們是由與修造橋樑和開鑿全運河的拓墾者一起工作之中，學得其專業的知識和技巧。在鐵路事業開展以前，這樣的橋樑和運河在英國造成交通上的革命。在殖民時代，英國只視其北美洲的殖民地為生產原料並將原料運過大西洋到英國的地方，而並不曾改良北美殖民地的道路和水道。在贏得獨立以後，急切想將東海岸現代化的美國人，認識到在新的交通線開闢出來以前，什麼多的也做不到，同時也不能再依靠由海上來的運送重物資的船舶。

與其歐洲大陸上的競爭對手相比，英國一個極優越的條件，自然是在於其主要的人口中心倫敦，透過可以深入有潮河流的海岸運輸業，而連接上北面和東面的煤田、肯特郡和艾塞克斯郡產穀物的地方、南海岸上波特蘭的採石場，以及康瓦耳郡的礦場。因而，可以在泰因河沿岸的紐卡索把煤裝載到運煤船上，在退潮的時候運出去到北海。運煤船到達泰晤士河口，便在那兒等候漲潮，船在漲潮時，以足足六海里的時速行駛到倫敦，進入內陸六十英里仍在有潮的河水上。在英國各地，這些有潮的河流把一個個市鎮聯繫起來。

一七〇〇年代早期，限制這種英國運輸系統的是，河水在其潮限以上的情況。潮限以上的河水上有淺灘、工廠以及各式各樣的不方便，使行船不容易，運行到內陸更不容易。最初改良運輸重物資（尤其是煤、黏土及石塊）的辦法是，疏浚廣闊的河流，有時在一個河谷中使河流改道，因而有些段的河流「運河化」。製造業者不想再依賴馱獸行走的困難路線。他們與當地的顯貴人物組成聯合企業做改良河道的工作。一直到十八世紀晚期，陸上道路都有凹洞而且難行，有時坑洞深到可以淹死人。

隨著河流的改良，他們又開始把各個河流用運河聯繫起來，因而由一個地方到另一個地方可以有不中斷的水道。譬如，假使可以把泰晤士河的上游與進入布里斯托海峽的塞文河連接起來，那麼東面和西邊之間便有一條水道。在密德蘭當地，又可以把一個製造業的地區與另一個製造業的地區連接起來，或把煤礦產地與河流的港口連接起來。一七四〇年，梅西和艾威爾航行系統把利物浦和曼徹斯特聯繫在一起。一七五五年，所謂的「三凱航行」在三凱溪上設立許多水閘，使駁船可以由聖海倫斯城的煤礦行駛到利物浦。

開鑿運河、維持水平線的高度和設立水閘使駁船可以上下傾斜面的技術，在歐洲不完全是新穎的技術。十七世紀時完成的密地運河，把法國的波爾多港市與地中海上的塞特港市聯繫起來，使以前必須繞行葡萄牙大西洋海岸以便到達法國南部的船貨，有了一條捷徑。而啟發年輕的布瑞吉華特公爵法蘭西斯．伊格頓，重新使用其父的計畫修一條運河，以便將他家族在渥斯來煤礦場的煤，運到日漸繁榮的曼徹斯特市的，正是這條密地運河。那個時候，乃至到進入十九世紀以後很久，大半的煤是用在私人家庭的壁爐，而非當作蒸氣機或製造業的燃料。工業時代早期英國的市鎮不大可能用木頭為家庭用的加熱燃料，而一直到十九世紀中期，大多數人才用得上瓦斯。

法蘭西斯．伊格頓和一個堂表兄弟以及他的土地經理人一起草擬方案，要開鑿一條運河把西北面他在渥斯來礦碭上的煤運進曼徹斯特附近的薩福。當時任何這樣的方案——不論是關於修道路，或是後來的修鐵路及運河——都必須經過英國國會的批准，不過國會大致都贊成對改良國家運輸所擬的任何方案。一七五九年，它通過一項法案，允許修造日後所謂的布瑞吉華特運河。一七六三年，這條運河的最初幾段竣工。到了這個時候，英國已有「運河狂」，製造業者和有土地的鄉紳，想推動和參與用新的水道貫穿英國工業地區的各種方案。

由於一七五〇年代以前還沒有修築運河的傳統，承擔這份工作任務的工程師，必須學習新的工程學技巧——測量土地、決定什麼是最佳的路線、並計畫在何處需要水閘及隧道。十八世紀時，使用大型機械的專家大半是工廠中的機械師，懂得齒輪和聯動機以及如何利用水力的人是他們，其中一位是布林德雷。布氏於一七一六年在德比郡的里克出生，在布瑞吉華特運河的第一段修建時，他有一個更野心勃勃的方案，想要創造他所謂的「大會合處運河」，把英國西北部和密德蘭的所有河上航行連為一氣。布瑞吉華特運河的促進者僱用了他，他後來努力過分，以致於英年早逝，因為他的運河不僅依循河道修造，或在短距離以內接合已有的河上航路，它們還想貫穿英國各地。它們甚至建在河流「上面」，裝置在令人難以置信的水道橋上，並用黏土封合。布氏所建的最初水道橋中，最有名的一條是在曼徹斯特附近的巴頓，有一位興奮的旁觀者說：「它像有樹頂那麼高。」他是他那個時代偉大的運河開鑿人，啟示並訓練了一小群助手，這些人在他去世以後繼續推展他的事業。

亞當．斯密所著的《國家財富性質與原因的探究》發表於一七七六年，裡面有一段話說：

> 良好的道路、運河和可航行的河流，由於運輸費用減少，把僻遠處的鄉間和市鎮附近的鄉間的情形幾乎拉平。由於這個原因，它們是最大的改進。它們鼓勵僻遠地方的開墾，而英國有廣大的僻

遠地方。它們也有利於市鎮，因為它們可以消除市鎮附近鄉村的壟斷。它們甚至對國家的那一地方也有利。雖然它們將一些具有競爭力的外來商品引入原有的市場，但是它們也替鄉村的產品開闢新的市場。[2]

美洲很懂得這些理論。雖然亞當．斯密認為，如果殖民者仍然做種植煙草的農夫，美洲便可以致富，可是美洲的獨立革命份子卻想在工業的進展上與英國競爭。一七八三年以後，紐約州、麻薩諸塞州及賓夕凡尼亞州的各地，都有人提議開鑿運河，因為海岸上的城市想與內陸的水道銜接。它們往往互相競爭想要取得新的交通路線，因為它們未來會繁榮或蕭條全繫於這樣的路線。美國有企圖也有一點錢，但是美國沒有懂得開鑿運河的工程師，因而開始在英國求才。

旨在遏止工業知識技術由英國外流的立法，似乎並未用到像運河工程師這樣的專家身上；他們把用於測量的工具隨身帶到大西洋的彼岸。雖然就長遠來說，交通的改進對美國正起飛的經濟更為重要，可是當時大家並不認為美國的一條運河會像一部被偷的機器那樣，會對英國的工業造成威脅。用亞當．斯密的話來說：沒有像樣的交通系統，貨物便只在當地有市場；這樣生產便會受到限制，透過分工而產生創新的誘因，也會減少。

一七七二年，富蘭克林由倫敦寫道：

我認為，由這兒以高薪僱用一名內行的工程師，還是會比較省錢。此地開鑿中的許多運河，乃由運河大師們主導，而每一天其訓練出來的學生數目也不斷增加，其中一些今後可能想要謀職。在開鑿運河這種重要的工程上，因為缺乏經驗所造成的任何錯誤，比花薪水僱用一個已懂得開鑿運河原理與實踐的智巧年輕人，可能花費更大。[3]

到了一七九〇年代，富蘭克林的意見證明是十分珍貴的。一小群具有影響力的費城商人和工匠，組成了「改進道路與內陸航行協會」，並於一七九一年初舉行第一次會議。這個協會的主席是羅勃．摩瑞斯。摩氏乃於一七三八年在英國出生，十三歲時與其家人一同移民到美洲。他是喬治．華盛頓的親密朋友，在獨立戰爭中曾是重要的財務經紀人。這個協會草擬了開鑿一系列運河的計畫，希望這些運河不僅會改良那一區域貨物的運輸，也會保證貿易不外溢到美國別處。可是工程一開始，他們便遭遇到困難，而旋即注意到富蘭克林的建議。

他們透過一名在倫敦的通信人柯古洪，急切地想找一個英國橋樑和道路工程師。柯氏是西印度商人，幼年在維吉尼亞渡過。柯氏在嘗試幾次不成功以後，終於找到威斯頓。威斯頓當時二十九歲，有一些修橋的經驗，大約也曾受教於日漸年老的布林德雷。他在啟程赴美的一個月以前結識夏綠蒂．懷特豪斯，並與她成婚。夏綠蒂同意和他移民美國，條件是他必須鄭重答應，如果她的家庭需要她，她便會回英國。威斯頓收到參與費城各項計畫工程的大合約書，經過猶豫以後，接受了這一合約。一七九二年十一月二十三日，新婚的威斯頓夫婦由福茅斯乘船去紐約，美國人給他的薪水是今日的四萬五千英鎊，船一離港便付給他，這一日期乃由郵船卡特瑞號船長確認。按照合約，他一年只需工作七個月，因為大家都預料美國其他的地方也會需要他。不久美國別的地方真的也需要他。

威氏除了帶著他在牛津運河那一工程中與開闢航道的世界專家共事所得的經驗以外，也隨身帶著一種美洲曾用過的水準測量工具。他在一七九三年一月到達費城，並立即開始工作。他的薪水旋即加倍，而大家把他當成一名訪問貴客看待，任何需要工程師的人，都爭先恐後地想要他的經驗和專業知識與技術。今日已不能確知他是何時回到英國，但一般以為是在一八〇一年以後。在美國的那些年，他以工程師的身分參與六個運河項目及一條收稅高速公路，或擔任其顧問。也有人請他提出增加供應紐約市淡水的計畫。那個時候，紐約市還是一個相當小的城市，人口只有五萬人（一八〇〇年時，倫敦的人口是九十萬人）。紐約市井水的供應不敷使用，於是威斯頓草擬了一個精心設計的完善方案，通過若干水庫把布朗克斯河的水引入紐約市。他得到七九．九六七美元酬謝他的這個意見，但這個意見旋被忽視。四十年以後，紐約市終於由遠處克羅頓河取得淡水的供應。

威斯頓離開以後，他的地位為另一個英國人取代。這個人有聽上去像法文的名字——本加明．亨利．拉卓布——一七九六年移民來美。「亨利．拉卓布」是他喜歡別人稱呼他的名字。他以前曾與斯梅頓與傑索普二位傑出工程師共事，來美國的時候，也隨身帶著英國的測量儀器及技術性書籍。也有人請他不但幫忙開鑿運河和修築水閘，也為費城創設一個新的淡水供應系統。當這個以蒸氣為動力的供水系統於一八〇一年啟用時，這家費城水廠被認為是美國最先進的工程學工廠。然而這整個企業卻是財務上的一個災難，為了節省蒸氣機的花費，他們設計了一個方法，把它用帶子套到一連串壓平銅和鐵板，並將這些板子切割成棒子和釘子的輪機上。拉卓布所設計的鑄鐵工廠夠好，但蒸氣機的表現令人失望。它是到一八〇〇年時美國所建造的極少數蒸氣機之一，而那個時候，使英國人布爾頓及瓦特的機件效率提高的專業知識和技術尚不存在。

拉卓布也學過建築學，並曾參與原始白宮（一八〇〇年以後美國總統的住宅）與美國國會大廈的設計。據說他是美國的第一位專業建築師。然而，他所從事的項目並不都是成功或賺錢，而在他快要過世的時候竟宣告破產。為了補償損失，他到紐奧良從事一項新的工程，但在完成這個項目之前，於一八二〇年因感染黃熱病逝世。

威斯頓和拉卓布真正的遺產，主要並不是在於他們的促成運河、道路和供水系統的工程項目，而是在於他們對一代美國本土工程的影響。

伊利運河在一八二五年把紐約通過哈德遜河，與迅速發展中的美國內地連接了起來。在這項偉大工程進行的時候，美國人曾諮詢當時已回到英國的威斯頓。一八一一年，他曾致書伊利運河委員會說：「如果你們高尚但驚人鉅大的連接伊利運河與哈德遜河計畫得以實現，則無人能與你們競爭。以北方大湖為界的幅員廣大地區，其商業將永遠屬於你們所有；而這一商業，其含量龐大到令人難以置信。這項計畫的執行，將使其設計人與支持人得以名垂不朽，而且最後將使紐約市成為世界上最偉大的商業中心區。」[4]一八一三年，美國方面曾計畫引誘威斯頓回美，但後來並沒有這樣做。到了那個時候，以前與威斯頓及拉卓布共事的人，已經能夠不需要外國知識技術的援助，獨力測量並開鑿伊利運河。事實上，到了一八二〇年代，大家都已認為那位主持這項工程的美國工程師，比威斯頓及拉卓布更好，因為他了解改進英國人開鑿技術的重要。英國人用的那些技術，對美國這個稚齡的國家來說，已是過於昂貴。

攜帶著工具袋的旅客，其工作已經完成，因為在一八三〇年代以後，美國方面已經不需要他們了。馬克思的《資本論》最初發表於一八六七年，在這本書的「引言」中，馬克思以英國的經驗為藍本，寫到一旦工業制度成立，其無可避免的進展：「這是這些法律本身的問題，是這些使用鐵的趨勢必然的後果：在工業上比較發達的國家，只讓比較不發達的國家看到其自己未來的形象。」[5]雖然這話大致不錯，但到那個時候，大家都應當很清楚：並非所有的工業化都依循同一個模式。正所謂「橘逾淮為枳」，不同的國家乃以不同的方式採用前瞻性的發明。譬如，在美國工業化的早期，蒸氣機在美國不如在英國重要，因為美國缺乏煤礦，可是有許多奔流和水力強大的河流，可以推動機器。而美國人不久便以其自己所發展出的方式，採用和改造英國在十九世紀最偉大的發明和維多利亞時代工業制度的偶像——蒸氣鐵路。

第四章　康瓦耳人的小型發動機

在此以前便有人看過蒸氣機：由火爐和鍋爐所推動的機器，已存在了幾百年，但是在此以前，不曾有人看過一架較大的蒸氣機藉由其本身的動力移動。完備的蒸氣火車頭，其初次出行是一件很重要的事，但是一時之間卻並未造成轟動。一八〇一年聖誕節前夕，這架火車頭點燃，在康瓦耳郡的採礦市鎮坎伯恩初次行駛。許多年以後，發明人的兒子，收集了當時目擊者的記述：弗東其是坎伯恩本地人，他回憶這件事說：「當我們看到特里維西克快啟動蒸氣機時，我們爭著跳上去，擠了共七、八個人。上坎伯恩燈塔要爬一個峻峭難登的山坡，但是它像一隻鳥般的往上走。當它走了大約四分之一哩時，有一段路崎嶇不平，上面還有許多碎石，它這時爬得比較慢，那時大雨傾盆，我們這些人擠做一團。我而後跳了下來。它走得比我快，又爬了大約半哩。此時他們把它調了頭，它又回到了店裡。」

這個開創性的小型發動機，是一位富悲喜劇意味的發明家理查．特里維西克的發明。大家稱它作「噴氣的東西」，因為它以韻律性的嘶嘶聲，由它的煙囪噴出煙雲般的蒸氣。雖然特里維西克的晚年可悲，但是他有許多使他成名的事物，包括他與瓦特持久而激烈的爭執。瓦特是蘇格蘭一位工程學天才；至今半個世界還認為蒸氣機是他的發明。瓦特到臨終還在詆毀特里維西克。特里維西克則在他去世以前不久，以失望的心情寫信給他的密友與科學良師吉伯特說：

因為我嘗試做世人所謂不可能的事，有人說我愚蠢和瘋狂，甚至那位已故的偉大工程師瓦特先生，也曾向一位現在尚在世的著名科學家說：我因介紹高壓火車頭的使用，理當被絞殺。這便是迄今公眾對我的報酬。但是如果僅止於此，我也會對我促進和實現對我國有無比價值的新原理和新安排，而內心有祕密的極大歡樂和驕傲。不論我的經濟情形如何窘困，我永遠不能被剝奪光榮，我是一個有用的子民，而這對我而言比財富更為重要。[1]

為了要了解瓦特和特里維西克之間爭論的源始，必須知道一點蒸氣機的歷史。這個歷史比一般人認為的更悠久。尤其值得注意的是：所謂瓦特看到他燒水的壺在水沸以後冒蒸氣的無稽之談，會使你的想法錯誤。這個無稽之談是說：當這位年輕的蘇格蘭人認識到，沸水所產生的水蒸氣，既然可以把壺蓋頂起來，便也可以用作機器的動力時，興奮地想：「我發現了」。他而後努力從事於發明這樣的機器。事實上，這種由燒到攝氏一百度沸水所產生的頂起壺蓋壓力，對於謹慎的瓦特來說是可恨的東西。它叫做「強力蒸氣」，有理由被認為相當危險。

當瓦特於一七三六年在克來德河上的格陵諾克出世時，英國已有用於商業上的某種類似的蒸氣機二十多年，外國也有一、二種。而擴散的蒸氣，其潛力也是自古便有人知道的。希臘神廟的某些邪惡僧侶，用它欺騙拜廟的人，說他們可以藉超自然的力量打開通往墳墓的重門。他們告訴來訪的人說：如果他們點燃虔敬的火，諸神便會打開墳墓的門。而看呀！火燒了一會兒以後，使虔誠的信徒大吃一驚的是：那些墳墓的門自動打開了，或由一隻隱形的手打開了。但這事實上，並非不可思議：他們煮了一罐水，水而後溢出到另一個水罐，水罐的重量把墳墓的門拉開。

十七世紀時，法國科學家和發明家巴品（曾在歐洲各地工作，尤其常在倫敦），設計了一種用一個汽缸和一個活塞的蒸氣壓力機器。但是想用機器驅動機器尚有一個大問題：這樣一部機器的鍋爐、汽缸以及所有必要的零件，不僅得是不漏水和不漏空氣，也得是異常牢固，因為蒸氣是在壓力下產生的。如果一個人用封閉的汽缸煮水，汽缸便會爆炸。使用蒸氣機永遠會有連帶的危險。

薩佛瑞是最初想實際利用蒸氣力量的人。薩氏受過良好專業教育，是一名科學家及發明家。一六九八年，他因發明「以火揚起水」的機器而獲頒專利。他援引巴品等人（如渥斯特侯爵）較早的實驗工作，設計了一部抽吸機器，綜合了兩種利用蒸氣產生動力的辦法：先把蒸氣注入一個汽缸，而後予以冷卻，於是汽缸中形成一個真空，而大氣壓力把水揚起。在另一個汽缸中，蒸氣壓力的本身把水逼迫出去。如果要讓這樣一部抽吸機器持續工作，需要一位忙亂的機械師，每一分鐘左右打開和關閉各種開關和活門。薩氏的抽吸機械是成功的。他在漢敦宮和皇家學會示範表演樣機，並且裝置了一些樣機驅動噴泉或由泰晤士河抽水。但是，他真正想要這些抽吸機械做的是由錫、銅和煤礦場抽水，而它們在這方面並不管用。他稱他關於抽吸機械的著作為《礦工的朋友》。

薩佛瑞所真正得到的是一紙「包羅萬象」的專利權，也就是說：任何其他發明由蒸氣推動抽吸機的人，必須與他磋商各種條件，否則便有被起訴的危險。達特茅斯市五金商人紐柯曼與友人工程師凱得來，經過十年多的實驗，發明了一種新的由蒸氣驅動的抽吸機，但他也不得不與薩佛瑞合夥製造。對於紐柯曼來說，這是一件嚴酷的事。可是在下一個世紀中，因蒸氣機的發展所造成的痛苦爭論，還要更使人痛苦。這不是外國人剽竊的問題，而是互相敵對的發明家（以及其擁護者）之間內部的鬥爭。

湯姆斯．紐柯曼是一個英國顯赫家庭的後裔，不過這個家庭到了他的時候，已中落了好幾代。他本人是技術高超的工匠，替德文郡和康瓦耳郡的錫礦場和銅礦場製造設備。和煤礦場的情形一樣，錫礦場與銅礦場近地表的礦層開採完了以後，礦工便不得不在各處儘量往深處挖。他們很快便發現，在任何深度，除非不斷由礦坑向外抽水，便不能採礦，他們使用各種用馬力，風車或人力驅動的抽吸機，但都抽不出什麼水。餵養「發動機馬也極端昂貴。」

薩佛瑞的想法不錯，但其機器不適於礦場。他的抽吸機只能抽出有限深度的水，而由於部分使用高壓蒸氣，也可能很危險。對於這樣的問題，紐柯曼和凱得來有一個答案：他們可以用大氣壓力驅動抽吸機。這個辦法雖然慢了一點，但很安全。他們所發明而且使用有效的蒸氣機，是世界上第一部真正可靠的蒸氣機，它雖然體積龐大而且它裝在樞軸上的大軸樑驚人的往復移動，但這都不要緊。這種機器也不會跑到那兒去，因為它是固定的，並且是安放在它抽水的礦場旁邊一棟建築物的磚製框架中。

這整部機器中最重要的一部分，是其向下擺動的大橫樑。它的一端掛著一條鏈，鏈子附著在放置於汽缸中的一種粗陋活塞頂上。以煤為燃料的汽鍋產生蒸氣，並將蒸氣注入汽缸。蒸氣充滿汽缸以後，逐出大半汽缸中的空氣，汽缸中的蒸氣而後加以冷卻。在早期的這種機器裡，冷卻蒸氣的辦法是在汽缸外面澆冷水，後來發現將冷水注入汽缸更為有效。蒸氣突然冷卻以後，便在汽缸中創造部分的真空，因而活塞上方的大氣壓力迫使活塞下降。活塞在向下移動時，也把橫樑這一端往下拉。橫樑的另一端附著在一根棍子上，由於這另一端上升，棍子乃由礦場汲水出來。活塞另一側的橫樑也附有重物，因而當更多的蒸氣注入汽缸時，橫樑這另一端又下降回去。而後活塞又上升下降，重複整個過程。紐柯曼最初的機器，在釋放蒸氣、注水等過程中需要開閉活門，然而到了後來，新設計的機器可以自動操作，所謂的「自動」機器。

紐柯曼的第一部機器乃於一七一二年安裝在礦場上。這個礦場不是在他的家鄉德文郡，而是在斯泰福郡屬於達德雷伯爵家族的一個礦場。英格蘭西部本身沒有煤礦，進口煤礦也很昂貴。紐柯曼的機器「食量」驚人，只適合用於開採煤礦的地區，或者至少容易取得廉價煤的地區。薩佛瑞和紐柯曼的專利權後來賣給一群冒險投資的人，這些人顯然沒有積極追究侵犯這項專利權的人，在這項專利權於一七三三年過期以前，英國東北部許多地方已裝置有紐柯曼的機器。在採礦區，大橫樑的擺動已是慣見的景象。它們也可以重複利用轉動工廠機輪所需的河水，不斷循環抽吸水體。在煤溪谷，它們是用來推動鑄鐵廠的風箱。

這種所謂的「大氣發動機」，逐漸為若干工程師所改良，歐洲大陸也造有一、二部。對它們的時代而言，它們具有革命性，可以提供無休止和可靠的動力，水、風以及任何勞動用的牲口，都無法提供這樣的動力，在紐柯曼於一七二九年逝世以前，他或者別的人已在英國建造了數目不詳的這種機器。在東北部，礦場十分需要它們。一個名曰約翰．波特的人似乎是製造和安裝紐柯曼或動力機器的代理人。下面的一則廣告乃刊登於一七二四年的《紐卡索新聞》上：「各位需要用手泵或由煤礦井汲水機器等的先生們，請注意：您們可以向契斯特勤街的波特先生申請。這種手泵的所有人已經授權波特先生全權處理。」

在此前後，歐洲大陸製成了最初的紐柯曼式發動機。馮艾拉其乃是維也納朝廷中的重要建築師之子。他在英國旅遊的時候，說服了一個名叫依薩克．波特的人（或許是約翰．波特的親戚）到當時上匈牙利的康尼斯堡製造「救火車」汲出礦場中的水。一七二二年，第一架這樣的機器已在運作。而在一七二〇年代，法國也製造若干紐柯曼式的機器，其中一架是用來將塞納河中的水汲引到巴黎市。這個辦法是威京遜兄弟辦法的先驅。這架巴黎發動機吸引了法國科學家極大的興趣，它是由兩名與薩佛瑞的專利權有利害關係的英國人——約翰．梅依和約翰．美耶斯——所製造。不幸的是，美耶斯在它開始工作以後不久，便在巴黎去世。另一架發動機此時似乎也已出現在西班牙的托利多市。然而在這個時期和一直到一七五〇年代，這些發動機幾乎完全用於汲出礦場的水或供應水給城市。一七二六年，在倫敦的約克大樓，在汲引泰晤士河水的工程中，同時用了紐柯曼式發動機與較早的薩佛瑞式發動機。

第一部在美洲安裝的紐柯曼式發動機，於一七五三年由英國康瓦耳郡運到美洲。五年以前，舒勒上校便在英國訂了這部機器，他和他的兩位兄弟在紐澤西州的新阿靈頓擁有和經營一個十分盈利的礦場。可是一旦礦場表面的礦砂開採完了以後，由於淹水，礦場便不堪用了。但是花錢由英國運來一架蒸氣汲水機是很值得的，因為舒勒把銅按噸數計價，出售給英國布里斯托市的紅銅黃銅工廠，而頗盈利。舒勒的訂貨單是寄給強那森·洪布婁爾。洪是英格蘭西部的另一位工程師，他是紐柯曼的後繼與特里維西克的先驅。花了五年的時間，英國方面才接受這項訂單，預備好把蒸氣汲水機的零件運過大西洋，強那森·洪布婁爾派他的兒子賈西亞到美國監督發動機的安裝。據說賈西亞在航海橫渡大西洋的時候，心中十分害怕而又受了罪，因而不肯再乘船回英國，在美國的紐澤西州定居下來。賈花了兩年的時間才使這部發動機開始作業，因為必須先製備它的橫樑及其他零件所需的木材，和吃力的開採放置它的建築物所需的石材。但是他最後被任命監督和管理舒勒的銅礦場。在日後的許多年，這部洪布婁爾發動機曾經歷過許多波折：它在一七六八年著火，在美國革命戰爭的時期成為廢物，但是在一七九三年，當時已經年老的賈西亞又把它修復到能夠使用。

但是這部紐澤西州的洪布婁爾發動機最值得注意的地方卻是，它是在一段很長的時期之內，美國唯一的蒸氣發動機。殖民地時期，美國東海岸不怎麼需要媒：豐富的木材資源足供家庭燃火之需，當時也沒有什麼工業需用木炭以外的燃料。這個地區已發現的煤礦都在近地表的地方，沒有挖深坑，因而也不需要發動機汲水。唯一的例外是銅礦。後來，當使用改良後的蒸氣發動機驅動機器時，它仍也只是在能比水車更廉價和效率高的時候才值得用。但是美國東海岸又多激流，這些河流的水可以驅動水車的輪子。事實上，一七九四年，仍在銅礦上工作的賈西亞·洪布婁爾，為這個礦場當時的業主羅斯福、馬克和舒勒幾位先生建造了一個壓碎礦物的工廠。

紐柯曼的發動機數次經過改良，而隨著鑄鐵工業的迅速發展，又有了製造汽鍋和其他零件的新辦法，一七六〇年代，焦煤熔煉在鑄鐵工業中已很普遍。在大多數早期所謂的「冒煙的老發動機」中，汽鍋是由紅銅製成。但是自從鐵的生產增加而其使用的方法又進步了以後，發動機所用的便是比較廉價和堅實的鑄鐵汽鍋。才華洋溢的工程師和工廠中的設計師史密頓，製作了一些十分精良的紐柯曼式發動機，並且想到用這些發動機將水汲到水車上，從而肇始了早期的由蒸氣推動的旋轉運動。

然而，這些紐柯曼發動機卻有一個大問題：它們十分耗煤。康瓦耳郡的礦場主人（所謂的「冒險家」），必須由南威爾斯進口煤。由於得花不少運費，用煤便很昂貴。因而，當一位伯明罕的製造業者向他們提供一種省煤的蒸氣機時，便像是福由天降。這些新式的蒸氣機是「布爾頓與瓦特蒸氣機」，一般以為是當時最好的蒸氣機。

「布爾頓與瓦特蒸氣機」，比紐柯曼蒸氣機省百分之七十五左右的燃料，其精彩的機械裝置，是一個「單獨的冷卻器」，蒸氣注入這個冷卻器中。因而其主要的汽缸不像紐柯曼蒸氣機的汽缸那樣，得一直加熱，這種單獨的冷卻器是詹姆斯·瓦特的發明。瓦特是蘇格蘭人，年輕的時候是個機械製造人。有一次有人請他去修理格拉斯哥大學示範用的一部紐柯曼式發動機，他由此而對蒸氣推動的機器的作業產生興趣。瓦特於一七三六年出生，他在一七五六回到格拉斯哥以前，曾在倫敦受製作數學儀器的學徒訓練。一七六三年，他開始修理紐柯曼發動機。他對這種發動機的做工抱批評的態度，並且懷疑其效能。一七六五年，當時年齡二十九歲的瓦特，忽然有了生產單獨的冷卻器的靈感。

瓦特在格拉斯哥有若干朋友是傑出的科學家，他把他的新發明告訴他們以後，他們叫他立即申請專利權，於是他在一七六九年申請了這種單獨的冷卻器的專利權。可是，像許許多多的發明家一樣，他沒有錢把這種發明實現為完整和可以作業的蒸氣機。瓦特主要的科學導師布來克博士是格拉斯哥大學的化學教授，布來克把瓦特介紹給實業家盧柏克。盧氏因製造硫酸致富，並為著名的卡隆煉鐵廠的創辦人之一。盧柏克對瓦特表示歡迎，願意提供瓦特一個工廠和發展其蒸氣機所需的資金，條件是取得瓦特專利的三分之二。但是正當瓦特努力製造可以作業的新穎和經過改進的蒸氣機時，盧柏克在財務上有了問題，看起來似乎一切都完了。

瓦特於一七六九年去倫敦解釋他的發明並領取專利權。在去倫敦的路上，他拜訪了伯明罕「玩具」製造人布爾頓。布爾頓依靠水車推動的機器製造他所精心設計的釦子和各種金屬物件。他曾試用薩佛瑞的發動機，但是效果不佳。瓦特和布爾頓第一次見面談得很投機，在盧柏克無法再資助他時，便回到伯明罕。湊巧布爾頓也是盧柏克的債主之一，布爾頓同意接收瓦特專利權的三分之二。於是瓦特全家搬到伯明罕，並且帶著這種具革命性蒸氣機的各種零件。

然而布爾頓堅持，在資助瓦特以前，這份只有八年時效的專利權必須延伸到二十五年。這表示他們必須向英國國會下院請願，並且擊敗與他們競爭的工程師的反對。到了一七七五年，這兩個人終於取得他們想要的專利權——一份時效延伸到一八〇〇年的專利權。瓦特致力於完成他的蒸氣機。好像命中注定了一樣，正當瓦特迫切需要用於他單獨的冷卻器上的有鑽孔汽缸時，「愛鐵成狂」的威京遜已經製成鑽大砲孔的機器，可以生產瓦特新的蒸氣機所需的這些必要零件。大汽缸乃在密德蘭其他地方製造，而布爾頓自己的工廠可以生產大多數較小的作業零件。

完整的蒸氣機必須分成一部分一部分運到其作業的工廠所在地，在那兒也必須有一位有能力的工程師把這些部分裝配起來。當時購買布爾頓—瓦特蒸氣機價格太貴，因而它們只是租用。租金相當於工廠用這種蒸氣機比用較早的紐柯曼蒸氣機所省下燃料費的三分之一。在煤很昂貴的地方，布爾頓—瓦特蒸氣機很省錢；製作這些機器的人，很早便知道康瓦耳郡的錫和銅礦場是其最好的市場。由於這些地方沒有廉價的煤，康瓦耳的公司都想節省燃料。然而，與康瓦耳郡的採礦人打交道並不容易，布爾頓與瓦特也必須克服對他們所取費用的憎惡，以及抵制一個競爭對手所謂自己發明了更好蒸氣機的說法。這位競爭對手是著名的洪布婁爾家族的強那森．洪布婁爾。洪家的人不容易由其受洗時所取的各字區辨，其各家的第一個字母都是「J」——這是他們所屬的再洗禮教派的一個缺點。

洪氏發動機是雙重汽缸的機器，強那森說它比瓦特的發動機既有效能又經濟。強那森．洪布婁爾求助於他康瓦耳郡的同鄉戴維斯．吉伯特（原姓吉迪）。吉伯特乃一位業餘的科學家和政客；他在許多理論性的問題上是當時若干偉大工程師的顧問。

雙方及時在康瓦耳郡開仗，在其後布爾頓和瓦特的專利權有效的二十五期間，有索求有反索求，也有法律上的挑戰和不斷的想逃避付燃料貼水的企圖。在這個期間，原來只限於汲水的蒸氣機，終於用於驅動機器上，因而工業不再依賴河水的動力。但是在這個以前，必須設法將抽汲機的垂直運動，改變為一隻輪子的旋轉式運動。最初也最簡單的方法是用曲柄。瓦特說這是他自己的構想，但由他的一個工人偷竊，而又由另一個工人取得專利權。為了規避這個情形他——或許他優秀的工程師和蘇格蘭同鄉墨篤克——發明了一個所謂「太陽和行星」的齒輪體系。稍後，瓦特又設計了精彩的「平行動作」機械裝置，他一直認為這是他最傳大的成就。

新的旋轉式發動機必須比舊日的紐柯曼發動機作業順利。工廠，尤其是驅動像阿克瑞水架那樣複雜機器的工廠，需要穩定和可以調節的動力來源。要能有這樣的動力來源，得加上飛輪以及自動控制蒸氣供應的調速器。「大氣」發動機這種基本的機械裝置可以達成這個目標，它在低壓下運作，但現在比紐柯曼的發動機有效得多。各種工廠的機器都用到它，用它將玉蜀黍或岩礦磨成粉，操作鑄鐵車間的風箱，或轉動紡棉的紡錘。

瓦特無疑曾解決了許多問題，並將笨拙而喧鬧的老式紐柯曼發動機，轉化成了更精簡的機器。這種新的機械很快馳名全世界。但是瓦特是一個十分謹慎和保守的人，在每一個階段，必須由他的合夥人布爾頓甜言蜜語的勸說，他才去發明。光是他自己，他大概不會有這麼多的發明，因為他首先根本就反對「旋轉式發動機」這個構想，而當威廉·墨篤克建造了一個由蒸氣驅動的小客車時，瓦特認為它不會有什麼前途。不過這個想法取得了專利權，但先決條件是有人瘋狂到也想出與它類似的想法。

這個人不是別人，而就是理查·特里維西克。理查·特里維西克於一七七一年出世，父親是康瓦耳郡礦場上一位極受人尊敬的「領袖」。他自幼便熟習各種蒸氣機，並由父親那兒聽到與布爾頓和瓦特專利權的糾紛。瓦特自然不會容忍墨篤克的蒸氣小客車，因為它乃由「強力蒸氣」所驅動。照瓦特看來，這不但是魯莽，而且是向他挑戰，因為這些高壓發動機沒有用他自己獲有專利的單獨的冷卻器。而且，即使瓦特的專利權在特里維西克研發高壓蒸氣機時已經快過期，但瓦特仍然輕蔑用一個爆炸性的小汽鍋推動一輛客車的想法。

在紐柯曼的年代，高壓發動機並不實際，因為無法製作強固的汽缸和鍋爐。但是到了十八世紀末葉，卻已製造出強固到可以頂得住蒸氣壓力的鑄鐵外殼，而新的鍋爐已發明了出來。在同時，也有人討論「強力蒸氣」的理論可能性，吉伯特已先後鼓勵強那森·洪布婁克和特里維西克加以實驗。

事實上，特里維西克的小型發動機，其初次出行是計畫載他到坎伯恩燈塔去見吉伯特等人。但是他未能走完全程，因而回到坎伯恩；駕駛人是他的表兄弟威維安。但是這一開創性的活動蒸氣機，很快便在不愉快中結束，當時的設計圖也未流傳下來。他們在回到坎伯恩以後，把它停在一個棚子中，但忘記將鍋爐熄火。因而，當他們慶祝這次初行的成功時，它著了火，所有上面木炭的零件都付之一炬。特里維西克並不因此灰心，他又製造了若干蒸氣鐵路的機動車輛，其中一個他在倫敦行駛。在聽到這些發動機時，一個名宏福瑞的人於一八〇三年寫信給這位康瓦耳人，問他是否可以把他的一部發動機在鐵軌上行駛。宏氏是威爾斯一家煉鐵廠的業主。

他和其他鑄造商此時面臨把大宗貨物由其工廠運到卡迪夫港的問題，他一心想要解決這個問題，在這個以前有很長的時期，他們是用大家共同投資的一條運河。可是後來一個鑄鐵業者克勞晒說，他的駁船在運河上當有優先權，因為他擁有這條運河最多的股份。其他業主的回應是，鋪設了一條在運河旁邊並與運河平行的鐵路，鐵路長九哩半。這條鐵路上行駛的乃是馬拉的車，在採礦區都是用這樣的鐵路。然而，養許多馬是一件昂貴的事，宏福瑞希望特里維西克的蒸氣機可以取代這些馬，尤其因為他在梅西提非附近潘尼達倫的鐵工廠有許多煤。

特里維西克是精力充沛的偉人，從不拒絕別人的挑戰，於是他開始在宏福瑞的工廠建造一部高壓發動機。克勞晒很快聽到宏福瑞計畫挑一部蒸氣機與他的運河競爭的事，於是說這整個想法荒謬可笑。為了解決這個問題，宏福瑞和克勞晒同意打賭五百基尼阿（大約相當今日的二萬五千英鎊）。如果特里維西克可以製造一部發動機，把載有十噸重煤的煤礦車拉過整條鐵道，並把空煤礦車拉上一個坡度不大的斜坡（這是一匹馬可以辦到的），那麼宏氏便賭贏了。一個名叫希爾的人手持著錢當裁判。

在宏福瑞的工廠中製造的發動機試行表現得很好，其不可避免的最初問題也都揀選出來了。特里維西克在試行的那天快到時十分興奮——輸贏便在這一天決定。他懇求他的友人和擁護者吉伯特前來觀看。他也聽說有一位海軍部的人也會來（特里維西克有一個比較瘋狂的計畫，說他要用動力把一艘滿載炸藥的船推動到布洛尼塔，把拿破崙入侵英國的艦隊炸毀。）事實上，發生的事一向不符合原來的計畫，吉伯特沒有及時到達現場，宏福瑞也未能目睹這次試行，他坐的馬車半途翻車，他受傷臥床。不過，一八〇四年二月二十一日，特里維西克在潘尼達倫所製造的發動機，把十噸重的鐵條和七十名乘客拉過整條鐵道，時速約五哩。其中一名乘客是克勞哂，他承認輸了，並把賭金付給宏福瑞。

據特里維西克的記載，潘尼達倫鐵軌相當地成功。然而吉伯特的說法卻有不同。他說，雖然那部小發動機表現得不錯，但它對鐵軌而言卻太重，因鐵軌扭曲裂了多處。這條鐵軌可以負荷輕貨車，而馬匹根本不給它壓力。但是蒸氣機如果想規律和有效地通行，則需要更強固的鐵軌。事實上，鐵軌的問題當時是蒸氣機驅動火車鐵路的致命傷。不過特里維西克後來又在倫敦市行駛他的火車頭作為旅遊業的表演。他接受吉伯特姐妹的建議，稱它為「誰追得上我便搭乘我」，把它繞一個環形的鐵軌開，收費一先令。奇怪的是，各家報紙對這個劃時代的事件保持相當的緘默。報上有它的廣告，但是沒有人寫關於火車頭表演的報導。像特里維西克大多數的投機事業一樣，這是一樁賠錢的事，他不久便放棄了蒸氣火車頭而去做其他的事：他想在泰晤士河下挖一條隧道而未果，又想用一條蒸氣驅動的船挖河中的泥而未成。

可是在特里維西克對蒸氣火車動力失去興趣以後不久，有人在英格蘭東北部泰因賽上的韋蘭煤礦場製成與他的原型相仿的蒸氣機。負責製造的工程師名史提爾，他曾在梅西提非工作，並參加特里維西克的冒險投機。日後在韋蘭煤礦場，喬治·史蒂文生和其子羅勃·史蒂文生製造出商業性的最早的蒸氣火車頭（參看第七章）。而在這個時候，特里維西克的人生發生驚人的變化，他出發到祕魯的銀礦上去了。

自十七世紀早期起，祕魯的安地斯山高處便有人開採銀礦，是哈布斯堡帝國的重要收入來源。這個採礦區——巴斯柯是一個奇怪而孤立的地方，它位於一萬四千呎的高處，所有開採設備及工人糧食都必須靠狹窄的鐵軌上運上去，開採出來的礦砂，也必須這樣運到海岸裝船，礦場一大區域近地表的地方藏有大量的低級銀礦，不必打深的礦井便可開採。日久以後，開礦的人已下到盡可能的深處，而礦場無可避免地浸透了水。而後在十九世紀初年，在祕魯的投機者想到英國的採礦技術和知識——尤其是蒸氣汲水機——可以解決這個問題。

祕魯方面因而派出烏維爾到英國去找尋新的技術。烏維爾原是瑞士的製鐘錶業者，他在一八一二年與兩名祕魯商人合夥。他到伯明罕去請教布爾頓和瓦特。可是他們告訴他說蒸氣機，乃至任何「大氣」發動機，在一萬四千呎的高處都不會有什麼用。烏氏本人也看得出：伯明罕的大發動機體積太大，實在也拉不上安地斯山。如果他不曾在倫敦的費茲若埃廣場一個商店見到一個特里維西克發動機的模型，他便會空手而返。這個模型沒有人知道是怎應會放在那兒，但是烏維爾花了二十個基尼阿把下買了下來，帶回祕魯。這種發動機在安地斯山稀薄的大氣中運作得非常好，於是烏代旋即帶著錢乘船去福摩斯去購買高壓蒸氣機。他先得找製造這些蒸氣機的人。湊巧的是，同船的另一位旅客認識特里維西克，於是介紹他去見特里維西克。

烏維爾有錢，他答應，如果特里維西克本人投資這些銀礦，便會致富。對於這位時運不佳的康瓦耳巨人（一般人稱之為「迪克船長」）來說，這好像是財富臨門。他購買了這個祕魯企業的股票，而後開始訂購鍋爐和機器零件。他終於預備好四部康瓦耳汲水機、四部提升機、一部手提蒸氣機、四個備用的鍋爐、兩部磨礦石的磨機，以及一盒鐵匠工具，隨時可以上船。為了確保這些機器可以穩妥的安裝，他也派了三名康瓦耳的工程師跟著去。當時英國政府還在發愁工匠的出走，不過卻允許這三名工程師離境，安排購買股票的那位律師也隨行。烏維爾和這些人以及所有的設備乃於一八一二年九月一日乘船啟程離開英國。

到了次年一月，這條名叫「野人」的船才到達祕魯的卡拉奧港，而又過了十八個月，蒸氣機的零件才搬運到山中預備裝配。在祕魯的京城，《利馬新聞》對這些來自康瓦耳的工程師表示極大的熱情：「龐大而無盡的勞動以及無限的花費，克服了前此認為不能克服的困難。我們懷著無限的讚美，目擊了這第一部蒸氣機的安裝與驚人的作業。我們要使這麼驚人重要事業的細節流芳百世。我們預料白銀將由這一事業中滾滾而來，使我們的鄰國大為驚奇。」

可是事實上，雖然白銀的生產因此而增加，鍋爐卻出了大問題，因為它們在祕魯裝配得不好，而又用了不適合它們的木材加熱。在同時，康瓦耳的採礦業又將進入其週期性的衰退。這個情形大約促使了迪克船長親自前往祕魯，雖然他已長期不舒服的妻子和他的兒女都不贊成，他也顧不得了。一八一六年十月廿日，他乘一艘南海捕鯨船「小毒蛇號」出發，帶著更多的設備、有經驗的坎伯恩製鍋爐者桑德斯，以及一位充當他代理人的倫敦律師佩吉。在這個遠離他故鄉英國康瓦耳郡的地方，祕魯以歡迎一位有克服力量的英雄的禮節歡迎他，《利馬新聞》也頒授他一個非正式的資格。它滔滔不絕的寫道：「這位教授在陪伴他前來的工作人員協助下，可以在祕魯製造祕魯所需要的任何數目的機器——而不需要自歐洲購買任何這些龐大機器的零件。我們希望他的到來會使我們這個王國進入繁榮的時代。這種繁榮將是由於其內部的富源，但是沒有這位教授的協助卻是無法實現的。而如果不是因為英國政府允許這種機器的出口，這也是辦不到的；任何知道英國如何愛惜保護其工藝上卓越發明的人，前此都認為這樣的事是辦不到的。」

他在坎伯恩的妻子，有三年之久未聽到他的消息。她寫信給他，由吉伯特託付倫敦一位與南海捕鯨船有來往的運輸業代理人轉交。他雖然已預付了一年房租，可是他始終沒有收到她關於未付房租的警告。她第一次聽到他的消息是在佩吉回到英國拜訪吉伯特的時候，他說特里維西克曾拒絕接受一份很好的工作，但事實上，倫敦在礦場上的持股人對他很不好，說他管理不善。他離開了他們。在得到西班牙總督的許可以後，他周遊其他的祕魯礦場，而後去了智利。

特里維西克多次冒險。他曾有一段時期進入「解放者」波利華的部隊，而後又回到銀礦上。這個銀礦上發現了一個煤層，較利於發動機的作業。正當一切順利進行的時候，政局的騷動席捲全國，許多人不得不逃亡。當初帶特里維西克來此的烏維爾病故，而他的兩位合夥人差不多破產。雖然有一些新聞也傳到坎伯恩，但是在英國，沒有人知道這位康瓦耳人的下落。流傳的說法是，他在南美洲又結了婚，另組家庭。可是事實上，這卻是特里維西克所沒有嘗試過的少數事情之一。他採過一陣珍珠，也經過一點商，而後與一個名叫吉樂德的蘇格蘭人合夥。吉樂德勸他去墨西哥與南美洲大陸之間地峽上的哥斯大黎加，說在這兒可以挖到金礦和出售黃金。

吉樂德和特里維西克認為他們必須先回英國一趟，以便取得開發哥斯大黎加金礦所必須的設備。但是他們其時身處太平洋海岸，而又不想航海繞行合恩角。他們二人雖然沒有地圖，卻出發翻山越嶺，並穿過濃密的叢林地帶，想要到達大西洋岸，由那兒乘船去加勒比海，而後回英國。他們一行還有吉樂德的僕人、六個幫他們披荊斬棘穿越森林的當地人，以及兩個男孩：這兩個男孩的父母希望他們去英國以便有更好的前程。他們兩人——馬瑞亞和蒙特利格羅——都走完這趟危險的旅程而且獲得成功。馬瑞亞在愛丁堡的皇家醫學院就讀，而蒙特利格羅成為一個工程師。後來他們都回到哥斯大黎加，並且帶回歐洲人對源自北非的咖啡和咖啡豆的嗜好。馬瑞亞並於一八六〇年當選為哥斯大黎加的總統。

吉樂德和特里維西克一行不可避免的迷路了，其中一個人死亡。但是他們終於到達哥倫比亞和卡塔吉那港。特里維西克幾乎在卡塔吉那喪生。許多年以後，他的兒子法蘭斯西編寫他的傳記，用的雖是第三手的資料，但似乎都是實話：「特里維西克先生在瑪格達倫那河河口被一個他曾冒犯的黑人騷擾，這個人把船傾覆以為報復。幸運的是，有一位委內瑞拉和祕魯軍隊的軍官正在近處河岸上獵野豬，他聽見特里維西克先生呼救的聲音，並且看到一隻大鱷魚游向特里維西克，乃一槍擊中鱷魚的一隻眼。而後，因為他沒有船，乃把活結套索擲向特里維西克，用這個套索把精疲力竭差一點死去的特里維西克拉到岸上。」

這位委內瑞拉的軍官原來竟是個英國人，他把特里維西克帶回卡塔吉那。他們在卡塔吉那找到一位同行工程師。特里維西克恍如在夢中一樣親切的稱呼這個人為「鮑比」（Bobby，[Robert]）的暱稱）。這人是喬治・史蒂文生之子羅勃・史蒂文生，一八〇五年左右，特里維西克到泰因賽的時候必曾見過他，那時他才不過是個初學走路的孩子，二十年以後，大家說到蒸氣火車頭便會想到史蒂文生父子。一八二五年時，他們曾在由史托克頓到達林頓的部分路線上啟用蒸氣火車頭。根據關於這些會面稀少的記載，當時在哥倫比亞投機採礦而無結果的羅勃，起初對特里維西克頗為提防，但是在聽到他的困境以後，借給他五十鎊作為回家的旅費。

特里維西克於一八二七年十月九日回到英國，又活了六年。在這六年中不停的發明——他向海軍方面提供了一種新的大砲，可以只用二人操作而非當時慣用的九人，但未為海軍接受——也不停的賠錢。當他還在南美洲的時候，有其他的人改進他的高壓發動機。經過改進的發動機，比布爾頓和瓦特製造的老式發動機更有用和更受人歡迎。布與瓦的子弟繼承其遺業一直進入十九世紀。特里維西克的發動機在許多方面來說是新穎的，他的傳記作家狄金森和提特來簡潔的扼要說明其優點：

為了要了解特里維西克所造成的巨大改變，我們得先想到當日所用的舊式蒸氣機——汽缸、冷卻器、抽氣機、笨重的橫樑在一個巨大的發動機房緩慢的往復運動、佔用很大的空間而又價格昂貴。當維西克省去了橫樑、抽氣機，直接使用曲柄軸，增加速度，減低所需的空間，使它可以在小的動力下製造，也可搬移到任何地方。做什麼事花費都不大時——世人還有什麼話說？這項創新乃具有革命性。如果我們拿它的到來與內燃機的到來相比，今日的讀者便懂得了。[2]

特里維西克把康瓦耳的工藝技術和康瓦耳的採礦技巧引入南美洲。不久全球的國家都在尋求這個本來偏處英國一隅的地區所發展出來的知識技術。一群外移的康瓦耳礦工在由祕魯到澳洲的各地挖礦，總是自稱「傑克表兄」。這個綽號不知如何開始，只知道他們是由英格蘭西部得來的。這稱高壓發動機比布爾頓和瓦特發明的發動機更容易攜帶。到了一八三〇年代，當蒸氣在美國成為真正重要時，大家都喜用高壓發動機，其中有一些乃由少數特里維西克時代美國本土成長的工程學天才所演化。我們在下面會談到這一點。

特里維西克這位康瓦耳人由南美回家以後，又做了不少事。其中之一是與肯特郡達特富的一位名叫豪爾的人合作改進蒸氣機。他於一八三三年在此患病，發燒躺在「公牛旅舍」一個月，死於四月二十二日，四天以後，他的同事出錢給他治喪，把他葬在達特富，墳墓上沒有寫他的姓名，特里維西克本人當時身無分文，可是他的妻子長於理家，讓孩子們豐富足食，她活了九十六歲。他們的兩個兒子日後也成為英國知名的工程師。其中之一——法蘭西斯．特里維西克——於一八一二年出生，他後來成為倫敦與西北鐵路公司的首席工程師。他於一八七二年發表了長達二冊的傳記，使他的父親名留青史。老特里維西克的兩個孫兒稍後成了日本修築鐵路的先驅。

不過，特里維西克的多災多難，和法國大革命時代的危險與嗜殺年代法國人的苦難相比，又算得了什麼。也許我們可以公道的指控英國，說它太不注意自己像特里維西克這樣的天才，讓他們在貧困中去世。但是，頌揚科學的美德而不贊成迷信和宗教的法國革命份子，卻或是殺戮或是流放了許多人才，而這個時期，其國家的工業正在起步。

第五章　首級得以保全

由於在羅伯斯比領導下的法國革命份子恣意殺戮（也就是現在所謂的「社會淨化」），在一七九四年六月和七月的七個星期「大恐怖時期」中，光是在巴黎一地，便有一千四百名男女死於斷頭臺。國王路易十六的首級在前一年落下。一七九四年五月八日，舊政體的所有收稅員也被處決，其中有一位是法國當代偉大的公學家拉瓦錫，其時他正主管政府火藥的生產。一七九四年六月二十一日，法國出版商汝奧寫信給他的兄弟說：

在最近幾個星期，我們目擊法國現代所有最偉大、著名和富有人士的死亡。他們都死於一個高大可憎被稱為「自由」的灰泥塑像的足下。這個塑像樹立在以前路易十五的雕像殘餘基座上面。我們能認為所有那些在她腳下犧牲的人都是她的敵人嗎？為什麼出身良好和受過好教育的人，會不支持正當的公民言論、行動和政治自由？誰會相信像拉瓦錫這樣的人會支持奴隸制度和暴政？沒有人會。但是他們是高尚、富有和開明的人，非處決他們不可。

我們很想說，斷頭臺是法國在革命時期那些騷亂的歲月中對機械創新的唯一重要貢獻。然而，它根本不是法國人發明的，只不過它的造型卻是一七九〇年代革命思想中殘酷邏輯的後果，這種高效率斬首的器具，不是因其發明者得名，而是由法國議會一位議員的名字得名。他名為吉婁丁，急切地想要引進一個不平等主義的新時代。他說所有被判處死刑的法國男女，至少應該得到與以前保留給貴族的相同處決方式。在過去，窮人處死的時候，會受到可怕的折磨，如車礫刑；而貴族處死，只是在頸子上用劍擊幾下。在新的法國，吉婁丁的願景是，無論貴賤，死囚的頭由同樣的一塊臺子上滾下來。

吉氏非常了解以斧頭或劍處死可以是一件恐怖而骯髒的事。他因而請教一位友人——外科手術學院的羅艾斯醫師——如何改良砍頭的方式。羅醫師仔細考慮以後草擬了一份報告，檢討其他國家所用的一些技術，並且細心觀察人類頸部的骨骼結構。他的結論是，一架砍器比劊子手——更好，並且提到這種砍器在英國已經使用。關於這一點他有些落伍，因為英國當時所喜用的是絞刑。但是英國卻曾使用哈里法克斯絞臺和蘇格蘭少女，這兩種器具均與斷頭臺類似。

贊成斬首的法律於一七九二年通過而又被國王本人所批准以後，政府便招標找尋設計最佳的器具。哈里法克斯絞臺的主要製造人投標未被接受，被接受的是一位德國人的設計。這個德國人名叫施密德，是一位住在巴黎自稱為發明家和鋼琴製造者的人。法國人用活綿羊和頸部完整的強壯罪犯死屍，試用施密德的機械。大家熱切討論刀片的最佳形狀，最後請教國王路易十六。國王是一個喜歡技術的人，他提出明顯的解決辦法：一個可以像用鋸子一擊般切斷人頸的三角形刀片。這至少是小說家小仲馬日後的說法，他提出這位法國國王幫忙設計處決他自己的器械。第一位平民斷頭臺受益人是暴力強盜柏拉提爾，他於一七九二年四月二十五日斬首。由那時起，冷酷的鼓聲與群眾的狂叫聲，曾伴隨許多著名人士在斷頭臺上被斬首。現在我們已無法得知，在拿破崙及其以後的時代對法國現代化做出貢獻的男男女女，有多少可能是大革命時代一波一波被殺伐的受害人。恐怖吞噬了一切。危險的不僅是保皇黨，那些在巴士底獄於一七八九年攻破之初曾參加革命工作的人，後來也常被判為敵人。眾所周知，甚至在一七九四年引起殺伐狂熱最主要的人——羅伯斯比，本人也於同年七月二十八日上了斷頭臺。

在革命那些年逃離法國的人當中，有一個二十四歲的海軍軍官馬克．布魯耐爾。布氏一七六九年出生於諾曼第一個受人尊敬的家庭。他七歲的時候母親去世，父親把他送到了訓練軍官的學校。雖然他年僅十一歲便離開了這個學校，但在校時身佩一柄劍並戴著有寬硬帽邊、兩邊或三邊摺向帽頂的帽子。寫布氏的傳記作家，或許誇大了他年輕時代的奮鬥：他的父親揚．查理說，兒子在音樂、繪畫和製造物件上的興趣是完全無用的。於是揚把馬克送進魯昂的一家神學院去受訓，以便將來當一名僧侶。這是傳統上次子的生涯，長子繼承農場。但是馬克完全拒絕期待這樣的生涯。

馬克很幸運，因為有一位同情他的僧侶認識到他的才華，把他引到另一條路上。十三歲時，他被送去魯昂，和一位親戚卡本提爾夫人及其夫法蘭索亞同住。當時法蘭索亞已經是魯昂的美國領事。他在卡本提爾家住的時候，有一位導師——杜拉格教授。杜是魯昂皇家學院的天文學家和水道學者，他教馬克航海學和數學。據說小馬克．布魯耐爾剛開始學三角，便可以用家製的經緯儀證實魯昂主教座堂的高度。由於他是一個聰慧的學生，遂在法國海軍獲得軍官的職位，而於一七八六年由魯昂出航到加勒比海地區。他在這以後六年間的一切已無法稽考，但他大約在美國的港口學了一點英文，而且在一七九二年回家時，對於航海及一條船隻的作業已有徹底的了解。

布魯耐爾回到魯昂，又與卡本提爾一家人同住。大革命爆發以後的三年，在許多外省的城鎮有小戰事。在路易十六及他的家人被囚於巴黎的消息傳到魯昂以後，當地組成了「國民衛隊」。布魯耐爾和法蘭索亞均加入了這個衛隊。一七九二年八月，布在其日記上寫道：他打了一個小仗，一群共和人士在他共營的大門口被擋住。次年冬天，由於社會秩序更為紊亂，布魯耐爾與卡本提爾去到巴黎，但旋即牽涉一項爭執而被迫逃離巴黎。

當他們溜回魯昂時，發現卡本提爾夫人接納了一名英國少女，她是由哥哥送到法國來學法文的。這名少女名蘇菲亞．金當，來自英國普里茅斯，她的父親原是普茅里斯的海軍包商，已於數年前去世。她在法國的監護人，原是一名法國男人及其英國妻子，但是現已匆匆回到英國，因為他們的一位友人在一隊革命份子聽到其保皇論調以後，已將他殺死，蘇菲亞當時正患病，無法隨他們同返英國，因而留在魯昂由卡本提爾夫人保護。馬克和蘇菲亞在魯昂發生騷動和殺人放火的時候墜入情網，但是在當時，這似乎是沒有什麼希望的戀愛。而卡本提爾夫人在注意到馬克的熱情以後，警告他說，蘇菲亞對他而言並不適合。

但是似乎冥冥之中一切已經注定。在法國大革命中的激進民主主義者掌權以後，布魯耐爾的立場失去支持，他怕自己快上斷頭臺了，於是決定逃亡到美國去。由於需要護照，說服了主管的官員，使他們以為他去美國是為了購買糧食，並將於一年以內回來。一七九三年七月他騎馬出發，但是因為馬絆跌了，他仰面跌倒在大路上。據他自己的說法，幸運的是當時的海軍部長蒙吉的馬車把他載到勒哈佛港，他由那兒乘美國船「自由輪」於七月七日出航。一位認識布魯耐爾的英國工程師比米希說：「法國政府的不當，使法國失去了一位最有天份子弟的效勞。」

我們也可以說，革命份子殘忍摧毀舊日的特權與各種貪污，為日後法國經濟的進步奠定了基礎；而拿破崙由一七九九到他一八一五年在滑鐵盧戰敗之間短暫的統治，又引入了法國極為需要的現代化。但是，在始於一七八九年革命爆發，又繼續到拿破崙窮兵黷武年代的時期，不但法國的任何重要工業發展都受阻，它也消除了自己許多最優秀的智囊。它把像拉瓦錫這樣的許多人才斬首，又使布魯耐爾這樣的人才流亡國外。尤有甚者，一七九三年十月，法國政府宣布所有的英國人為危險的外國人：在不需要他們的技巧以後，把他們抓起來關進監牢。甚至年齡不過十幾歲的蘇菲亞・金當也被捕。可是她很幸運，因為那個時候監牢人滿為患，於是她被軟禁家中，與已成為赤貧的天主教修女住在一起，心中充滿對斷頭臺的恐懼。

布魯耐爾對於愛人的艱苦處境不甚了然。他到了紐約市不久，便受到他在「自由輪」上所遇見兩位法國人的青睞。這兩個人計畫測量摩豪克河由紐約市向內陸流一直到安大略湖所經過的一片廣大地區。像法國的那些為獲得皮毛而設獵獸陷阱者一樣，布魯耐爾一行和土著印第安人響導結伴進入荒野。他們在路上巧遇一位由紐約來的美國人，這個人想要開發內陸，僱用布魯耐爾測量未來可能的運河與從事航運上的改良。布也表現了他在建築學上的才華，他提交到華盛頓國會議場的計畫中選了，但由於花費太大而被拒。（事實上，他對這個計畫修正的版本，被用來建造紐約市的公園劇院。這個劇院於一八二一年燒燬）。他有一段短時期受任為紐約市的首席市工程師，因此而接觸到上流社會人士和一些具有影響力的外交官。在喬治・華盛頓侍從軍官亞歷山大・漢彌頓的家中，他又遇到一位由法國逃到英國又遠渡大西洋來美的法國人。這位德拉比嘉先生激動地談到英國海軍的勝利，但是指出這些船隻的效能受到缺乏滑車組的威脅，戰時對滑車的需求大為增加。操縱大帆船及使用其大砲的方便和速度，不僅依靠船長和船員水手的技術，也依靠其設備的順利運作，而要船上設備的運用順利，滑車是非常重要的。

是什麼原因讓布魯耐爾到英國去並不清楚：是想把他所設計大量生產絞轆的辦法賣給海軍？或是想在英國尋找他在魯昂結識並相愛的那個英國女孩？他誠然可以留在美國；許多和他一樣的法國流亡人士，已在美國卓然而立，而他自己也已取得美國的公民權。他若回到法國的確安全堪慮。然而，引誘他回到大西洋彼岸的主要原因，大約是他想與蘇菲亞團圓，顯然他曾設法一直與蘇菲亞保持聯繫，知道在什麼地方可以找到她。蘇菲亞當時住在倫敦，他們於是團聚，並於一七九九年十一月一日結婚——那時馬克・布魯耐爾在福摩斯靠岸並初次踏上英國才九個月。

布魯耐爾有一點積蓄，但是他急需用錢。他在一七九九年四月申請他第一項新發明（他稱之為複寫器）的專買權。這種複寫器有附著在一個作家或藝術家手上所拿筆上的兩支筆，因而同時產生出原件的兩個副本。但是重要得多的是，他獲得他第二項專利權的機械制造船舶用絞轆的方法。這項申請已遲至一八〇一年，但自他到達英國的時候起，他便不斷利用他的介紹信和人際關係，設法實現他的計畫。不過他所擁有的只是一系列製造機器構件的圖樣，這些機器是切割器和挖溝器，對大多數資深的海軍人士而言，不具什麼意義。或許他是這麼想。

透過一位在倫敦的法國朋友，他知道有一位年輕的工程師在倫敦牛津街以北的威爾斯街剛開了一個工廠。這個人是二十九歲的毛茲雷，在離開了著名鎖匠布拉馬的工廠以後，新近獨自開業。茅茲雷小的時候在伍維奇兵工廠的造船所當學徒；他最初是個一名裝炸藥進彈藥筒的人，之後到木匠舖，並對鐵匠的鐵工廠發生興趣。布拉馬本人喜歡宣傳他高品質的鎖。他邀請科學家和其他人打開他的鎖，能開者有大賞，而後他在《泰晤士報》上登廣告報導結果。（參看第十三章）茅茲雷離開他的工廠時已是一名技術工匠。

布魯耐爾在與茅茲雷共事的時候，設法將某些他的圖樣轉化為可用的機械，以便說服當權的人，使他們知道這些圖樣是實用的，值得在上面投資。蘇菲亞的兄弟當時是樸茲茅斯海軍管理局的次長，他替布魯耐爾致函在南安普敦的梅瑟．福克斯和泰勒二位先生的公司——海軍用滑車的主要供應商。薩姆耳．泰勒——公司創辦人之子——自信沒有人能生產比他們公司所生產更有效能和更質優的滑車，回信說他們對布魯耐爾先生的發明沒有興趣。

幸運的是，布魯耐爾在美國的時候結識了某些傑出的朋友，因而開始造訪他們。這些人介紹他認識史賓塞第二伯爵喬治．約翰，也就是黛安娜．史賓塞女爵的先祖。史賓塞是諾丁漢郡選出的英國國會議員，他很有學問，曾在劍橋大學唸書，也因曾為港務局主任而有航海的業務關係。他把布魯耐爾介紹給許多當日的名人，但最重要的是介紹給薩姆耳・邊沁準將——也就是功利主義哲學家傑瑞米・邊沁的兄弟。薩姆耳・邊沁在一七九五年受任為皇家造船所的檢查長，著手現代化。他曾在凱撒登大帝的贊助下在俄國住過十二年，得到許多經驗。在那十二年間，雖然正式上他是一名陸軍軍官，但他與俄國海軍關係比較密切，協助海軍上將波坦金修造船舶的計畫。

邊沁不是一位乏味的官僚。他在俄國的時候，曾發明一種削木頭的機器，換了削刀以後，這種削木器可以製作各種各樣的造型。回到英國以後，他發明了可以用來製作上下拉動窗子的鳩尾接合、鑽孔和切薄木板的機器。到了一七九三年時，他已有登記在案的兩項專利權，並已是公認的發展新木工技術的先鋒。他想把這些技術引入皇家造船所，於是開始在樸里茅斯建一新屋，內裝海軍所用的第一部蒸氣機。這部蒸氣機可以推動一個大型鋸機，或許還可推動包括一些製作船舶用滑輪的新辦法的機器。

史賓塞伯爵是邊沁的密友，由他推薦布魯耐爾，已足使這位因反對法國大革命而逃來英國，又曾擔任敵人艦隊軍官的布氏，認識邊沁這位造船所偉大的現代化推動人。未幾，邊沁便知道布魯耐爾有一種值得一試的方法。當時急需更多的滑車組，皇家海軍已由一七〇二年的二七二艘軍艦，增加到一七九三年的四九八艘軍艦，而且仍在迅速擴張。因而到了一八〇五年特拉法加戰役的時候，它已自誇有九四九條船。每一條船上所需要滑車的量，與其裝置的索具及備配的大砲數目有關。納爾遜海軍上將的「勝利艦」，其長二十六哩索具的繩索需要七六八個滑車組，大砲需要六二八個滑車組。一八〇〇年時，皇家海軍一年至少需要十萬滑車，以便裝備新船、換舊船上的滑車和作為備用。

滑車的外殼乃由榆木製成，殼內在一種鐵棒上轉動的內滑輪，乃由稱為鬱蒼木的硬木製成。滑車有各種大小，當布魯耐爾到達樸茲茅斯時，它們大多仍是手製，不過兩家供應海軍的主要商品，也用某種精巧的馬力推動機器，鋸一段段的木頭。布魯耐爾在專利權中所提到，以及茅茲雷想要轉化為一系列實用機器的，乃是具有開創性的大批製造。一種可以把木頭切成定製所需大小的任何東西的機器，可以取代技術工匠。當邊沁造訪布魯耐爾並看到他的作業時，他立刻感到十分興奮，並且提議給這個法國人一紙合約，讓他在樸茲茅斯發展他的發明。（邊沁的遺孀日後說，邊沁是這種機器的真正發明者，但歷史上沒有任何證據支持她的說法。）根據這份合約，布魯耐爾先是按日計畫；而後，他的酬金是他的機器在製造可供一年用的滑車上所節省的成本。

一八○二年，布魯耐爾與妻子蘇菲亞搬到波濟亞不列顛街的一幢小房子，離樸茲茅斯的造船所很近。到了一八○三年，茅茲雷一共四十五部機器中的第一部交貨，而且開始作業，這以後的兩年間交貨更多。它們最後都套到滑車工廠的一部蒸氣機上。大多數的這些機器均與布魯耐爾最初專利權的設計相似，但在布氏與茅氏的通力合作下，又得以大大改良其所節省的勞力：四個工人現在所製作的榆木滑車外殼，和以往工藝制度下五十個工人所製作的一樣多；六個工人所製的滑車，和以往六十個工人所製作的一樣多。整體說來，勞力由一百多個工人減少到十個，成本大減。不久以後，樸茲茅斯的滑車工廠便可供應整個皇家海軍，每年出產十三萬個滑車組。

正當茅茲雷的最後一部機器在安裝時，納爾遜海軍上將短暫造訪樸茲茅斯造船所，並巡視這個滑車工廠。這是在一八○五年九月，也就是在英國海軍在特拉法加的海戰中擊潰法國和西班牙的艦隊，以及納爾遜在「勝利艦」上殉職以前的一個月。布魯耐爾的一些滑車，甚至有可能已用在曾在查山修理的納爾遜所乘的軍艦上。而到了一八○五年，與「勝利艦」同類的其他軍艦，確乎也可使用這種滑車。

由布魯耐爾所啟發而又由邊沁和茅茲雷所發展的滑車製造方法，事實上是精密機器工具最初的成功應用，它改進產品的質地，且又減少勞力和成本。它的這種大量製造辦法，為英國海軍省了很多錢。然而海軍部循例遲遲付錢，不過最後布魯耐爾得以取回他當日由自己的儲蓄中所拿出的投資全額，以及他們承諾給他的酬金。一八一〇年，他收到一七，一〇九三鎊十八先令四便士，相當於今日的六十萬鎊。

這時候，布魯耐爾已由樸茲茅斯搬回倫敦，且在一八〇七年住進倫敦喬西區泰晤士河上的一幢房子。他此時已與一個合夥人在巴特西共同開設了一家鋸木廠。鋸木廠的營業很好，以蒸氣機所驅動的大型圓鋸子切割各種用處的木材。這種新切木材的許多方式一開始會遇到的短暫困難，在樸茲茅斯已經解決。現在是布魯耐爾和他的合夥人法新先生收穫成果的時候了。但是布氏和特里維西克一樣，往往同時涉足好幾種企業，而讓別人去經營他所成立的企業。他的巴特西鋸木廠已成吸引外國遊客的景點，他又在它旁邊成立了另一家新工廠，生產軍靴。

啟發布氏設立軍靴工廠的是英國步兵軍團由西班牙北部回來時引人憐憫的景象。他們是在加利細亞的科隆那最後一役以後，被拿破崙的軍隊驅逐出西班牙的，他們的將軍摩爾爵士也在此殉國和入葬。當這些衣著邋遢的士兵蹣跚的走上樸茲茅斯岸邊時，布魯耐爾湊巧也站在搖旗吶喊的群眾之中。這些步兵的腳裹在破布裡面，他們已經熬過了一次漫長而苦難的撤退，許多人成了跛子。布魯耐爾注意到他們的軍靴慘況，要了幾雙來看看。當他把它們切開看到裡面填的竟是黏土時，不禁大吃一驚。無疑，在潮濕的天氣，黏土已溶解為爛泥。在拿破崙征戰歐洲想要統治歐洲時，對於軍靴的需求仍然很大。到了一八一一年，布氏的工廠已在生產各種等級的皮靴。布氏給軍隊製靴似乎使威斯來爵士，也就是威靈頓公爵賞識他；一八一五年的滑鐵盧戰役中，據說，公爵的第三十三軍團穿的便是他製作的靴子。

到了這個時候，布魯耐爾在英國已是一位很受人尊敬的人物、倫敦上流社會的一員；他有錢，家庭也在擴大。他一八〇六年出世的兒子伊山巴，對父親的各種設計和圖樣已很有興趣。英國為了表示對他工作的讚賞，一八一四年三月馬克・布魯耐爾獲選為皇家學會會員。俄國人對於其他國家的人才一直保持警惕。這一年稍早，沙皇亞歷山大一世在訪問樸茲茅斯的時候，贈與他一枚金戒指。不久以後，俄國人便請他設計俄國的橋樑，並提出優厚的條件想引誘他離開英國。事實上，俄國不久便救了布氏一命。

一八一二年到一八一四年間，他出奇地具有創造性，致力於在查山造船所的一家講究的木材廠，以各種新奇方法為他的大圓鋸裝載大圓木。他在一艘泰晤士河的船上裝置了一部蒸氣機，去馬蓋特又回來，希望海軍部會買他的新拖船；而且他仍在製作成千的軍靴。然而，他無法使他的財富持久，因為他把一個工程所賺的錢用於研究另一工程；財務一走下坡便不可收拾。

一八一四年，巴特西河濱的一場大火，延燒到布魯耐爾的鋸木廠，以致全廠被毀。這個時候他的合夥已經離開，因而全是他一個人的損失。可是軍靴是還可以做的，不過在威靈頓於滑鐵盧大勝以後，對於所有軍事配備的需求幾乎停止，因而製軍靴業也不振。但是布魯耐爾尚有其它的工作項目：俄國人請他設計一座橋樑，法國人也請他設計一座橋樑；巴黎也想要一個新的自來水廠。他真正是一個國際明星。但是由於某種原因，這些方案均未落實，他也沒有收入。為了生存，布魯耐爾一直在借債，靠他的銀行與債權人協商。可是一八二一年時，這家銀行宣布破產，因而關閉。

布魯耐爾由於無法償債，和他的妻子蘇菲亞同時被捕入獄——不是狄更斯小說中的馬夏西監獄，而是高等法院。訪客看到布魯耐爾繼續致力於他的設計和計畫，蘇菲亞在一旁給他補襪子。他們於一八二一年五月十八日入獄，到了七月底仍在那兒，沒有什麼拯救希望。布由監獄中致函沙皇亞歷山大說，如果他同意遷到俄國開業，便可能由獄中釋放。這件事在威靈頓公爵的暗示下，促成政府重新評估布氏對國家的貢獻，並給他五千鎊以酬謝他的服務。這五千鎊已足以使他們出獄。布魯耐爾無疑認為威靈頓是他的救星，因為他在八月十日寫信給威靈頓，以十分卑躬的措詞感謝威靈頓促使英國調整對他的安排，以及他嗣後的出獄。

在他的財務崩潰以前，布魯耐爾正在設法解決一個特里維西克以前也曾嘗試解決而不果的問題。這是關於泰晤士河的地道。一八〇八年，這項工程被放棄，因為在一連串近於災禍的事件以後，經費已經用完。當他在查山造船所工作的時候，布氏對一種可以對船身、木質防波堤和防洪設備造成嚴重損害的軟體動物發生興趣。這種蛀木蟲形狀好似拉長了的蠔，它在幼蟲階段用兩個尖殼切入木材，吃木材自活。在大西洋中，這些蛀木蟲通常長約七、八吋，直徑半吋，但是在加勒比海，它們可以長到二呎。為了保護船隻不受這些和其他水生鑽孔蟲的攻擊，船身常覆蓋一層銅質貼板。

布魯耐爾在發現這種蛀木蟲如何扭動其頭上的切割外殼，而後將嚼過的木頭吞進其軀體由其尾端排放出來以後，因得此靈感而取得另一項專利權。這次是為開鑿軟地成為地道。這項專利權乃於一八一八年註冊登記，包括兩項不同的技術：挖掘工人推動一種盾形物向前，一面走一面固定地道。布魯耐爾花了很久的時間才使大家對泰晤士河的地道發生興趣，但是他不肯放棄這個工作項目以及測驗他智巧手法的機會。他稱這種機械裝置為「大盾」，並由茅茲雷製作。他遊說了包括他的老友威靈頓公爵在內的多數有可能投資的人，最後組成了一個公司。公司成功地發行價值二鎊的股票，以為這項工程籌資。這條新地道將比特里維西克曾經致力的那條地道更靠近倫敦。它的功能不再是方便軍隊由南海岸到艾塞克斯郡行軍，而是想要減輕由倫敦橋以東泰晤士河北岸正修築中的碼頭，到南面的碼頭系統之間的交通量。由於泰晤士河上的交通十分密集，在那個時候修一道橋是不可能的。由南面的羅澤希斯到北岸的華平修一條地道，無疑可以緩解許多道路上的交通。

工程於一八二五年以挖掘羅澤希斯豎井為開始，其計畫是下到分段的金屬「盾」可以開始漸漸穿過泰晤士河下面的藍色黏土，在地道的第一期工程完成以後，只會有可以付通行稅的步行人的空間，以便籌款做最後一期的工程。最後一期完成以後，雙重的地道可以承載馬拉的交通。為了避免花錢買地道兩端進口處的大片土地，貨車得先下擁擠的螺旋形道路。

在馬克・布魯耐爾無數的工程學方案和發明（從為一位雙手患關節炎的女士發明的洗牌機器，到他的滑車機器和許多橋樑）中，這種挖地道的技術也許是最新穎和對日後的各種發展影響最深遠的一項。在這項工程開始時，馬克聰穎的兒子伊山巴（使人弄不清的是：他們父子二人都自稱伊山巴）開始加入他的工作。伊山巴受過國際性的教育，先後在英國與巴黎上學。往往有人說年輕時的伊山巴不為巴黎的工藝學校所接受，因為他是英國人。他英國的傳記學家以命運中這一顯然可笑的曲折，來說明法國學術界的高傲。可是事實是，伊山巴沒有通過競爭激烈的考試。

有三年之久，布魯耐爾父子致力於地道的工作。他們遭遇到許許多多的困難，其中最危險的一項是河床下面的地質。馬克．布魯耐爾原以為是純黏土，可是它不是。他的盾碰到流砂區，好幾次水瀉了進來。最後，在一八二八年一月十二日，地道的工程停止了。錢花完了，投資人灰心了；此時地道只完成了一半。這以後七年沒有人去管它。七年以後又用一種改良的盾再度興工。又過了七年，一八四三年三月，第一段地道開放供行人通行。它始終沒有開放給通路交通之用，但是後來成為一個鐵路地道，至今如此。

馬克．布魯耐爾生時得到許許多多的榮譽，而他才華橫溢的兒子又成為他那個時代最著名的工程師。馬克在一八二九年獲頒法國由拿破崙一世所創設的榮譽勳章。十年以後，土木工程學會因他挖地道的盾而頒贈他泰福勳章。一八四一年他獲得爵士的身分。然而由泰晤士河地道工程的時候起，他的健康開始衰退。他於一八四二年及一八四五年中風，一八四九年十二月十二日，在他在聖詹姆斯公園旁的住宅中去世，安葬的地方是坎索格林墓園。

如果一七九三年布魯耐爾留在魯昂拼命幹下去，那麼他和他的發明天才會遭遇什麼命運，是無法知道的。像拉瓦錫一樣，他可能被斬首而他的許多發明會和他的頭一起掉進一個籃子，永遠埋沒。如果他由法國大革命中存活了下來，那無疑便會用他的天才滿足法國工業的需求，但是在一八〇〇年代早期，他工作的環境定然不會像他在樸茲茅斯和倫敦的工作環境那麼好。同樣的，如果他不是為了想和蘇菲亞．金當再度團聚而留在美國，那麼他便會在一個較不成熟的工業世界展開他的發明工作，這樣的工作環境，是不如年輕的茅茲雷和他在牛津街的工廠給他的工作環境那麼好的。

一八〇〇年時，美國才不過剛開始發展其本身的製造業，但是對另一位由法國來到美國的移民來說，他在美國所見的落後工業，正給了他一個機會：他成立了十九世紀美國最大的一家公司，這個公司至今仍居世界領袖地位：化學巨人杜邦。

杜邦公司的創辦人，是傑出的皮艾爾．杜邦，皮艾爾是巴黎南面六十哩的尼茅區中沙宛村一片地產的業主。皮艾爾自稱尼茅的杜邦，曾在路易十六的內閣中擔任商業檢查長。他贊成改革向非革命，一七九二年八月十日與他的幼子艾倫尼在杜伊勒瑞勤王。當暴動者齊集追捕國王的時候，他的瑞士衛兵想要保護他但遭敗績。杜邦和艾倫尼帶著六十名士兵前往搭救，但他們也被打敗了，幾乎全體喪生。包括杜邦及其子在內的少數幾名走散的人，冒充革命份子而得以倖免。老杜邦知道他是個顯赫的人，容易被人識出。他先藏身巴黎氣象臺的圓頂中，而後喬裝一位年老的醫師溜出巴黎回到尼茅區。艾倫尼留在巴黎經營他父親創辦的一個成功的印刷和出版生意，也給家人一點錢花。

一七九四年，老杜邦在他的朋友才華橫溢的化學家拉瓦錫被送上斷頭臺以後也被激進民主主義者抓住，關進稱為「權力」的監獄等待處決。但是羅伯斯比命運突然的逆轉（本人被處決）救了杜邦，他又回到政界。他與艾倫尼共同發行一份名叫《歷史學家》的雜誌，提出他自己中庸的政治改革看法。

一七九四年稍後，杜邦父子又在革命份子權力鬥爭中處於不利的地位。左翼的一派發動政變，追捕君主主義者，並搜查他們所認為的反動雜誌，其中之一便是杜邦的《歷史學家》。當顏思將軍衝進他家，拿出一紙拘票要逮捕他的時候，皮艾爾．杜邦正臥病在床。雖然他提出抗議，但是還是再度被送進權力監獄。不久艾倫尼也來了；他們二人與一個謀殺犯和三個賊當晚住在同一個牢房中。那個時候他們並不怕被處死，因為他們知道與他們立場相似的人所受的處罰是被驅逐到西印度群島的法屬圭亞那。然而，在他們入獄之時，警察闖進他們在小禮拜堂路的印刷廠，想找證據控告他們，但是因為找不到，便把印刷廠搗毀，照皮艾爾的估計損失在四萬法郎。杜邦父子在入獄以後兩天被釋放，原因大約是皮艾爾答應以後不涉足政治。在法國大革命爆發之初，皮艾爾．杜邦是個生活安逸、小康、人際關係良好的人，但是現在他不再能擔任公職，而且又破產。他曾兩次入獄，先有上斷頭臺的危險，後又險遭驅逐出境。在這個情形之下，他決定去美國。

在那個時候，這並不完全是什麼新奇的想法。杜邦這家人在大西洋的彼岸也有良好的人際關係。皮艾爾的長子維克多已住在美國多年，而且已經結婚。當皮艾爾和艾倫尼關在「權力監獄」時，他在南卡羅來納州查爾斯頓市擔任法國領事，生活舒適；傑弗遜和富蘭克林都與他有私交。不過當時杜邦這家人在美國實在也沒有什麼事好做，而且他們還得放棄他們在巴黎的出版事業。有一天，皮艾爾宣布了一項計畫，向投資者籌錢，以便在美國購買土地成立一個新社區。他的家人大吃一驚。這個計畫與布魯耐爾初去美國時所涉及的計畫類似。此時已回到法國的維克多警告說，法國人在美國不一定受歡迎，而且只有某些州允許外國人購買土地，但是皮艾爾的決心沒有改變。

在皮艾爾下定決心去美國以後的兩年，杜邦一家人才成行。他的朋友警告他說，如果他就這麼乘船去美國，他便可能失去他在法國的土地權利，因而他最好像布魯耐爾一樣，找一個公務上的理由。於是杜邦設法登記自己為研究美國自然歷史和文化的探索隊的一員。因而，嚴格的說起來，他不是逃離革命黨人治下法國的難民，不過他所受的處罰實在也足以讓他想離開法國。

杜邦一家人在一七九九年十月二日離開法國，由瑞島搭上「美國之鷹輪」。他們一行有七個成年人和六個小孩。除了皮艾爾以外，還有維克多夫婦及兩個孩子、艾倫尼夫婦及六個孩子、另外一位家人之妻與其嬰兒，和一位姐夫達瑪斯。橫渡大西洋的這次逃亡，幾乎和大恐怖時期那幾個星期同樣危險。「美國之鷹輪」

漏水漏得很厲害，船長似乎喪失了航海技術，水手又叛變並搶劫乘客。杜邦一家不得不拔出劍來守護其財物。船上食物很少，不得不再度由英國的船買供應品。他們在海上渡過九十一天，而後船停泊在羅德島的新港——時在一八〇〇年元旦日（有人說是一月三號，但這個日期不如元旦日浪漫。）皮艾爾的第二任妻子已與她的女婿和小女兒先行抵美，說好在新港與皮艾爾一行家人會合團聚。但是「美國之鷹輪」在路上耽擱的時間太久，以致他們不得不放棄，以為這些家人一定是淹死了。杜邦家的傳說是，他們蹣跚上岸尋找食物和庇護所，後來他們找到一間燈火通明的房子，裡面有擺滿一桌的盛饌和許多瓶酒。由於他們扣門不應，乃走了進去又吃又喝，臨走留了一枚金幣作為答謝。

像所有的作者可疑的故事一樣，這個故事也沒有什麼真實性可言。皮艾爾・杜邦在美國開發土地的宏大計畫，是一個似乎永遠不能實現的美夢。然而杜邦一家人不久便豐衣足食。艾倫尼年輕的時候本想成為博物學者，但是他那位有時專制的父親，卻堅持他從事他認為比較有用的職業。他設法給兒子找了一個跟隨他的朋友拉瓦錫工作的職位。拉瓦錫當時身負許多責任，那個時候也是「火藥與硝石署」的署長。由於火藥的商業生產因其品質不佳而在法國被禁，「火藥與硝石署」乃是國營機構。能隨拉瓦錫工作乃一大光榮，因為拉氏乃歐洲最有名的化學家之一，他所造的字眼如oxygen（氧氣）和許多其他的化學字眼，一直沿用至今。艾倫尼在巴黎城外艾松的火藥廠工作的時候，學會了一些製造炸藥的技術，以及拉瓦錫等人所發明改良其品質的技術。一七九一年，當他還在艾松工作的時候，拉瓦錫在轉到財政部以後已遭到追捕。這時艾倫尼也離開了工廠到巴黎去和父親在一起。

艾倫尼在艾松所取得的知識，成為杜邦家族的救星。那個時候和那個以後許多年，美國需要大量的火藥。美洲多野生動植物，狩獵乃普遍的職業和嗜好。當殖民者向西移動的時候，與印第安人的戰事和清除土地上的雜物都需要炸藥。在有採煤和採石的地方，常需要用黑色的火藥把岩石炸開。可是，與在英國或法國的情形不一樣，美國的火藥生產尚沒有充分的發展。艾倫尼本人由兒時起便喜歡戶外生活。他現在變成一個熱心的獵人，喜歡一連多日和與他同是由法國來的人在野地狩獵。那個時候，往德拉瓦州的威明頓市有一個小的法國社區；社區中的人大半不是逃離法國而來，而是由聖多明哥島（日後稱海地）躲避大規模農地上奴隸叛亂而來的。在這些由法國來的移民中，有一位土薩上校，他在法國出生，但已成為美國的砲兵軍官。在一次出獵的時候，艾倫尼和土薩說美國當地生產的火藥品質不佳。

在土薩的鼓勵之下，艾倫尼決定在美國成立一家法國式的火藥工廠，而且使它成為家族企業。他需要投資的人和設備。他和他的哥哥維克多想到他們需要回法國一趟，去為他們在美國的企業做準備。艾倫尼於是回到艾松的火藥工廠。他受到熱烈的歡迎，他們並且告訴他火藥工藝技術最新近的發展。最緊要的一點是，三種要素的供應和純度：硝石（硝酸鉀）、硫磺和碳。那個時候，在孟加拉有巨量的天然硝石儲存，於是孟加拉成為世界上主要的硝石供應地。但是英國已經兼併了這個來源，因而法國必須將就用舊日的收集和精製的方法。這種硝酸鉀乃在浸透尿液的土壤中形成，不論是人尿還是獸尿，由所謂的「硝石工人」去採集。拉瓦錫曾有許多增加和改進硝石供應的計畫和辦法，當時也有人在類似的搜索高品硫磺和木炭的豐富來源。

艾倫尼在杜邦一家離開不久會在法國受到熱情的接待，這件事似乎並不尋常，但他本人心中對這件事倒是很明白。在他的火藥廠成立了一些時間以後，他寫信告訴父親：「美國的製造業者只能傷害英國的商業。我在四年以內已製造出六十萬磅的火藥，如果我不曾製造這個火藥，美國必須由英國進口，因而我只是傷害了英國人。法國的人很明白這個事實，因而他們給了我取得我所需機械的一切方便。」另一位杜邦家的人貝西．杜邦在她所寫的杜邦公司歷史中說：「拿破崙想要摧毀英國商業，對美國火藥工廠的設備來說，似乎是一件最幸運的事。」拿破崙的所謂「大陸體系」，禁止歐洲大陸和英國之間的任何貿易，使美國可以自由填充這一空隙。

一八〇〇年，時任美國副總統的傑弗遜，幾年前在巴黎當外交官的時候，與皮艾爾．杜邦熟識。他對這個火藥工廠的方案很熱心，並且提議說，工廠當興建在華盛頓特區附近。可是艾倫尼回美以後，卻選擇回到德拉瓦州的威明頓，離土薩上校家不遠的地方。在威明頓，白蘭地酒河供應動力給許多工廠以及給將火藥工廠所必要磨碎和壓實火藥的機械。艾倫尼在法國時成立的工廠名為尼茅和西艾E．I．杜邦公司——他名字的第一個字是罕見的伊留塞爾。他與一個來自聖托．多明哥的法國移民合夥，而在白蘭地酒河上買了一個農場。這個人已是美國公民，因而可以簽署契據。投資這個公司的人有法國人也有美國人。

這家火藥工廠成立以後，根據皮艾爾的建議，命名為伊留塞爾工廠。工地的建構大致摹仿法國式，預備各種要素化學劑的步驟，彼此保持距離。火藥工廠常有意外的爆炸事件。最初艾倫尼痛切的抱怨說，在美國可以用到的工人標準太低，其中許多人是非技術性的愛爾蘭人，他不懂他們在說什麼，他們也不懂他說什麼。他因而徵求法國的技術工人，並且使說法語的加拿大居民知道白蘭地酒河上可以找到工作。到了一八〇四年，工廠已在生產，而艾倫尼所出售的火藥，大家都說其品質較美國常見火藥的品質高，而且至少和英國出產的火藥一樣好。政府的訂單滾滾而來，美國人最初用它的地方之一，是在與所謂的地中海巴巴利海盜的戰爭中，這些海盜騷擾美國人的艦隊並擄人勒贖。杜邦為攻擊他們製造了重二萬二千磅的火藥。別的國家也寄來訂單，西班牙訂的貨數量最大。

但是在公司營業的早年，困難仍然很多。它的火藥的品質很好，需求火藥的人也多，但是艾倫尼頭寸一直很緊，每一次為製造更多的火藥而購買原料時，都瀕於破產。他的哥哥維克多有財務上的困難。他的父親皮艾爾在一八〇二年回到法國。他對美國的幻想破滅，又有人向他保證，他在自己的國家法國不會再為當局追捕。皮艾爾在巴黎盡一切的力量，設法資助艾倫尼的企業，不過他自己往往財務窘迫。他的任務之一是，設法讓一個技巧火藥工匠巴倫特在美國領事的見證下，在巴黎簽署一份合同，替德拉瓦州的杜邦公司工作九年，年薪美金五百元。

一八〇三年四月，巴倫特帶著兩個兒子和一個女家庭教師到達紐約。維克多．杜邦前往接他，並立刻對法國人的「紳士」態度和舉止大為吃驚：任何這樣矯飾的人，不可能屈就威明頓的質樸魅力。維克多的印象旋即得到證實。巴倫特宣稱他不願意住在白蘭地河這樣的邊遠地區，而只願考慮當時美國的第一大城費城，或有前途的紐約市。巴倫特更不高興的地方是，艾倫尼答應給他的薪水，比給與他同樣資格的美國人低，因為艾認為一個法國人的期望不如要價過高的本地勞工高。事實上，當時也沒有多的工作給巴倫特做，因為他到達的時候，工廠還沒有充分開工。但是後來雙方終於攤牌：艾倫尼要求巴倫特開始工作，而這位不情不願的製火藥者潛逃到費城。艾倫尼讓人把他拘捕下獄，他在獄中關了好幾個月。最後艾倫尼屈服，給了巴倫特一些錢，讓他去紐奧良與艾倫尼的姐夫達瑪斯合夥自行開業。巴倫特經營成功，但一八一一年不幸出意外淹死。

終於，艾倫尼在威明頓集結了一大群忠誠的技術工作人員，他的火藥工廠聲譽卓著，以致在美國，「杜邦」這個名字與「火藥」成了同義字。可是這一成功也製造了其本身的問題，因為與它競爭的製造商，設法竊取杜邦工作人員的知識與技術。一八〇八年，在維吉尼亞州理其蒙新成立的一個公司，在威明頓的報紙上刊登廣告徵求製造火藥的高手，也由杜邦的某些工作人員得到回應。不過艾倫尼採取了法律行動，制止了一個理其蒙公司派來代表在威明頓和他的工人談條件。雖然在一八一二年與英國之間的戰爭結束以後剩下的火藥太多，以致造成衰退，然而這場戰爭十分有助於杜邦的營業。艾倫尼有時也得擺脫激烈的競爭，可是在整個十九世紀，對軍隊與戶外運動者而言，他所創辦的公司都是最大的火藥製造商。

由於時時可能發生火災與爆炸，製造火藥自然是一種危險的企業。一八一七年七月十六日，一個燒木炭的人誤以為某些餘燼已經熄滅，而把它們留在木桶中。一些餘燼再點燃木炭，木炭燃燒木材，而廠房爆炸為一片火海。杜邦工廠的火警鈴把各處的工人集合到出事地點。艾倫尼當時出公差與人商洽新的訂單，然而皮艾爾・杜邦聽到警鈴。雖然他當時已七十七歲而且身體也不好，但是仍然儘快穿好衣服前往幫忙救火。消防隊員站成一排，由白蘭地酒河汲水一桶一桶傳過去滅火。

皮艾爾所以回到美國，是因為法國又鬧事而他不得不逃離法國。他在回到法國以後不久，曾經出任公職。在拿破崙於一八一四年放棄王位並被監禁在厄爾巴島以後，皮艾爾受任為塔里蘭臨時政府的部長，事實上，他甚至曾書面證明拿破崙四月十一日的去職。他那時已成為一位國家顧問和法國榮譽團勳位所有人。他的家庭生活沒有那麼愉快，因為他的妻子由馬車上跌下來而生重病。而後拿破崙驚人地重新在坎城出現並揮兵北進，臨時政府的官員四散。皮艾爾設法取得一份假的美國護照，橫渡大西洋回到美國。他再也未能見到他的妻子，她在他離開不久以後便逝世。

皮艾爾一八一七年七月奮力的救火成為他的死因。他安葬在日後成為杜邦王朝自己家園的墓地上，距離火藥工廠不遠。他的墓誌銘說：「這個紀念碑獻給尼莫的皮艾爾・薩姆耳・杜邦，華薩會會員、榮譽軍團團員、高級文官、第一屆國民代表大會會員、法國研究院院士……。他一七三九年出生於巴黎，一八一七年八月十七日，在伊留塞爾工廠逝世。」雖然他們的這位家長想回法國去，這卻是杜邦家族這種野心的終結。杜邦一家人現在已成為徹底的美國人。

然而，一八一八年三月十九日，這家公司卻幾乎近於消失。那是一個寧靜的艷陽天，很多人都到威明頓的街頭。但是這一派祥和的景象，卻為大家以為是地震的一聲巨響所粉碎——或許一艘新的汽船在河上爆炸了？這一爆炸的效應，在四十多哩以外尚都感覺得到。杜邦公司的一個打光工廠（火藥在此「打光」，使其顆粒能耐潮、燃燒也慢）爆炸了。始終沒有發現這是不是一個意外事故。這個工廠烈火雄雄，一根著火的木材被拋到幾百碼以外，點燃另一棟房子。一聲大爆炸接著一聲大爆炸。當火點燃挖進山坡的一個火藥倉庫時，碎岩石飛到各處。

這一次艾倫尼又不在家，他人在費城。他急速趕回工廠，發現他三十六名工人及其家人已經死亡：飛岩進入一些木材建的房子，工廠一大部分的被毀。艾倫尼有失去他整個企業的危險。他的父親曾在法國借錢，現在艾倫尼有責任替他還債，也得應付材料供應商的賬單。情形岌岌可危，但是這家公司存活了下來，不久恢復作業。它用了一百四十名工人，每年生產八十萬磅的精製火藥。

杜邦家由法國來的移民，其第一代壽命不長。一八二七年時，艾倫尼之兄維克多死在費城街頭，享年四十九歲。他嗜賭，曾給家人帶來一些問題。維克多死於心臟病，死後在他的口袋中找到一張由紐約統一彩票行買的彩票。家人在對這張彩票時發現，他身後中了八百五十美元的獎。艾倫尼死的情形也類似。他於一八三四年在費城的大街上崩潰，死在他的旅館房間，得年六十三歲。他死了以後，傑克斯．比德曼維持公司的作業（傑克斯是艾倫尼的女婿，一八一六年娶艾倫尼之女伊芙麗娜為妻。）他回到法國，清償杜邦家族在法國所有的償務，並結束在法國的公司。重組杜邦家族在美國的企業，又成立了一個由艾倫尼七個子女（三個兒子四個女兒）所組成的公司。他自己不在裡面。

這個杜邦的故事，是所謂「工藝技術由一個國家轉移到另一個國家」的最佳例子。法國生產火藥的技術被帶到美國，在那兒成立新的產業。只要美國的工業一日較為落後，工業創新的流通大約只有一個方向——向西橫渡大西洋。但是到了一八〇〇年代早期，美國本地也出現許多發明。美國人為他們自己的產業設計獨特的機器，還有一些美國人大膽地提供給法國人和美國人他們在自己國土所創造的極端靈巧的發明。

第六章　工廠中的一些美國人

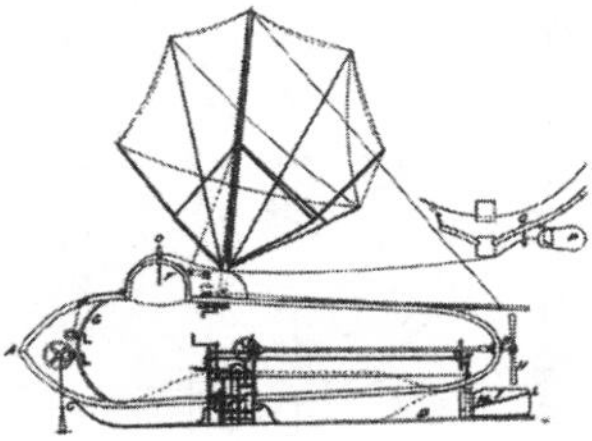

一八〇五年十月十五日，英國南海岸的海灘上聚集了好些人，他們是來看一種具摧毀性的新武器的示範表演。據說它是一個名叫羅勃．法蘭西斯的年輕人所發明，不過只有海軍部的少數幾個人知道他的真實姓名。大家都注視著一條船——一艘重二百噸有三根桅檣的荷蘭船，船停在離岸四分之三哩的地方。這艘老船不久以前是戰利品，它現在當然可以犧牲的。船上沒有船員：船只是岸上正在準備的武器的攻擊目標。一小群人架好一條粗糙的雙船身獨木舟。一群好奇的當地人和若干穿著考究軍服的顯要在一旁觀看。他們選擇的這個海灘就位於華麥城堡的下方。這個城堡是英國首相威廉．匹特在懸崖頂上的住宅，匹特也在那兒目擊這種武器的示範表演。發明它的人說，它可以結束拿破崙入侵英國的計畫。在海的另一側是法國的布洛尼港和加來港，拿破崙的艦隊正集結在那兒。

在那個奇怪的的雙獨木舟準備好了以後，一個藏身水中和划著槳的人，把它向三桅船推去。進展非常慢。有人聽見一個海軍權貴說，不論這位發明者的所謂「魚雷」會造成什麼損害，他會很高興在它要炸的船上吃一頓飯。雖然如此，這個武器接近了船，推動它的人把它瞄準錨鍊的方向，並把它釋放出去，而後儘快的游泳回到海峽。在同時，一個以鐘錶機制觸發的信管，滴答滴答地表示時間的過去。

第二天，《泰晤士報》報導了接下來發生的事情。這一小段的結論說：

在機械的發條裝置完成作業以後幾分鐘，一小股煙由船上上升，船旋即炸成微粒；一點聲音都沒有，也看不見火。在二十七或二十八秒鐘以後，那艘帆船消失得無影無蹤。唐將軍和好幾個陸海軍軍官和史密斯爵士一起到匹特先生的華麥城堡觀看這個實驗。他對這個發明的摧毀力量感到驚訝[1]。

魚雷摧毀力量的這一令人印象深刻的示範表演，時間是在納爾遜海軍上將於特拉法加之役擊敗法國和西班牙艦以前的一個星期。事實上，這位魚雷發明人在五個星期以前，曾親自寫信給納爾遜先生：

大人

如果戴維遜先生人在倫敦，他會介紹我認識大人您的。我是所謂潛水航行船架和一種雙船身小艇的發明人；我在想大人您在許多封鎖的情形下，會很用得著它們。我之所以想見您，就是為了這些發明，我並且認為您會對我的解說感到興趣。如果您能指定一個時間，我非常樂意在您離開倫敦以前，和您說幾分鐘話。

您最卑順的僕人法蘭西斯

一八〇五年九月四日於皮卡迪里薩克維爾街十三號。[2]

戴維遜先生是納爾遜的辦事員，他當時不在倫敦。我們也不知道海軍上將納爾遜是否曾看到這封信。他不像曾經看過，因為他很快便去了特拉法加。他知道當時出現的許多新式武器，而且不像許多資深的海軍人士那樣，他也不是完全對它們缺乏興趣。但是，他自信可以用傳統的方法贏得任何海戰——也就是在近距離炸毀敵人的船側。

這位簽署自己名字為法蘭西斯的外國人，常常想要直接與納爾遜這樣顯赫的人物接觸。他在此以前至少已花了十五年的時間在英國、法國以及他的故鄉美國，兜售他的新發明和以種種方法說明他有發明天才。他的真實姓名是羅勃·富爾頓，是一個在美國獨立戰爭以前出生的美國人。若干像他這樣的人所表現的美國人創造力，不但促進了美國的工業化，也影響到歐洲的發展。

另一位美國人也給英國人留下相當深刻的印象。他是一七六六年在麻薩諸塞州新百瑞港出世的傑可布·柏金斯。柏氏是一位驚人的多產發明家。他生命的最後三十年住在倫敦並設法致富。他十分讚賞另一位美國人艾文斯。艾氏曾興建一個自動化的輾磨麵粉廠，而且似乎與特里維西克差不多同時獨立創造出高壓蒸氣機。艾氏的心意異常獨立，他沒有想在歐洲賺錢，而以推進美國的工藝技術為滿足。埃里·惠特尼也一樣。美國歷史稱讚他為軋棉機的發明人；這個故事和發明蒸氣機的故事相比，因各種要求別人承認、反要求承認和通俗的荒誕說法，而更顯得模糊不清。

在這四個人當中，富爾頓最為神氣活現，也最沒有發明天才——幾乎他所有的發現都是借用別人的。但是他的堅持卻很有效。他沒有實現想以擴大魚雷的應用破除海戰的野心，相反地，卻肇始了世界上最初的載客汽船業務——上下赫德遜河。富氏並沒有什麼機械才能，他能做這麼多事，實在很了不起。他是一個「發明狂」。他一到了英國便受到迷上運河和蒸氣革命的英國時代精神的影響。不過，他不是以機械士或工業間諜的身分橫渡大西洋，而是為發展他製圖和繪畫的天才。

羅勃．富爾頓於一七六五年十一月十四日出生於「小英國鄉」，這個現已改名為「富爾頓鄉」的地點，在賓夕凡尼亞州的蘭開斯特以南二十哩。他的父親是一個裁縫和平庸的商人。他嘗試耕種不成，因而在羅勃三、四歲的時候搬回蘭開斯特。根據富爾頓曾孫女愛麗斯．塞克里夫的說法。羅勃．富爾頓的父親在他的社區頗受尊敬但是不富有，他在搬回蘭開斯特以後的兩年過世，留下的遺產很少。關於這個家庭在此後幾年如何存活下來已沒有記錄，但羅勃上了一點學，並對蘭開斯特的許多工廠很早便發生興趣。這些工廠曾製造許多向西橫跨美國的篷車，以及獨立革命中所用的武器。

富氏在十六、七歲的時候替費城的一位珠寶商工作，大約是畫刻有浮雕寶石等上面的微細畫。在畫這些小畫方面，他似乎相當出名，據說至今尚有他畫的一、兩件作品流傳下來。一七八五年的貿易人名註冊簿上有他的名字，說他是一個自主業的微圖畫家。大約在這個前後，他已相當有錢，可以把他的母親和舅父安置在一個小農場上，也給了他的兄弟姐妹一些土地。根據那些認得他的人回憶，他最大的野心顯然是想要致富，而他所有的計畫都是為了這個目的。他並不在乎如何達到這個目標，但他總是匆匆忙忙的。

我們不知道為什麼富爾頓在一七八七年決定去英國，因為他自己沒有留下記錄，而別人關於他早年生活的記載也很少。不過我們卻知道，他是以藝術家的身分去的，而且得到美國畫家威斯特的介紹。威氏當時已在倫敦卓然有成，也是皇家藝術學院的創始會員之一。他似乎認識富爾頓的父母，而且幼時曾為他們畫像。不論有沒有這回事，威氏都照顧富爾頓也照顧好幾個其他想在倫敦找出路的美國年輕人。他幫富爾頓找了一個住的地方，與另一藝術家同住。無疑地，如果富爾頓只有普通的繪畫天份、卻是一個儀態討人喜歡和具有說服力的人，而他的畫筆和畫架以及與威斯特的關係，又引導他進入英國的貴族圈子。他尤其成為柯特尼的好友。柯氏是德文郡的伯爵，也是年輕和浮誇的同性戀者，他邀請當時掙扎求存的富爾頓到他在鮑德漢的產業上為他畫像。富氏似乎在這位伯爵家中作客達十八個月之久。幾年以後，柯特尼因牽涉一件醜聞而逃亡到

上：由一七七一年起德比郡的克朗福工廠中放置了紡棉紗的革命性「水架」。法國間諜由克良福及其他工廠利誘技術工人，以其技術在英吉利海峽對岸設立與英國工廠競爭的法國工廠。

右：約翰・威京遜（一七二八—一八〇八）—他那個時代首屈一指的製鐵業者—指的嚴厲面容。他又稱「愛鐵成狂的約翰」，曾為英國海事製造大炮，把水管賣給法國，並在羅亞爾河流域創辦了一家鐵工廠。

下：一八〇四年杜邦在德拉瓦州威明頓的白蘭地河上所創辦火藥廠的素描。杜邦這家人在法國大革命年間遭官方追捕，乃於一七九九年離開法國，而在美國創辦日後成為大型化學公司的這所火藥廠。

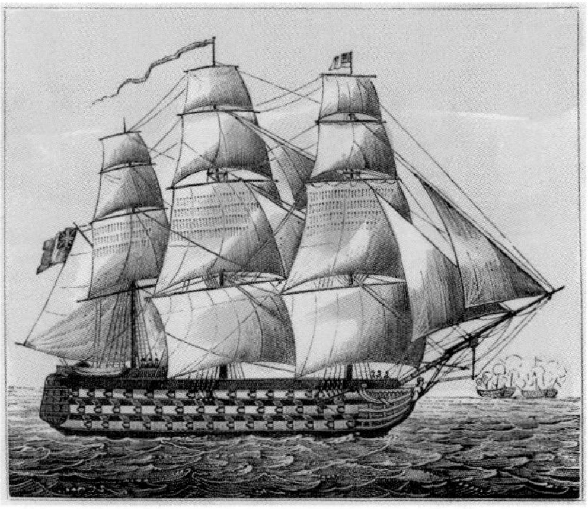

左上：發明天才馬克·布魯耐爾（一七六九—一八四九）在大革命的時代逃離法國。他在美國待了一些時間以後，至英國娶蘇菲亞·金當為妻。他們的兒子伊山巴·布魯耐爾於一八〇六年出生。

右上：馬克·布魯耐爾最大的貢獻，在於發明了大量生產數以千計的滑車組的機器；這些滑車組是戰船的索具和大砲所需要的。

下：一八〇七年美國人富爾頓的開創性輪船「北河」或「克勒蒙」號。所用的發動機乃由「布爾頓和瓦特公司」所造，汽鍋由倫敦運來。

左：理查·特里維西克（一七七一—一八三三），是英國工程學偉大的有功績而未為人所稱讚的英雄。他製成第一部可用的蒸氣火車頭。瓦特誹謗他，說他用了「強力蒸氣」。他在屈辱中去世。他的孫輩修築了日本最初的鐵路。

上：法國第一條大鐵路—巴黎到魯昂之間的鐵路，乃由英國工程師所修築。英國工程師所帶來數千的修路工人，其食物—烤牛肉—給當地的人留下深刻印象。當這條路於一八四七年通車時，主管部門烤了一頭公牛給大家吃。

上：當「大博覽會」於一八五一年在海德公園開幕時，英國媒體群相諷刺美國的參展品，說它們品質欠佳，而且也未放滿分給美國的空間。可是在美國人展示其智巧以後，英國人對美國的看法也改變。

右下：美國在「大博覽會」上的一大勝利是麥考米尼收割機。一位艾塞克斯郡農夫舉辦各種收割機的試用—在一個陰濕的天氣收割作為蔬菜食用的玉蜀黍穗。麥考米克的收割機獲勝無得到大獎章。

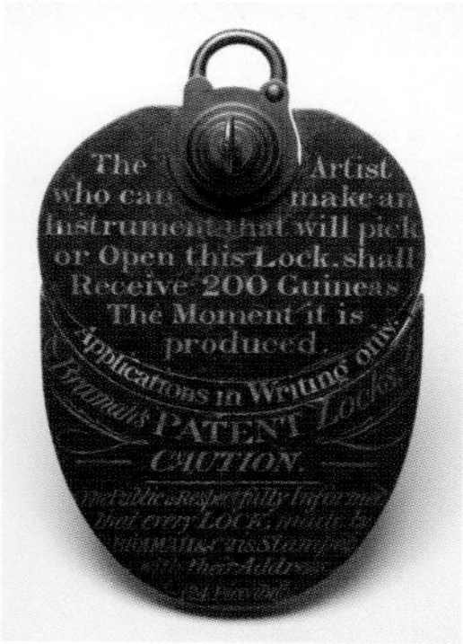

上：一八〇一年在皮卡迪里街一二四號布拉馬的櫥窗所展示的這一扣鎖，懸賞二百基尼阿看誰能在不損壞它的情形下打開它。一八五一年時，美國人霍布斯花了五十一小時把它撬開，並領得獎金。

美國，富氏成為這位被社會所驅逐遺棄者僅有的友人之一。

使富爾頓進入發明界的作品，是一幅切割大理石機器的設計圖表。這一設計為他贏得皇家獎勵藝術、製造業和商業學會的一枚獎章。（這個學會乃於一七四五年在倫敦一家咖啡館成立，在一八五一年「大博覽會」的展出很有影響力。）能夠得到這樣的獎章是一種榮譽，但這個鋸大理石的機器是否真有人用過卻不得而知，而這一設計旋即消失。像他對其他的許多工作一樣，富爾頓對這一創新技術不久便失去興趣。雖然他對運河工程學全無經驗，但卻寫信給提議在泰晤士河與布里斯抵海間開鑿一條運河的人，概述他自己對這一工程的設計。一七九四年前後，富爾頓完全放棄了繪畫，而在運河工作項目上尋求出路。

他的一項專賣權是關於雙傾斜的水平面，它的作用很像一條登山纜索鐵道，把貨物在陡峭的山坡上載上載下，作為使用一連串運河水閘的另類辦法。他提倡開鑿小規模的運河，並為此寫有論文。他到新近興隆的棉布工業中心曼徹斯特，在那兒碰巧和一個名叫歐文的年輕人同住在一人寄宿舍。那個時候，歐文已成為一位成功的製造廠管理人，日後更在蘇格蘭成立他自己革命性的工業開拓區——新蘭納克。歐文參加了富爾頓傾斜水平面的工作項目以及開鑿運河的機器項目，可是他的投資沒有回報；就像富爾頓當時的許多工作項目一樣。富爾頓回到倫敦以後，遇見古怪的教士卡特萊；卡特萊這個時候已經發明了動力織布機。這種機器當時使用並不廣，但是其經過改良的形式，在一八二〇年代和一八三〇年代將改變羊毛布和棉布工業的紡織過程。富爾頓不論走到那裡都可以結交權貴，但是事實上，他所能給他們的只是一腔熱忱。

富爾頓似乎自以為是一個同情法國革命份子的共和政體擁護者。因而一七九七年當法國對英國的敵意平息時，他便渡過英吉利海峽到巴黎找出路。他旋即遇見美國同胞朱艾爾．巴羅及其妻露斯．鮑德文。巴羅是一個興趣廣泛的人、投機者、詩人和政治家，有很長一段時間是富爾頓的密友、仰慕者和擁護者。朱艾爾比羅勃．富爾頓大七歲，露斯比他大十歲；不過有人說，他們成為這個激昂年輕人羅勃的代父母。日後有人解釋，這種親密的友誼為「三人家庭」。露斯和羅勃的確單獨相處很久。朱艾爾常熱情的寫信給富爾頓，在信中稱他為「號角聲」。

在巴黎的這些年月——其間拿破崙成為一個軍事領袖——對富爾頓日後的事業無疑最具影響力。他和巴羅夫婦同居了七年，受到他們很多的照顧，因而可以集中精力發展他的理念。雖然他取得專利或要求權利的各項發明，其方案可能是新穎的，但主要的概念卻從來不是。他試圖出售給拿破崙的軍事設備——鸚鵡螺潛艇和魚雷——其歷史可以追溯到十七世紀。在富爾頓自己的時代，他的美國同胞布希耐爾曾嘗試用一艘潛水艇在一七七六年攻擊英國人而不大成功。富爾頓的鸚鵡螺潛艇是一種雪茄煙形的船，大小只能容兩個人，他們可以用壓艙槽把這個船沉下去，在裡面存活六個小時，呼吸釋放出來的壓縮空氣。它由手搖的曲柄推動器加力，事實上不比布希耐爾的潛水艇好多少。至於使富爾頓最後一舉成名的輪船，在他以前，在巴黎建造並在塞納河上試行的，已有幾十個先例。不過不可否認的是，富爾頓最後達成一項突破。他之所以能達成這項突破是因為他結識了英國、法國和美國推動工業制度的人，而那個時候，這三個國家之間有極富創意的工業技巧交流。

一九二四年到一九三〇年間，主管現在所謂倫敦科學博物館機械工程展出的亨利·狄金森曾詳細說明富爾頓如何會成為一位創新者：

如果不是美國使法全權公使羅伯·李文斯頓來到法國，富爾頓是否能在蒸氣航海上有所開展，是很難說的。李氏於一八〇一年十一月到達巴黎以後所聽到的第一件新聞，便是西班牙將路易西安那和佛羅里達讓與法國。美國人對其新鄰居感到驚惶。大家都知道他們在一八〇三年四月三十日達成協議，付拿破崙八千萬法郎。拿破崙於是得以機敏的把路易西安那交給一個與英國不友善的強權，同時拿到他實行征服計畫所急需的經費。

羅伯．李文斯頓對於輪船這個主題深感興。事實上，他自己也有一、兩個想法。由於他實驗的結果，他甚至設法想在一七九八三月讓政府通過一項法案，須授給他本人由法案通過的時候算起二十年間在紐約州的領土或管轄範圍以內，所有水域上各種由蒸氣或火力推動航隻獨有的航行權利與特權，條件是，他得在十二個月之內修造出這樣的一艘船，船的中間速度不少於每小時四哩。[3]

羅伯．李文斯頓已經做了奠基的工作，並且曾經費事地寫信給在伯明罕的布爾頓和瓦特的公司詢問，製造可以作為供應這樣一艘船動力的蒸氣機的可行性和價格。他的兄弟曾訪問法國因而聽到富爾頓的一些事情，富爾頓似乎正是他所要找的人。那個時候富與法國人之間有一項協議：他的潛艇和魚雷如果在英吉利海峽炸毀任何船隻，他便會得到定額的酬金。法國人答應他的酬金金額是，炸毀有三十門砲的船：四十萬法郎；炸毀有二十到三十門砲的船：二十萬法郎；炸毀有十二到二十門砲的船：十五萬法郎；炸毀有十或十二門砲的船：六萬法郎。現在富爾頓可以給自己加上羅伯．李文斯頓所提議的另一工作計畫，也就是為了幫美國乘客提供服務，修造一艘和平時期的輪船。

為了追求法國人正式提出的獎金，富爾頓曾花了許多天沮喪的時間待在英吉利海峽的勒哈佛港外，想向前接近到足以炸毀一艘英國船的地方。狄金森恰當的下記錄下此一大膽妄為的惡作劇：

富爾頓把這條輕舟在公海上像征戰一樣駕駛約七十哩，他的蠻勇幾乎令人難以置信的。他想炸毀沿海岸巡航的英國雙桅方帆的方船，可是沒有成功。這不是出於偶然，而是基於預定的計畫，因為英國海軍部通常知道富爾頓的行動。

勒哈佛港外一位皇家海軍兵艦長林濟一八〇〇年九月二十日寫道：「多謝海軍部大臣十四日來信告知關於富爾頓先生可能摧毀這一場所船隻的計畫，我要好好保持警覺。」這便可以解釋，為何這些雙桅方帆帆船這麼快地駛離其停泊所。[4]

不僅是富爾頓的潛水艇和魚雷的冒險行動失敗了，而且英吉利海峽兩岸的高級海軍軍官都有一個成見，那就是炸毀船隻是一件不公平的事，因而不當予以考慮。富爾頓當然可以辯說，他的發明可以結束海上戰爭，每一個人都可因此享有海洋上的平安。然而，他的發明也可以使海洋十分危險，以致原有的貿易均會停歇。但他似乎不曾考慮到這個可能的情形。

富爾頓最初關於實行羅伯·李文斯頓輪船方案的嘗試，卻成功得多。他們結為合夥，不等布爾頓和瓦特公司的發動機到來，就用了裴利爾先生供應的一部發動機。（這位裴利爾先生不是別人，就是聘請威京遜實行巴黎自來水水廠計畫的裴利爾兄弟之一。）當時巴黎報紙的報導是：

八月九日試驗了一種新的發明，其完美和精彩的成功，對於法國商業和國內航行應有重要的幫助。過去兩、三個月間，在夏洛特碼頭的一端可以看到一艘外表奇怪的船，它有兩隻大輪子，架在一根軸上，好像一輛古代的戰車。在這些輪子的後面，是一種帶有一根管子的爐灶，好像有某種小火引擎，旨在操作船的輪子。[5]

報導接下來說，這種新奇機械的早期型式曾被人搗碎，這些人大約是對自己未來感到焦慮的船夫。然而它後來修復，初航時，若干法國要人並搭乘了它。在同時，富爾頓和羅伯．李文斯頓計畫成立一個河船服務企業；不在法國，而在家鄉美國的赫德遜河上。日期是這趟成功的塞納河之旅以後不過九天，富爾頓寫信給布爾頓和瓦特，問他們法律是不是允許把發動機的零件運到紐約的一個地址，因為關於這件事有各種規格。布爾頓和瓦特回答說，要把一部發動機運到美國，需要政府的允許，因而富爾頓藉由其顯赫的英國友人之助，設法運用一切的外交影響力。

在同時，由於拿破崙的入侵軍隊仍然集結在法國一方位於英吉利海峽的港口上，英國的海軍部覺得他們最好把這個搗蛋的美國人富爾頓拉到自己這一邊來。一個化名為「史密斯先生」的英國外交官設法與富爾頓在阿姆斯特丹秘密會晤，雙方協商之後，這位發明魚雷的人被引誘到英吉利海峽英國的一方。他白費心機的化名為羅勃．法蘭西斯，想騙法國人想用水面下炸藥炸毀船隻的是別人而不是他。

今日好萊塢的製片廠，有時會買下一本書的版權，以防止任何他人把它拍成電影。類似地，英國當局也想付給富爾頓大筆的錢，讓他做武器試驗。他們給他特權，使他可以自由使用在樸茲茅斯的海軍造船所、優厚的薪水和各種報酬；這並不是因為他們認為他可以幫助他們阻擋法國的入侵，而是想確定他不會破壞英國的船。他們把富爾頓的魚雷用在布洛尼港與法國軍隊的戰爭上，卻沒有什麼效果。而後在那年十月，納爾遜在特拉法加擊敗法國人和西班牙人的最後英雄事業的消息傳來，大家不再對魚雷感到興趣。富爾頓的最後一項要求聽任公斷。他已收到一萬四千鎊的付款，而且必須接受餘款一六四六鎊十四先令二便士。富爾頓寫信給老友巴羅說，如此一來，他在償還債務以後，便只剩下二百鎊。不過他已賺了一點錢，因為他每年固定可以由他的投資中收入五百鎊的利息。

富爾頓是一個頑強的人，他被英國人摒棄但在銀行中有一點錢，在這個情形下，他回到紐約，繼續做他摧毀船隻的表演。《泰晤士報》仍然對他有興趣，並轉載了他在美國報紙上的發言。他是在一八〇七年九月發表這篇談話，內容沒有什麼新奇之處。他說他最近的一場示範表演（在船身下面放置一個由鐘錶機械觸發的七十磅火藥），可以給美國帶來海上的和平與繁榮。富爾頓說，他的發明「可以在幾年以內終止海上戰爭，使海洋得到自由——這也是每個好人所企盼的，並保證美國有商業的自由、平靜和獨立，使她的公民可以把心力用於有用和人道的追求上，以改進我們的國家和促進整個民族的幸福。」[6]

富爾頓結束海戰的野心雖然受阻，但當美國與英國的戰爭於一八一二年再度爆發時，他又替美國設計以蒸氣為動力的戰艦。這條戰艦恰當地以「富爾頓」為名，在他一八一五年逝世以後下水。事實上，在他於一八〇九年回美國至一八一二年美英之戰之間的幾年，他把他大半的精力用於推動赫德遜河商業輪船的服務業。這個工作項目，前此已經耽擱多年。

布爾頓和瓦特公司發動機的組件已由英國運到並存放在紐約。於是富爾頓著手建造船身，並試驗發動機的各種安排。在同時，由於競爭對手很快便可能出現，羅伯．李文斯頓設法執行和延展他的專利權壟斷。第一次試航是在赫德遜河由紐約到羅伯．李文斯頓在克勒蒙的產業之間。這條船的名稱現在有些爭議，有人說是「克勒蒙」，有人說是「北河」。正如特里維西克的開創性蒸氣客車和鐵路交通一樣，對於這第一次商業河船的服務，也沒有目擊者留下的記錄。然而，富爾頓的傳記作家諾克斯在一八八七年寫這部傳記的時候，由一個當時年已九十多歲的人處收集到以下的說法。派瑞在一八〇八年二十歲的時候，與他的女友自阿班尼回麻薩諸塞州，碰巧搭上這第一條赫德遜河上的輪船：

我在抵達阿班尼的時候，發現沒有一艘可用的帆船能在幾天以內出發。因而我給自己在旅館訂了一間房子，這位小姐去她的朋友家住。第二天一早，一位顯然喜歡喝酒的男子衝進酒吧，大叫說輪船在昨夜進來了，九點鐘便開下河。我花很久的時間才找到我所照顧的人，她很慢才準備好，等我們到達碼頭時，船已啟航了。不過我向船呼叫，因而他們開了一隻小船來接我們上輪船。船上有大約五十多名乘客，其中許多是婦孺。我不久便注意到富爾頓先生在觀看和指揮。航程的前一段很安靜，但我們在下午擱淺，許多人認為，這是出於某些船員的奸詐行為，因為小帆船和其他帆船的主人，很怕以蒸氣為動力的船隻初航成功。我在艾索普斯（今日的金斯頓）下船，我的伴侶也下了船。因而當船上的鍋爐在近兩點的地方爆炸時，我不在場。[7]

就在一八〇八這一年，富爾頓娶了羅伯・李文斯頓的姪女哈瑞亞特・李文斯頓為妻，而成為一個有家室的人。在他一八一五年去世時，他們已有四個兒女。在同時，輪船的成功迅速的改變了美國。因為它成為鐵路出現以前最重要的交通和運輸方式。尤其，一八〇三年拿破崙把路易西安那出售給美國以後，密西西比河成為通過北美洲大陸正中心的一條大動脈，而密西西比河上用外輪航行的船，成為美國工業進步與財富的偉大象徵。布爾頓和瓦特型的蒸氣機，裝在船上比裝在火車頭上在路上或鐵道上行駛更為適合，因為這一型笨重和低壓的蒸氣機，其重量在輪船上比在火車頭上不成問題。較小和較輕的高壓蒸氣機，如特里維西克那種，也是一樣，它可能壓碎為馬車用的鐵路的易碎軌道，但水上的船可以輕易地承載它。由於這個原因，商業輪船服務，其營運比蒸氣鐵路早了足足二十年；後者得等到熟鐵鐵軌製造出來以後才開始營運。

雖然十八世紀的美國對固定式的蒸氣機沒有什麼需求，可是一旦大家認識到輪船的價值，對於本土所建造的發動機需求大增。發明史上的一個最不尋常的巧合，是美國人艾文思幾乎與特里維西克同時發明出高壓蒸氣機。雖然一直有人懷疑，這兩個發明家之一偷了另一個發明家的基本構想，但卻沒有什麼證據可言。

艾文思被稱為「美國的瓦特」，但這一稱謂卻很容易造成誤解。艾氏出生於德拉瓦州的新港，十幾歲的時候成為一名車匠的學徒。一七八二年在他二十七歲的時候，購買了一部磨麵粉的機器，想把它弄成全自動化。他由水車取得動力，設計了一系列的滑輪和輪齒。這些舉起一袋袋的穀物，把它們倒空，把穀物磨成麵粉，而後自動的把麵粉倒進麵粉袋中。這些磨麵粉的機器是日後生產裝配線的先驅。然而，不論這項發明有多麼了不起，艾文思本人卻一直對蒸氣動力的潛能更感興趣，而對自動化較少興趣。他對他同胞們對他的「愚頑」看法感到沮喪，因為他們遲遲才肯接受他關於蒸氣潛力的先進理念。

艾文思最初由一本百科全書上讀到關於紐柯曼大氣發動機的描寫，因而知道蒸氣機。他日後對人說，他立刻深切感到這種發動機的缺點，因為它不能在壓力之下利用蒸氣的巨大力量。他完全越過當日可以說是「紐柯曼的時代」（在艾文思開始用蒸氣以前，在英國長達七十多年），而直接走向那種的特里維西克所實驗的高壓蒸氣。令人出乎意外的是，早在一八〇一－二年美國冶金工業尚落後英國冶金工業半個世紀的時候，他能找到可以建造一個鍋爐及這種發動機的技術人員。無疑他是辦到了，把他銅質鍋爐的薄皮，包在三英寸厚用鐵箍子箍起來的木質外層中。在製造美國早期蒸氣機中，使用了許多木材，當時這種材料隨時可以得到而且又最為廉價。

艾文思最初製造的發動機很粗糙但可以作業，它可用於磨石膏粉。石膏粉是肥料，也是灰泥（當日壯麗建築物常用的假石質覆面）的主要成份。一八〇四年，艾文思製造了一輛外型古怪的水陸兩用交通工具，後來又在費城設立了一個稱為「火星工廠」的鑄鐵廠，製造各種發動機。像特里維西克的高壓發動機一樣，艾文思所製造的發動機小巧密實，適合裝在船上和長途搬動。他的「哥倫比亞」發動機是許多美國輪船上所用的標準發動機。在同時，富爾頓由於高壓蒸氣有爆炸的危險而對它的使用十分慎重。

一八〇〇年後，美國已有兩個製造蒸氣機的中心：一個是在紐約，另一個是在費城。不久，小巧密實而又價廉的高壓蒸氣機，便使舊式的布爾頓和瓦特型蒸氣機成為多餘。美國輪船的勝利使美國比歐洲占有優勢。富爾頓享譽全球。俄國人帶著羨慕的心情注視美國購買路易西安那並開發這一廣大的區域，於是給了富爾頓在俄國製造輪船的專利權。雖然富爾頓始終沒有交給俄國一條輪船，但是至今俄國仍慶祝他的周年紀念日。一九六五年，在他誕生二百周年紀念日，俄國尚舉行慶典，肯定他的影響力。

給俄國製造第一批輪船的不是別人，就是以前卡隆工廠去的白爾德。一八一五年時，這些船已在俄國面海岸的水域行駛，一直到克隆斯塔。船是在聖彼得堡的工廠製造；到了這個時候，這位蘇格蘭人的俄國名字是卡爾·尼可拉維奇·白爾德。當白爾德的輪船開始行駛時，美國在聖彼得堡的代辦勒維—哈里斯先生抗議說，此舉侵犯了富爾頓的專利權。俄國人指出，這位美國發明家沒有交給俄國任何輪船，甚至沒有交給俄國任何修造輪船的計畫。一八一六年，當他理論上的專利權結束時，情形還是這樣。在這個時候，白爾德本人申請並獲得在俄國的歐洲部分所有水域航行輪船的專利權。

富爾頓於一八一五年逝世的時候，第一條輪船已經在密西西比河上行駛。這艘名叫「紐奧良」的輪船是按富爾頓的設計在匹茲堡建造，並於一八一一年十月首次航行。它有一個後輪以及在兩根桅上的帆。它的試行很慢，但是不久以後，就有成十而後成百的輪船在密西比河與俄亥俄河上行駛。輪船上乘客只有一個話題：棉花。一八〇〇年時，棉花除了在佛羅里達海岸上以外，沒有什麼重要性。英國海軍軍官豪爾上校對這種美國人一心一意著迷的植物，有生動的描寫。一八二七年早期至一八二八年秋天，豪爾和妻子瑪格麗特在美國各地旅行，他記述乘輪船駛過阿拉巴馬州的經驗：

每一次船靠岸的時候，都上來很多人，有的是為乘船去其它地方，有的只是為了在船上閒談。

> 但是這些公開的談論卻只有一個論題——棉花。由岸上吹過來的每一股風，都飄著這種有用植物的氣味。我們在每一個碼頭都遇到大堆大堆的棉花，或堆成金字塔一般的棉花包。我們輪船的甲板旋即塞滿棉花。每一天以及幾乎是整個整個的晚上，船長、領港人、船員和乘客什麼別的也不談。有的時候，我們的耳朵簡直受不了這個「棉花！棉花！棉花！」的聲音了，因而我們欣然歡迎新擠上來的乘客。可是，天哪！卻克陶漢威京碼頭或甘斯市鎮、卡豪巴或廣州，不給我們生產什麼，只是向我們輸出一批一批的生棉。急切問的第一句話是「棉是什麼價格？」「一角錢」。「哦！這簡直不可能！」由市場上的棉花又談到田裡的棉花：「不好的時候」、「過度交易」，又回到價格和展望，以致我希望全美國的棉花都沉到阿拉巴馬河裡面去！[8]

讓豪爾上校心情紛亂的美國南方這個產棉的阿拉巴馬州，是新成立的一州。在他乘坐這艘用外輪航行的輪船時，它才成為美國的一州不過八年。它原來屬於密西西比，而密西西比成為一州也不過十年。這個廣大的區域包括了以前密西西比河三角洲以北的大半路易西安那，現在它在短短的幾年間，已由奴隸勞力所改變。在美國購買路易西安那的時候，這兒的工地原不值錢——美國人花了八千萬美元便把它由法國買了過來。東海岸南部各州的古老廣大種植地，由於煙草、靛青和米的價格日減，在獨立戰爭以後正在掙扎。質優的海島棉只有在近海岸的地方生長。內陸的棉樹收成不怎麼值得一顧，因為這種植物可以製成線的纖維上面黏了許多綠色的種子。做清洗這種「高地」棉花吃力工作的人大半是黑奴。這些人在前一個世紀由非洲運來，在大種植地上工作。

一個典型的殖民時代大種植地（或曰「大農場」）是薩瓦那城附近薩瓦那河上的「小桑樹林」。它屬於獨立戰爭以前忠於英國的副總督格拉翰。它以前原來種的是養蠶用的桑樹，因為那個時候大家認為絲可以輸出到英國。東海岸種了成千的桑樹，北面一直到紐海芬，直到今天，城市地圖上還有許多桑樹街。獨立戰爭以後，政府把「小桑樹林」沒收，給了華盛頓軍隊中的一位高級軍官格林將軍。格林將軍和他充滿生命力熱忱的妻子凱撒玲於是著手改良它。在戰爭期間，桑樹和許多土地均被遺棄，在格林夫婦於一七八五年搬進來以後不久，這位將軍寫信給一個朋友：「我們已種了六十多畝的玉蜀黍，並預備再種一百三十畝稻米。果菜園很可愛。果樹和開花結果的灌木別有情趣。我們有青碗豆，萵苣似的青菜是你見過的最好的那種。早晚反舌鳥圍繞著我們。我們在果園中有果蘋果、梨、桃、杏、油桃、各種梅子、無花果、石榴和橘子。我們的草莓有三吋大。」[9]

在「小桑樹林」物產的這一個長串目錄中，沒有提到由一百多個黑奴照料的這位格林將軍土地上種有棉樹。可是在這個大種植地上所發明的機器，卻將美國南方諸州轉變為一個廣大的棉花區域。事情是這樣的：

格林將軍僱用了一個名叫菲尼亞斯．米勒的耶魯大學畢業生在「小桑樹林」教他的兒女。米勒是一個友善和博學的人，不久便成為格林家的一分子，並為凱撒玲所喜。雖然這個種植地看上去很有前途，可是格林將軍在戰爭期間卻負了債，主要是因為他自己賠償了那些財產被他半憤怒半饑餓的軍隊所掠奪的人。他工作太努力，因而於一七八六年早逝，有一個說法是死於中暑。年輕的米勒不再只是教師，他又幫助將軍的遺孀經營這片種植地，並照料她年齡都在十一歲以下的五個孩子。

七年以後，另一名耶魯大學畢業生埃里．惠特尼想找一份有薪給的職位養活他自己，並藉以繼續攻讀法學將來當律師。埃里．惠特尼一七六五年在麻薩諸塞州的西市出生，這個地方在波士頓向內陸走約四十哩。他在一個頗為興盛的農場上長大。他的父親有一個工廠，埃里．惠特尼在那兒接觸到各種製造簡單農具的工具，並且自小表現出製造和修補物件的特殊才能。他的母親在他還是學童的時候便過世了，而因為他決定不想讀書將來在大學任職，又使他的父親大為失望。埃里．惠特尼從不是一個閒散的人。他在十幾歲的時候，便在他父親的農場上有一個製造鐵釘的小生意。當對鐵釘的需求減少時，他喜歡製造女帽的帽針。

當埃里·惠特尼決定他還是想讀書時，他怕父親又像許多農夫一樣缺少現金，因而埃里·惠特尼教書以便賺錢求學。他擔任教師一直到籌足上耶魯的錢為止。那時他已二十三歲，比耶魯其他的學生年紀大。他在耶魯受到廣泛的教育，包括數學、哲學及法律等科目。雖然他現在已再婚的父親盡可能寄錢給他，他手頭還是一直很緊。他由耶魯畢業的時候自以為可以在紐約有一教職，卻未能實現。相反地，他得去接受南部的職位。聘請他的菲尼亞斯·米勒，是耶魯大學校長史泰爾斯介紹給他的。在他當時所有的函件中，都可看出他害怕去天氣又熱又濕的南卡羅來納，那個地方對於一個奉清教的美國北方人來說，簡直就是一個異域他鄉。於是一七九三年底，埃里·惠特尼照事先的安排，乘定期的客船由紐海芬到紐約，去紐約會見米勒和與米勒同在紐約的凱撒玲·格林及格林全家。埃里·惠特尼暈船暈得很嚴重。他乘的船後來又擱淺，他與另外六個乘客棄船涉水上岸，而後乘旅行車進入紐約市。他在紐約與一位舊日的相識握手，握完手才注意到這個人一身是可怕的天花。他接受米勒的建議接種疫苗。這是十八世紀早期在英國和殖民時代美國所採取的辦法：在臂上注入傳染病菌，希望它可以造成一回小感染而人體自此免疫。種牛痘而非天花本身的辦法，行將由英國醫師簡那發明，但到一八〇一的左右才到達美國。

慷慨而又長於交際的凱撒玲·格林頗喜歡埃里·惠特尼，因而建議米勒借錢給他，讓他乘同一艘定期客船去薩瓦那，埃里·惠特尼而後由那兒去南卡羅來納當杜邦將軍孩子的家庭教師，因為杜邦將軍之前曾請米勒推薦一位家教。但是後來埃里·惠特尼卻在「小桑樹林」，一直未去杜邦家就任。這中間的緣故似乎是因為，他和米勒在秘密的計畫生產一種清洗上陵黏性棉籽棉的機器。

在埃里·惠特尼到美國南方的時候，美國的大農場經濟正有些麻煩：煙草已竭盡其力，不再是有價值的作物。米或玉蜀黍或靛青也都不賺錢。種桑和養蠶也不大成功，因為絲線的生產不是一件簡單的事。事實上，古老的殖民時代奴隸經濟正在逐漸消失，這可由市場上購買奴隸的價格下降看出。但是南方每一個人都明白英國十分需要棉花，而且如果他們可以設法種植一種經濟作物，南方便會復興。他們拿各種棉樹做了實驗，但是只有黏籽丘陵棉樹離開海岸以後可以立即順利成長。當時已有各種用來分開種子和棉花纖維的辦法，有的——如印第安人用的辦法——非常古老。最常用的辦法是，把棉花送進兩個像軋布機一樣的滾軸，把種子擠出來。有些這樣的「軋棉機」是用腳操作，而幾乎所有的「軋棉機」都是由奴隸操作。

美國有一則持久不衰的無稽之談是說，當埃里·惠特尼來到南方的時候，大家是用手去掉棉花子；在聽到農場主人說，想找一個更有效的預備棉花纖維以便外銷英國的方法而不果以後，他立即用在大農場上找到的少數幾件工具創造出「軌棉機」。由於他的發明，棉花這種作物成為有價值的作物，而在農場主人擴大種植棉樹的土地面積以後，奴隸的價格也上漲。這個故事一說再說多次，以致埃里·惠特尼真實的貢獻反而弄不清楚了。此外，埃里·特尼特尼故事的神話化，與所謂北方來的聰明美國人是解決南方落後的農場主人所必須的」這個想法也有關係。無可懷疑的是，為了使後丘陵地的棉花成為一種真正經濟作物——英國紡織廠會買的作物——必須有一種新的去除種子的機器。最理想的是，它不像當時已經在用的去種子機器那麼費人力。埃里·惠特尼了解這一點，又渴望能比當個家庭教師多賺更多錢，因而決定試試身手、發明新的去種子機器。

為了製造軋棉花機的原型，埃里·惠特尼北上回到有他所需的工具、材料和技術的康乃狄克州紐海芬市。他的收支薄是現存有關他工作的僅有記錄，因為他申請專利權的文件及其他文件，均已在火災中消失。這些開支簿說明他一直在找各種材料，如可以製成抓住種子的鉤子的有特殊性能金屬絲。他每日花長時間努力工作，在沒有什麼錢的情形下，想發明新的軋棉機。他和米勒擬出一份業務計畫，按照這份計畫，他們藉軋棉機賺錢的辦法，是按農場主人因為用他們所發明軋棉機而多得到的棉花纖維量，而抽取一個百分比。農場主人可以付他們生棉，也可付他們現金。他們認為軋棉機很貴，是大多數南方農人所買不起的；因而他們想安裝由人的雙手、馬或水車輪子操作的軋棉機，並由他們自己的工人監管，這些人也確保他們收到應得的報酬。如果有人想偷他們的設計，那麼他們有他們的專利權，至少他們認為如此。

當埃里．惠特尼遠在紐海芬工作的時候，米勒設法在喬治亞州設立公司。為了希望籌錢維持他軋棉機的營業，他飼養牲口並維持「小桑樹林農場」的作業。這兩位合夥人都缺錢。他們急切的想生產軋棉機以便償還債務和開始享有收入。但是事與願違。米勒不智的投資一項稱為「雅祖土地購買」的方案，但這個方案是一詐騙詭計，許多人都因此失財。而後，埃里．惠特尼在一七九五年由紐約回到紐海芬的時候，發現他的工廠被大火夷為平地，他所有特殊的工具均被焚毀。

如果這兩位合夥人的軋棉機計畫成功，他們是可以承受這兩個災禍的。但是他們的計畫卻大為失敗。雖然他們所發明的軋棉機使農場主人以前所未有的規模種植上陵棉樹，農場主人卻不願付給他們使用這種軋棉機的費用。一旦基本設計被人發現，在喬治亞州和南、北卡羅來納州各地，便出現非法翻製的軋棉機。許多修改了的設計也出現，棉花的生產以驚人的速度成長，但是米勒和埃里．惠特尼沒有得到任何利潤。一七九五年，棉作物的生產為八百萬磅，到了一八〇〇年，增加到三千五百萬磅，到了一八〇七年，增加到八千萬磅。

農場主人雖然在欣然收獲這些利潤，卻設法破壞使他們得以獲利的人。他們把一些棉花北送到賽得樂在羅德島新創辦的工廠，但真正贏利的是賣給英國的蘭開夏郡。可惡的農場主人散布謠言，說用埃里．惠特尼軋棉機所去子的棉花是撕破的，於英國的工廠無益。埃里．惠特尼想去英國一趟糾正這種不實的說法，並說明這種新的上陵棉花如何適用於阿克瑞和斯卓特的紡棉花。但他根本沒有渡過大西洋去英國的旅費。無論如何，當棉花生產迅速在南方各地擴散，在美國購買路易西安那以後，又延伸到密西西比河三角洲的新地區，美國生產的棉花乃成為英國工廠的主要原料。

不合理的是：埃里．惠特尼所發明的節省勞力機器，卻大大的增加了對於奴隸勞力的需求，因為現在棉花田的面積擴大到成千萬哩。南方預備土地的辛勞工作都是奴隸做的，他們也在的懊熱的天氣下種植和採棉花。棉花田迅速擴散，到了一八一〇年時，美國南方已供應英國每年消耗所需的七千八百萬磅棉花的一半。當時的人公認：在美國南部，尤其是在與墨西哥接壤的各州，每一百畝新的棉花田，便需要十到二十人奴隸種、鋤、採、揀、和堆棉花。這個時候，英國正規定以由非洲來的貿易為非法（一八〇七），其後又以在其本國領域以內的奴隸制度為非法（一八三三）。美國維吉尼亞市場上出售奴隸的價格猛升，維吉尼亞正是主要供應南方勞力的地方。一七八〇年代在拍賣中以五十美元成交的奴隸，在一八〇〇年代值八百到一千美元。豪爾海軍上校曾經搭乘過許多有黑人船員的船，而知道這些黑人船員與白人船員至少一樣有知識和能力。他一八二〇年代在美國南方旅行的時候，對於農場主人認為黑人不能做智慧工作一事，感到大惑不解。當然，現在豪爾知道白人禁止黑人學習閱讀或書寫，而如果他們設法逃亡到北部去，那麼奴隸主便會用狗和槍追捕他們。事實上當他受到這樣對待黑色非洲人的奴隸主招待時，心裡覺得很不舒服。可是，卻正是這個不公平的制度支持英國最卓越的一種工業——棉布的生產。豪爾在他所著的《北美洲行紀》中寫道：

我們在譴責奴隸制度和譏嘲奴隸主的時候，往往容易忘記我們自己也在促成這種制度永續的存在。誠然，我們遠離現場三、四千哩。但是如果我們要責備那些在奴隸人口中間過富裕生活的農場主人，也應該問一問，他哪兒來的錢過這樣的生活？他下令給監工，監工指導工頭，工頭迫使黑人工作，而後棉花便出來了。但這以後又怎麼樣？如果不是我們應他們之請，同意與他們合股投機並與他分享利潤，那麼不論他們棉花的收成有多好，對他們一點用都沒有。而我們與他們的合作，是投機奴隸勞力的結果。誠然把棉花由喬治亞州運到利物浦只是一個步驟，但它卻不只是交易中的一步驟而已。棉織品是我們在用的時候毫無顧忌而沒有它日子又不好過的東西。把棉花製造成棉織品，只不過是同一連鎖上的另一環節，而連鎖的另一端是奴隸。[10]

馬克斯在一八四八年的一封信中簡潔地寫道：「沒有奴隸制度便沒有棉花，沒有棉花就沒有現代工業。」這是一種過度簡化的說法，因為紗廠以及後來的動力織布機絕非唯一的現代工業。但是有一段時期，棉花是世界上，有史以來最宏大國際製造企業的主要原料。無疑，如果改良的軋棉機制度不曾使美國南部的幾州成為棉花的主要供應者，英國的紡紗業者也會在世界其它地方找到棉花的供應。奇怪的是，埃里·惠特尼對於南方他所引起的奴隸制度這個「奇怪的制度」，如果還說過什麼，今日已看不見他評論和意見的任何記錄。然而史泰爾斯這位最初介紹埃里·惠特尼給米勒，因而無意間對負軋棉機有責任的人，卻是一個強烈主張廢止奴隸制度的人。

埃里·惠特尼和米勒嘗試落實其專利權，但最初幾次嘗試均不成功，部分是由於這種在一七九〇年代美國還是很新的法規，措詞不精確。除了他們以外，還有其他新發明的所有人發現自己的利潤為人剽竊。埃里·惠特尼和奧立佛·艾文思及羅勃·富爾頓通信討論這個專利權的問題。雖然他們在後來的投資中都得到成功，可是這三個人都顯然感到被人欺騙。在埃里·惠特尼尼和米勒的情形，他們最後終於得到發明軋棉機的酬金。不過埃里·惠特尼由於失望以及其他的原因，在一七九八年美國和法國勢將一戰時自己改行製造毛瑟槍。

十分可惜的是，大家今日關於埃里·惠特尼生產軋棉機和日後生產毛瑟槍的事知道得太少，因為許多權

規模生產。

茅茲雷合股經營的公司所發明製造的滑車機器，也牽涉到大規模生產的標準化。）而這樣的方法當然引向大由非技術勞工所操作的精巧機械設備，可以達到技術工匠的雙手很難比擬的精確度。（由邊沁—布魯耐爾—威學者都認為，是他把可以替換的零件這一觀念引入美國製造業的。這個牽涉到一種生產上的標準化，其中

有人說因為美國缺乏技術工人，雖然有由歐洲移居美國的工人，可是大家還是很想發明「節省勞力」的機械。埃里．惠特尼的志向，無疑是用由機械工具製造的標準化零件，出產大量的毛瑟槍，而他也的確修建了一個相當大的工廠，製造成千的武器。但是如果要說他得以用當時可以得到的材料達成真正的突破，卻沒有什麼證據。他總是遲遲的才交出顧客的定貨，而他的生產技術和其他供應美國政府的公司，也許沒有太大的不同。

一七九九年左右，埃里．惠特尼曾寫過一段話解釋他想要達成什麼樣的目標：「簡言之，我所打算規劃的工具，好像是在一塊銅板上的雕刻，由這個雕刻，可以印出明顯一樣的印痕。」可是事實上，這個程序可以說是由另一位同時代的美國人所發明。這個人叫柏金斯，出世於一七六六年七月的麻薩諸塞州紐百瑞港。柏金斯這個名字今日已沒有多少人知道，但他的確是他那一代最有才華和創意的發明家，大西洋兩岸都公認他的天才。他的家族於一六三一年由英國來美，據今日所知他沒有受過什麼教育，十三歲的時候成為一個金匠的學徒。兩年以後，他的老師意外去世，留下他自己照管這個生意。由十五歲到二十一歲，他的營業順利，生產金珠和其他精美的小裝飾品。他發明了一個給鞋釦鍍銀的方法，也學會在金屬上銘刻花紋。麻薩諸塞州的鑄幣廠由他那兒訂購鋼型壓製銅幣，他又改行製造釘子。他發明了一部自動切割釘子和給釘子裝頭的機器，並與兩名英國紡織工程師格比和阿姆斯壯——結為合夥，這兩個人於若干年前非法橫渡大西洋來美。

埃里．惠特尼進大學以前多少嘗試了一點的製釘業，卻是可以發展為大企業的。大批的釘子當時由英國

的密德蘭橫渡大西洋運來美國，尤其是由伯明罕和科文重；這兩個地方每年生產幾千噸的釘子，不過都是殘忍的家庭工業。然而，柏金斯所發明的工具，拉一個手柄便可同時切割釘子和給釘子裝頭。它先在麻薩諸塞州後又在英國試用成功。另一位在英國的美國人約瑟夫．戴爾採用了它。

約瑟夫．戴爾比柏金斯年長得多，他在一七八〇年出生，為納彥尼爾．戴爾之子，幼時家境富裕。他參與過許多工作計畫。戴爾在年輕的時候往返於大西洋兩岸之間，推進各種工作項目，如富爾頓的輪船，他想在英國出售這種輪船而未果。他一八〇九年遇見柏金斯，在雙方某種協議（什麼樣的協議不得而知）下，把柏金斯製釘子的機械設備拿到伯明罕。戴爾給柏金斯的程序在英國取得專利權，並成立了非常成功的大英帝國製釘工廠，這是第一家「冷切釘子」的工廠。他最後在曼徹斯特定居，成為著名的《曼徹斯特守護者報》創辦人之一。

由製釘業，柏金斯本人進入印製插圖和鈔票的行業，在好幾家公司工作，並與雕刻家費爾曼組成合股經營的公司商號。那個時候發票和鈔票偽造盛行，柏金斯設法發明了一個雕刻印製紙幣和股票等的方法，使它們不易精確複製。當他的方法在美國出售時，他很失望因而在一八一八年孤注一擲。他把所有的工具包裝起來，帶著他的家庭和一隊技術工人乘船去英國。英格蘭銀行當時正懸賞徵求印製很難偽造的鈔票的辦法，而柏金斯認為他勝出的機會很高。然而競爭結果是，他和他的技術工人隊伍得到亞軍，被資深的英國雕刻家康格里夫擊敗。康格里夫也是一個印刷商，而他的愛國情操使一個反叛英國的美國人不可能獲勝。在一八一二年爆發的英美之戰中，康格里夫的軍用火箭曾被用來攻擊麥克亨利堡，又因美國國歌而永垂不朽，歌詞中有「火箭的紅色強烈閃光」一句。

柏金斯的合股公司雖被康格里夫所擊敗，卻用他的鋼板為外地的銀行雕刻印製的紙幣，並成為一個基礎穩固的商號。柏金斯在離開美國以前，與奧主佛．艾文思成為好友，並且由那個時候起便製造高壓蒸氣機。

他冒了使用甚至比維西克所使用更高得多的壓力的危險，而且一度引起史蒂文生家族的注意；這家人當時正在設法改良自己的蒸氣機。可是柏金斯最了不起的發明卻是蒸氣大砲。一八二五年，他在他工廠近倫敦處新近才開放的攝政公園示範表演這種蒸氣大砲。

據《泰晤士報》的報導，一早他便派巡邏的人去警告任何馬拉的來往車輛，讓它們不要進入這一帶，因為較早的蒸氣大砲試驗曾使受驚的馬突然狂奔，以致馬車危險的急馳。在他的第一次示範表演中，應邀前來觀賞的觀眾中，有老年的威靈頓公爵和喬治三世的第六個兒子薛西克斯公爵。在這些觀眾的面前，柏金斯在三十五碼的距離以外，對一個鐵質的目標物發放砲彈，這些砲彈在這個目標物上掉下來或是破碎。他然後示範表演蒸氣大砲的異常威力——這種大砲所發射的砲彈，可以穿透十一層每層一吋厚的厚板。而後主戲上場，由萬有引力餵進蒸氣管中的砲彈，一個接一個咻咻射出——這是在可用的機關槍發明以前的好幾十年。美國教育家古德瑞奇回憶他在倫敦會見柏金斯和攝政公園的示範表演說：「整個表演的確相當驚人。薛西克斯公爵是個大塊頭和面色紅潤的人，他似乎異常興奮。我站在他旁邊，當子彈密集的發射到達高潮的時候，我聽到他對威靈頓公爵低聲說：「奇妙，奇妙，真奇妙」，而後又說：「奇妙，奇妙，真奇妙。」他一直說著同一句話。事實上，除了語言凡俗以外，這句話是對這場表演很好的評語。」[11]

在同時，發表在《新月刊雜誌》題目是「蒸氣」的一首打油詩，有下面的詩句：

每分鐘發射五百枚砲彈，
我們戰爭中的敵人必然居於劣勢。
只要讓柏金斯把鍋煮開，

他便可以用蒸氣把他們都殲滅。[12]

然而，當時唯一對蒸氣大砲感興趣的軍事強國，是與土耳其交戰中的希臘。柏金斯答應給他們一門砲彈重三十六磅的大砲；他說四、五匹馬可以拉得動它，包括所有的機件以及蒸氣鍋爐。他又說，這門大砲比一般的大砲發射速度快五十倍。但是這門大砲卻始終沒有遞交希臘，因為柏金斯與英國政府似乎有某種安排，只有英國人有這種大砲的使用權。

在這一投機以及許多其他的投機行動中，柏金斯遠遠走在他時代的前面。但是他印刷業者的技巧，卻對當時新出現的十九世紀工業界有最後和持久的重要意義。他留在美國的許多公司中，有一個製造手泵，他去英國時，這個公司留給他的女婿培根管理。培根後來也去了倫敦，和柏金斯一起經營雕刻和印刷業。一八三三年時，他們的公司名稱是「柏金斯．培根．和非奇」，在艦隊街上有工廠。一八三九年柯爾前來與這個公司洽談。柯爾是希爾的助手，當時英國政府指定給引進一種具有革命性的新郵政制度。柯爾問柏金斯和他的合夥人，是否可以製造主壓印模，以便印出幾十萬張新的黑色一便士郵票。

在經過考慮以後，柏金斯．培根和派奇公司回覆說，他們誠然可以做這份工作，而且可以在一個月內就開始做，每部印刷機每天生產四一，九〇〇張「郵票」，或者每部印刷機日夜工作可以生產這個數量加倍的「郵票」。設計這種郵票的人是柏金斯昔日在倫敦投資的合夥人之子菲德烈．希斯。一八四〇年雙方簽約。當四月間希爾造訪這個艦隊街上的工廠時，生產線也準備好可以生產了。兩架印刷機隨時可以開工，其他的印刷機也在準備中。到了四月二十日，二十萬張郵票已經交貨，此後每天印出二十四萬張。它乃於一八四〇年初次發行，當它為其它尺寸和顏色的郵票所取代而停止發行時，柏金斯．培根和派奇公司一直保持了這份合約。

柏金斯於一八四九的在倫敦逝世，安葬在布魯耐爾所安葬的同坎索格林墓園。他的公司在一八五二年以後簡稱為「柏金斯和培根公司」，在一八七九年以前繼續為英國郵政局和大英帝國印郵票。一個在美國成立的企業在母國得以奏凱，這是對未來的預兆。柏金斯的許多蒸氣機企業沒有什麼大的發展，他這位發明家同時要辦的事情總是太多，這也許是為什麼他沒有參與蒸氣動力最重大的應用。當蒸氣的應用開始成為事實時，他正在攝政公園發射砲彈。最初的蒸氣火車及鐵路完全是英國人的成就，而其修築所牽涉的也不只是機械天才。

第七章　鐵路人物

一八二三年夏天，在曼徹斯特與利物浦之間的鄉下可以看見一群強壯的人，他們用力舉起一連串的鏈子，把它們抬過田野和溪流。這些鏈子每個正好二十二碼長，也就是板球投擲時兩組三柱門的柱子之間的距離。一個肌肉肥大的守衛，緊跟著那個攜帶在三腳架上裝有一種取量器有形狀奇怪儀器的人，他不斷的細察灌木樹籬和矮樹叢，看看是否有毛病。這群人中有些顯然頗有學問和財產，他們彼此之間往往有熱烈的討論。他們指指點點並在筆記本上匆匆記事，而後謹慎的往前走。這樣往前走始終有一個危險：在他們進入的下一片土地上，可能有一大群看守的人荷著毛瑟槍或其他武器，威脅他們說，如果他們繼續入侵，便對他們動武。每當有衝突發生，他們那一隊的守衛便把三腳經緯儀抱得緊緊的，好像是挑戰任何想毀壞它的人：想毀壞經緯儀的人得先和他打一架。這個守衛原是個職業拳手，因其氣力和凶猛受僱於這個隊伍。

英國早年可能成為鐵路線的路線測量員，其工作的實際情形便是如此。

一八二三年夏天，主管規劃曼徹斯特與利物浦之間未來鐵路線的人詹姆斯，是一個相當了不起的人物。他是那個時代最高瞻遠矚的人物之一，卻幾乎被撰寫英國鐵路先驅者的歷史學家所遺忘。詹姆斯是華韋克郡的一個律師之子，於一七七一年出生於阿丁林地的韓雷地方，受過良好的法律教育，並在一七九七年在故鄉執律師業。他尤其喜歡關於在土地上採礦和土地圍場的法律，這些都是當地地主們所感興趣的。他的才華引起華維克伯爵的注意，一八〇一年伯爵任他為自己土地的經理。由這個職位開始，詹姆斯擴大他的業務，並參與全國各地許多的計畫。他在倫敦參與泰晤士河以南蘭白斯沼澤的排水工程，詹姆斯的工作之一是找尋礦物財富。在那個地質學知識還很有限的時代，他想像自己是煤礦勘探員，到了一八一二年，他在密德蘭已擁有六個煤礦場，並為達特茅斯伯爵在西布隆維奇開拓了一個新煤田。

詹姆斯在推進利物浦到曼徹斯特鐵路線以前很長一段時間，便熱心於鐵路的修築。由於他是一個土地經理和礦場主人，因而對許多在英國採礦區鋪設的鐵路都很熟悉，所有這些鐵路都是行駛馬拉的車輛。據估計，一八〇〇年代早期，英國有一千五百條這樣的馬車道，大半數是為連接一個礦坑和一條運河或河流的交通線。只要這些線道所穿過的地方是屬於煤礦主人的地產而且只歸私人之用，它們的鋪設可以不先經英國國會的同意；而開鑿運河或為改良的道路設立抽稅路信託，卻須先經過國會的同意。

第一條需要經過國會批準的公用鐵路，在一八〇一年得到批準。它由倫敦泰晤士河南面密集工業區文茲渥斯通到薩里郡的克洛登。這兩個地方之間有開鑿運河之議已經好些年，但無法籌措資金。而這條所謂的「薩里鐵路」又比一條運河價廉，它完全靠馬拉車，一八〇三年通車，詹姆斯是它贊助和投資人之一。當時沒有在這條線路上使用蒸氣火車頭的問題，因為甚至特里維西克開創性的發動機也是在下一年才開始在威爾斯的潘尼達倫行駛。薩里鐵路上的貨車行駛在「L」形的鑄鐵製薄金屬板上。

詹姆斯很可能曾於一八〇八年在倫敦看到特里維西克「誰追得上我便搭乘我」發動機在其圓形軌道上行駛，而想像這種蒸氣火車頭可以形成一個全國性的鐵路網。詹姆斯在英國各地旅行、造訪各處的地產和找礦物時，他想像到處都有鐵路，並且開始倡議這個想法，有時也草擬鐵路可能的路線。運河系統像那時幾乎所有的陸路交通一樣，仍靠馬力。一八二〇年代以前，只有少數的蒸氣車輛行駛。用馬拉車的鐵路，在採礦區是一種有價值的創新之舉，但是如果用蒸氣驅車，則整個交通的性質都會改變。詹姆斯開始想像運河時代的終結。

此時，英格蘭東北部有些礦場主人對餵馬飼料的價格感到擔憂。在拿破崙戰爭時代，這個價格上漲驚人。我們必須說，以為馬是廉價動力乃是現代人的偏見。事實上，隨著乾草和燕麥價格以及軍事上乘騎的需求量的驚人上下波動，用馬驅車的成本也驚人的上下波動。諾斯桑布蘭泰因河上的韋蘭煤礦業主布拉凱特，所以在一八〇四年要求試驗製造一部特里維西克式的發動機，乃是因為他擔心馬力成本的上漲。特里維西克本人似乎也多少參與這個計畫，並在好幾個場合造訪泰因賽，（他就在此時遇見三、四歲的羅勃．史蒂文生，照這位身軀高大的康瓦耳人的說法，他「把這個孩子放在膝上晃來晃去」。）在泰因賽一個鑄造工廠所修造的韋蘭火車頭，乃由曾在潘尼達倫與特里維西克共事的年輕人史提爾監製。雖然這部火車頭可以使用，可是布拉凱特並沒有把它買下來，因為鐵軌的問題沒有解決。韋蘭鐵軌是典型的東北礦車軌道的鐵軌：大橡樹木料，上面釘有可以換置的木條，把它們放在石質或鐵質的「枕木」上，其上面的一層煤渣形成了踏在鐵軌間的馬匹的線路。

但是大家還是很想找一個除了開鑿新運河以外運送沉重貨物的新辦法。現存運河的情形是：雖然開鑿運河的成本很高，可是大家對各開鑿公司的收費很不滿意，因為它們急切想支付其股東一些股息。鐵路是與運河競爭的另一辦法，而非在礦井口與運河港口之間的短距離連繫。它是愈來愈具吸引力的計畫，愈來愈多的商人，和急切想節省成本的礦場主人，都予以考慮。但是當時的人根本不明白，用蒸氣火車頭會是比用馬更好的辦法。

一般人可能認為，最初的突破會來自東北部。但是不然，它來自南方接近里茲市的約克郡密德頓城的煤礦。在此，礦坑主人請其礦場經理布蘭京索看看能不能製造一部行駛在鐵軌上的蒸氣發動機，布氏必曾細察特里維西克的發動機，因為他付了這位發明家三十鎊，但是他卻想出一種很不同的設計方法，這個方法雖然看似有點古怪，但卻可用。那個時候，大家不明白光滑的發動機輪子如何能抓牢光滑的鐵軌。發動機的重量顯然可以有助於其輪子抓牢鐵軌，但發動機愈重，鐵軌便愈易破碎，布氏的解決辦法是，給發動機裝一個嵌齒輪，嵌齒輪與鐵軌一側的鏈輪聯動。最初的兩部發動機名叫**攝政王**和**薩拉曼加**，這兩個名字是一八一二年威京頓在西班牙的一場決定性勝利——一八一二年也是密德頓煤礦鐵路通車的一年。

密德頓鐵路並沒有什麼前途，但它可以使用且使用了許多年，成為世界上第一部真正能使用的蒸氣鐵路。它引起了國際上相當大的注意，並且燃起諾丁漢市人湯瑪士．格雷的熱忱。湯瑪士．格雷寫了一篇討論鐵路的論文，並在一八二〇年將它發表：文中說，布蘭京索的嵌齒輪火車頭可以在倫敦與愛丁堡之間行駛。尼古拉斯大公爵（日後的沙皇尼古拉斯一世）也曾造訪密德頓的鐵路，並對它有深刻的好印象。但是過了很久以後，俄國才有比較重要的鐵路。

雖然布拉凱特在韋蘭煤礦上所製造的特里維西克型火車頭，只是用作固定的發動機，但是火車頭的發展，卻不是在韋蘭煤礦以後便停止，韋蘭煤礦的工人赫德雷實驗各式各樣的鐵軌，測驗光滑輪子是否能抓牢光滑鐵軌。一八一二年，赫德雷製造了一部發動機，並稱它為**韋蘭的好東西**，試用順利。他和另外幾個人分散發動機的負荷，把它的壓力放在八個而非四個輪子上，因而解決了鐵軌破裂的問題。日後成為一個重要發動機製造人的韋蘭煤礦鐵匠工頭哈克渥斯，在赫德雷做實驗的時候也在做實驗。當然，還有喬治．史蒂文生。

史蒂文生出生於一七八一年，是一名蒸氣機火伕之子，在泰因賽的煤田上長大。他到十八歲時還不會讀書或寫字，但是卻對礦場的活動很熟悉，尤其熟悉蒸氣抽吸和壓縮空氣的機器。他在二十歲的時候，在黑考勒頓這個地方的洋娃娃坑謀得軔手一職，也在這兒遇見他的第一任妻子貧農之女——芬尼・韓德森。芬尼和她的兩個妹妹在喬治住的屋子當女僕。當她一個妹妹拒絕了喬治時，喬治便娶了芬尼。芬尼比喬治大十二歲，原已與村裡的一名教師訂婚，不幸這名教師早逝。他們用芬尼的金幣嫁妝搬到一個稱為惠靈頓的地方。他們的兒子羅勃一八〇三年十月在惠靈頓出生（不過他後來總是在十一月過生日。）

喬治・史蒂文生是一個自學成功的人，像許多煤礦工人一樣，他做了各種自主業的工作，如清洗鐘錶和修補和製鞋。他早年也由礦坑工作貼補收入。他不停搬家，在西摩爾煤礦上就任新職，並在吉林渥斯城安家。芬尼多病，但在吉林渥斯健康似乎比較好一點。然而她在生了一個只活了三週的女兒以後嚴重患病，於一八〇六年春去世。喬治過了一些年才再娶，羅勃先後由很多不同的管家照顧，並在本地上學。

到了一八一三年，喬治・史蒂文生才受任製造蒸氣火車頭。在此一年以前，吉林渥斯煤礦上的發動機製造人過世，喬治得到他的這份工作。蒸氣機的實用性已在密德頓得到證明，而史蒂文生的僱主——礦場主人李代爵士、渥特雷和史垂斯摩伯爵——當時所謂的「大盟友」——當時決定他們應該製造自己的發動機。李代爵士請喬治・史蒂文生在西摩爾煤礦工場監督這個工作。其結果是一個稱為「布呂其」的小發動機——**布呂其**是拿破崙之戰中普魯士英雄的名字。它最初在一八一四年七月二十五日行駛過喬治自己在西摩爾的簡陋小屋。

這幾乎便肯定是以其本身的動力和以有輪緣的輪子在鐵軌上行駛的第一部火車頭。它給洛希非常好的印象。洛希是紐卡索鑄鐵公司洛希・威爾遜和貝爾的傑出資深股東。他邀請史蒂文生在吉林渥斯工作的同時、和他們一起每週工作兩天。一八一六年，洛希和史蒂文生取得其製造蒸氣機以及鑄鐵鐵軌的專利權；這些都是在洛希的鐵工廠製造的。可是在史蒂文生等人開始改進蒸氣機的效能時，鐵軌的問題依然存在。木頭這種材料太軟和太容易毀壞，而鑄鐵又在重發動機的衝擊下易碎。突破再一次出現在一個始料未及的地方：諾桑布蘭郡摩伯斯的製鐵業者白金紹製成第一批鍛鐵鐵軌；它們的長度適合鋪軌道。鍛鐵有延展性，且比鑄鐵有大得多的抗拉伸強度。

威廉．詹姆斯密切注意所有這些發展。他的長子（也名威廉．亨利．詹姆斯）開始研究在蒸氣鐵路上行駛的車輛。他們二人設計出一種新的鍋爐，其後並因此得到專權。對詹姆斯來說，密德頓的鐵路乃第一突破，但是嵌齒輪系統顯然不適合高速運轉。然而，在得到泰因賽正在製造火車頭的消息以後，詹姆斯決定造訪吉林渥斯的火車頭發展中心，而且經人介紹認識喬治．史蒂文生和威廉．洛希。詹姆斯看了各種出售的發動機，最後認為史蒂文生的發動機最妙。一八二一年九月，他與洛希及史蒂文生簽訂合約：他在利物浦和赫爾之間一線以下的英格蘭和威爾斯推銷他們的系統，報酬是接下來利潤的四分之一。他答應史蒂文生，在蒸氣路的車輛上，使用他兒子所研發、後來並取得專利權的筒式鍋爐作為回報。雖然後來這個對鍋爐的安排並沒有用上，可是一八二一年的那紙合約卻說明，詹姆斯對史蒂文生、洛希的專利火車頭有多麼熱心。他早期促銷這種火車頭的一例是想把它用在薩里鐵路上，那個時候這條鐵路正有財務上的困難。不過，雖然他努力使這些區域的重要人物注意到喬治．史蒂文生的名字，可是他在這件事和關於其他英格蘭南部和西部的馬車路線上卻未成功。

熱切想改良其礦場和工廠與各港口之間交通連繫的煤礦業主、製造商與商人，根本還不明白鐵路比運河好。畢竟運河很管用，開鑿運河的程序也根深柢固。最大的障礙是成本。調查和選擇一條國會所批准的路線的開銷，在開運河和築鐵路上大致一樣，但開成需要水閘、導水管和地道，以及有可靠的水供應的越野運河，要花很多年的時間而又不一定有利潤，收費也無大用處。鐵路——不論是用馬力或用蒸氣——可以是一個較為廉價的另類辦法。

另外一個辦法有一陣子似乎也很有希望。促進運河的開鑿，是為了提供比道路廉價而較不危險的運輸沉重貨物的辦法。然而正當鐵路出現作為運河的一個另類交通方式時，英國的道路系統也有戲劇性的改良。改良道路系統的這個人根本沒有工程學的素養，而在最初負起公路責任的時候又已六十歲。但是在短短的一個時期以後，他的姓馬格當在英國和北美洲成為「築路」的同義字，並使那些想像蒸氣路車輛（那時，已比特里維西克的坎伯恩小絞車效率更高）可以解決交通問題的人希望大增。

約翰・婁當・馬格當出生於一七五六年，是一個蘇格蘭富有小地主與一個伯爵子女十個孩子中最小的一個。當他的父親過世時，十四歲的他繼承了一千鎊。他的叔父是紐約市傑出和成功的商人，於是他到紐約隨叔父工作。美國當時尚在殖民時代，馬格當擔任為英國人在各種小戰中擄獲的戰利品估價的人。但是在獨立戰爭期間，他選錯了一方：他是效忠英國的人。他已娶長島一個著名律師之女為妻。當紐約殖民地議會宣布對英國獨立時，這位律師正是其議長，這個情形使馬格當處境十分困難，他認識到他已無法留在美洲，於是，一七八三年，他帶著他的美國妻子回到英國，並在蘇格蘭低地的艾爾郡置產。他在艾爾郡發展了一個由煤中提取焦油的企業，不是為了給道路舖路面（這個在他去世很久以後才實現），而是為了給船隻防水。馬格當對道路也感興趣，因為他是那個區域關卡信託的董事之一。

今日我們已不大知道馬格當的業務往來。然而，在十八世紀末葉，他的焦油公司遇到困難而他也負了債。他把家搬到康瓦耳的福摩斯地方。這是來往於英國與美國間乘客所經的港口，也就是一七九九年布魯耐爾最初踏上英國的地方。他在此或許又是替海軍做戰利品估價人，不過這個不能確定。可以確定的是，他在五十多歲的時候，開始經常來往於蘇格蘭和康瓦耳之間。據他自己的估計，一七九八年到一八一四年間，他旅行了三萬哩，或每年旅行了驚人的一千八百七十哩，或每個月一百五十久哩，他逐漸質詢許多測量員以及負責保養道路的人，自認為是一個專家。他得到一個驚人的結論：不需要改進車輛的懸架，而是需要較好的路面。改良路面的方法是，在路上舖一層不大於胡桃的石子，當車輪輾壓在上面時，便形成光滑和排水良好的路面。

英國國會的議員在知道馬格當有這種業餘知識技術以後，請他在國會下院的公路特別委員會上作證。他提出自己對英國破損道路的廉價和簡單補救辦法，但是最初有一陣子毫無結果。後來他們請他做布里斯托關卡信托所經管的道路測量員，他在六十歲時就此職位。他旋即開始重組道路的行政工作，開除了貪污或無能的管理員，並給打碎石子的人引入每件工作計時的報酬辦法。他逐漸讓他自己家的人在英國各地管理道路，不久他的家族便在英格蘭和威爾斯控制了三千哩左右的公路。

在蘇格蘭和威爾斯北部修築政府出資道路的工程師泰福，倡議比馬格當所用更耐用的築路辦法，他們的工人一時之間成為競爭對手。馬格當晚年乘兩匹馬拉的車在英國各地旅行，在當地遊覽的時候後面還栓一匹小馬。與他為伴的是一頭紐芬蘭種的狗。狗看著士馬和小馬不讓牠們亂跑。他於一八三六年在艾爾郡的摩飛去世，享年八十歲。他到最後對蒸氣鐵路也有一點興趣。然而到了那個時候，大家已經很明白：雖然馬格當的道路仍然有價值，但已不是那個時代真正精彩的東西了。

任何略知英國地理的人，都可能覺得奇怪，為何最初達成在礦坑及其附近以外地區修築鐵路這一大突破的地方，會是在英格蘭東北部的達林頓城和提斯河上史托克頓港之間。有的人在想，是因為這是蒸氣機發明的地方嗎？現存有許多我們熟悉的插圖，上面畫的是一部稱為**旅行**的發動機，後面拖著坐滿搖帽子熱情乘客的車廂；這是在這條鐵路線上首次的出遊。然而，事實上由史托克頓到達林頓這條鐵路，其來源相當平淡無奇。

運輸成本對礦場主人來說異常重要。如果他們不能以具有競爭力的價格把煤運到市場，他們便得關門。許多一度依靠水力或馬力驅動其機械的產業都已搬到煤田上去。但是當時有許多區域的重要交通環接還是不妙。最大的一個市場是倫敦，它是所謂「海運煤」的大消耗地。由成百航海運煤船組成的艦隊，由東海岸南航，把煤運到泰晤士河流域。這一沿海的路線給了泰因賽礦坑最佳的環接。但是位於近達林頓處的煤坑，卻得把煤運過陸地到提斯河上的史托克頓港，由於這趟陸路之中增加煤的成本太多，在經濟上它已不划算了。

一七六〇年代曾經測量過一條有人建議的運河，但是因為被認為太貴而未開鑿。一八一〇年前所做的，只是挖了一小條到河上的渠道。後來又有人建議另一條運河，於是一八一二年工程師倫尼受聘測量和標出其路線。這個計畫也被擱置。六年以後，接下來的是修一條馬力鐵路的建議。倫尼再度受聘，並得到羅勃・史蒂文生的協助。羅勃出身於蘇格蘭著名修建燈塔的家庭，也是作家羅勃・路易・史蒂文生的祖父。接下來，達林頓和史托克頓的商人之間對於是開運河好，還是修鐵路好出現深切的異議。

在激烈主張修鐵路的人中，有教友派教徒艾德華和約瑟夫・皮斯兄弟，他們是達林頓的銀行業者和羊毛布商。倡議修築鐵路的人，由威匀斯請來一位工程師歐佛頓，讓他再測量這一路線。測量的工作在一八一九年完成，但是因為在路線上的兩個地主大加反對，送交給英國國會請國會批準的議案未得批准。在第一項史托克頓—達林頓鐵路法案於一八二一年四月十九日通過以前，還需做另一次的測量工作和向國會提出申請。

在那個時候，想修一條鐵路是一件很花時間和乏味的事。應該再次強調的是：所有在這個過程中牽涉到的技術，政治和社會問題，都是在英國解決，因而當蒸氣鐵路在國外修築時，什麼都已現成，可以在驚人的短時間之內舖設和通車。在最初的這些年間，倡議修築鐵路者的圈子相當小，製造火車頭的商人沒有幾個；許多商人仍然視對鐵路的興趣為不切實際。因而，像威廉・詹姆斯這樣一個人的熱忱是極端要緊的，而他對喬治・史蒂文生的提攜也有異常重要的意義。

詹姆斯在第一次造訪吉林渥斯以後，曾經寫信給牽涉在史托克頓—達林頓項目中的一個皮斯的友人說：「史蒂文生先生的火車頭，比我所見過的任何其他火車頭都妙。除了那位不朽的瓦特以外，我認為史蒂文生先生在發明這種發動機上最有功勞。」[1]就在史托克頓—達林頓法案通過以前，皮斯邀請喬治・史蒂文生與他的友人和同事伍德，到達林頓拜訪他。到這個時候，史蒂文生已經是一個白手起家的人，並對他能力很有信心。他給皮斯留下深切的好印象，因而得到測量這條開創性路線的職位。他的兒子羅勃本來乃從伍德學藝。羅勃此時獲准離開伍德去幫助測量，也經許可在某些文件上簽署他的姓名，因而史蒂文生父子結為合夥。與這條路線有關的還有其他的重大發展。雖然史蒂文生和洛希共有鑄鐵軌道的專利權，可是這些鑄鐵軌道一直不能真正令人滿意。他於是聽詹姆斯的話，用鍛鐵軌道作為這條新鐵路的一部分。然而，最初的關於這條路線的法案，不曾指定使用蒸氣機，因而必須再向國會提出申請使用蒸氣機。一八二六年，喬治．史蒂文生在一生中首次去倫敦陳述這件事；他的申請在極少人的反對之下被接受。

然而，史蒂文生提議使用白金紹的鍛鐵軌道觸怒了洛希，其合夥公司旋即也解體。史蒂文生去接觸若干製鐵業者，包括當時尚在使用的布蘭京索式嵌齒輪發動機製造商，但是他們都不接受他的請求。唯一的解決辦法是，由史蒂文生父子成立自己的工廠，而在皮斯等人的支持下，這也辦到了。這個設立在福斯街工廠，泰因河上紐卡索的新公司稱為「羅勃．史蒂文森公司」，於是喬治．史蒂文生的兒子在二十歲時便成為經理股東。

史托克頓—達林頓一線的發動機，因而是向這個新的公司訂購。最初的兩部稱為**旅行**和**希望**，第三及第四部稱為**黑鑽石**和**勤勞**。在喬治．史蒂文生又以信心十足的說它們比以前製造的任何發動機都更有效率時，他曾做了幾次技術上的改變。**旅行**看上去誠然比以前的發動機更像我們所熟悉的蒸發動機，它有一雙由聯接棍而非由鍊條和鏈輪所連接的輪子。這部重五噸以上的發動機，放在皮克吉爾搬運公司一個由一隊大馬拉的貨車上，在許多啪鞭子聲以後，於一八二五年一個溫暖的九月天放到新舖的軌道上。發動機在軌道上放好以後，有一個人去拿蠟燭燈籠，以便用它點燃鍋爐的火。他走了一會兒以後，在一旁等待的麥特可夫看見一塊麻絮或舊繩，認為它可用作導火線。太陽還高懸天空，他曾用了一個放大鏡給光線聚焦以點燃他的煙斗。他把放大鏡放在麻絮上方，麻絮冒煙而後冒出火焰。他便這樣用它點燃世界上第一部可行的蒸氣所驅動公共鐵路火車頭。

雖然偶爾也有脫軌的情形，可是一八二五年九月二十七號舉行的正式通車典禮，是壯觀而成功的。喬治．史蒂文生和他的兄弟詹姆斯和三三位乘客，乘坐**旅行**號勝利的到達史托克頓碼頭，歡迎他們的是鳴槍六響。四萬名左右群眾的歡呼，以及高唱「天佑吾王」。但是懷疑者還是不相信這種新的交通方式的價值，至少英國的懷疑者不相信。這第一條公共蒸氣鐵路仍有兩個固定的發動機用來將煤貨車拉過斜坡，在有一段上也用馬拉的車輛。關於這種新奇的蒸氣火車能載多重貨物的問題，大家還是有些懷疑。

在史托克頓—達林頓通車的勝利之中，也有極大的焦慮。一八二二年，也就是三年以前，威廉．詹姆斯得到一份工作——替一個具有影響力的利物浦和曼徹斯特製造業者和商人的財團，測量一條這兩個萌發中的城市之間的路線。測量工作完成以後，這條路線的促進者焦急的等待結果，因為他們想把他們的議案在國會休會以前呈送進去。但是答應給他們的文件遲遲不來。詹姆斯因為好幾個方案出了錯而有麻煩，他也得在同時照顧他的各種利害關係。這些促進者受到挫折，乃在利物浦商人桑達斯的領導之下，放棄了詹姆斯而另請喬治．史蒂文生做申請國會批准這一申請所需的測量。這使得詹姆斯大為生氣，因為是他一直在提攜史蒂文生，而可以公平地說，這整個宏大的方案大致是他自己所啟發的。

然而，對喬治．史蒂文生來說，利物浦方面來的這份邀請卻十分具有吸引力。一八二四年六月，他在那兒見到他的兒子羅勃。桑德斯和另外一位這條路線的促進者艾里斯一起邀請他吃飯。史蒂文生後來寫信給友人朗瑞吉告訴他這兩個飯局：

我們星期六和桑德斯先生一起吃飯，昨天和艾里斯先生一起吃飯。他派了三個男僕在門口等我們，帶我去客廳。那兒有一群人，他們很溫和的接待我們。那頓飯很奢侈，酒也很名貴。席間有產於法國波爾多的紅葡萄酒，產於德國萊茵河地區的白葡萄酒、香檳酒、產於馬得拉群島的白葡萄酒，量都很多，但是大家都適可而止……這是我們所見到的多大變化啊！今天是最高尚的生活，明天在簡陋小屋。今天喝烏龜湯和香檳酒，明天吃麵包牛奶，或者有什麼吃什麼。」[2]

可是就在這個他所支持的粗野諾桑布蘭郡人現在已有閱讀書寫能力，並且已經成名和被人爭取的同時，威廉·詹姆斯卻處於深深的困難之中。他已經失去了他所喜歡的工作項目利物浦—曼徹斯特路線上的測量工作，而現在他在另一個工作項目——坎特布里—惠茲泰保路線——上的測量工作，又被史蒂文生所取代。再者，詹姆斯的健康也在衰退，更糟糕的是：他在一八二三年因欠債而被囚於倫敦英國高等法院的監獄。事實上，縱然他繼續有一份活躍的事業，在康瓦耳郡當一名地產管理人，一直到他於一八三七年故世為止，可是詹姆斯始終沒有恢復到他以前的地位。很可以理解的是：他感覺到喬治·史蒂文生待他不好，而他所做所有關於促進鐵路和聚集最優秀工程師的工作，也沒有得到公認。這對一個對鐵路十分熱心的人來說，是一個可悲的結局。可是他之所以精疲力竭，主要卻是他自己的過錯。

喬治·史蒂文生和他的團隊從事另一項利物浦—曼徹斯特路線測量工作所面臨的情形，比詹姆斯所面臨的情形只有更為困難，他們的生命受到威脅，他們和武裝的獵場看守人發生衝突，並被人丟擲石子。有人向他們挑戰說，鐵路線如果築成，則禁止狩獵的地區將被破壞，牛不會在接近鐵路的地方吃草，由火車上飛來的火花會把鄉村燒起來，馬匹將從日常生活中消失，因而燕麥和乾草便沒有市場，農夫會被毀滅。

給喬治帶來更多問題的是：羅勃違背父意，決定加入哥倫比亞的一個採礦公司，以求未來發展。他在一八二四年夏天乘船去哥倫比亞以前，在桑達斯家中與父親見最後一面。他一走三年，因而錯過了史托克頓—達林頓路線的勝利通車典禮，這年（一八二五）國會否決了利物浦—曼徹斯特議案。喬治．史蒂文生對於國會對他的計畫和估計的詰問有欠準備，一般以為這個議案未能通過是由於不佳的作證。

事實上，雖然為了催促一條鐵路線的築造已成立了一個委員會，而「旅行號」在史托克頓—達林頓線上的成功又是有目共睹，可是國會和當日傑出的工程師，還是不相信活動的蒸氣機是可以使用的。有一些人主張，在鋼索上拉車廂的固定發動機，比在軌道上以其輪子滑行的活動發動機，可以載運更多的煤。另有一些人不相信，史蒂文生的發動機會比一隊馬匹更可靠和有力。在利物浦—曼徹斯特法案委員會上作證的製造發動機者瑞斯垂克，感到在嚴密詢問下有必要指出：

> 我們可以達到比用馬匹容易達到的更快速度，我們的發動機在到達終點的時候不會感到疲倦。如果我們供給它必要的燃料和水，它在整個的行程中便可保持一定的速度，因而我們可以整天繼續前進，或整天或整個星期工作，只要在需要給它加煤和水的時候把它停下來。[3]

在紐柯曼發動機取代一隊「發動機」馬匹開始工作以後一百多年，以及在布爾頓和瓦特工廠的發動機不斷安裝以後五十年的一八二五年，對於蒸氣機優於馬力仍有必要解釋的事實說明，「可動」發動機這個想法在當時還是新穎的。一直到四年以後，英國和世界其他各國才相信，蒸氣驅動的鐵路交通不但可行，而且可以以驚人的速度改變一個國家的經濟。到了這個時候，羅勃．史蒂文生已由哥倫比亞回來——在一八二七年把那個時運不濟的特里維西克一起帶了回來。他和特里維西克是偶然相遇，並用五十鎊的貨款把崔保釋出來。（說實話，這五十鎊只是一筆小酬勞而已，因為特里維西克在二十多年以前，已使火車的輪子運行，而且間接地為史蒂文生家族的幸運奠立基礎。）羅勃最初測量的鐵路現在已經出現。

在他的父親未能使議案於一八二五年通過以後，另一位測量員也做了另一次測量，被選任這一職務的是查理．維格諾斯（我們在後面還會再談他）。他與包括著名的喬治與約翰．倫尼兄弟在內的一組工程師，標出了一條新的路線。這條新路線最後為國會所接受。他們避開那些反對聲浪最大的地產主人的地產，並為了平息運河公司的不滿，橫跨它們水道的橋樑應有相當的高度。雖然政府並沒有出資修築鐵路，可是促進鐵路的人必須接受嚴格的評審，以便使那些想像火車頭在城裡面行駛時會出軌和飛奔在大街上的人不會害怕，以及減少火車頭可能對乘客及鄉村造成的損害。在規定的規則中，有一條奇怪的措詞；它說火車頭應當「消耗其自己冒出來的煙這句話，事實上是說，火車頭的燃料不應是煤而應是焦煤，因為燃料幾乎不冒煙。一直到一八五〇年代，主要的鐵路線上都維持這個標準；一八五〇年代時，火車上開始裝有更有效能的爐膛。應該一說的是：這不是為保護環境而採取的措施，而是想要保護頭等車廂的乘客以及敞口貨車，使其不受高溫的火花和煙垢的侵襲。

鐵路公司的委員會會員在經過許多討論和異議之後，任命喬治．史蒂文生主持利物浦—曼徹斯特線路的修築工作。這份工作不但牽涉到從山丘開鑿出來的道路和橋樑，也牽涉到跨越一個稱為燕雀苔的泥炭沼。威廉．詹姆斯曾經認為可以修築通過這一暗藏危險、疏鬆多孔的物質，史蒂文生沿用這個計畫，但是國會的委員會議笑這個想法。其專家證人工程師介爾斯說：「任何神智清楚的工程師，如果想修築由利物浦到曼徹斯特的鐵路，便不會穿過燕雀苔泥炭沼。在這個泥炭沼，沒有任何客車能站在地表，只會沉在沼底。」[4]但是史蒂文生卻繼續執行他的計畫。他相信最後他能堆積足夠的柴枝和石南屬的植物，給這個穿越泥炭沼的四哩長部分搭一個浮臺。幫了他一陣忙的是年輕的學徒工程師約瑟夫．洛克——他老友威廉．洛克的兒子。對洛克來說，這是他學徒訓練的一部分。他也參與這條鐵路進入利物浦以前所穿過的艾吉希隧道的開鑿工程，並在別的地方主管運煤礦用的鐵路修築。事實上，約瑟夫成了羅勃・史蒂文生的好友。他經常給遠在哥倫比亞的羅勃寫信，告訴羅勃修築這條鐵路的工程進行情況。

出利物浦九哩，環繞雨山是陡峭的傾斜面。他們決定在此用纜車似的斜面，而不花錢從山上開鑿鐵路。這乃是一項龐大的工程，不過比開鑿一條運河進行得快。軌道所用鐵的品質、長度和形狀乃由喬治・史蒂文生決定，並且購自若干不同的煉鐵廠，但是新成立的「羅勃・史蒂文生公司」卻得到軌上運輸工具的訂單。一八二九年時，鐵路公司的許多工程師和創辦人，還對火車頭使用沒有把握。由金屬製巨纜所拉的貨車不會更有效率嗎？至少在拉重貨時，不會更有效率嗎？而且到最後，還有人繼續倡議使用馬匹。

最後，在全世界的注視下，鐵路公司接受兩名工程師的建議，同意決定原動力型式的最佳辦法是分開競爭。他們在一八二九年四月登出廣告，以五百鎊的獎金徵求可以做各種競爭規則上所寫明工作的發動機。大量的建議湧入公司。鐵路的主要利物浦支持者及其試用時的會計和祕書布斯曾經說道：

「由哲學教授一直到最卑微的機械士，大家都熱忱地想幫忙。英國、美國和歐洲大陸都有這樣的人。他們說，客車的摩擦力可以減低到一根絲線便可拉車，而供應的動力可以大到使金屬巨纜爆裂。他們慷慨的向公司提出各種人類無止盡的智慧或豐富的想像力可以設計出的所有方案。困難是選擇那一種方案好。」[5]

事實上，比賽（在雨山一段線路上舉行）的規則要求嚴格，而可以參加比賽的人，其範圍也有嚴格的限制。在試車以前，線路上的兩名顧問工程師給英國和國外所有已知的蒸氣火車頭編列清單。他們已視察過當時所存在的所有蒸氣火車頭。清單上有五十二部由特里維西克的時候起在英國所製造的，其中兩部在德國試用不成，一個是在美國（只是火車模型）。兩部英國火車頭已送去法國，四部已送去美國。當時尚在實際應用中的二十六部中，四部用於密德頓煤礦齒軌線路上，三部用於韋蘭煤礦，十一部用於東北部的吉利渥斯、赫頓和斯魯林威煤礦上。這些都是由史蒂文生家族所製造。史蒂文生家族還製造有一部稱為「蘭開郡女巫號」的發動機，這部一八二八年八月以後行駛在波頓和李棉布城之間的短貨物路線上的發動機，是威廉·詹姆斯的另一創作。最後還有艾吉諾利亞號，它乃由約翰·拉斯崔克所製。拉斯崔克乃是在雨山所舉辦比賽的三位裁判之一。他在史徒橋有自己的發動機工廠福斯特和拉斯崔克公司。「艾吉諾利亞號」是為史徒橋附近的一個煤礦所製。

到了最後，競爭雨山獎金的只剩下五部發動機。其中一部稱為**圓底座**，是用馬力怪發動機。大量的群眾前來觀看四部蒸氣火車頭的功能表演。最初，大家所喜歡的發動機是**新奇號**，倫敦製造。這部發動機是由約翰·布瑞斯維和約翰·艾瑞克森這兩名才華橫溢的工程師所設計。艾瑞克森是一名瑞典的工程師，他來英國促銷他的發明，後來又去美國修造螺旋槳輪船。**新奇號**疾馳如飛，但在緊要的關頭發生故障。另一個有力的競爭者是**無敵號**，是由一位經驗豐富的火車頭製造者哈克渥斯所提出。哈克渥斯原是韋蘭的鐵匠，在史托克頓—達林頓線通車以後出任其工程師。**無敵號**試用良好，最後名利物浦—曼徹斯特公司購得，在另一路線上使用。第三個競爭者是**百折不撓號**，但它表現不好，在競賽中沒有獲勝的可能。最後，最有名的競爭者是史蒂文生的**火箭號**，它奪得冠軍，隨後並由世界各地收到發動機的訂單。哈克渥斯是史蒂文生的激烈競爭對手，他不久便收到訂單，尤其是由俄國收到訂單。

利物浦—曼徹斯特線乃一大成功：一八三一年載運了四四，五〇七名乘客、四，三〇七〇噸棉花及其他商品，和一一，二八五噸煤。在之後的四年間，乘客人數有很大的變化，但貨物與煤的噸數穩穩上升：一八三五年時，乘客人數是四七三，八四七人，商品是二三〇，六二九噸，煤是一一六，二四六噸。在利物浦與曼徹斯特二城之間收取通行稅的路上，通行稅的收入銳減，而布瑞吉華特運河公司不得不停止收費。驛馬車一八三二年時只剩下一輛，主要載運包裹而非乘客。有關飼養和訓練馬匹的產業很擔憂，但是事實證明，真正蒙受損失的只是驛馬車。鐵路對馬匹的需求旋即增加，因為它們載運入城的人與貨物量都增加，而城里幾乎所有的路上車輛均由馬拉。

利物浦—曼徹斯特線的有利可圖，是英國第一次鐵路大景氣的前奏。申請舖設新路線的議案湧入英國國會。其中一個是由羅勃·史蒂文生所策劃，涵蓋由伯明罕到倫敦之間的一一二哩。到了一八三七年，八十家左右的鐵路公司有意加入網絡，而一年之間舖設的軌道有一千哩。煤礦場鐵路，史托克頓—達林頓線，以及最後利物浦—曼徹斯特工程，在英國創造了一群先鋒鐵路工程師，他們很快便會把自己的專業知識和技術以及他們勞動大軍帶到國外。同時，由美國來的一代年輕的工程師已經吸收了難得的教訓。到了一八二〇年，他們志在把英國的工業制度移植到美國國土。

第八章　火車前的排障器和木料軌道

早在一八五二年，有一位觀察英國及世界其他地區新興鐵路文化的英國人，便已注意到這種新的工業技術在大西洋的另一側竟是很不一樣。威廉斯在《我們的鐵路：其歷史修築和社會影響》中談到，他和像狄更斯這樣的其他旅客所走過的美國鐵路線，利物浦—曼徹斯特線有放置在石質「枕木」上的鍛鐵軌道、橋樑，由山丘開鑿出來的道路和隧道。與此相比，大多數的美國線路幾乎都是可笑的權宜之計。「美國鐵路的外表和英國鐵路的外表很不一樣。在美國某些地方，修一條鐵路線似乎只需要選擇一片平地，把木軌放置在大刀闊斧隨便砍成的枕木上。除了在支線會合主幹的地方以外，通常只有一條軌道，因而道路很狹窄；而當旅客通過無盡止的森林時，所見的景色往往不廣」。

狄更斯本人曾在美國旅行，他把旅行中的見聞寫了下來，於一八四二年發表。他像所有英國人一樣，對美國鐵路與英國所修築鐵路的差異，感到驚訝。無可避免的是：一個國家所採用鐵路的形式，反映其社會古怪的喜好及其財富和製造業精良度的一般水平。在美國工業發展的這個階段，不論是政府的資助的或私人的促進，都沒有能力使用英國高架橋或像峽谷一樣的從山丘開鑿出來的道路那樣的堅固結構。狄更斯最初乘火車由波士頓到在婁渥新創辦的新英格蘭紡織工廠。

在這個場合，我初次認識到一條美國的鐵路。由於這樣的工程在美國各地都大致相同，它們一般的特點很容易說明。

它們和我們的情形不一樣，沒有頭等和二等車廂之分；但有男用車廂和女用車廂：二者主要的區別在於：男用車廂大家都吸煙，而在女用車廂沒有人吸煙。由於黑人從來不與白人同車廂，車上有一個黑人專用的車廂。這個黑人專用的車廂是一個很大而且笨拙的大廂，就好像格利弗由布羅丁納王國出海所乘。火車搖動顛簸，噪音很大，有許多牆壁、很少窗戶、有一個火車頭、尖銳的叫聲、一個鈴。

車廂像是破舊的公共馬車，但較公共馬車為大，可以坐三十個、四十個、五十個人。座位不是由一端到另一端直排，而是横排。每個座位坐兩個人。在車廂的兩側各有一排座位，中央是一個狹長的通道，兩端各有門。在客車的中心通常有一個爐子，以木炭或無煙煤為燃料，大半極熱。爐子近得令人受不了，乘客可以看見自己與眼睛所見的任何東西之間飄動著熱空氣，像是一點煙。

車掌（或是收費人或警衛）不穿制服。他在車廂兩端之間走來走去、進進出出，想怎麼樣便怎麼樣。如果你是一個陌生人，他便身倚車門注視著你，雙手插在口袋裡；或是與在旁邊的乘客聊天。什麼人都和你說話，或想和誰說話便和誰說話。如果你是英國人，他便以為美國的鐵路和英國的鐵路很相像。如果你說「不」，他便說「是嗎？」（訊問你），並問英國火車與美國火車有什麼差異。你一個接一個列舉其差異，他說「是嗎？」（仍然是在訊問），而且顯然他不相信你說的話。在停了較長的一會兒之後，他部分是向你、部分是向他手杖的頂端說道：「一般公認美國人也是有進取心的人。」於是你說「是。」，而後他又說「是。」（這次是正面的）：

火車停在許多位於森林中的車站，在那兒，既不可能有任何人會有任何微小的理由下車，也同樣絕不會有任何人上車。火車疾馳過跨橋，該地沒有門、沒有警察也沒有信號：只有一個粗糙的木質弓形結構，上面漆著：「鈴響的時候，注意火車頭。」而後它急速前進，再衝入森林，出森林到達光天化日的地方，隆隆地走過不堅實的拱門，沿沉動的地面帶轆轆聲前進，衝到一座木橋的下面，而在霎眼之間在橋陰之下，突然喚醒一個大市鎮街上的寂靜，繼續胡亂地不顧任何危險衝到路中央。在靠近鐵路處，機械士幹他們的活，人們倚在門口、窗口，男孩子玩風箏和石彈戲，男人抽煙，女人說話，孩子們爬行，豬四處搜尋食物，不尋常的馬暴跳。這部瘋狂的火車頭及其車廂飛奔向前，向前，向四面八方散布其火花，發出刺耳的嘶嘶聲，號叫、喘息，最後這個渴了的怪物停下來喝飲料，人們圍聚四週，而你有時間喘息。[1]

美國火車頭有一個特色，是其前面的排障器。如狄更斯所云，鐵路沒有任何設備防止入侵，而蒸氣火車所駛過的成百哩荒野，上面有各種的野獸，除了自在徘徊的農場動物以外，又有野鹿、熊及其他可畏的障礙。如果一列火車時速是二十哩（一八四〇年代在美國，這是很好的速度），那麼它很容易被一頭飄泊的野獸撞得出軌。因而火車頭的前方裝有近鐵軌的排障器（像雪鋤形狀的鐵柵欄）。如果運氣好，它可以推開任何在軌道上漫步的動物，或把動物的屍體推到下一站。有一個旅客曾說：「在到達火車站的時候，看到上面有一隻死羊或死豬或有一隻將死的羊和豬，不是不尋常的事。」

在美國獨立戰爭剛過不久的運河方案最初階段，美國東海岸的人喧嚣的希望英國有經驗、知識和技術的工程師來美國開鑿運河。然而，到了一八二〇年代，美國已有相當多的本土人才，於是取得最新工程學技巧的方式也有了改變。那些急切想改良其道路的運河，以及為修築鐵路這個可能性著迷的美國各州，大半已不想花錢由英國請人才。相反地，他們花錢派自己的人到歐洲作探索之旅，尤其是去英國作探索之旅，看看應該麼辦，並且帶回來他們認為有用和買得起的設備。還有一些其他有錢的工程師，自己花錢旅行到歐洲去考察。

到了這個時候，他們已不必像十八世紀的法國間諜那樣變裝旅行，或逗留英國酒店以期利誘一個有知識技術的機械士跟他們出國。美國人現在自信英國會熱忱的歡迎他們，給他們所需要的一切協助。因而，美國的工程師開始橫渡大西洋，去學如何製造蒸氣火車頭以及如何舖設鐵軌，一八二五年三月，「賓州促進內部改良協會」指派了一位三十八歲的建築工程師，由費城出航到利物浦。這個協會乃於一年前由偉大的美國科學團體——富蘭克林研究所——的研究人員所組成，這些人很明白他們想要由這位建築工程師史崔克蘭處得到些什麼—不是富於幻想的科學理論，而是結實的工程學事實：「我們不要抽象的原則，或對於這些原則如何應用於歐洲大工廠的泛泛說明，這些書上都有。我們所急切想得到的是，執行這些工作的最佳方法，最經濟和確切的方法。我們想取得工作上可行的計畫，以便可以在費城完成這些工作，而不需要一位有高超技巧和科學修養的土木工程師在一旁監督。」[2]史崔克蘭是一位曾在美國由拉卓布訓練了一段時期的工程師。他們特別鼓勵他好好研究鐵路，不論在上面走的是馬拉的車輛還是由蒸氣所驅動的車輛。

史崔克蘭帶著三千美元及助手——優秀的製圖員尼亞斯，以六個月的時間細心的記錄下英國工業世界的奇蹟，比較鑄鐵和有延伸性的鐵軌，視察鐵軌的標準規格，比較運河和鐵路等。一直到十九世紀中葉，以他所寫和附有插圖的報告，成為任何想要修築鐵路的人早期的教科書之一。而史崔克蘭本人後來成為若干鐵路工程的總工程師。

歷史學家史泰波頓曾經指認出不亞於十五位在一八二五與一八三八年之間造訪英國的美國工程師，這些人是為了進一步了解其專業，尤其是如何修築鐵路。又有十八位工程師一度與曾到過英國的人共事。在他們橫渡大西洋以前，這些人都至少有一點經驗，有少數幾位曾在被認為過於重視理論的西點軍校接受訓練。那些曾經去過英國或受英國所影響的人，修改工藝技術使適合美國的環境，一面訓練更多的工程師。但他們最初都還不能請美國的鑄鐵公司替他們製造軌道或火車頭：這些都是由大西洋彼岸運來的。

大多數早期的美國鐵路都和英國鐵路一樣，上面走的是馬拉車，並以某種傾斜面越過丘陵地。但是在史托克頓—達林頓路線通行以後，大家逐漸熱衷於蒸氣火車頭。第一個在美國境內駕駛蒸氣發動機的人是賀拉西歐．艾倫，他是在這個美國歷史拓墾時期造訪英國的若干人之一。艾倫是數學教授之子，一八〇二年在紐約州的沈乃塔迪出世。他曾在哥倫比亞學院（日後的哥倫比亞大學）受過當日最好的教育。艾倫一度為法律所吸引，但後來意識到他對運河最有興趣。他供職於德拉瓦與赫德遜運河公司，並迅速上升到工程師級。

這家運河公司是茅瑞斯和威廉．伍茲所創辦。他們是二名費城的商人，在賓州已取得廣大的土地。事實上，他們擁有一度被認為是毫無價值的硬無煙煤的龐大礦藏。這個時候，英國的熔爐和蒸氣機只燒軟的瀝青煤，很少用無煙煤。即使在大家發現無煙煤易燃以後，還是沒有辦法把賓州的無煙煤運到紐約，以便由紐約經海路或河流運到其他的市鎮。由於一八一二年的對英作戰斷絕了由大西洋彼岸來的煤供應，而使美國迫切需要開採和使用本土的煤（這一點稍後再說），交通的改善十分重要。一八二五年時，開鑿德拉瓦和赫德遜運河的龐大工程於是開始。

這條運河部分模仿英國最好的運河，在完工的時候有十四條水道橋和一百零九個水閘，其傾斜面可以把煤拖運過路線上最陡斜的幾段。艾倫在開鑿這條運河中學到很多的工程學專門知識和技術。他的上司傑維斯自一八二七年初即開始對於鐵路有了濃厚的興趣。他在此之前從來沒有見過鐵路，甚至沒有見過馬拉車的鐵路，但是他在書上讀到過鐵路，因此認為以燃料供給火車頭拉車比用馬匹拉車為廉價。當艾倫瓦布說，他要去英國並辭去在公司的職務以便自由旅行時，這個運河公司已計畫由英國購買鐵軌和火車頭。他日後寫道：「在得到對於火車頭的結論，並認為土木工程學的未來在於鐵路時代這一方向以後，我決定去每天都在使用火車頭的唯一地方，唯一可以研究其所有實際細節的地方。」[3]公司立刻挽留了他，給他一些錢請他去一趟英國。一八二八年一月底，艾倫出航英國，身上帶著許多傑維斯給他的指令。傑維斯沉思過許多點，包括一列火車應有多少隻輪子，火車的重量又會是多重。傑維斯認為每個小時三點五到五哩的速度便夠了。一千八百美元當可買一部火車頭。如果價格超過，便不值得買英國的火車頭了。他沒有說，他認為在一八二九年時，可以在美國的什麼地方找到一部火車頭。

艾倫抵達利物浦不久，便碰見喬治·史蒂文生。史蒂文生很友善，帶他去看當時正接近完工的利物浦—曼徹斯特鐵路。艾倫在日記中說，五十歲的史蒂文生還十分強壯。他帶艾倫乘驛馬車到離利物浦三十二哩的波頓，以便在那兒看已築好的鐵道。而後他們回到利物浦—曼徹斯特鐵路，步行走了七哩的鐵路，一直到天色已晚，他們發現已錯過由聖海倫斯城回利物浦的最後一輛驛馬車。天已傍晚，他們二人開始步行走那十哩的路。

沒有人反對這位美國工程師把他所見到的一切都記述下來——由新修的利物浦船塢到史蒂文生的鐵路軌道上的細節。艾倫全神貫注地研究火車頭，以致急切想要一個迅速回答的傑維斯頗不耐煩的寫信催問他。然而這位公司的代理人卻很盡責。他在史托克頓—達林頓線上逗留了一些時間，與主管這條路線的哈克渥斯討論馬匹和蒸氣機價格的差異。最後他寫信給傑維斯說，他相信未來是蒸氣火車頭的天下，雖然這樣的火車頭已經很不錯，但將來必然會更進步。

艾倫在回美國以前，訂購了羅勃·史蒂文生公司的一部發動機，又訂購了渥斯特郡史徒橋的福斯特和拉斯崔克的三部發動機。拉斯崔克曾是雨山試行的裁判之一，但是他的公司所製造的發動機卻比史蒂文生公司所製造的發動機重得多，在那個時候實在不是好的選擇。但是拉斯崔克的發動機卻比較便宜——這在艾倫和傑維斯來說是一個重要的考慮。一八二九年五月，這些英國發動機中的第一部（稱「史徒橋之獅」）由船運到紐約市海濱街腳的西點鑄造廠。最初沒有鐵路線可以安置它，但是他們把它當成珍品展覽，用許多塊體把它支撐起來，使它的輪子可以旋轉。上千的人前來觀看它。

在七月間，他們把這部火車頭拖到一條粗糙但尚能使用的軌道上。這條軌道是由德拉瓦和赫德遜公司舖設，用作運河與港口之間的連繫。雖然艾倫相信蒸氣火車頭可以用在新鐵路線上，可是這條路卻原是為走馬拉的貨車。誠然，一八二九年八月八日聚集在此觀看美國境內火車頭初次行駛的那些人，都認為它走不了多遠，因為這部火車頭對於軌道而言顯然太重了一點，其中一段會經過一條高架鐵道。

艾倫本來或許可以喊：「都上車吧！」但他沒有，因為他知道沒有人會上車。他日後回憶道：

使我獨自留在火車頭中的原因是：這條鐵路是在夏天所修築，材料用的是鐵杉木，而其大鐵軌扣在隔很大一段距離才有一個的插座中。由於日曬的緣故，木材已破裂和扭曲。在過了大約五百呎的直線以後，鐵道在大約三十五呎高的橋架上越過拉卡瓦森溪；這個橋架有一個半徑三百五十或四百呎的彎曲處。大家的想法是，這個龐大的鐵質怪物或許會壓破鐵道，或許會在彎曲處出軌衝進溪流中去。[4]

艾倫大無畏的獨自啟程：

當我把我的手放在減速閥的把手上時，我不能決定，是應該慢慢開呢？還是以相當的速度開？但是由於我相信這條鐵路會證明是安全的，我又想到，如果我們真會掉到溪水裡去，也寧可掉得體體面面的毫不懦怯。我於是以相當的速度啟行，不久便聽不見聚集的那一大群人的歡呼聲了。在走了兩哩或三哩以後，我反轉開關回到出發點，沒有出什麼事。因而，我完成了在西半球第一次用火車頭在鐵路上行駛的旅程。[5]

這條鐵路在初次通行時沒有發生意外事故，但是在下一年，由曼徹斯特到利物浦的鐵路通車時，憲兵赫斯奇森被輾傷而死。然而，慶祝「史徒橋之獅」號首次行駛成功的禮砲卻炸傷一個工人，以致他的一條腿被鋸掉。

在美國，早期的各種想效法英國鐵路線的嘗試中，有時會遭遇到「退步」（有一位評論家說它是「大退一步」）。問題不在於改造車輛，而是重覆一件蠢事——想把重達數噸的火車頭在木質結構上開，火車頭也以木頭為燃料。當時標準的軌道不比喬治．史蒂文生孩提時在泰因賽煤礦上所舖設的軌道好多少：木軌，頂上面最多有一根鐵條。木材變形和腐朽，並如艾倫所看到的：曝曬於太陽下會扭曲。為此之故，「史徒橋之獅」號火車頭一直未在德拉瓦和赫德遜軌道上使用。像其英國的先驅——尤其是特里維西克的潘尼達倫火車頭——一樣，它只用作靜止發動機。

美國在其發展的這個階段，尚無力修築英國工程師在英國和歐洲其他國家所修築的那樣標準的鐵路。我們也可以說，艾倫和其他的火車頭促進者把美國向前推得太快，在它不會走以前便讓它跑。在工業制度的擴張中，尤其是在鐵路的情形，一個普遍的問題是：新的工藝技術往往在大家知道使用它的目的以前便出現。然而，當時在美國，大家卻已在喧囂著要改良沿東海岸及跨越阻礙西部土地開發的山脊的貨物與原料運輸情形。美國各大城之間也有相當的競爭。它們害怕，如果自己不以新的道路或運河（如果可能，還有鐵路）去創造更好的交通，便會落伍。這些都在十九世紀上半葉給了交通和運輸界刺激，甚至凌駕了資源的問題。

狄更斯在他對美國鐵路旅行的另一描述中說到，火車在穿過一哩又一哩的森林時，窗外的景色十分單調。畢竟，木材是美國的一大資源，最初它也異常豐富。據估計，一八三八年時，用於各種用途的燃料——由家庭取暖到發動靜態的和其他的蒸氣機，再到烤麵包所用的燃料——百分之八十是木材，百分之十四是無煙煤，百分之三是木炭，百分之二是瀝青煤。這個情形乃是一大例外：一個大致由木材製成和以木材為主要燃料的迅速工業化世界。關於軌道設備，歷史學家懷特曾說：

> 十九世紀上半葉，美國軌道設備所用的一切都是木製的——由軌道結構、車停的站、發動機房、橋樑、雪棚、水箱、貨車和乘客車廂、加煤站，到發動機燃料——甚至剎車片和軌道接口。但是令人啼笑皆非的是：在上一個世紀，軌道設備往往稱為「鐵路」，而它們事實上卻是木路。[6]

這個時期著名的工程是南卡羅來納鐵路。這條鐵路乃由海岸上的查爾斯頓到漢保，全長一百三十六哩，一度是世界上最長的鐵路。促成它修築的查爾斯頓和漢保商人，是想讓它吸引成包的棉花。在此以前，這些棉花包乃是越過他們，由喬治亞州的奧古斯它城由河船運到薩瓦那城。艾倫受任為總工程師，他驕傲地指出，這是一開始便依靠蒸氣火車頭動力而非馬匹動力的第一條鐵路。他著名的意見是：「我們沒有理由認為，馬的餵養和品種會有重大的改良，但是目前的火車頭，其動力的發展是沒有止境的。」[7]

這條鐵路乃一商業投資，由投資者買股份，它旨在載運乘客也載運貨物。與英國修築鐵路者相比，南卡羅來納的修築鐵路者未受到地主的干擾，因為地主幾乎全對擁有這條鐵路表示熱切的希望。他們也願意把自己的奴隸出租去修路。艾倫監督這個工程，並認為木材可以用作主要的建材。為了減少創設穿過起伏不平地面的等高線路的成本，他所決定用的結構像是一串無盡止的低橋，整條鐵路架在台架上。艾倫說，這個辦法非但可以使火車順利平穩的行駛，也可讓牲口和奴隸由鐵路下面而非上面穿過。

南卡羅來納鐵路於一八三三年通車，艾倫旋即訂購火車頭，這次是由美國的製造商處訂購。第一部美國製造的火車頭是在這條鐵路上作商業性的行駛，它的名稱是**查爾斯頓最好的朋友**，由E.L.米勒所設計，並在「史徒橋之獅」號曾作過展示的紐約州西點鑄造廠製造。南卡羅來納鐵路一度像是會創造嶄新和獨特的美國式鐵路風格。然而這條路線上的木質建構不久便腐化，而在一年之內**查爾斯頓最好的朋友**便爆炸，因為駕駛人誤將它的安全閥壓低。這部火車頭只開鐵路線上的一段，而它不久便為由同一鑄造廠所製造的**西點號**所取代，但是軌道的惡化耗資極端昂貴。在路線上的大部分，格子結構下面的空間均填滿以形成路基，而又得購買鐵軌以取代日漸崩潰的軌道。到最後，這條線路的整個存在理由也因進一步的鐵路發展而逐漸消失。但它絕不是完全失敗，至少給了美國工程師一些重要的教訓。在英國，鐵路又稱**永久路**，而大西洋另一側的美國也逐漸把鐵路修成永久路。

有些美國修築鐵路的人，想比艾倫更切實的效法英國的模範，但這並不表示在鐵路全線上使用蒸氣火車頭。最後連接了馬里蘭州巴爾的摩市和內陸及俄亥俄河的那條鐵路，其前面幾段所用的材料，比南卡羅來納線上所用的材料結實，但是石質枕木的使用（此乃仿利物浦—曼徹斯特線），在酷寒冬季地面結冰時也有它的問題。用石材修築高架鐵路和橋便比較成功。巴爾的摩—俄亥俄線在一八三〇年開始通車，起初用馬的動力，陡斜的地方用傾斜面。引入火車頭的問題之一是，由於這條線路的曲折性，因為若干曲線彎曲得很厲害。因而，紐約的彼得．庫柏設計出小型的發動機**湯姆拇指**以應付這些彎曲的地段。這是在美國所製造的第一部蒸氣火車頭，一八三〇年，彼得．庫柏讓它在巴爾的摩—俄亥俄鐵路線上試行。

拉卓布是巴爾的摩和俄亥俄公司的一名律師。他給**湯姆拇指**的首次出行留下生動的描寫：

彼得．庫柏先生發動機的鍋爐，尚不及現代華廈中繫在廚房爐灶上的煮器為大。它的直徑和廚房中的煮器差不多大，但高度不及後者之半。它直立在車中，裡面裝滿垂直的管子，下面是爐子。汽缸直徑只有三吋半，轉動以加速。沒有天然的牽引力足以在這麼小的一個鍋爐裡維持蒸氣；因而彼得．庫柏先生用了由繫在一個車輪上的滾筒驅動的吹風裝置。吹風裝置的上面穿過一根索，它在轉動的時候運轉吹風器旋轉軸上的滑輪。

彼得．庫柏先生異常成功，因而試開到艾里考特的工廠去。在發動機掛著一個敞篷車廂，這是這條鐵路上所用的第一個車廂。車廂繫在他的發動機上，裡面坐滿董事先生和朋友，包括我自己。在美國第一次由蒸氣所驅動的行程於是開始。這趟路走得十分有趣。車子以每小時十五哩的速度順利地通過彎曲的地方，也相當輕易地爬上斜坡。這一天天氣很好，大家興高采烈。有些興奮的紳士拿出便箋簿，在車行速度達到最高的每小時十八哩時，在便箋簿上寫下他們的姓名及相關的句子，以證明即使在這麼高的速度下也可以寫字，由艾里考特工廠回來的十三哩路，花了五十七分鐘。

但是「湯姆拇指」號的勝利也不是完全沒有瑕疵。當代的大驛馬車業主為史托克頓和斯托克斯公司。他們在這個場合駕了一匹美麗而強壯的灰色馬由城裡來，並掛在第二軌的另一車廂上——因為這家公司已開始製造工廠的雙軌。他們在轉接所與發動機會合。由這一點上，大家決定在回家的路上讓二者賽跑。於是馬和發動機由同一點上起跑，一個噴鼻息一個噴煙。

一開始的時候，灰馬跑得最快、狀態最佳，因為牠的氣力一下子就出來，而發動機得等輪子的轉動啟動風箱。當馬領先大約四分之一哩時，發動機的安全氣門上舉，由裡面出來的輕薄藍色蒸氣說明蒸氣過多。風箱發嗡聲，蒸氣像雲煙一樣噴出來，速度加大，乘客呼叫，發動機趕上馬，二者不分上下。而後發動機超前馬，大家高呼萬歲。

但是這種呼聲旋即不再，因為就在這個時候，也就是灰馬的主人快要放棄的時候，驅動滑輪的帶子（滑輪乃驅動風箱之物）由滾筒上滑脫，安全閥不再尖叫，而由於缺乏空氣的動靜，發動機開始哮喘。彼得．庫柏先生是他自己的機械士和司爐，他想換輪子上的帶子以致把手也傷了，但還是不成。他想用易燃的木材使火旺起來，但還是不管用。馬趕上了發動機而後又超前發動機。雖然不久傳送帶就換好了，而蒸氣的功能也很好，但是馬已超前太多，趕不上了。馬於是在比賽中獲得勝利。[8]

當然，這只是蒸氣所遭遇的一個小挫折，仍然有許多美國人到英國「朝聖」——看一看英國的新鐵路。一位日後成為美國南方修築鐵路上很有影響力的人物是羅賓遜。羅氏一八〇二年出生於一個維吉尼亞州理其蒙的小康商人家庭。他在孩童時代有一位教他法文的老師，而後又進入威廉和瑪麗學院。但是他在十六歲的時候離開這個學院，擔任測量未來可能開鑿的職位，不久各種工程便請他做測量員。二十歲的時候，在未受到邀請的情形下，他前往紐約市，自我介紹給當時正在開鑿伊利運河的一些工程師。在回到維吉尼亞州以後，羅氏得到詹姆斯河運河公司工程的工程師一職。他在這家公司工作了兩年，在修建水閘和橋樑上得到可貴的經驗。但是修築這條運河的經費不足，而他認為需要拓寬自己的眼界。

一八二五年，羅賓遜用他父親的錢出發去歐洲做他自己別出心裁的觀光。那個時候，有錢人家和有文化修養的年輕人，通常遍遊歐洲大陸。他在此之前曾寫信給一位友人說，「他想去那個古典的地方，也甩掉道路、運河、導水管和橋樑一會兒，在那些林蔭大道上昂首闊步，懶洋洋的坐在「法國大戲院」。[9]威廉．史崔克蘭和賀拉西．艾倫是花運河公司的錢為運河公司去歐洲旅行，而且幾乎集中考察英國，可是羅賓遜卻寧可停留在巴黎，練習他的法文和吸收一點「古典」文化。他可以溜到英國去看看布瑞吉華特運河，或者去扣伯明罕布爾頓和瓦特工廠的大門。這個時候馬修．布爾頓和詹姆斯．瓦特均已逝世，工廠乃由其子及公司的忠僕威廉．墨篤克管理。

羅賓遜是一個非常有趣的人。他年輕、聰明、見聞廣博，可以比較和對比法國人和英國人對科學與工程學的研究方法。在那個時候，歐洲大陸在實際事務上還遠比英國落後。他在巴黎大學文理學院的時候，去聽了幾個像法國的化學家蓋—盧薩克這樣才華橫溢的法國科學家的演講。那個時候大家公認：說到結構和力量以及化學和工程學的一般原則，世界上沒有任何國家趕得上法國。

他在歐洲的時間有兩年半，其中在英國七個月。回到美國以後，他監督了許多的工程，包括測量和管理為數眾多的鐵路。在這個時候，他在英國所取得的知識證明最為有用。在英國的時候，他走過運河，並對倫敦的宏偉有深刻印象。他在寫回家的一封信中說：「我雖然久聞英國的龐大財富，但是直到我來了倫敦才對它有概念。由表面上判斷，英國似乎沒有貧窮可言，因為甚至光是住在英國，似乎便比舒舒服服的住在任何別的地方需要更多的錢。可是英國雖然有這麼龐大的支出，其財富卻史無前例的在不斷累積。新的建築物和製造工廠在各處湧現，而國外的每一種新方案都以英國的資本付諸實現。多麼奇妙的國家啊！」[10]。

羅賓遜本人早在一八二五年便已注意到法國和英國的重大差別。他在初次造訪英國以後寫信回家說：「在實用機械式的技巧上，法國人至少比英國人落後一百年。令人真正感到訝異的是：在一個如此接近一個機械藝術已臻完美的國家，其機械裝置仍然會這麼粗製濫造……」雖然法國人以其科學家的才華為傲，而這也是事實；可是他們缺乏英國的那種實際應用。例如，他們不能掌握蒸氣鐵路的理念，而讓他們在英吉利海峽彼岸的競爭對手設計法國主要的交通線。

第九章　吃烤牛肉的英國人上工了

一八三三年九月初，傑出的法國政府官員西爾斯和他的一行，由英國人招待在各地參觀英國的宏大公共工程。策劃這一次遊說性訪問的是英國的士兵和測量員維格諾斯。維氏前此曾促使利物浦—曼徹斯特鐵路議案在英國國會順利通過，現在他想說服西爾斯：修築一條連接倫敦和巴黎的鐵路（以輪船通過英吉利海峽）會是既可喜又有利潤可圖的大工程。事實上，在西爾斯英國訪問以前，維格諾斯已花了很多時間與巴黎所有最具影響力的人交談，和在路易—菲力浦的朝廷上進行遊說。誠然，法國人對這項工程感到猶豫，但是維氏卻相信他已把他們爭取過來，這條鐵路的工程很快便可開始，他在一八三三年八月廿五日由巴黎寄倫敦的一封信中寫道：

> 昨天在部長家吃了一頓正式的大餐，在餐會上我見到大多數各部門的主要專員和首長，以及傑出的工程師。餐會以後，我在九時左右和西爾斯先生到國王在離巴黎五、六哩的聖克勞德的晚會，而且很榮幸的私下謁見路易—菲利浦約半小時。
>
> 國王向我保證說，他對這件事極感興趣，並將竭力

予以支持。他希望西爾斯先生好好留意把這件事大力在下議院提出；他相信對於贊助的人而言，它會非常有利潤，但是他還無法度量它在政治上的意義。他提到一件與他個人有利害關係的事：他在靠近迪普的地方有一個莊園，而整個皇家都喜歡游泳。如果巴黎人可以乘四小時的車到迪普，迪普便會成為像布萊頓一樣的時髦、有沐浴划船等享受的遊憩處。我無法以筆墨傳達他對促成這個事業的熱忱乃至急切態度。[1]

因而維格諾斯在回到英國以後，帶著相當的自信心到多佛去歡迎西爾斯及他的隨員，帶他們周遊這個世界上最先進的工業國家。他們到倫敦，在途中停下來去看泰晤士地道及查山造船所。九月九日他們走陸路去北方，徹夜旅行，第二天中午左右到達伯明罕。他們造訪福斯特的史徒橋工廠（替賀拉西．艾倫製造「史徒橋之獅」的工廠），並且讚賞（至少維格諾斯讚賞）泰福在伯明罕運河上的手工，也看了一家煉鐵廠。而後他們又徹夜趕路，第二天得以在去柏根頭以前看一看門納橋和其他的結構。他們在午夜到達柏根頭。他們由柏根頭渡過梅西河到利物浦。西爾斯在利物浦受到若干促進鐵路人士的招待。他搭了一截現在已著名的利物浦—曼徹斯特鐵路和聖海倫斯—韋德尼斯鐵路上的火車。那天晚上，利物浦市長歡宴這位傑出的法國官員。

次日，也就是九月十三日，他們乘火車去曼徹斯特，在那兒參觀了堆著棉花、煤和其他貨物的倉庫。在這個驚人的旅行路線上只出了一個小問題：曼徹斯特的百利和寇克紡織廠拒絕他們進入。似爭舊日的敵對心態尚未在紡織業上完全消失。不過他們隨後得以看到曼徹斯特城外康格頓地方的絲紡織業，而後再去看瑋緻活在伊突利亞的陶瓷工廠。到了九月十四日，他們繼續走過密德蘭並回到倫敦，因而可以看到煤氣煤所照亮的倫敦街道。一八三三年時，這還是個新奇事物，雖然自一八一二年起，倫敦已有少數幾條街由煤氣照明，而西爾斯也不是初次見到，但其在倫敦考究的街道上的效果，外國旅客尚認為是驚人的。他們還看了倫敦許多地方，包括拜訪史匹它非的織工。這些人像維格諾斯自己的祖先一樣，是十七世紀時為躲避宗教上的不寬容而逃離法國的許多家庭的後裔。法國這一行人在倫敦一家酒店吃中飯，而後向其英國地主告別，徹夜旅行到多佛。

儘管如此，西爾斯不認為他在英國的所見所聞有什麼了不起。一旦回到巴黎，他便向政府報告說，鐵路是一件浪費時間的事，不適合法國的國情。許多年以後，維格諾斯幽默的敘述這整件悲哀的事情說：

這位有本領的政治家說：維格諾斯先生，我非常感謝你，我也認為你很聰明，但是你知道嗎？在我來英國以前，我並不相信你在巴黎和我說的任何一句話，而到現在，我也看不出你滔滔不絕所說的那些好處。你們是有良好的運河，但你們的運河很小，我們法國的運河比你們的好得多。至於你們的道路，它們是很好，但在我們整個的行程中，我們卻未曾看見一輛貨車走在上面！至於鐵路，我認為它們不適合法國。而至於你們作拱形的驛車，我們自己法國的也走得一樣快……或許最後一句話沒有什麼好奇怪，因為西爾斯先生曾經堅持把他自己拙笨而喧鬧的車子帶來。這種路易十四式的車子，在其四角及頂上有很大的、像舊式巴黎反射燈那型的燈。這樣的車子裡裡外外可以載八個人，大半時間需要六匹馬拉。[2]

因而，法國開始認真修築鐵路便耽擱了整整十年。奇華里是一法國的旅遊者，也是倡議修築鐵路的人。一八三三年十一月，他由曼徹斯特乘火車造訪利物浦。他高高興興的乘火車，以每小時三十哩的速度疾馳，一點沒有感到不適且有極大的安全感。他在一封信中說：「那些懷疑將鐵路引入法國的政策、並認為應該再謹慎等等看的人，辯說英國正在持續試驗把機車應用到一般的道路上。如果這事成功，他們認為便可節省鐵軌的花費。」[3]奇華里指出：鐵路大半的成事是在於修築有一點坡度的線路。有坡度的線路需要挖遂道和由山岳中開鑿道路，以及修築路基、高架橋；可是任何可以提供快速蒸氣車輛通行的道路，也一定會需要這些。（相形之下，鐵軌的成本便是異常之少。）奇華里又說：雖然其他的國家欣羨地看利物浦—曼徹斯特鐵路，並想仿效英國的成功，可是法國卻袖手旁觀，因而不久便會在製造業和商業上落在所有其他歐洲國家之後。[4]

縱然西爾斯對鐵路有所奇評，然而法國還是修築了一些短的鐵路線。除了奇華里以外，金融新聞記者艾米爾·裴利爾在《國民報》上投稿，吸引了若干金融業者的注意，尤其是蒙尼和佛拉奇的注意。第一條得到資助而修築的鐵路，是一條由巴黎的聖拉潭走向聖吉曼的短線，它在一八三七年通車。它是一條大氣壓力鐵路，以壓縮空氣而非蒸氣機為動力，而且在金融上來說是成功的。但是接下來的幾項工程卻令人失望，使法國的投資人不願牽涉修築鐵路的事。

艾米爾·斐利爾與他的兄弟依撒克。羅斯契爾德，以及其他的幾位金融業者，策劃了一條由巴黎到凡爾賽的鐵路線，由塞納河的右岸開始。這個計畫剛一開始進行，一組敵對的金融業者便著手修築一條由賽納河左岸開始到他們自己在凡爾賽車站的鐵路線。雖然在英國的情形有正當的理由相信，在兩個大棉織業中心之間修築一條鐵路，可以增加交通量，可是在法國，由巴黎修築一條鐵路到凡爾賽卻沒有什麼道理，更不要說修築兩條。其結果是，這兩條鐵路都不賺錢，而巴黎到聖吉曼線替鐵路贏得的美名，不久也就消失。法國人放棄鐵路這個念頭達十年之久。

到了法國官方態度改變的時候，英國已經過其第一回合的鐵路狂：由羅勃·史蒂文生設計的由倫敦到伯明罕之間的鐵路線，已於一八三八年通車；而到那個時候，已經通過的國會法案，也允許修築整整一千哩的鐵路。這一驚人的發展速度，造就了新一代有才能和經驗的測量員、工程師及包商，其中若干是從利物浦—

曼徹斯特線，由其一八二二年初次測量，到其一八三〇年最後完工的持久英勇冒險故事中訓練出來的。維格諾斯便是其中的一人，他當初因想獲得法國對修築由巴黎到倫敦一線而招致西爾斯的冷落一事，不久也被遺忘。當然，那個時候鐵路工程師或測量員是沒有受過正式訓練的，而那些在其後幾年間在世界各地修築鐵路因而成為卓越人物的鐵路工程師和測量員，往往是偶然進入這一行的。但是這些傑出人物卻沒有像查理・維格諾斯一樣受過異國教育。

查理・維格諾斯的祖先，在一六八五年為逃避宗教迫害而離開法國以後，定居愛爾蘭且頗有傑出的軍旅生涯。查理於一七九三年在威克斯福出生，他的父親也名叫查理，是一位軍官，母親卡密拉・赫頓，是泰晤士河上伍威奇地方的皇家軍事學院的傑出教師之女。查理只有一歲的時候，他的父親調駐瓜達盧比這個法國人和英國人一直爭著要想控制的地方，而他和他的母親也跟去作伴。維格諾斯上尉在一次小戰中嚴重受傷並且被俘，他和卡密拉均因黃熱病而死，嬰兒查理遂由他的軍團照顧。查理在十八個月大的時候，受任為半薪的嬰兒軍官，這是當時一個供養孤兒直到這個男孩的家庭可以照顧他的辦法。而後，在他的雙親去世以後的兩年，他的一位舅舅找到他，並把他交給他在英國的外祖父母。他們一直照顧到他十九歲時為止。他的外祖父赫頓醫生認得許多人，包括傑出的工程師、著名的倫尼兄弟。

赫頓醫生急切地想把查理帶出軍隊，乃鼓勵他學習法律。但是查理不願意，而選擇進入在桑德赫斯的軍官學校；也可能因此與他的外祖父失和，而且從此不再復和。維格諾斯在桑德赫斯透過社交關係認識他未來的妻子，並在肯特公爵贊助下開始軍旅生涯。他在拿破崙之戰中在歐洲作戰，並替威靈頓公爵編了法國和英國重量和尺寸的比較表。他在軍中了做了一些測量的工作，而在奉派跟著南美洲想由西班牙人殖民控制下獨立戰爭中的精彩領袖布立瓦作戰以後，他最後到了南卡羅來納州，並受任為州政府土木工程師的副手。他這個時候（一八一七年）已結婚，並想在軍隊以外謀求出路。

一八二一年，維格諾斯受任為佛羅里達州聖奧古斯汀市的市測量員，並於一八二三年製出那個有爭議的區域地圖。但是他的錢一直不夠用，在聽說他外祖父去世以後，便回到英國與外祖母團聚。他在倫敦寫了一些有關測量的論文，並在當時正在修建中的倫敦商業船塢謀得助理測量員一職。然而他真正的突破卻發生在一八二五年，這一年倫尼兄僱用他測量利物浦—曼徹斯特鐵路線，他成功完成任務。他在與**新奇號**的工程師合夥以後，維格諾斯受馬可·布魯耐爾的任命，在泰晤士隧道工程上任職。但他在這項工程應當如何進行的一點上與布魯耐爾意見不一致，又與布氏失和。雖然如此，到了他受人之請去遊說法國人參與修築倫敦到巴黎的鐵路時，他已是一位富有經驗的測量員，有相當的修築鐵路經驗。

在維格諾斯繼續為英國的許多鐵路工作時，其他的測量員和包商，在由利物浦—曼徹斯特鐵路線上取得經驗以後，終於前往法國。擔任計畫法國第一條大鐵路的人，是一個比維格諾斯年輕很多但與他熟識的人；他們兩人曾在許多工程上共事，這個人是約瑟夫·洛克—煤礦場及其建築與設備經理和，喬治·史蒂文生之友威廉·洛克之子。約瑟夫·洛克乃於一八〇五年出世，他與羅勃·史蒂文生是同時代的人，而如前述，也是羅勃·史蒂文生的朋友。他在成為喬治·史蒂文生的學徒工程師以前，曾上過以拉丁文與希臘文為主要學科的中學，並擔任煤礦場學徒。他在到了三十五歲的時候，對修築鐵路已有了相當的經驗：他曾參與修築所謂的「大會合處鐵路」（由伯明罕到華林頓，一八四〇年又修築成「倫敦與西南鐵路」。後者大大的促進了南安普敦港的繁榮，輪船由此橫渡英吉利海峽，到法國的勒哈佛港。

法國銀行家查理·拉斐特，有感於法國在修築鐵路上的遲緩，於一八三九年調查由巴黎到賽納河潮水止處魯昂、再到勒哈佛一線上的交通。他計算這條線上有足夠的貨物和人口流通量，值得修築一條鐵路，因而向政府提出建議。如果政府肯出四分之一的資金，那麼便可遊說法國的投資人在這條鐵路上冒險投資，其餘的資金由英國的資本家補足。在政府批准了以後，他乃求助於新近完工的倫敦到南安普敦鐵路的董事會。有人在一次友善的聚會上把洛克介紹給拉斐特，於是洛克勘測了巴黎與魯昂之間的地形。與他在英格蘭北部所修築的一些鐵道相比，這條路線可謂一個美夢：開鑿隧道通過白堊山岡，越過淺谷地。他在英國所做的工作，大半是在補救別人不成功的工程。然而這條法國鐵路，卻將是他自己的工程。當法國政府於一八四〇年八月頒令開工時，他適當的受任為總工程師。

洛克本來以為他可以在法國僱用到修築的勞工，但旋即發現，法國沒有像他在英國共事的那麼有經驗的包商。投標的有少數幾家，但洛克認為他們的估價過高。因而他求助於自己的舊識，一個是布拉西，另一個是麥肯錫。布氏與麥氏分工合作，進行計畫中巴黎—魯昂鐵路八十二哩上面的開隧道、築堤和挖掘工作。接下來要進行的工程，是把鐵路由魯昂延伸到勒哈佛，最後由輪船把巴黎一直連接到倫敦。其實渡過英吉利海峽更直接的道路，是由巴黎先到加來港或布洛尼港，但這個辦法行不通，因為英國不肯資助在法國進行這一工程。

到巴黎去魯昂的鐵路開始動工時（得先解決四個隧道的問題），法國政府已授權修築另外的一些鐵路。一八四二年，按照新法律的規定，政府可以涉足的修築、決定鐵路路線以及貸款給鐵路公司。但是向全世界其他國家說明英國人（法國人好稱之為「烤牛肉」）才是修築蒸氣火車鐵路的，卻是巴黎到魯昂的鐵路，而更艱鉅任務是，這條鐵路廷伸到勒哈佛的工程。

當洛克僱用布拉西和麥肯錫為包商時，他知道這兩個人可以調度成百乃至成千的工人，由泥水匠和石匠到粗野的勞工，讓他們都可以領到工錢受到照顧，而不論是什麼工程——不論是一條隧道、一條陸橋，或穿過沼澤的十哩鐵路——都會如期完工。在英國於利物浦—曼徹斯特鐵路竣工以後的第一次鐵路景氣中，包商供不應求。當時有許多劣等的工作質量、勞力壓榨和徹底欺詐的情形，而許多小商家破產。布拉西和麥肯錫卻是鶴立雞群，而他們二人有時競爭同一工程。

在受僱於洛克時，麥肯錫是資深的合夥人，他在工程學項目上經驗比布拉西豐富得多。他是在一七九四年開鑿運河的景氣時期出生於蘭開夏郡的納爾遜地方。他的父親是里茲和利物浦運河工程的一個包商，他本人開始工作的時候，是一個運河水閘木匠的學徒。他而後北上到蘇格蘭去修建碼頭和一道橋樑，這樣的橋樑是湯姆斯．泰福手上政府出資改進蘇格蘭高地道路的工程。一八二〇年代，麥肯錫承擔愈來愈多的責任，往往隨泰福修築鑄鐵橋樑，或開鑿新運河。他一直到贏得修建那著名鐵路進入利物浦的來姆街隧道時，才涉足修築鐵路的工程。由此開始，他在「大會合處」及其他鐵路上與洛克合作。

布拉西也在舖設新的道路上與泰福合作。布氏於一八〇五年出世，父親是赤夏的一個小康地主。他在受過短暫的正規教育以後，十六歲那年受僱於一名土地測量員，這位測量員是好幾位產業廣布於西北地區的紳士經理人。那個時候，泰福正要為到愛爾蘭的跨海日增交通量，由史如斯百利到荷里海線修一條新路。布拉西最初的一項工作便是與一名測量員共同策劃這條新路的路線。到了二十一歲的時候，布氏在他五年以前無法加入的土地測量公司得到合夥人的地位，並在赤夏郡柏根頭區有自己的辦公處。這個地區與繁榮的利物浦隔梅西河相望，但那個時候它本身並未發展。

布拉西猜想柏根頭區必然會成長，因而說服他的父親借錢給他買一家磚廠和一些石灰窯。他以經理和營造商的身分工作，開始存錢以便有機會投標大工程。他對於在史徒頓地區的一個採石場有興趣，並在這個採石場上被介紹給喬治．史蒂文生。這個時候，史蒂文生正在看建材，預備修建利物浦到曼徹斯特鐵路上橫跨桑吉運河的高架橋。史蒂文生對布拉西有很好的印象，勸他在有鐵路工作出現的時候前往投標。果不其然，不久便有人招標在「大會合處鐵路」線上達頓地點修建一座高架橋。他沒有得標，得標的是標價低五千鎊的麥肯錫。

在工業革命份子的傳記中，很少提到他們的妻子，除非是順便說說她們生了些孩子，或是她們的嫁妝是野心勃勃製鐵業者、製陶業者或工程師的重要財源。但是布拉西一生都把他的成功大半歸於瑪麗亞·哈里遜，這個他在柏根頭有穩固地位以後所遇見並娶了的年輕女子。瑪麗亞的父親約瑟夫·哈里遜是富有的運輸業經理，他是一個具有遠見的人，當年對利物浦—曼徹斯特鐵路的修築很熱心，並曾到倫敦的英國國會為這條鐵路的修築說話。湯姆斯和瑪麗亞於一八三一年結婚時，這條鐵路才通車一年。瑪麗亞力勸湯姆斯找鐵路承包工作。他的機會在一八三五年到來，他投標修築在斯泰福與渥伍漢普頓之間新鐵路上潘克瑞吉地方的一座高架橋。這時洛克已接替喬治·史蒂文生為這條鐵路的總工程師。當布拉西投標二萬六千鎊時，洛克建議他少投二萬鎊。他們二人最後同意投標六千鎊。

為了監督工程的進行，布拉西從柏根頭搬到斯泰福，由此開始了遊牧的生活方式，而這是他有大志的妻子所同意的。不過每次搬家，便必須出售傢俱，因為搬傢俱需花很多錢。為了確保他有可靠的工人，他說服他的泥瓦匠和石匠由柏根頭搬到斯泰福，並把他們安置在臨時的住宿處，供他們膳宿。他也開始吸收一群忠誠的勞工跟著他走。這些人知道他會按時支付工資，一文也不會少；而且如果他們受傷，他也會設法給他們治療照顧。由於大量使用火藥，挖掘山岳開鑿道路和隧道特別危險。

布拉西其後又南遷到漢普夏。洛克在這個以前，曾應邀監督由倫敦到南安普敦鐵路的施工，因為這個工程由於其第一位資深工程師的無能，已遭遇困難。當時的習慣是，把鐵路線上不同的段落交給不同的包商，因此洛克把貝幸斯托城到文契斯托城間的一段交給布拉西。而由漢普夏，下一步便是渡過英吉利海峽到魯昂去安家。布拉西太太可以說流利的法文，去魯昂感到很自在。

當布拉西和麥肯錫開始在法國組織其工人團隊時，他們旋即明白，在法國當地無法招募到全部、甚至大部分的工人。法國的鐵匠和木匠十分能幹，但是開鑿隧道的，是由英國各地招募來的礦工，而至少在法國修築鐵路的早年，做搬動成千噸泥土重活的，完全是英國的粗工。事實上，這些勞工是自願來法國工作的。如果是在較早的年代，他們也會由務農轉行修築道路，而後開鑿運河。由於他們用手推車和鋤頭挖掘英國內陸的水道，人稱他們為「航行者」（navigator）、「navigator」這個字後來又縮短為「navvy」，意為「粗工」。他們無可避免的過著遊牧生活，哪兒可以找到工作便去哪兒。他們現在是修築鐵路，比以往遷移的距離要更遠了。

在英國，一個穿著厚棉布的工人服裝、褲子在膝部束緊的粗工，成為大家認為是神秘和可怕的人物。一八四〇年代，改革家查德維所寫的一篇文章在曼徹斯特統計學會上宣讀：「這樣的勞工已脫離了他的家園和村落的習慣和影響力，他和由各地來的烏合之眾一起，工作工資是一般工資的兩倍。環境引誘他把錢花在飲酒和淫亂上。」[5]一八四六年，英國國會下院為此一問題所組成的特別委員會，考察了鐵路工人的生活方式，並且聽取各地關滿了這些粗工監獄的牧師的作證，包括如何設法給他們一些宗教教育（甚至坎特伯里大主教也曾向在多佛鐵路上工作的工人傳教），以及給有妻子兒女的粗工設立學校。最大的困難是：在修築穿過不毛荒野的時候，由於工人沒有宿舍，他們便不得不住在簡陋小屋中。可是包商在這裡也可以過高的價格賣給工人啤酒、威士忌和食物，而賺取無限的利潤——這便是邪惡的、由他們所付高工資賺回金錢的制度。

然而，當這些野蠻的鐵路工人到法國以後，他們的形象便改變了。布拉西和麥肯錫或許引進法國為數多達五千名的工人，但是法國人在看到他們工作以後，對他們有很深很好的印象。他們的工具是鑿子、鏟子和手推車。為了自山上開鑿出來的道路把泥土取出和築鐵路路基，他們在手推車的最低點栓上一根繩子，繩子的另一端栓在頂上的馬上。在舉起車中的泥土時，讓馬往前走，工人抱住車子跑上鋪厚木板的路，把車子中的泥土在頂端倒出來。一般以為一名粗工一天可以移動二十噸的泥土，約瑟夫·洛克在其回憶錄中寫道：許多次他聽人驚嘆：「天啊，這些英國人，他們真能工作！」

一八四三，法國出版的《論壇報》刊登了一篇文章，討論在巴黎—魯昂鐵路線上工作的法國和英國工人的差異。《泰晤士報》節略刊登這篇文章，標題是：「飲食對勞工的影響」：

英國工人在同一時間工作做得比法國工人多，這是因為他比法國人聰明、四肢靈活、較迅速和較善運用心智嗎？不是。但是他肉體強健有力，也有較好的工具可以使用。如果讓一個法國人和英國人吃一樣的食物用一樣的工具，則他不久便會趕上英國人。這個情形我們已看到一百次。二十多年以前，在克拉倫敦鍛鐵所，當罷工迫使曼雷和威爾遜二位先生僱用法國工人從事最艱難的作業時，他們發現由於給法國工人吃牛肉、羊肉和喝大量的啤酒和水果酒的一刻起，前此被認為技不如人的這些法國工人，其工作量與英國工人一樣大。

在魯昂鐵路上也可以看到同樣的證據。在都維橋，有人把法國人和英國人分開做石工，但給他們同樣的工具和同樣的生活。結果諾曼第的石匠廣泛愛上烤牛肉。雙方較勁，法國人獲勝。[6]

布拉西和麥肯錫把鐵軌由英國運來鋪設在這條鐵路的前十哩上，但是溯賽納河而上運鐵軌是一件昂貴的事，為了解決這個問題，他們把威廉．布迪康由英國請來法國。布迪康也曾參與修築利物浦—曼徹斯特鐵路，並為洛克的助手。布迪康是一位工程師，專長在於製作火車頭和軌上運輸工具。為了供應巴黎—魯昂鐵路這些東西以及鐵軌，他與布拉西、麥肯錫和其他涉及這條鐵路線的金融業者合夥，在魯昂的索特維區開業。布氏在法國結婚安家，但後來回到英國福臨夏的產業上。他製作了許多最初在法國鐵路上行駛的火車頭，當巴黎—魯昂鐵路通車時，法國方面也請來四十名英國火車司機。

再一次，根據《論壇報》的說法，英國人成功的關鍵是烤牛肉：

在魯昂，這個絕好的事業，幾乎在一天之間便由因鐵路之需而引入的英國人建立起來，旨在製造火車的客車和機車。其工作人員有法國工人也有英國工人。在那些需要較多技巧和精確性而較少需要手力的工作上，法國人很快便能與英國人媲美；但在煉冶場，英國人卻好得多。不過一旦法國人模仿英國人的工作方式，尤其開始像英國人一樣吃牛肉，便也像英國人一樣有效率。這事更能證明必須盡可能讓法國的勞動階級吃肉。[7]

在巴黎—魯昂鐵路上，歐洲各國文化的混合，對所有牽涉到的人來說，是具有啟發性的。在有些工作上，參與的人有德國人比利時人，以及來自義大利北部的人，他們與英格蘭人、蘇格蘭人和威爾斯人一同工作。許多指示均是以一種手勢語言表示，再加上「該死！」一字。英國的粗工通常做比較危險和艱辛的工作，也比別人賺較高的工資。這件事有時讓許多人不高興。然而，由英國來的鐵路董事也大吃一驚，因為他們受命賠償因在鐵路上工作而受傷工人的損失。事實上，受傷的工人很多。有一回，一名愛爾蘭工人在收回一個未爆炸的炸藥時，出其不意地滿臉被炸傷，他因而失明也失去雙臂。英國董事們說，他出事是由於自己的不小心，因而不應得到任何賠償。但是根據法國的法律，這個不幸的粗工應該得到一筆付款，於是他們給了他二百鎊把他送回家去。

布拉西和麥肯錫這兩位包商，沒有面臨英國工人的許多要求，而布拉西在他的工人在法國工作時，一定捐款給當地的醫院。在他們事業的這個階段，這兩個人都常在任所。布拉西在魯昂安家，可是麥肯錫卻喜歡巴黎的生活。他可以輕易地去英國——乘輪船由加來橫渡英吉利海峽去多佛，而後乘火車北上，但是由一八四二年到一八四七年，他每年至少在法國住六個月，因為他和布拉西承擔鐵路工作愈來愈多。關於巴黎—魯昂鐵路線，麥肯錫的日記說明，在這條鐵路完工以前，他全程走了一百三十次，乘船溯塞納河而上到巴黎或走陸路。

巴黎—魯昂線的延伸到勒哈佛，最後完成通過南安普敦和西南鐵路到倫敦的直達線。但是它卻是一項艱鉅的工程，首先，出了魯昂以後，得有一座橫跨塞納河的橋，而後又得有一連串的從山上開鑿出來的道路和隧道、路堤和高架橋，因而這條五十八哩長的路線上，沒有多少是單純的舖設軌道。在出了魯昂十二哩的地方，麥肯錫和布拉西修築了一座極好的磚質高架橋，高聳在小城巴倫汀之上。它有近三分之一哩長，耗資五萬鎊，架在二十七個拱門上，是一個谷地上百呎的大彎曲結構，它的曲線和優雅深為法國人所讚賞。

當它接近完工但尚未通車時，下了好幾天的暴雨。而後，有一天早晨，一個本地男孩在用馬隊把碎石拉到軌道上時，聽到爆裂的聲音。他向上看，看到高架橋的第五個拱門正在崩潰，磚塊和泥瓦砌工掉落在地上。在一個拱門消失以後，整個拱門像一副紙牌一樣倒塌。幸運的是，這整個大建築物是幾乎垂直倒下來，如果是側倒下來，便會壓死或壓傷無數巴倫汀市的居民。由於是垂直倒下來，它只毀壞了下面河水上的一個工廠，以及割傷了在那兒工作的人的一隻手指。然而，它的碎石破瓦阻礙了河水的水流，使整整一線的水車停止作用，而磚體和石漿的石灰毒死了河中的魚。

法國一片喧囂。如果一座高架橋在上面沒有車的時候已經不安全，有火車在上面開時會怎麼樣？政府負責保證建築結構安全的部門，於是嚴格測驗所有的橋樑和高架橋。布拉西和麥肯錫對於崩潰的新聞冷靜處理。洛克告訴他們，沒有錢重建這個高架橋，而這兩位包商立刻決定自己出錢重建。法國報紙刊出報導說，高架橋的重建只會耽擱整個鐵路工程的完工兩個月，而這個工程現在的進度已經超前。（如果在限定的期限內完工，這兩位包商應得一萬鎊的獎金。）大家同意：高架橋的崩潰是由於材料的品質不佳，尤其是由於灰漿的品質不佳，於是重新設計高架橋。在它完工以後，在上面試開了總共重達八十噸的火車和馬車。它通過了所有的測驗，至今還在那完，拱頂覆在法國鄉村之上。

到了魯昂—勒哈佛段一八四七年正式通車的時候，布拉西和麥肯錫已受聘在法國修築若干其他的鐵路。一八四二年，法國已通過一項法律，授權政府指導未來的鐵路興建事項。法國在這一新工藝技術上，雖然開始比較晚，但已在可能會是亂七八糟的一堆鐵路工程項目上注入理性。相反地，在一八四〇年中期，英國進入新一回合的鐵路狂熱。就只是在一八四五年這一年間，國會便授權在已有的二，二三四哩鐵路以外，另築二，一七〇哩的鐵路。成本據《泰晤士報》的估計會是五億鎊。下一年，英國又通過四七七條法案，成本另是三億鎊。

歐洲國家發展鐵路的方式，現在已經各有不同。對布拉西和麥肯錫這樣避免輕率方案的包商來說，法國決定控制新鐵路線的發展，乃是英國自由競爭現況的一大改進。它可以說是工業歷史上的一個轉捩點。鐵路早期的發展乃是頭腦清楚的商人可促成，他們想開發利用這種對他們而言將很有價值的新穎、快捷和廉價的交通方式。也就是為此，第一條真正成功的鐵路，是修築於利物浦和曼徹斯特這兩個大商業城市之間。然而，一旦鐵路的這個想法成為流行，到底在什麼地方值得修築鐵路，大家便不多加以思考。而如果經營和維持一條鐵路真正所需的成本，在一開始不很清楚，但到了後來便無可避免的需要添加工作人員，需要添加許多新奇的職位，如守衛，收票員、駕駛、救火員、秘書和車站站長。

正好像狄更斯等英國旅客對早期美國的鐵路風格感到有趣一樣，去法國旅行而走過大多是由英國人修築的鐵路的人，也對法國的鐵路風格感到有趣。腓德烈．威廉斯在其一八五二年所出版的《論鐵路》一書中說：

大陸上的鐵路，有許多英國可不知道的奇異事物，這些對於渡過英吉利海峽踏上歐陸的英國人來說，是非常新奇的，有時也感到困擾。在英國，一個旅客可以去到任何他不喜歡的火車站，懶洋洋的坐在候車室，吃班百瑞地方所製加香料的餅、隨意喝煮熱的咖啡，在月台上踱步，照管自己的行李。事實上，只要他不違反公司的法規，他可以想做什麼便做什麼而不受阻擾。

法國的制度很不一樣：旅客不管理他自己，而是被人管理。他在買車票的時候交出行李，付一、二文錢，拿一張收據，而後按車票的等級被帶到候車室，就好像鐵路公司害怕他交了錢卻坐不上車一樣。當火車可以開動時，頭等車乘客可以上去，而每一個人盡快搶到自己的位子上。二等車的乘客跟著上車，而後三等車的乘客被允許坐上給他們所準備的車廂。[8]

雖然英國人不喜歡法國人的嚴格管制，他們卻對法國車掌的風格感到荒謬有趣：「我們國家的那些工作人員，其特色是整齊和有效率。可是法國的車掌卻和鄉下人一樣，穿藍色的棉布襯衫，外加一條紅色的帶子，和一頂寬帽緣低垂的長帽子，像僧帽那樣。他們是權威人士，當然佩著劍，搖紅色的信號旗和號角。這些加起來使他們同時像鄉下人、士兵、僧侶和獵人。」

正如布拉西、麥肯錫以及許多其他英國鐵路包商，把他們機巧策畫的鐵路留在法國和歐洲大陸其他部分一樣，每個國家也以其自己的方式，採用和改造這種革命性的交通和運輸方式。但是似乎不是所有的歐洲國家當時都可以接受鐵路。威廉斯確信鐵路對於西班牙這樣的國家是不適宜的。不過，在一八四八年，洛克卻在西班牙完成第一條蒸氣火車頭鐵路線——由巴塞隆納向北十八哩，其一半的修築經費來自「倫敦和西南鐵路公司」。威廉斯對西班牙人的看法是：「西班牙人痛恨新事物，痛恨別人催他們，並且一般認為騾子的徐行便是夠迅速的交通方式。」威廉斯說，西班牙不多事修築道路和開鑿運河，因為他們不發達的地方性工業，不大需要運輸。至於馭騾者，威廉斯引述一本當時的旅遊指南說：

他構成在西班牙人數最多和最好的階級之一。他是半東方式旅行隊的正當合法指南，絕不會允許馬丁路德派的火車頭搶他的飯碗。如果他謀生的方法被剝奪，那應像走私的人一樣，他便會改行，而他們二者都會成為強盜或愛國者。在人口稀疏的西班牙，由一個城市到另一個城市之間，是許多里漫長而寂寞的路，也沒有什麼預防的辦法可以保護鐵軌不受因此而發生的小戰所破壞。[9]

這個說法證明是預言比想像的成分多。布拉西又以包商的身分，把他自己的粗工及其他的修築工人，以及全由英國製造的鐵軌和鐵軌上的車輛運到卡它隆納。當地的漁夫在看到英國人沿海岸鋪設鐵軌時，發動了一連串的攻擊，因為他們有理由害怕鐵路會影響他們走私以及偶爾搶劫的賺錢生意。這些漁夫不了解鐵路粗工的強壯，因而想組織保鏢的行業保護鐵路工人的安全。當後者不理會他們時，他們採取破壞行動，燒掉鐵路線上的一座木橋。海岸的地勢一般容易修築鐵路，大無畏的鐵路粗工在這一帶工作進行順利。當鐵路開始通車時，派人發動最後一擊：他們一度攔劫火車，搶了所有乘客的東西。

到了十九世紀中業，蒸氣火車已在歐洲許多地方通行。最初的鐵路線已通車，往往只有幾哩長。布拉西、麥肯錫以及其他的英國包商，尤其是柏多，在哪兒拿到合約便在哪兒修路，往往合作完成一條鐵路。布拉西已不能在進行工作的地方安家，因為他的公司現在已在全球各地修築鐵路。整個來說，他的公司至少部分負責修築了在英國以外的一，五五〇哩鐵路：在義大利的阿爾卑斯山脈、阿根廷、巴西、澳大利亞、加拿大和印度。布拉西在一八六〇年代的經濟大衰退中存活了下來，但幾乎破產。可是他在一八七〇年去世的時候，卻是一位大富翁，擁有五百萬鎊左右的財富。

雖然布拉西、麥肯錫、帕多以及其他的大包商，是人家叫他們去那兒修築鐵路，可是修築的成本和鐵路最初的目的可以很不一樣。其在經濟上所造成的影響，也很不一樣。在英國，蒸氣鐵路乃是半個多世紀工業化的產物，也是一個生產大量貨物和偉大財富的國家合理的「下一步」。工業即將在世界其他地方「起飛」的時候，鐵路可以是打破舊日界限的觸媒劑。它使原料的移動便宜到可以養活新的工業，並提供任何想脫離過去情性的國家必要的交通系統。

腓德烈・威廉斯在其一八五二年對於鐵路到那個時候發展情形的記述中，對於其擴散有簡潔的說明，也談到它未來的可能性。雖然大部分的西班牙還採用馭騾者的步調，但是英國人已經在以驚人的速度飛來飛去：

兩輛特快火車離開倫敦橋，在到達福克斯頓時，乘客幾乎一刻不停的由火車走下來，搭上輪船，大約一個半小時便渡過英吉利海峽，而後乘上法國大北方鐵路上的特快火車，前往巴黎、布魯塞爾以及歐洲大陸各處的主要引人地點。花在路上的時間是：倫敦到福克斯頓，八十三哩，二個小時；由福克斯頓到布洛尼港，二十六哩，二小時；由布洛尼港到巴黎，一七〇哩，六個半小時。[10]

在比利時和法國，中央政府都參與修築鐵路的出資和設計。一般而言，在法國修築鐵路比在英國修築鐵路便宜得多，因為在英國購買土地和向國會陳情都要花很多錢。在歐洲大陸築路的時候，所選擇的不是最直接的路線，而是最容易動工的路線。但是令人吃驚的建構物還是有一些，如跨過凡尼塔礁湖到威尼斯的低橋，有建築在八萬根落葉松木材柱堆基礎上的二二二個拱門。而各地也有新鐵路線的宏大計畫；尤其是修築橫貫俄國廣大空間的計畫——甚至要修築一條由聖彼得堡到敖德薩的鐵路，把波羅的海和黑海連接起來，長一千六百哩。在最初的時候，俄國人依靠英國的鐵路工藝技術，不過把設備運過荒野，尤其是在冬天，是需要勇氣的。為了照訂單交貨，哈克渥斯派他十幾歲的兒子帶著一部發動機的零件去俄國。這個少年乘大雪橇穿過北極地區，後面一度有一群狼追他。美洲最初修築過荒野的鐵路，因而美國人修築鐵路的經驗比英國人的辦法更適合俄國。一八四二—三年，奧國人馮格斯特納向沙皇呈上有關美國鐵路的完整報告；而俄國第一大鐵路——由莫斯科到聖彼得堡——是於一八四二年動工修築。

雖然到了十九世紀中葉，輪船已經橫渡大西洋，可是偉大的海洋班輪時代還在未來，而連接世界遙遠部分的計畫以鐵路為主。例如，當時有修築一條由加來市到加爾各達鐵路的宏大計畫。腓德烈．威廉斯認為這是相當可行的計畫：

> 東方和西方世界的國家，都可以在七天的行程之內！我們不用輪船，不渡過大洋、運河、河流，不用駱駝。相反地，我們用火車頭和火車的客車。藉它們之助，可以走過大洲，跨越山脈，在沙漠上鋪設鐵軌。我們不用海河港口，而用火車站；不通過海峽和大海，而飛過高架橋；不在沙洲和礁灘間穿來穿去，而要貫穿上陵和疾馳過隧道。[11]

加來—加爾各達鐵路線將有五，〇七五哩長，並會給旅客十足精彩的活動畫景。威廉斯引述《選編譯論》上位作家的話——他想像沿著鐵路疾馳，由西方筆直去至東方；火車嘎嘎的一連穿過許多國家，在一個星期之內，由英國的寒風變到孟加拉的悶熱平靜。

威廉斯敏銳的指出：鐵路對於在印度境內調動英國軍隊有很大的價值，那個時候，兩個英國士兵可以分到一隻駱駝，但是駱駝很慢，平均一個鐘頭只走兩哩。駱駝也很貴，一隻二十鎊，而能工作的日子也不多。要調動三萬士兵需要花三十鎊：把他們放在新的鐵路線上一小時走三十哩，錢花得少而速度快。平靜的印度當時一直受到其邊疆上半野蠻遊牧部落的威脅。不僅是為了保衛印度，也是為了印度的商業，修築鐵路會大有助益。

在美國各地，最後在俄國各地，都修築了偉大的鐵路；到了十九世紀後期，世界上大多地區都已熟悉蒸氣鐵路。然而，在歐洲另一地區（尚未統一為一個國家），其鐵路卻註定完成重大的突破。可是那個最初在他的故鄉大力推廣這種新交通形式的人，一生卻遭到迫害與流放，晚景淒涼。

第十章　沒有官銜的先知

一八一七年春天，一個身材碩大、戴眼鏡的年輕人，投宿在今日位於德國南部維騰堡的河邊市鎮海布隆一家旅店。幾年以前，海布隆被稱為當時容易導致誤解的所謂神聖羅馬帝國的帝國自由市。這個剛到海布隆的年輕人，於二十八年前在另一個帝國自由市若林根小市出生。之後，法國大革命於一七八九年的爆發和接下來拿破崙的掌權，已經掃除了神聖羅馬帝國中海布隆、若林根等城市已存在數百年之久的大半半封建世界。在一八一七年以後一百年，將成為世界上第三個大工業強國的國家。當時在經濟上還很落後，維騰堡的人普遍感到不滿，面對一位有事業心的工匠來說，未來最好的希望似乎是移民美國。

這是為什麼這個年輕的政府官員福瑞奇・李斯特奉派前往海布隆。海布隆位於大河萊茵河支流乃卡河上。萊茵河直接流向荷蘭的海港，輪船定期由這些海港駛向美國。李斯特在海布隆的碼頭上看到六百多個邋遢的人，他們想移民出國。但是他們不是都能成行。派李斯特前往遊說他們留下來的政府官員，害怕那些沒有錢去到美國的人，會回家成為貧民而成為國家的負擔。李斯特本人曾希望說服若干想外移的人不要走，因為他參與一項使維騰堡現代化的運動，想使其居民會由像在英國、美國以及近來又在法國出現的那種農業和工業上偉大進展受惠。但是他失敗了。他的約談揭示了許多根深柢固的委屈：移民者被古代的什一稅弄得赤貧；領導們徵收高得荒唐的地方稅以中飽私囊，並用貪來的錢僱用不誠實、威脅人民的無效官員，也是造成他們赤貧的原因。維騰堡那時尚有一個國王，上朝的貴族是像任其野豬群蹂躪鄉村的馮委勤這樣的人。農民被迫為仍然固執引用封建法律的地主工作。那些由溫斯柏格來的人抱怨說，在拿破崙失敗以前的許多年中，經常有士兵住宿在他們家中。有一個人說的話值得紀念，雖然有點過於天真：「我們寧可去南美國當奴隸也不願做溫斯柏格的公民。」

李斯特在家鄉也飽受恣意和貪污官員的欺凌。一八一三年，他的哥哥約翰斯周想規避若林根心胸狹窄的官僚政治而死去。年輕男子時或被徵入伍，不過如果他們年齡超過二十五歲便可申請免徵。約翰斯那時正要結婚，因為他已超過強迫服兵役的年齡，乃申請不服兵役。由於政府既不答應也不拒絕他，他於是騎馬前往斯特加，希望在那兒取得免除服兵役義務的證明文件。但是他的馬絆跌，把他摔了下來。他於兩天以後因受傷而死。而後，李斯特的母親於一八一五年在與若林根的官員爭吵以後喪命。

出生於一七八九年的李斯特，早年在一個大致沒有令人討厭的法律的城市長大。若林根乃一自由市，根本上是自治，不受神聖羅馬帝國廣泛行政管轄的干擾。這個法國哲學家伏爾泰爾譏諷為既不神聖、也不羅馬、也非帝國的古怪設置，可回溯到第九世紀查理曼被教宗在羅馬加冕為皇帝的時候，數世紀以來，歷代各個皇帝（其皇帝身分也由其在羅馬的加冕典禮所肯定）所管轄的領土大為擴張領土。在這些領土中，有許多城市、公國侯國和主教轄區，這些都有所謂的選侯。選侯可以參與選擇皇帝，皇帝非世襲。這個最初是教宗加冕的天主教的組合，以後一點一點的經過一連串的轉型。隨著馬丁路德的出現以及基督新教的入侵，其天主教的性質受到挑戰，慢慢地教宗與皇帝變得互不相干。到了十八世紀，法國與其他國家圍繞著這個日漸式微的由中古小國家構成的國家，而逐漸在削弱它。到了李斯特出生的時候，神聖羅馬帝國已大不合時宜，而法國大革命行將觸發一連串的事件使它橫死。不過它那時在來自邊境以外的壓力下，事實上已註定崩潰，英國這個日益工業化的強權，給它的壓力尤大。但是這個情形的發生及其對李斯特的影響，都是不尋常的。

法蘭克福是神聖羅馬帝國最繁華的自由城市之一，其興起是由於位處於中歐各條貿易線會合處。到了十八世紀，它已為路德派的商人和工匠所主宰，這些人隨意頒布法律和規則。許多世紀以來，法蘭克福城內有條稱為「猶太街」的街，所有猶太人都被限制住在這條街上。這個猶太人的居住區以及其限制猶太人的規律，代表難以想像和野蠻的壓制。

照正式的規定，法蘭克福最多可以有五百個猶太人，可是到了一七四〇年代，擠在「猶太街」上住宅的猶太人，為數已超過三千人。在這個猶太人居住區的入口，是一幅淫穢的壁畫。它不是反猶太人群體所亂畫的，而是代表法蘭克福市官員所批准的對猶太人的看法。壁畫上有若干猶太人正吸吮一隻母豬的奶水，其中一個猶太人把舌頭伸出來吃由母豬臀部突出的糞便，一個魔鬼在旁邊觀看。

但是，一代的金融業者卻正是從這個醜惡的被包領土出現，他們日後所施加的巨大影響力，影響到十九世紀歐洲的發展和命運。為了讓生活開朗愉快一點，「猶太街」上的屋主給他們的房屋漂亮或詼諧的名字：「白鬱金香」、「樓」、「金井」、「玫瑰花冠」、「長柄有蓋的煮鍋」、「象」、「船」、「線罐子」。有一棟房子稱「紅盾」（在德文是音Rothschild「羅斯契爾德」）具有一個配合的表徵。一七四四年二月二十三日，梅耶．艾姆契爾．羅斯契爾德便在這棟房子出生；其家庭和其他一些法蘭克福的猶太人一樣，在貿易上賺了錢。照規定，梅耶小的時候無通行證便不得離開「猶太街」，也不許去城裡的咖啡館或商店。不過他的父親還是設法把他送進一所猶太學校。然而在他十二歲那年，他的父母都死於法蘭克福常流行的一場傳染病中。梅耶有兩個兄弟和一個姐妹，他們仍留在「猶太街」，但是他被送到漢諾威市的一家公司，跟著其業主（一位可能曾與他父親有生意往來的人）做事。這個人名歐本漢，他有朝廷經理人這個賺錢的職位，為神聖羅馬帝國一個富有的選侯理財。

當梅耶在一七六四年回到法蘭克福「猶太街」的時候，他已經是一名有經驗的運用權力財勢為所欲為的人。他最初是做硬幣和獎牌的生意，替當地的顯赫人士赫斯—卡賽的威廉王子收購這些硬幣和獎牌。梅耶其後繼續做這方面的生意也做古董生意。他替他富有的顧客購買硬幣、獎牌和古董，自己取一份兒。他的兄弟卡曼與他合夥。一七六九年，梅耶正式受任為威廉王子的朝廷經理人。他在一七七〇年二十六歲的時候，娶另一朝廷經理人施奈帕十六歲的女兒姑特為妻，因而在結婚那年得到一筆相當有價值的嫁妝。

梅耶最初的一筆小財，是來自出售各種精美的小裝飾物、硬幣和獎牌給貴族收藏家，並使用我們今日所謂的「郵購」方式。當梅耶錢存多了開始從事銀行業時，他年輕的妻子一個接一個的給他生孩子。第一個孩子乃於一七七一年出生，其後十九年間姑特又生了大約十九個孩子；其中十個未在嬰兒時期夭折。這十個孩子中，有五個日後是歐洲最著名（或許你認為是最聲名狼藉）的人物。艾姆契爾．梅耶生於一七七三年，薩羅門生於一七七四年，納森．梅耶生於一七七七年，卡曼或卡爾生於一七八八年，傑可布或詹姆斯生於一七九二年。羅斯契爾德家族的女兒不許參加家族的企業工作。

和英國乃至十八世紀末葉的法國相較，大多數的日耳曼國家在工業上是落後的。日耳曼人曾多次設法引誘英國工匠去若干城市製造蒸氣機或安裝最新的紡紗設備，但是其精英的財富不是以製造業為基礎。梅耶．羅斯契爾德一個間接的大財源是來自把年輕的農夫出售給外國的軍隊。梅耶事實上已成為威廉選侯的證券經紀人。威廉的父親曾把在其支配下的人出售給在一七七五到一七八三年間美國獨立戰爭中與美國革命份子作戰的英國人，而賺得一筆財富。這些農奴受到牲畜般的待遇，由於他們戰死沙場會有特殊的報酬，他們如作戰而死，便會給他們的主人賺大錢。

梅耶的保護人威廉，精彩投資其家產。他購買了很多倫敦發行的債券，並且借錢給其他缺乏現金的王公或小國君。羅斯契爾德家族最初的財富，部分是建立在因買賣這位有權勢者的投資和貨款上而得到的傭金。然而，在法國爆發了大革命以後，法蘭克福市受到威脅，法軍並於一七九二年入侵「猶太街」，在一次轟擊中毀了大半，這個猶太人聚居的區域因而打開。而後，拿破崙的軍隊開始大肆劫掠，終於在一八〇五年奧斯特立茲之戰中戰勝奧國人，拿破崙法典是一套全新的法律，其強迫在征服地區的實施，掃蕩了舊日神聖羅馬帝國大半古舊的立法。而由於拿破崙想酬謝那些和他站在一邊的人而處罰那些反對他的人，許多古老的國家乃被合併或使之合理化。神聖羅馬帝國在一八〇六年正式告終。

在同時，第一個工業國家消費貨物的大量湧出，對於法蘭克福及其他日耳曼城市有極大的影響。商標貨物是現在由德比郡和蘭開夏郡大紡紗廠大量生產的紗綿所織成的精美棉織物。就質地和價格來說，它們比在法蘭克福或其他衰敗中的神聖羅馬帝國的紡織業市鎮要好得多。梅耶．羅斯契爾德及其他「猶太街」的商人，做許多這些紡織品的交易。為了使購買和運輸這樣的貨物更為有效率，若干法蘭克福的商人派經理人到英國為他們辦事。

一八〇〇年左右，梅耶．羅斯契爾德援例派當時二十三歲的納森前往曼徹斯特。納森和他父親一樣是狡黠的生意人，在紡織品生意中頗為成功。一八〇三年時，英國與法國開戰，戰爭一直繼續到拿破崙在滑鐵盧戰敗為止。納森有很多時候必須在橫渡英吉利海峽是違法的時候隔著海峽做生意。他不斷與他父親有書信上的聯繫，羅斯契爾德家族發明了他們自己的暗號，並用本地方言書寫。這種文字乃希伯來文和法蘭克福日耳曼文的混合，並以希伯來文的字母由右向左書寫。（許多歐洲等地猶太人後裔所講的語言，不是法蘭克福「猶太街」所用的語言。）納森的兄弟也一個接一個擔任機要的職位，詹姆斯在法國，薩羅門在維也納，卡爾在那不勒斯。一八一二年，當其父過世時，長子艾姆契爾接掌在法蘭克福的企業。

納森和詹姆斯二人在拿破崙的戰敗中扮演了重要的角色，不過他們致富的方法卻與流行關於他們的故事所記的方法很不一樣。一八一一年，納森已放棄了其在曼徹斯特的紡織企業而搬到倫敦居住，他在倫敦成為一名金融業者。正如他父親的生意一樣，納森的生意依靠了合法或非法的，由借錢給人的人到需要現鈔的人之間金錢上的轉移。而當時最需要現鈔的人，莫過於與拿破崙及其歐洲盟邦作戰的英國軍隊。在西班牙和葡萄牙作戰的威靈頓公爵，經常因缺錢支付他的士兵而感到窘困。這些士兵如果一文不名過久，便會逃離軍隊或掠奪鄉村地方。

雖然英國的工業在十九世紀有長足的進步，而其海軍的砲兵工或許是歐洲最可靠和最精良的，可是當時威靈頓和他的盟友並用不到十分新穎的武器，在海上，美國人富爾頓的魚雷和潛水艇一般認為沒有什麼價值，而特拉法加之役的勝利，乃是以古典和傳統的方式贏得。陸地上的情形也一樣：由康格里夫所發明，而在一八一二年英美戰爭用來效果頗為不佳的火箭，在滑鐵盧之戰中又短暫使用而無驚人效果。在西班牙的戰爭中，裝置有比毛瑟槍可以射擊更長距離和更準確的新式步槍狙擊手族，部署得十分有效。但就大規模根據固定計畫而實施的軍事行動來說，逐退騎兵進攻的，卻是列成方陣的步兵。毛瑟槍是粗陋的，但裝子彈卻比早期的步槍容易，因而仍是滑鐵盧之戰中大家所喜用的槍枝。

英國人最後戰勝法國人的主要原因，不是武器而是金錢，據估計，一七九三年與一八一五年間的戰爭，花了英國八億多鎊。由於沒有任何國家有錢與法國人作戰，英國人必須津貼拿破崙的敵人，購買他們所需的武器，供給他們軍隊金錢，並支撐他們的經濟。為了想孤立英國人，拿破崙在一八〇六年頒布所謂的「大陸體系」，但此舉沒有什麼效果。雖然法律禁止與英國貿易，但是邊界上滿是漏洞，羅斯契爾德家族，尤其是納森和詹姆斯，可以相當容易的把金條經由法國走私到西班牙，資助威靈頓的作戰。這個家族頗為喜歡這種賺大錢作業的陰謀和戲劇性質，他們使用一些代號，以「耶路撒冷」代表倫敦，「猶太牧師摩西」代表經費的轉移。他們也把錢運往俄國和普魯士。在認為有必要的地方，他們賄賂當地的官員，以便可以做成生意，不過事實上，他們並沒有什麼競爭對手。

羅斯契爾德這個國際銀行業家庭，發明了自己的遞送快信辦法，有時利用信鴿傳遞最新的消息。也許他們營業上的這個方面，引起所謂他們最早得到威靈頓在滑鐵盧戰勝的消息，因而獲利的虛構故事。傳說納森在聽到拿破崙戰敗以後，立即出賣股份，欺騙倫敦商業區，讓大家以為法國人戰勝了。投資人大為驚恐，於是學他的樣子出賣股份，使股票的價格大跌。納森立即把它們都買了下來，知道當倫敦商業區了解到拿破崙勝利的謠言不確實時，債券和股票會再漲價，使納森獲得巨大的利潤。然而，實際的情形是：納森的確及早得到英國獲勝的消息，但他並沒有利用這種內線的資訊愚弄證券交易所。相反地，他立刻把這個消息告訴英國政府。事實上，拿破崙戰爭的結果，使羅斯契爾德家族失去許多賺錢的生意，可是到了那個時候，他們反正已經擁有驚人的財富，足以應付新的挑戰。

雖然在法蘭克福市「猶太街」狹窄的一間房子中長大的羅斯契爾德兄弟，在拿破崙時期異常成功，可是一個還算成功的製革業者之子福瑞奇．李斯特，在這個時期的日子卻相當困難。在他的哥哥和母親先後去世以後，他一度不得不幫忙照顧他家在若林根的生意。之後，他得以當上一名文職公務員，並且由內部大力改革腐化和無效率的公職部門，寫了些批評性的報告和文章。一八一七年，他成為杜賓根大學公共行政教授，不斷提倡成立品質較好和誠實的文職。李斯特與大學主管發生爭執，部分是因為他富於批評性的看法，但主要是因為他在一八一八年同意擔任一個自稱為「商人協會」這個新成立組織中的秘書，並且從事各種活動，以期取消抑制以前神聖羅馬帝國各區域間貿易的眾多進口稅。

李斯特為一個關稅聯盟進行活動——在這個聯盟中所有阻止各區域間貿易的關稅和限制—例如，由南方來的水果酒在在北方要繳關稅——都將取消。他不止一次想競選維騰堡當地會議的議員。一八一九年，他先是當選而後資格又被取消，因為他不能證明他已超過擔任議員所需的三十歲年紀，他的領選證書沒有寫明他是在那一年出生。一八二〇年十二月，他終於當選議員，並且繼續發言推動他日耳曼南部區域的現代化，以取消當地關稅為開始。這並不是一個過於引起爭論的問題，不過大家不大注意它。但是李斯特卻更進一步，並在一份陳情書上簽名，呼籲廢除貨物上的懲罰性稅收，以及引入某種財富稅。這個立即招致維騰堡國王（雖然維騰堡有議會，國王還是一個有權勢的人物）的反應。李斯特在其政治生活尚不到兩個月的時候，便因煽動叛亂的言論而被拘捕。

維騰堡法律的進度是慢吞吞的，但是李斯特終於在他自己不在場的情形之下，被宣判為有罪，並於一八二二年四月被判在一個堡壘中囚禁十個月。他有時間逃脫，並且用他自己的話來說：「像黑夜裡的賊一樣」逃到法國。他身上沒有護照，因而得躲避邊界上的警察，租船渡過一條又一條河流。他在法國被關稅官員攔截下來，但這些官員旋又放走他，於是他在史特拉斯堡住了下來。到了這個時候，他已是一個知名的可能具危險性的自由主義者，因而維騰堡的官員請史特拉斯堡的市長特別注意他。事實上，他現在仍在逃亡，而且不久便被驅出斯城。

李斯特在一八一八年娶了一名有一個小兒子的孀婦為妻。但是他們很少見面，因為他不停的搬家，彼此不容易保持接觸。他有一陣住在瑞士。一八二三年一位友人所寫關於他的回憶，捕捉了他激昂的義憤。這位友人姓曼澤爾，曾在盧桑湖上與李斯特同舟共濟：

當我們橫渡這個湖時，李斯特講述他的經驗，並且大罵維騰堡的「小文人」。他在憤怒中站了起來，緊握拳頭，咬牙切齒，並且大叫：「那些天殺的書記！」他把船弄得搖搖擺擺，絆跌下來，如果不是我們抓住他，他便會淹死了。他是我所見過最激烈的人。他還年輕，但已發福。任何人只要見過他一次，便不會忘了他那顆特大的像獅子般的頭顱，和頭顱下面的矮胖身軀。他的雙目炯炯有神，表情十分憤怒，唇像維蘇威火山口一樣熾熱。[1]

可是到後來，李斯特甚至在瑞士也不安全。他想去美國，並在一八二四年短暫的造訪英國，主要是住在倫敦。他日後說，他對鐵路的興趣是在那時開始的，不過他這次在倫敦看到了些什麼，我們並不清楚。他當時所可以看到的唯一鐵路，應是馬拉車的薩里鐵路。最後他被朋友說服回到斯特加，那兒有人請他為自由派報紙《耐卡報》撰稿。一八二四八月初，他才剛到幾天便被拘捕，監禁在維騰堡的國家監獄。他當初雖被判刑十個月，卻只在監獄中住了五個月，不斷的爭辯但也享有某些自由：他們一度允許他和他四歲的兒子在一起。政府官員不知道應該把李斯特怎麼辦，最後與他達成協議：只要在把他放出監獄以後，他離開維騰堡，而且永不回來，便放他出監獄。他們建議他去澳洲，但他說想去美國。

因而，就在李斯特設法說服對海布隆市當地不再抱希望的人留在海布隆，而不要冒長途旅行地危險前往美國以後僅僅八年，他本人也啟程去美國。但是他並不急著想橫渡大西洋，也從來沒有任何永遠在美國定居的意思。他最初以為可以到史特拉斯堡便夠了，但是因為只有一張過境簽證，主管的官員叫他再往前走。他在巴黎停了一會兒，而後終於在一八二五年四月二十六日，不情不願的由法國的勒哈佛港乘船前往紐約。

而美國將是李斯特真正的大學。他在此所演化出來的政治理念，有一天他會希望說服他的祖國採納。今日還有一些理論家認為，李斯特的分析比馬克斯和亞當．斯密的分析高明。馬克斯以為，資本主義形式的工業制度，無論傳播到什麼地方，都會無可避免地造成同樣的社會和經濟結構，可是李斯特以為工業制度在不同的國家會有不同的形式。他與亞當．斯密爭論，因為他不認為貿易關稅和保護主義永遠是不好的：對於剛開始工業化的那些國家，這些是必要的。李斯特稱他的經濟理論為「美國制度」。

李斯特到達紐約以後，最初是由拉法耶特帶他各處看看。他之前在巴黎認識拉氏，後者在美國乃一戰爭英雄，因為曾與華盛頓並肩與英國人作戰。李斯特而後定居在有一個日耳曼人社會區的賓夕凡尼亞州的瑞丁，並且旋即加入正在進行的鐵路和運河計畫。他成為「小舒其河航行，鐵路與運河公司」方案的一名經理人員，以為謀生之計。這是一個仍在馬拉及傾斜面都下賭注的方案，並且在曾去歐洲觀摩工藝的蒙克爾．羅賓遜等人的影響下，由英國儘量借取工藝技術。

李斯特日後自己承認，他在到達美國以前，不曾考慮運輸對於經濟發展的極端重要。他也不曾整理出自己關於「什麼是一個發展中的經濟（如日耳曼的經濟）求取繁榮的最好辦法」的想法。這是一個在十九世紀任何一個想挑戰英國工業優勢的國家，都會思索的問題。李斯特到達美國的那一年，美國也正在辯論這個問題。美國自己的革命戰爭，乃是為了使美國殖民地時代的居民擺脫英國的束縛。這個以後，美國人便想發展自己的工業，並如本書前面所述，儘量設法由英國借取工藝技術。英國的企業最初全是用私人的資金。這個時候，美國人對於模仿英國的辦法好呢？還是用美國政府資金啟動各種新工業，並在它們成立時保護它們不受外國競爭的影響好？這件事上沒有一致的看法。在李斯特到達美國之後不久當選的美國總統亞當斯，倡議干預政策。然而他的敵手傑克遜雖然在革命戰爭期間堅決反對英國，卻是一位強烈的主張自由貿易者。

李斯特在感情上與賓夕凡尼亞的日耳曼人所支持的傑克遜接近，不過在想法上，他卻同意亞當斯的看法，贊成由政府促進並保護本國工業的經濟政策。李斯特強烈反對亞當．斯密，認為亞當．斯密不了解他自己國家的情形，甚至在一七七六年其《國富論》出版的時候，也不能認識到當時已在改變英國經濟的蒸氣機的重要性。李斯特有一個短暫的時期嘗試務農而未能成功，但他卻親眼看到這個國家當時迅速的轉型。他寫道：

我們在這兒可以看到富有和強大的許多州在荒野上興起。我是在這兒了解到一個民族的經濟如何一步步發展。在歐洲曾需要累世紀的過程，現在在這兒在我們眼前展開——由荒野的情形改變到畜牧，再改變到已發達的農業，其後又是製造業和商業。我們在此可以看到地主的收入如何逐漸增加，由一無所有到達可觀的層次，在此，一個頭腦簡單的農夫了解提昇農業的實際辦法，而他的收入比舊世界的精明學者好得多。他設法把製造業者和各種工業吸引到他的附近地區。[2]

雖然李斯特一直想回歐洲，但他卻申請入籍美國，並於一八三〇年十月得到美國的公民權。這表示他可以申請做一個美國的代表，去他自己的祖國或歐洲其他的區域。透過他的友人、現在已是美國總統的傑克遜，李斯特受任為漢堡的美國名譽領事。但是美國參議院的自由貿易者和漢堡的公民，都不肯批准這項任命。在這個時候，李斯特又受託前往巴黎，商討法國與美國間的補償事宜，但是這趟旅行沒有什麼結果。

李斯特在一八三一年回到美國，並且意在擔任美國駐貝丹領事。正當這件事在討論中時，美國駐萊比錫領事去世，因而李斯特受任為美國駐薩克森尼王國領事。他現在可以涉足他最珍愛的工程事項之一——由萊比錫到德勒斯登修築一條鐵路線。與這項工程同時發生的將是，解放普魯士和萊茵河以西日曼地區三十九個小區域中至少一部分之間的貿易。李斯特被由維騰堡放逐以前，曾在一份陳情書中寫道：

三十八條關稅界線削弱了內陸的商業，其效果一如阻止血液自由流通的縛線。一個從事漢堡與奧地利之間或柏林與瑞士之間貿易的商人，必須經過十個國家，必須懂得十種關稅總率，必須付連續十次通行稅。任何不常住在三個或四個國家邊界上的人，整天與富有敵意的收稅員與海關官員打交道。他是一個沒有國家的人，只有免除內部關稅和為整個聯邦訂立了總關稅率，才能恢復國家的貿易與工業，並幫助工人階級。[3]

一八三三年間，普魯士設法由一大部分的舊日神聖羅馬帝國（包括李斯特的維騰堡在內）取得協議，大家加入一個包括十四個國家和二千三百五十萬人的關稅聯盟。一八三四年一月一日黎明時分，貨車開始駛過敞開的徵收通路通行稅的卡門，而短短數年之間，關稅聯盟被認為是在促進業上的一大成功。但是當時仍有關於自由貿易是否最能刺激出現中日耳曼經濟一事的大辯論。李斯特說，在拿破崙的「大陸體系」的那幾年，本地的工業因受到保護不遭遇廉價英國貨的競爭而受惠。有些紡織品製造商誠然是受惠了，但是很少人認為禁止與英國貿易之舉是一項成功，並且認為對於製造業者和工業來說，「大陸體系」整個而言是一場災禍。

等到李斯特由美國回到歐洲時，部分由於他曾在美國遇見鐵路工程師羅賓遜，他已成為一個熱衷於修築鐵路的人。他在歐洲旅行所到之地設法推進鐵路的修築。他由比利時旅行到巴黎。一八三七年在巴黎會見國王路易．菲立浦，以及四年前曾斷然拒絕維格諾斯的西爾斯。西爾斯想利誘李斯特到法國來，說可以給他一個高薪的政府官職，但為李斯特所拒絕。

在那個迅速發展中的世界，鐵路工程項目的開展沒有規則性和連續性。有些項目全由私人出資，有些乃由國家貸款、津貼或直接了當的政府投資為其資金。在倫敦的納森．羅斯契爾德表示，不喜歡這種新的旅行方式，有一次他寫道，他不會去加來市開會，因為「鐵路旅行使我的頭非常痛，我實在下不了決心去給搖晃上三十個小時。」但是他在巴黎的弟弟詹姆斯和在維也納的弟弟薩羅門，卻捲入歐洲鐵路修築初期的興奮之中。在所謂「李斯特領域」的第一條鐵路線，乃由努連堡到巴伐利亞的佛斯的短線。這條鐵路在一八三五年底通車，為一條運送乘客的鐵路，以羅勃．史蒂文生的發動機「老鷹」為動力之源。薩羅門促成並出資修築奧匈帝國的第一條鐵路（綽號皇帝—斐迪南之北線），其第一段在一八三七年通車。最初的意思是讓這條鐵路線一直通到克拉寺，但這一段始終沒有修成。由德勒斯登到萊比錫的鐵路，前面幾段於一八三九年通車。

日耳曼行政系統的分裂，使個別的國家對於是否用公家的錢修鐵路有不同的意見。和在美國的情形一樣，日耳曼有許多不同的築路方案。一般而言，主張自由貿易的人反對這樣的政府干預。而李斯特陣營的人主張，為了成事也為了不用英國的工藝技術，至少在發展的早期公家的資助是必要的。李斯特主張修築一個連接主要城市和工業區域的全國性鐵路網絡，但這是不可能的。比利時人與稍後的法國人幾乎最近於達到這個理想。不過在已廢的神聖羅馬帝國各區域之間鐵路線零碎的發展，後來卻比在法國鐵路線的發展更為元氣旺盛。到了一八五〇年，日耳曼已有五，八五六公里的鐵路在營運，而法國只有二，九九七公里。

雖然納森·羅斯契爾德不喜歡鐵路旅行，也不喜歡鐵路投資。可是在歐洲大陸的羅家人卻是英國資金的重要信使；這時鐵路股份可以非常賺錢，因而倫敦的投機者不斷的信任和認購鐵路股份，而英國資金大量分布在歐洲大陸各地。福瑞奇·李斯特在其不平靜的一生將要經結的那些年，隨著最初鐵路線的修成與關稅聯盟在廣大地區的建立，他對日耳曼的願望部分實現。但是他從來不認為他的成就很大，因而繼續與在政治上反對他的人爭辯。李斯特最喧囂的誹謗者之一是個英國人，這個英國人定居在日耳曼北部，名為約翰·王子—斯密。他於一八〇九年在倫敦出生，父親是個律師。他在八歲那年隨父親到南美洲東北海岸上的英國殖民地德米拉拉，十一歲進入英國最有聲望的公立中學伊頓。他在那兒兩年父親便故世了，因而不得不離開伊頓去自己闖天下。十三歲的時候，他在倫敦一個商號當學徒，此後又擔任一個銀行業者的書記和部分時間的國會採訪員和新聞記者。他以記者的身分於一八三〇年到漢堡，又在一八三一年搬到普魯士港口艾爾賓任職學校教員。

艾爾賓與其他普魯士的港口與英國有良好的貿易關係，輸出穀類和木材，輸入製造品。然而，這些波羅的海的港口不在普魯士關稅聯盟以內，因而逐漸發現它們以往在萊茵河上的貿易不能繼續。王子—斯密聽到這個消息，於是加入「艾爾賓星期三俱樂部」，這是一個由商人所組成的辯論學會和壓力團體。這些商人都主張自由貿易，反對關稅聯盟給那些在其界線以外的人所設的界限。王子—斯密和李斯特一樣是位多產的小冊子作家，到了一八四〇年時，他更把所有的時間用在宣傳自由貿易上。李斯特希望以高昂的進口稅，保護初生的工業不受英國人競爭的威脅，而王子—斯密則希望廢止關稅以促進波羅的海港口的貿易。他們二人都認為工業國英國工人階級的命運已有改善，也明白表示，希望日耳曼工人階級的命運得到改善。但是他們卻強烈的互相反對應該以什麼方法加以改善。王子—斯密是信奉與他同姓的亞當・斯密哲學的人，他認為任何方式的保護，都會歪曲各種貨物的市場，而最後變得效率很低。他喜歡政府的開銷，因為這樣的錢往往是花在武器和軍隊的上面。

多年以來，一直到日耳曼於一八七一年統一為德國而其工業驚人起飛以前，對於自由貿易的爭論時起時落。事實上，關稅聯盟在其存在的那些年，曾做過許多調整，它對它界限外面的人而言，是一個保護主義的辦法，面對它界限以內的人而言，又是一個自由貿易的辦法。它誠然是一種經濟上的成功，在一八三四年到一八四五年之間，稅收增加了近一倍。然而由修築鐵路所引起的運輸革命，卻比十九世紀中葉日耳曼任何其他的創新更為重要。這些鐵路旋即把以前孤立的煤礦和城市及製造地區連接起來。這些刺激採礦業，而對於蒸氣機打造滌礦機、拉煤車和舉起礦機升降機箱的需要迅速增加。一八三七年時，普魯士只有四一九部蒸氣機，十二年後，已有一，四四四部。有些這樣的蒸氣機驅動英格蘭式的紗廠，以及少數的在一八二〇年取代了用手操作織布機織工的新式動力織布機。用焦煤熔煉的鐵開始生產，而且很快地，英國十八世紀的全部創新均引入日耳曼。對於鐵的需求量增加，不僅是由於修築鐵路，也是由於在萊茵河和易北河河上輪船航運的增加。日耳曼開始工業化，也達成了李斯特對一個繁榮的維騰堡的夢想。

但是李斯特過世的時候，他的祖國（他有一次說，他愛他的祖國，一如父母親愛一個「有病的孩子」）尚未成為世界上的一個大國。和英國促進鐵路者威廉．詹姆斯情形相似的是，李斯特是工業發展中一個被犧牲的人物，而他的結局更悲慘。一八四六年時，他擔任一名記者，但是他幾乎沒有收入，必須靠他妻子的錢生活，而錢剛剛好夠用。他在五十七歲的時候心煩意亂，據一個友人說「一腦子粗率的文學計畫」。他開始抱怨頭痛和發燒。一八四六年十一月他到提洛爾，希望那兒較暖的天氣有助於他的康復。他寫信給妻子說，他將途經因斯布魯克。當他到達風景如畫的提洛爾北部小城庫夫斯坦時，住進一家旅館，要的是最便宜的一間房子。他在這間小房子住了兩天，不肯出去看醫生，此後便沒有人見他活著。兩天以後，有人在提洛爾找到他的屍體，他是在自己頭上開了一槍身亡。大家找來找去，發現他沒有帶行李，證明他原是蓄意自殺。驗屍的結果發現，「他患有嚴重的憂鬱症，頭腦不清楚，行動也無理性。」[4]

我們可以說，如果李斯特留在美國，情形會好一點。美國人欣賞他的才能，他也或許可以一圓自己引導一個初生經濟趨向成熟的美夢。但是他的民族主義情感太強烈，無法做到這一點；而他挽救「有病的」日耳曼經濟的野心，造成他的沉淪。可是對許多其他的人來說，美國仍是一個充滿機會的地方，他們不擔心自己在開創事業的時候會提昇美國的經濟，而美國日後會成為他們自己祖國的競爭對手。

到了李斯特去世的時候，美國已經迅速地成為一個強大的工業國家，但是其未來的發展仍有許多阻礙。運河是開鑿了不少，鐵路是鋪設了不少。美國有像杜邦那樣的火藥工廠和羊毛布及棉布紡織廠。但不平常的是：甚至到了一八三○年代，煤在美國也還不是一種重要的燃料。這不是因為美國沒有煤，美國有上百萬噸的煤。問題是，這樣的煤不適用於某些非常重要的工業。美國人在花了大氣力仍無法解決這個問題之餘，乃不得不由英國購買煤。因而為美國經濟在十九世紀下半葉成長奠基的，是一個具備有「價值異常之高的蘇格蘭人祕訣」的威爾斯人及其家人。

第十一章　一股熱氣流

一八三九年五月第一個星期，一位四十多歲有書卷氣質的男子，在斯萬西港搭上一條輪船，揮別了他在那兒出生和在那裡鐵工業界成名的格拉摩根谷地。與這位名叫大衛・湯姆斯同行的，有他野心勃勃並勸他離開故鄉的妻子，以及三個兒子。這條海岸輪船載他們到利物浦，他們將由利物浦乘船去紐約開始在美國的新生活。那個時候在威爾斯的煤田與利物浦之間鐵路還不通，乘船橫渡大西洋也是一件新鮮事。湯姆斯這家人沒有乘輪船而乘了一條快速帆船，二十三天橫渡了大西洋，比同時離開利物浦的輪船**大西方號**只晚了四天。

由於大衛發燒臥病，他們一家在斯泰登島上的新布來頓住了一個月。一直到那年初夏，他才得以帶著兒子薩姆耳，到費城去見那些利誘他渡過大西洋的美國礦場工人。父子而後前往里海谷他，以便大衛・湯姆斯可以在賓夕凡尼亞的煤田上展現他的魔法。在這個地方已發現了許多大的無煙煤煤礦層，若干稱為理海的公司想要開鑿運河和修築鐵路，以便把這種煤運到城市工業區去。

當湯姆斯初到美國的時候，美國的煤礦工業尚在萌芽狀態。住宅取暖、驅動蒸氣機和供應各種熱和動力所用的燃料，百分之八十用的尚是木材。無煙煤只占美國百分之十四的燃料。湯姆斯半輩子在威爾斯所用的煤，是英國已開採了幾百年的含瀝青軟煤。首先用來製造焦炭的便是這種煤。而這一發展因為使熔爐可以不再依靠木炭，肇始了英國製鐵業上的革命。要到至少半世紀以後，用焦煤生產的銑鐵在英國才普遍使用，而又過了五十年，銑鐵轉化成鍛鐵的方法上才出現了一次革命。鍛鐵有鐵路軌道、橋樑和各種桁架所需的張力。

第一次大突破乃由蘭開夏郡人亨利．科特完成。科特由於擔任皇家海軍戰利品代理人和娶了鐵器商人威廉．艾特威克的姪甥女而進入製鐵業這一行；艾氏每年供應樸茲茅斯造船所二百噸左右的錨、鍊等物。一七八三年曾因發明所謂「攪軋」的方法將廢鐵（最初為桶匝）轉化為優質鍛鐵而取得專利，廢鐵用生火鎔化，最後製成產品，在海軍仔細的評估下，和以往花大價錢由瑞典和俄國進口的鐵條一樣好。雖然科特曾設法保留其專利，但是後來卻破產，因為有人發現他的企業夥伴——海軍薪俸處副發款員傑利科，曾經非法貸款給科特。這是在傑利科死了以後才揭露出來的。更糟糕的是，同時傳出科特的專利權被用作擔保的消息，因而他應對傑利科的債務負責。有十二個孩子的科特，一八〇〇年在身敗名裂和窮困中故世，享年六十歲。但是他生產鍛鐵的方法迅速傳播出去，到了一八三〇年代，英國生產的鐵已將近達世界產量的一半。

到了那個時候，所有煉這種鐵的煤都已是含瀝青的煤。在英國，幾乎沒有人開採無煙煤（或稱「裂片煤」或「石煤」）煤層。有些地方也產菱鐵煤，但是因為當時的工藝技術尚不能使用菱鐵煤，這種煤也沒有價值。一八三〇年代，無煙煤和低級礦沙的使用，有了其所需的突破。尼爾森是蘇格蘭格拉斯奇煤氣廠的一名年輕管理員。一八三〇年代他靈機一動，反對製鐵業者的一個傳統信念。由於在冬天製煉優質的鐵一直比在夏天容易，因而大家都假設熔爐在低溫的環境下功效比較好。但是尼爾森發現事實正好相反：如果以一股熱氣流過度加熱熔爐，可以產生更大量的優質鐵。一八二八年，尼氏與另外三個人合夥（其中之一是麥辛托希，也就是防水布料的發明人），取得熱鼓風爐的專賣權，熱鼓風爐在接下來的幾年間又經過改良。十年以後，使湯姆斯啟程赴美的正是這一新發明。

湯姆斯乃威爾斯一名農夫之子，一七九四年出世，他的父親虔信宗教，是一名教會委員和貧民監督人。他小的時候受到嚴格的道德和宗教教育。雖然他家沒有什麼錢，可是湯姆斯是個獨子，由於他在學校表現得好，家人便籌到一筆經費把他送進一所需要繳錢的學院。他在十七歲那年進入尼斯大教堂的鐵工廠工作。這家工廠有兩架鼓風爐，為康瓦耳製造抽吸機和各種採礦機器。在這家鐵工廠學藝五年後（包括學習在康瓦耳安裝抽吸機），他成為伊尼塞德溫鐵工廠的監督。在這家工廠，他卓然而立，成為一名技術高超知識淵博的製鐵業者和採礦工程師。

在與尼爾森在格拉斯哥實驗其新穎的熱鼓風爐的幾乎同一時期，大衛．湯姆斯正在設法使用一起埋在伊尼塞德溫鐵工廠地下尚未開採的豐富無煙煤和黑條鐵礦石。一八二三年，克蘭從伯明罕一家成功的五金器具企業退休以後，買下伊尼塞德溫鐵工廠。他鼓勵湯姆斯的嘗試工作。但是湯姆斯所做將無煙煤轉化為焦煤的嘗試都不成功。那些在大西洋彼岸嘗試用賓夕凡尼亞無煙煤煉鐵的人也都不成功。對湯姆斯和他的上司克蘭來說，這種失敗是令人感到沮喪的，但對他們的企業並非致命的打擊。然而就美國方面設法用無煙煤煉鐵的人來說，無法開採豐富的無煙煤煤層和鐵礦砂儲存作鎔煉之用，對於美國工業的發展來說，卻是嚴重的障礙。那個時候在美國尚無含瀝青煤深層開採，因而所有的鐵乃用木炭熔煉。而美國龐大的需要，尤其是隨鐵路興起而來的需要，都是花大錢向英國購買的。

在尼爾森取得熱鼓風爐專賣權以後不久，湯姆斯和克蘭討論到這個問題，認為熱鼓風爐或許正是使用他們的無煙煤和黑條鐵礦石所需要的。一八三六年，湯姆斯去格拉斯哥與尼爾森討論這件事，取得使用熱鼓風系統的執照（這是若干尼爾森的蘇格蘭競爭對手所忽略的法律細節），並開始工作。熔爐必須重新設計，但是大約在一年以內，湯姆斯已使它們都能作業，使用無煙煤為燃料熔煉黑條礦砂，生產品質優良的銑鐵。

由一八三七年起，伊尼塞德溫鐵工廠完全改用熱鼓風爐生產，而湯姆斯在這件事上成功的消息，不久之後便在賓夕凡尼亞州造成轟動。第一個聽說這個新辦法的人，似乎是所羅門·懷特·羅勃茲。他替一家供應美國東海岸正舖設中鐵路線所需物質的費城公司，在威爾斯購買鐵軌。他寫信把這個消息告訴他的舅舅約夏·懷特擁有龐大無煙煤貯藏的「理海煤和航行公司」的一名經理。第二年十二月，這家公司的一名經理哈薩及其子，來到威爾斯敲湯姆斯家的大門。他們查看熱鼓風爐，認為這是他們理想的設備，並與克蘭討論如何把這種工藝技術帶回美國。克蘭建議他們把湯姆斯帶去美國，原因不詳。那時已四十多歲的湯姆斯並不想去，可是據其子薩姆耳的說法，他的妻子力勸他抓住這個機會，於是他與新創設的公司「里海克蘭鐵公司」簽訂合約。不過這個新的公司雖用了喬治·克蘭的姓，克蘭在這一新企業中所投資的也只是他的姓而已。

大衛·湯姆斯的熱病痊癒以後，他和家人便由新布來頓出發到里海各地，在那兒安置一個嶄新的家，和成立一個嶄新的產業。他們在由紐澤西到新布隆斯維克的途中，部分是坐火車。薩姆耳日後回憶說，火車是行駛在鐵條軌道上的（所謂「鐵條軌道」，便是把鐵條用釘子釘在一截截的木材上）。對他和他的父親來說，這表示美國的鐵工業尚在萌芽階段。這種鐵條軌道事實上非常危險，因為如果釘子鬆動了，鐵條便會像彈簧一樣往上飛，衝破脆弱的木質客車廂的底板。美國人稱這些兇惡的鐵條為「蛇頭」，關於它們摧毀性力量的故事也很多。早年水牛城到尼加拉瀑布鐵路上的一名車掌曾經回憶說：「我記得一位年輕女士的僥倖逃生。她原在看一本小說和安靜享受的旅行，忽然之間轟然一聲，一個鐵條飛上來一端穿過她兩腳之間，又穿過她的裙子，插到車廂的頂板上！我們得把這位女士的衣服撕開來救她脫險。」[1]

當大衛·湯姆斯到達里海岸各地時，所見的只是一個地方和一道溪流；他得在這個基礎上建廠。他必須照他的規格裝置一個水車以驅動鼓風機的風箱。許多熔爐的零件需由威爾斯運過來。他沒有能力把兩個汽缸帶到美國，因為它們進不了快速帆船的船艙。湯姆斯花了一些時間，才找到可以製作他們所需大小的美國鐵器製造商。在修建鐵工廠的同時，他又在附近給他的家人蓋了一棟房子，工廠與房子遂成了卡塔騷瓜城的核心。

大衛．湯姆斯為一個全新的產業有效的從頭奠定基礎，很少其他的拓墾者能做到這一點，他必須找材料興建美國最大的熔爐，也必須開採新的鐵礦。他對美國製鐵業者的要求，刺激他們生產各種新的汽缸，而當銑鐵的產量大增以後，美國人對木材的依賴開始減少——隨著農業的發展，木材的供應反正已在減少。一八四〇年七月三日下午五時，湯姆斯的第一部熔爐「出其不意的出現」。這時，他到美國還不到一年——一個驚人的偉大事業。一場因暴雨所造成的洪水，短暫地使這部熔爐無法作業，但它不久即恢復生產，到了一八四二年八月，已生產了三，三一六噸的銑鐵。這一年湯姆斯又開始建造第二部熔爐。

薩姆耳．湯姆斯最初協助他父親開辦新的鐵工廠時只有十三歲。他記得有一位當地的木炭熔煉工曾經笑他們說，如果他們能設法用無煙煤熔煉，他便把他們製出的所有的鐵「吃下去」。為了友善的解決這場打賭，大衛邀請他吃了一頓在這部熔爐上做的飯。熔爐一個接一個建造了出來，其他的製鐵業者建造時向湯姆斯請教，使美國的鐵工業迅速起飛，在一八四五年以前，克蘭製鐵公司所有的動力均來自河上水車，在經過適當討論以後，公司改用蒸氣動力。

到了一八五〇年，美國大約一半的銑鐵都是用以無煙煤為燃料的熱鼓風爐製造，而大約四分之一所製造出的鐵，是在湯姆斯最初設立熔爐的理海區域製出。他與其他由威爾斯前來與他一起工作的製鐵者，開發利用賓夕凡尼亞原料以及教別人開發利用賓夕凡尼亞原料的速度，說明了工業化日增的速度。一個半世紀的經驗和實驗，得出了湯姆斯隨身帶到美國的知識。它以無比成功的在煤溪山谷以售炭鎔鍊鐵的開始：經過用蒸氣機提供鼓風、威京遜的創新、科特等人的努力、尼爾森的靈感，以及最後湯姆斯和克蘭的見識而逐漸發展。

雖然熱心促成湯斯去美國的是克蘭，但他並未如想像中的因此致富。他和湯姆斯經常通信，有時談生意有時談家人和社會活動。克蘭一度似乎很不高興他得花那麼多的時間安排各種設備運美，而且不是所有這些設備都能到達目的地。當其他的製鐵業者開始使用熱鼓風爐時，他曾不是很認真的想堅持自己的專賣權。一八四六年，他在意氣消沉中喝了些藥，以為是止咳劑，卻中毒而死。

然而大衛．湯姆斯卻弄得很好，一八五四年，他在六十歲的時候組織了「湯姆斯製鐵公司」，並以他的兒子薩姆耳當監督者。他在賓夕凡尼亞州的荷首陶瓜地方成立的工廠，是美國最成功的工廠之一。雖然他在英國的時候除了在他的故鄉南威爾斯以外幾乎沒沒無聞，但在美國卻成了一個大名人，在老年得到了「湯姆斯老爹」之名。他活到八十八歲，在一八八二年去世。

美國製鐵歷史上進行可以稱為「無煙煤的時代」，由湯姆斯的一生一直延續到他去世以後，並為費城偉大的鋼鐵工業奠定基礎。後來，賓州和其他各州發現了許多含瀝青的煤礦，美國的鋼鐵業遂不再依靠無煙煤。一八五〇的年以後，由於大量美國人與產業向西移動，又發現了許多容易開採的鐵礦，多半是在大湖區。由於河上有汽船、陸上有鐵路，這些可以運往新開發的含瀝青煤礦上。新的煉鐵技術，尤其是新的使用美國龐大數目煤和含金屬岩石儲藏以製鋼的技術，不久即使美國成為世界上遠超過其他國家的最大生產者。

焦煤熔煉的鐵工業，其興起在英國是遠在電力實際應用於交通之前。可是在美國這個開始趕上歐洲工業進展的國家，大衛．湯姆斯成立的鐵工業則與電報的引入同時。美國人長久以來喜歡認為任何與電有關的東西，不論是電報、電燈泡或無線電，都是他們所發明的。例如，他們認為由電報所傳達的最初訊息，是一個姓摩斯的人在一八四四年所傳送，這個訊息是：「神做了什麼！」，而這句天啟性的話，意謂前此未有這樣的成就。可是實際上到這個時候，電報已有一個長久而有趣的歷史，這段歷史不是發生在美國，而是發生在歐洲。

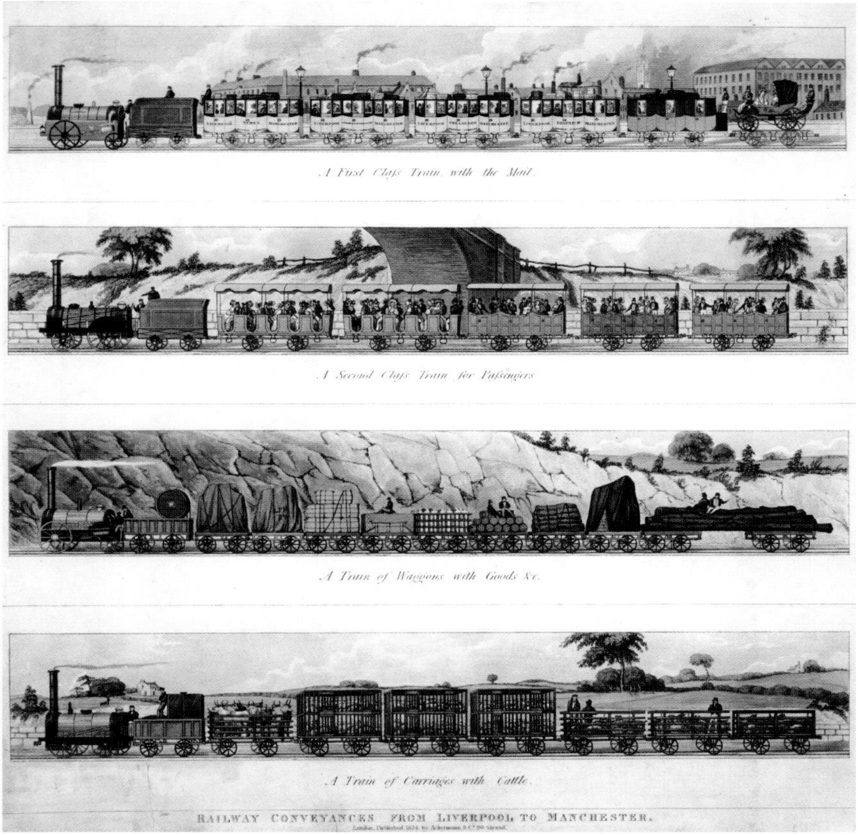

上：在這幅一八三四年的艾克曼所作的石版畫中，四種不同的發動機拖四種不同的乘客和貨物走在曼徹斯特到利物浦鐵路上。最上面的一幅畫中，「利物浦號」拖頭等車廂。接下來「復仇女神號」拖二等車廂，「北方之星號」拖貨車廂，「朱比特號」拖牲口廂。

右：這幅日本畫強調美國輪船在一八五三年到來時所造成的巨大影響。它們是來說服日本開放其港埠以利外國的航運。

下：這幅日本畫描繪一九〇四年二月八日程莫頗灣戰役—日俄爭中第一次交鋒。日本人以大半是由英國所造的軍艦在次年大敗俄國。

左：畫家桑德漢一八八七年所作稍帶幻想的描繪美國流行「騎高輪車」的繪畫；未幾便出現了可膨脹的輪胎和「安全」腳踏車。以其各種比賽和車輛設計的不斷改變，腳踏車工業為當時正在萌芽的汽車工業奠之基礎。

下：在這張一八八八年的彩色照片中，強尼．鄧洛普驕傲的跨騎第一部安裝有可膨脹的輪胎的腳踏車——他父親約翰．鄧洛普的發明。

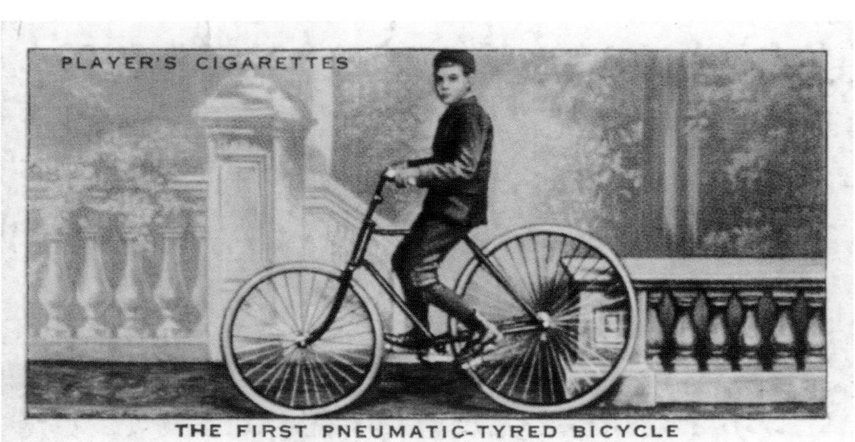

THE FIRST PNEUMATIC-TYRED BICYCLE

上：汽車原不過是富人的玩物，驚嚇馬匹又在碎石舖的路上揚塵。過了一陣以後，這個情形才有改變。這幅描繪一九〇三年一個英國村落的法國畫，捕捉了最初的情形。法國在早年對駕汽車熱心得多。

上：像這樣的商業卡片有成千張，這一張宣傳南美洲按照德國科學家利比克的食譜所製的肉精。一八六六年以後烏拉圭河上的福瑞班圖製這種肉精。

第十二章　摩斯電碼的解密

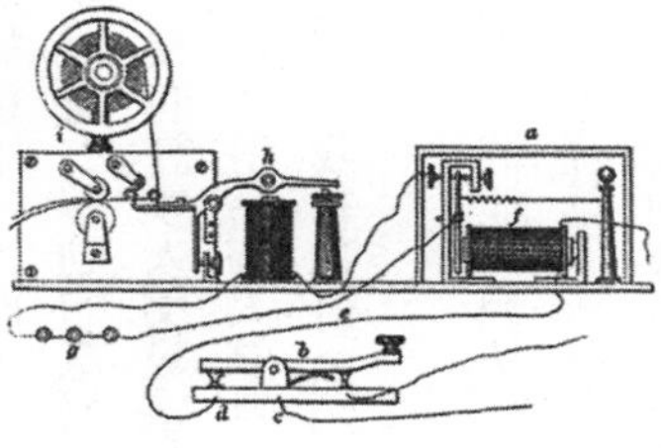

薩姆耳・芬雷・布瑞斯・摩斯是一位著名但並不很成功的畫家。一八三七年時，他在寄居歐洲以後回到美國，在紐約掙扎謀生。這年四月十五日，他在看到他幾個弟弟所出版的紐約市報紙《觀察家報》的一篇文章以後，感到很憤怒。這篇文章是關於兩個在美國的法國人，他們想出售自己的精彩的電報溝通新方式，說它可以在短短幾分鐘之間，在各大洲之間傳遞訊息。而使紐約大學這位摩斯教授感到一點釋然的是：法國人的這種發明不過是在歐洲已有相當時候的小山山頂的電報繼電器。如果有太陽而天氣晴朗，那麼望遠鏡而非肉眼可以讀遠距離以外的訊息。

然而，在這條新聞下面緊接下來又是更多有關歐洲在發展電報的報導。這些報導又使摩斯教授大為憤怒，因為他認為自己是歷史上唯一想到過這種機件的人。他在紐約大學的房間中，有一些他已拼湊了達五年之久零碎設備。但是他似乎不曾想到過，電力性質和人工產生電流能力的發現，早在十八世紀晚期就已經有了。

摩斯住在倫敦以及隨後在法國和義大利旅行的時候，似乎只對繪畫有興趣，他在自己的工作上野心勃勃，而他的才能也為當時比他更為成功的人所賞識和鼓勵。再者，在摩斯遺留下來的相當數量的信札和回憶錄中，也沒有什麼關於他曾對任何與電有關的事物感興趣的記錄。他唯一參與發明的東西，是他和他的兄弟在他們只有十幾歲時設計出來的手提滅火器。可是，在一八三七年時，摩斯卻熱烈地堅信，世界上只有他一個人曾經想到過電報這個東西。但他如何才能證明這一點？

在任何學術性與非學術性的刊物上，都絕對沒有摩斯發明電報系統的記載，因而他沒有證據說明他是在什麼時候產生這個念頭的。經過一番苦思，他下結論說，這個念頭乃起於一八三二年十月他乘「薩利號」輪船由法國返美的途中，因而，他需要去找這艘船的船長及與他同船的乘客，因為他們一定會記得他曾和他們大致說到發明以電力驅動的電報之可能性。發明的歷史上，充滿關於是誰第一個發明電報的人的說法。許多人說自己是，又有許多人反駁這些人，說他們不是，但是都比不上摩斯給「薩利輪」船長和乘客、請他們支持他的說法的那樣滑稽和大膽無恥。他寫道：「目前似乎英國、法國、德國和本國正在競爭誰是第一個發明這種電報的國家。我為我自己因而也為美國聲言：『這種以電力溝通消息的方式，是我比所有其他國家更早發明的。』」

摩斯這個人堅持他的想法，而有時他的一些想法純然是偏見，他贊成美國南方的奴隸制度，並且強烈地反對天主教。他尤其是一位偉大的美國愛國主義者，熱切地想為美國爭面子。但是摩斯完全不是一位科學家，也沒有製造工具的技巧或機械性質的頭腦。而更重要的是：他根本不懂電報的歷史；而這可能是他說他是最早設想出電報的唯一解釋。不知怎麼地，似乎認為他在大西洋上的「薩利輪」上向其他高高興興的乘客所不智傳布的想法，已被洩露回歐洲，而歐洲沒有道德的競爭對手，已立即偷去了他的想法。這是一件可笑的事。可是在幾年以內，便造成國內和國際溝通上革命的電報歷史上，只突顯一個名字——說摩斯不僅發明了電報，也發明了摩斯電碼——以點和長劃代表字母和數字；這些可以印出來或由一個受過訓練的操作人員的耳朵聽出，而後譯成普通文字。

今日已沒有人質疑薩姆耳．摩斯在比他自己更有科學和機械技巧助理的協助下，花了漫長的時間和很大的氣力，發明出美國和歐洲廣泛使用的電報系統。也沒有人懷疑這種點和長劃的電碼，是能用電報設備敲出的最好一種電碼。然而，摩斯本人是不是唯一做到這些的人，長久以來卻有爭論，而其真正的起源至今還是一個謎。這種特殊的電碼的確不是摩斯最初以信號傳輸文字的方法，而在他努力改良替他研發的設備以後有一時期它才出現。但是，摩斯這個畫家是如何突如其來地在大西洋中構思出電報？

摩斯在寫給「薩利輪」船長威廉．派爾的時候，不僅問派爾是否記得有關電報的談話，也問他是否曾偶然和任何別人提到它。派爾在一八三七年九月廿七日的答覆，給他不少鼓勵：「我很高興我清楚記得你說到你最近想到用電線達成電報溝通的可能性。我們的船向前航行，你的想法也不斷發展，常成為船上會話的主題。有人說到這個那個困難，說是實現這個想法的障礙。你重用智巧排除這些障礙，直到你的發明由其最初粗糙的狀態，通過各層的改進，而成熟為可用的工具，只需要贊助的人完成它，促成它的實現。」[1]

派爾接下來用外交辭令說：「我誠懇的相信，不論其在歐洲的來源是什麼，對你來說，這一發明都是嶄新的，你將會得到你因這項發明而應得到的報償。」[2]易言之，歐洲有人很可能在摩斯想到這個發明以前，已經想到這個發明，但是摩斯對這個情形一無所知，顯然沒有剽竊之嫌。這位船長顯然不相信摩斯的靈感曾由「薩利輪」上洩漏了出去。畢竟，船上可能偶而聽到摩斯的乘客只有二十六人，而且大多數是美國人。坐統艙的七個法國人不大可能是間諜，而摩斯請他們回想關於電報討論的，四名乘客都有使他滿意的答案：這個想法在旅途中經常討論。

為了支持他的說法，摩斯開始在美國報章雜誌上大肆宣傳他的發明，以他受歡迎的程度看，美國當時正萬分急切地想得到一點證據，證明它已不再依靠由歐洲進口新工藝技術，而可以推出本土的發明。在其歷史的這個階段，美國不能說鐵或鋼或蒸氣機或鐵路或火車頭或採礦，或任何正迅速轉化它重工業上的創新，是它自己所發明。但是現在來了這一個與電氣有關的東西，嶄新因而也特別適合美國的東西。無論如何，美國愛國的新聞界正是異常急切地要支持摩斯，說他是電報真正的創始人。

對於摩斯來說不幸的是，他得到的知名度提醒了一位他不願意聯絡的「薩利輪」乘客。此人乃傑克遜博士——一個擁有哈佛大學學位，當時正在歐洲攻讀醫學和地質學，一八三七年，傑克遜在波士頓有他自己的化學實驗室，並且是緬因州州政府的地質學家。他寫信給摩斯，說他很高興聽到「我們的」電報成功的消息，並且說：「我想我的名字所以在有關電報的新聞報導中不曾提及，乃是由於編輯根本不知道這一發明乃是我們二人共同的發現。」[3]摩斯告訴傑克遜說：這話完全不對，他的記憶，不像派爾船長和其他乘客的記憶，是錯誤的。傑克遜勃然大怒，在一封回信中堅持說，完全是他鼓動這個想法的，在他和摩斯的對話中，他提到自己在巴黎大學文理學院曾看到讓一通電流繞行房間四百次左右的示範表演，而且是他提議可以用這個作為一種溝通的方式。因而爭論繼續了下去。這只是摩斯與人爭論誰最先發明電報事件中的一個。這樣的爭論很多：因為有許多人無教養地說，摩斯聲稱是第一個想到的，事實上，是由他們給他建議的。

摩斯不管傑克遜怎麼說，趕快為他的裝置申請專利權，並整理他正在紐約大學房間中蒙塵的儀器備用，為此，他必須諮詢懂得一些電氣科學的人，而就近找到在同一大學教授化學的蓋爾教授。蓋爾曾經讀過關於美國頂尖科學家約瑟夫·亨利研究工作的報導，他增加了所用電池的電力，並再把摩斯的電磁捲緊，旋即使摩斯的粗陋設備比這位發明家所能夢想的在更遠的距離間作業。一八三七年九月，摩斯第一次在紐約大學一個房間中公開示範表演他的電報，信號傳過三分之一哩電線的距離，並記錄了下來。不過在這個階段，他的儀器不以點和劃記錄訊息，而以一系列與整個文字對應的數字記錄。

同時，在經過歐洲各地長時期的研發以後，英國最初可用的電報機已在作業，一七四六年，法國科學家諾勒最初也是最戲劇性地示範表演電流如何由電池繞電路而行。諾勒使用一年前發明的萊頓瓶創造了電流，把一個電震通過一圈一〇八六年聖布魯諾所創教派的僧人，這些人抓著鐵絲彼此連接在一起。當這個圈子通電以後，僧人被電荷所震撼，以令人滿意的明顯方式，證明電流已通過他們。一年以後，英國的華生爵士示範說明電氣可以通過水、土及一萬呎的金屬絲。一七四八年，富蘭克林也做過同樣的示範表演。一七五三年，《蘇格蘭人雜誌》上有一篇文章，提出一個電報的系統，作者簽名「C·M」，一般以為他是格拉斯哥附近派斯萊地方的查理·馬歇爾，因為他是幾個提出記錄訊息的電碼實驗者之一。

但是萊頓瓶所供應的電流是不均勻和不可預知的，而發明供應穩定電流電池的，是義大利人嘉凡尼及其學生伏特。伏特及時於一八〇〇年將其發明的細節送交英國的皇家學會，而隨後因可以用到可靠的電池，人類便肇始了一個新的實驗紀元，和創造出最初可行的電報系統。由一八〇九年起，在慕尼黑的馮桑墨林的實驗裝置以後，有人嘗試一種又一種實驗裝置——如丹麥的奧斯特和英國的朗諾茲。

一八一六年，朗諾茲在他的後花園透過八哩長的金屬線傳遞信號，他的電報機或許可能是應用在商業上的第一個電報裝置。朗氏在給金屬線絕緣和使用黃銅標度盤記錄訊息上有許多改進。但是他像許多在他以前的人一樣，犯了把他的發明供給英國海軍部的錯誤。他們看了看它，雖然已有的信號機在能見度低的情形下不好用，卻說那種信號機已經很夠用了，因而拒絕了朗諾茲的新發明。朗諾茲因而放棄了電報學而改行氣象學，不過他卻把他的若干發現寫入《電報和其他電氣儀器描寫》一書，並於一八二三年出版。如果朗諾茲當時再堅持幾年一直到進入鐵路時代，那麼他便可能會成為商業性電報的創始人，因為這種新發明最初的顧客，是在利物浦到曼徹斯特間，以及倫敦與伯明罕間行駛火車的那些公司。

於是，朗諾茲的電報在英國沒有直接的發展，而這個任務交給了了不起而又好戰的希林男爵。希林是俄國駐慕尼黑大使館的館員，他曾興奮地觀看馮桑墨林的電報示範表演。一八一二年時，由於法國與俄國之間即將爆發戰火，希林乃設法用電流由某個距離以外引爆火藥地雷。他設計出自己的金屬絲絕緣方法——把銅絲包在印度橡膠的溶液和油漆中，因而可以在任何地方鋪設電纜。一八一四年，當拿破崙被反對他的人放逐時，希林用電爆器引發在塞納河對岸的火藥，娛樂巴黎的居民。

這位男爵乃是忙碌的外交官員，但是在接下來的幾年間，他開始設計自己的電報，可用以電流偏折的一根針表明雷碼。這是一種二項式的系統：針前後移動一次表示A，朝同一方向移動三次表示B，朝一個方向移動一次朝另一個方向移動二次表示C等等，可以表示所有二十六個字母。這是自十七世紀以來便有人使用的動臂信號桿的變化形式。希林在一八三〇年把這個電報機帶到中國，一八三五年在歐洲旅行時也隨身帶著。他做由上面越過的金屬絲和埋在地下的金屬絲實驗。他在俄國示範表演電報，給俄皇尼古拉斯和俄國的調查委員會留下深刻的印象。他在一八三七年去世以前，正準備以通過芬蘭海之底的一根電纜把克隆斯塔和莫斯科連接起來。

歐洲還有其他許多電報的先驅者。其中兩位是在哥廷根的高斯和威廉·愛德華·韋伯。一八三三年時，他們使用電報在相距一又四分之一哩的兩個天文台之間溝通。另一重要的創新是以一具小發電器取代電池，這種小發電器的原型，乃是一八二〇年代英國科學家法拉第所創。整個加起來，一八三〇年代已有許多不同的發送和收取訊息的裝置。有些裝置以電流去激動針，針的抽動表示密碼，由經過訓練的操作員譯為文字。這些電報機不能留下所傳訊息的永久記錄，一收到便必須立即解讀。但是不久便發明了其它記錄訊息的方法。

英國發明家戴維幾乎已經發明出日後成為標準形式電報的電報。戴維出生於一八〇六年，是德文郡一位醫師之子，本人也曾就讀位在倫敦的聖巴多羅繆醫院，隨駐院外科醫生學習醫學。他後來成為一位藥劑師或化學家，並且自已在倫敦開業。戴維成名一位傑出的實驗化學家，一八三五年時發明了他稱為「戴維氏鑽石黏固劑」的特殊修補瓷器和玻璃的黏固劑。這事使他有一點剩餘的收入可以專心於他的研究工作。戴維在顯然沒有參考其他電報裝置的情形下，發明了有很多金屬絲和不複雜鍵控制裝置的電報，並於一八三七年在倫敦的貝爾格瑞夫研究所公開示範表演。但是他未能獲得專利權，專利權由別人獲得。不過他另一裝置卻獲得專利權──在一捲白棉布上印出訊息的裝置，布上的化學物質在接觸到電流時發生作用而留下印記。

戴維不久便聽說了與他競爭電報機專利權的人──庫柯和惠斯通教授，這兩個人日後被稱為英國發明商業用電報機的人。庫柯─惠斯通專利權乃於一八三七年登記在業，他們十分警覺的保護它，挑戰任何部分似乎與他們規格相同和與他們電報機競爭的電報機。面臨這個情勢，戴維只有放棄。他的家人和友人從未向人透露過原因，他於一八三七年移民澳洲，而且再也沒有回到英國。

庫柯在倫敦西區與戴維同年出生。他的父親威廉．庫柯醫師在英格蘭東北部的達拉謨大學擔任外科醫師，後來又成名解剖學教授。庫柯醫師一度是朗諾茲的鄰居，其時朗諾茲正在實驗他的後花園電報機，根據存放在電機工程師研究所的一封信所述，庫柯醫師記得他曾用朗諾茲的電報機來回傳遞訊息。其子庫柯幼年是不是知道這件事已不得而知，但他到後來也想發明自己的電報機。庫柯在德拉謨和愛丁堡大學接受了古典教育以後，十九歲時加入東印度公司的軍隊服役八年，直到一八三三年。他而後開始以製造解剖學標本謀生，並前往海德堡學藝。他在海德堡湊巧看到希林針式電報機的示範表演，並且為之著迷。

庫柯想到這種奇妙的儀器當時只是一種科學玩具，而它應該變成普及的新溝通方式才對。然而他像摩斯一樣，沒有受過讓他可以把握電氣溝通可能性的科學訓練。主要的問題在於一道電流在英國流通時距離上的限度。電纜如何舖設？舖設在地下的絕緣管道中或是拉緊在電桿上？庫柯在還不知道怎麼實現它以前，便發表了一份小冊子，概述國家電報系統的計畫。電報將有很多用途：如「在地方上有動亂的時候，中央可以傳發命令給地方官員，如果有必要，也派遣軍隊去支援地方官員，而不必引起公眾危險的騷動。」它也可以把市場的資訊供應給商人；使火車避免災難性的互相撞擊而能行駛順利；並且保證家中有危機時，家人一定可以得到立即的援助。

庫柯最先接觸到由物浦到曼徹斯物鐵路的董事，想要把他的想法用在商業上：進入利物浦車站的隧道中，可以用得到一架電報機。但是他所設計的電報機是粗陋的，大家對它都沒有什麼好感。不過他繼續不斷地四處兜售他的想法，最後有人把他介紹給惠斯通教授。一八三四年受任為倫敦國王學院實驗哲學教授的惠斯通，出身於製造樂器的家庭，原對於聲音傳播的科學很感興趣。他也曾實驗早期形式的電燈，並研究放電的速度。一八三六年，惠斯通受任為皇家學會的榮譽會員。介紹他認識庫柯的是這一著名科學團體的秘書。

惠斯通在此以前已經發明了他自己的電報機。他與庫柯達成協議，庫柯主要負責商業上的推銷工作，惠斯通則在背後策劃。一八三七年六月十日，也就是在摩斯最初在紐約示範表演他的電報以前的幾個月，庫柯—惠斯通的專利權正式簽字。它是用來「藉由通過金屬電路傳導的電流，改進遠距離發送信號與發放警報的」。這種電報機立即受到愛丁堡市威廉·亞歷山大所設計電報機的挑戰。亞歷山大的電報機需要用單獨的一條金屬絲操作每一個字母。雖然他因這一發明而廣為人知，但在細察庫柯—惠斯通的電報機後，卻放棄要求。

英國政府對電報不感興趣。如果庫柯和惠斯通想在他們合作的事業上賺錢，那麼便得把他們的電報機出售給私人企業。最可能成為顧客的是鐵路公司，因為火車的速度已使舊日的溝通方式過時。庫柯努力爭取訂單，但是受到很大的阻力，主要是因為他們的電報太貴。他和惠斯通所設計的電報機乃是針式電報機，看上去很高雅，其撥號盤裝在儀表盒中，但是終究絕對不如摩斯為大家所喜的印刷電報機效率高。

第一架商業用的電報機，是安裝在倫敦與布里斯托間的布魯耐爾的「大西鐵路」上，使用庫柯和惠斯通的裝置。這個時候，這條鐵路尚未完全築成。最初，電報涵蓋的十三哩半是由倫敦的巴汀頓一端的起點到在西德來登的車站，花了一年才把它安裝好，一八三九年七月啟用。庫柯認為他在這宗交易上賠了錢，但是後來事實證明，電報這種附加物對鐵路有實用性，因而為日後的許多有利潤的計畫舖路。

在同時，摩斯在美國已採取步驟改良他自己發明的電報機，他的父親乃是一名教士和很受人尊敬的地理學家。他年輕的時候曾經依靠父親的錢上大學和到歐洲發展繪畫事業。為了他認為必須講求排場，摩斯不斷寫信回家要錢。甚至到他已二十多歲，似乎還沒有想到可憑自己的努力養活自己。而等到他靠自己的力量謀生時，卻又發現他不大會賺錢。他設法替人畫像謀生，但畫像賺到的錢一直不夠謀生。一八一八年，在他由第一次去倫敦的旅行回來以後不久，二十七歲的摩斯娶了兩年前他在新罕布夏州康科德尋找畫像工作時所遇見的當時十九歲的女子為妻。他和這位名叫露克瑞西亞．比克林．華克的妻子生了三個孩子，但是他常不在家，想畫巨幅的油畫謀生。事實上，他是在給法國將軍拉法耶特畫像時，聽到時年只有二十五歲的露克瑞西亞逝世的消息。由於他養不活自己的兒女，乃把他們寄居在家人和朋友家。

一八三七年時，摩斯不僅缺乏開展其電報的科學知識，他也沒有可資依靠的經費和機械技巧。然而，他的問題卻因他在紐約大學初次示範表演他粗陋的電報機而獲得解決。他以前的學生維爾也來看這場表演。維爾那年三十歲，出生於在紐澤西州的斯皮德威一家鑄造工廠的成功製鐵業者家庭。維爾說服他的父親支持摩斯的工作項目，而他得以簽約開展電報機。維爾同意資助這種儀器的改良，並且支付在美國國內和國外申請專利權的成本，條件是將來得到這個發明在美國獲得利潤的四分之一，和在國外所得利潤的一半。事實上，維爾的父親雖然對電報抱持懷疑的態度，卻整個資助了這個計畫，他的兄弟協助這項發展的技術，斯皮德威工廠中其他的人也在技術上提供協助。

摩斯此時已經在美國國會申請電報的資助，並且答應不久即可示範表演他經過改良的電報機。事實上，有一位眾議員法蘭西斯．史密斯對電報發生興趣，並說服摩斯接受他的合夥。於是史密斯、摩斯和摩斯在紐約大學的科學顧問蓋爾教授簽訂新的協約。史密斯有錢支付一次去歐洲的旅行，去看看能不能在歐洲拿到專利權。維爾適時製造出一個小型可隨身攜帶的電報機以便帶去歐洲。像往常一樣，維爾留在美國改良電報機，他默默的工作，也不居功。他與摩斯的合約是說，不論改良了些什麼，都稱是他們二人共同的成果。

摩斯和史密斯在倫敦的時候，正趕上維多利亞女王加冕大典，得以觀看盛況。但是英國人對他們申請專利權一事卻反應冷淡。他們拒絕的理由不是因為這一種類的發明一年前已發給了別人專利權，而是說摩斯曾經發表了一篇論文，因而使申請無效。這個時候庫柯和惠斯通銷售電報機也有困難，因而康斯在出售其電報機沒有什麼進展是無足為奇的。這些競爭對手事實上還碰了面，而且惠斯通還邀請摩斯看看他所發明的電報機。摩斯也看到其他種類的電報機，包括戴維所發明的一種。他在那個時候說：大家向他保證，他那個單條金屬絲並帶有一個在紙上壓印V字母印刷機的電報機，是最簡單和最有效的。在他的電碼中，數字仍代表整個文字。點和長劃顯然尚未出現。

摩斯和史密斯而後由英國到巴黎，可是那兒的電報已是政府的專利。以前摩斯以一個年輕畫家的身分造訪巴黎時，是激烈贊成共和的，而現在他對法國路易．菲立浦卻異常恭順。國王答應接見他，卻一直延期遲遲不接見，他討論到在巴黎至聖吉曼的鐵路線上使用他的電報之可能性，但是沒有結果。正當他快要空手離開巴黎的時候，巴黎傳出驚人的消息說，法國人路易．達格爾發明了將由暗箱出來的形象固定在有化學敏感性的感光板上的方法。達格爾在巴黎展示這些照片而造成轟動。摩斯去見達格爾。他對出來的圖像感到十分驚奇。在他回到紐約的時候，他對這種所謂銀版照像法的興趣，已超過他對他所珍愛的電報之興趣，他原以為可以由俄國收到一份電報機的訂單，但是這份訂單始終沒有來。於是發明電報機的摩斯，變成了改良銀版照像法摩斯。而他立即與人爭執什麼是他由直覺而得到的，什麼又是他由別處假借的。

在摩斯回到紐約以後意在成為一名人像攝影藝術家以前，達格爾已派他的企業同事和學生古樂德前來美國演講，說明和促銷他的新發明。於是摩斯找到他，並向他學習沖洗顯現圖像的錯綜複雜過程。摩斯而後在報紙上投稿，把達格爾捧上天。但是他一字不提達格爾的合夥古樂德，因而無可避免地引起像毒害他自己大半工作生涯的那種不恰當的小爭論。但這些到後來都無關緊要，因為他想由照相像術賺錢的計畫未能實現。到了一八四一年，現在已五十歲並已滿頭白髮的摩斯，又回頭促銷他的電報。就在這個時候，出現了一個名叫卡芬的人，說他可以在華盛頓宣傳推銷摩斯的電報機：如果在國會可以爭取到大數目的同意票，那麼事情便可成了。卡芬是一位對遊說國會議員很有經驗的人，他希望如果國會中能為摩斯取得發展電報事業的經費，他也可以獲得利潤。

舊日由維爾、史密斯和蓋爾所組成的團隊，現在已經解體。維爾已經成婚，住在費城，蓋爾在紐奧良，史密斯在緬因州。因而摩斯以自己的力量找尋發展他的電報機之資助。他取得代表舊日合夥組織的許可，並短暫與左輪手槍的發明人薩姆耳．科特合作。他想借重科特舖設水底電纜的知識技術。科特和希林男爵一樣，曾經示範表演在一個距離以外把東西炸毀。一八四三年，摩斯在國會以幾票的多數取得他發展電報事業所需的許可。有了錢，他便可以利誘維爾回來製造和操作器械，和利誘蓋爾回來當科學家。示範表演電線長四十四哩多，在華盛頓與巴爾的摩之間，沿巴爾的摩到俄亥俄鐵路線的這一段。摩斯認為電報必須是埋在地下，他僱了一個人以馬拉的掘溝機開始開鑿必要的壕溝。但是埋電纜是一件過於累贅的事，而且約瑟夫．亨利等人也考慮到金屬絲埋在地下會腐蝕，因而摩斯改用電線桿，在試傳電報的時候，在七哩的長度設置木材桿子。

這個時候，歐洲的各種有關電報技術都已發表在學報上。維爾繼續研發他們自己的設備，並由在歐洲所進行的實驗中儘量吸取知識技術。維爾在沒有摩斯的合作下獨力成就了些什麼，自來是大家所爭論的一件事。有些人說，日後以摩斯之名為名的那些點和長劃，事實上是由維爾研究出來的。這個說法似乎十分可信，不過維爾不但不曾說這是他自己的想法，有一、兩次也說這的確是摩斯的想法。他晚年甚至說，摩斯是在「薩利號」輪船上想起這個的——不過這個說法極端不可信，因為摩斯當時對於電碼有一套很不一樣的計畫。另一種可能性是，維爾一個人或維爾及摩斯一同審視歐洲的電報裝置時，借假和改良了若干當時已在應用的電碼，在其所著《美國電報史》一書中，維爾說明了希林的「大信號」，也就是用一根針在兩個點之間搖擺得出。而一八三〇年代高斯和威廉·愛德華·韋伯所用的電碼，事實上與摩斯電碼相似。

不論是誰想出使用點和長劃的，美國第一次（和著名的）摩斯訊息傳遞中，用的的確是這個系統。或許這些點和長劃是壓印出而非平印出，但以後的許多年間美國基本上是用它。那些支持它是由維爾所設計出說法的人，說維爾也決定那些字母應以那些點和長劃的結合表示，由點—長劃表示A，種種等等。我們今日看不到由摩斯做這項決定的記錄，因而在這一方面電碼的確切起源還是一個謎。

一八四四年五月二十四日這天，摩斯在華盛頓美國最高法院架起他一端的電報機，其精巧的印刷機和鍵乃由維爾所設計。維爾也在巴爾的摩站就位，他們所同意傳達的訊息是：「神做了什麼啊！」這句話乃出於《舊約聖經》，這是在國會促成這個工程項目的一位委員之妻所建議採用的。摩斯把它輕拍出來，維爾又把它傳了回去。這句話下面註明這是自古以來第一次的創舉。但嚴格說起來，這話是不正確的，因為如前所示，很久以前在歐洲便有類似的事情。而在美國，至少在某種意義上，這話也不正確，因為好多年以前，約瑟夫·亨利在美國也曾示範表演過一種類似的電報機。然而，無可否認的是：這是摩斯整個電報系統第一次的使用。

不過，摩斯的好夢卻已成真。一八四四年以後，美國各地紛紛成立電報公司，而摩斯和維爾都擁有這些公司的股份。這種電報裝置出售給外國時，第一個是出售給奧地利，而那個神聖羅馬帝國奉天主教的殘存者，以前原是摩斯恨之入骨的。一八四五年，維爾出版其所撰《美國電—磁歷史》，因為書裡面遺漏的東西太多，引起極大的反感。尤其這本書一字不提約瑟夫·亨利，可是亨利不僅在摩斯和維爾以前便製造出一架可用的電報機，而且由摩斯一八三七年最初與他接觸的時候起，一直到這本書發表的時候，都慷慨的告訴摩斯他的專家意見。亨利向摩斯抱怨這一件事，摩斯回答說，這個疏忽將在書再版的時候更正。可是再版的書出來以後，仍一字不提亨利。有好幾次，當有人對摩斯提出訴訟時，亨利曾應邀為反對他的人作專家的見證。當日主要的科學機構都認為亨利不是為了個人的利益而是為了主持正義才做見證的，但是摩斯卻以印刷文字攻擊亨利，說他不誠實。

摩斯在晚年備享光榮的名聲。他於一八四八年再婚，娶的是他已認識許久和比他小三十歲的莎拉・伊利莎白・格麗斯渥。莎拉自一歲起便大約因猩紅熱而失聰，說話的能力也受損，摩斯學會了以手勢語言和她談話。現時已快六十歲的他，因他在各家公司所擁有的股份贏利而大賺錢。他活得很長，得以參與一八六六年第一條成功橫過大西洋電纜的設置。不過他當時人在法國，因而關於這件事的報導，沒有直接提到他的名氣，他於一八七二年去世的時候，美國的報紙充分地稱讚他為他那個時代最偉大的發明家、「最傑出的美國人」等等。至少，他是大西洋他那一側最偉大的發明家。摩斯電碼被認為比許多其他的電碼系統有一個極大的優點：雖然這個系統的設計是為了在紙上留下訊息的永久記錄，可是電報機的操作人員旋即發現，他們可以用耳朵破譯機器的「卡搭聲」，而當使用電報的技術進步以後，最好的操作人員可以以驚人的速度操作摩斯電碼。當無線電報日後發明出來時，當時已有一種已經廣泛使用的電碼，這樣的電碼是在膠帶和耳機上都可接收到，而且容易傳遞的。

電報的發明引入工業發展上一個新的紀元。首先，它不是由一個國家輸出到另一個國家的發明：它的創造是真正國際性的。其次，它的使用不必依靠像煤這樣的原料有無，也不需要重工業。它事實上是可以隨身攜帶的，而且除了簡單的傳送訊息以外，其他還有極大的重要性。在鐵路上，尤其是在美國的鐵路上，由於可以警告火車所在的位置，它使單軌上的交通可以安全進行。報紙迅速採用電報作業，在一八五〇年鋪設好英吉利海峽底的第一條電纜以後，《泰晤士報》便開始登載由電報所傳達的文字。甚至在豪宅中使用它也很方便，可以用它通知僱用的人員到需要他們服務的房間去。尤其，它也基本上不是英國的產品——這也可以說是摩斯最大的勝利：讓世人認為電報是美國發明的。

當英國快要舉辦歷史上藝術和工業成就最偉大的展示——在倫敦海德公園水晶宮舉辦的「大博覽會」時，電報事業已經卓然有成。不把由世界一大部分收集來的十萬件左右展覽品，視為所有庸碌國家的情形與英國工業支配力量之間關係的順序表，是不可能的。誠然，應邀送其產品前來展覽的許多國家，對這整個雄偉莊嚴的事件有戒心，美國亦然。英國當時尚視美國為它自己先進文明的一個小後代，常親熱地也有一點藐視地稱美國為「約拿森弟弟」。

第十三章　奇觀之宮

關於這個建築的特點，世人只有一種意見：雅緻、簡單、莊嚴和方便。透光性佳，因而光線容易進入。每一件可能發生的事，都預先作了準備：雨打不透，火燒不了。在機械部所陳列的無數發動機和其他機器，需要蒸氣去推動，因為主辦單位認為，最好讓民眾可以看到活動中的機器。那兒有把蒸氣輸送到需要它的地方的導管，在旁邊的房子裡面裝有極大的汽缸，可以充分和不斷地供應蒸氣。一架電報機隨時把中央辦公室所想要的信息傳遞給它。當我們想到，所有這些都是在短短幾個月內設計、採用、製型、鑄造、調整、放置和用玻璃覆蓋時，我們會以為自己置身仙境。除了在英國以外，水晶宮在任何地方是不可能的[1]。

這是法國人奇華里的意見。奇氏旅行過很多地方，對於工業上的進展十分熱心，他很容易為他自己國家未能實現其潛力而感到惋惜。他曾奉使美國，在美國各地旅行，並成為像蒙克爾．羅賓遜這樣的鐵路先驅者的朋友；他曾因坐在行駛於利物浦——曼徹斯特線上的火車而興奮異常。而現在——一八五一年，他又被倫敦海德公園中這個龐大的玻璃溫室迷住了。這裡面陳列有從世界大部分地區來的十萬種陳列品。奇華里認為，世界任何其他地方都不可能建造這個水晶宮，他無疑是對的。

英國生活給奇華里印象最深刻的一面是，好多東西都是鐵製而非木製或磚製。雖然在一百年前，也就是一七五〇年代，英國的鐵工業沒有什麼了不起，與法國的鐵工業也沒有什麼大不同，可是這一百年來，它已成為世界上最先進的產鐵國家。在十八世紀末年和十九世紀初年，它生產十五萬噸。一八〇六年，這個數目已增加到二十五萬八千噸。一八二五年，增加到五十八萬一千噸，一八三五年，增加到一百萬噸，一八四七年，增加到二百二十萬噸。到了「大博覽會」的時候，英國一年出口七十萬噸左右的鐵。他只進口高品質的瑞典熟鐵，以之製造雪菲爾市出品的刀剪利器和其他精緻鋼製品。

製鐵上所有的創新——由使用焦炭熔煉到發展出亨利．科特生產熟鐵的方法，由於容易得到發展鐵工業所需的礦砂和燃料，鐵在英國不僅充裕而且價廉。在興建「水晶宮」的時候，法國的鐵比英國的鐵貴兩倍。正如奇華里所云：「廉價市場是一位偉大的魔術師。」當一個國家有廉價市場時，它便擁有阿拉丁的神燈，眼睛一眨，便可以達成奇蹟，除了興建像「水晶宮」這樣的驚奇事物以外，還可以做別的事。[2]他引巴黎工藝學校一位傑出化學家的話說：一個國家文明的現況，可以由其對鐵的使用量度。在這一方面，可憐的古老法國，雖然其他人民在許多方面很有才華，卻遠遠落在後面，仍舊在用木炭熔煉鐵和製造出小量售價過高的產品。事實上，一八四九年巴黎博覽會會場的那個建築物，也就是海德公園國際博覽會靈感的出處——是一棟陰森森的大廈。奇華里形容它是當時法國典型的建築物，「用板條和灰泥製成，低矮、通風不良、光線不充足……由於展覽完了以後必須拆除，因而也十分昂貴。」[3]

當然，產生「水晶宮」的不只是鐵的價廉。「大博覽會」的整個計畫，絕佳地展示了英國人在組織上所用的方法。首先，雖然政府成立了一個皇家委員會監督建築物和展覽的安排事宜，可是它既不參加安排也不供給金錢。「大博覽會」的想法不是來自一個政府部門，而是來自一七五四年為促進工業創新而成立的「皇家鼓勵藝術、製造業和商業學會」。這個學會時興時衰，但意外地成為維多利亞女王那位不善社交的皇夫亞伯特親王將其熱誠貫注在科學與文化的工具。學會請他擔任會長時，他滿懷感激的接受。當一位會員亨利・柯爾剛由一八四九年的巴黎博覽會回來，向他提出英國也辦一次博覽會的建議時，他立即對它非常熱心。法國人並沒有邀請外國人參展，可是亞伯特乃是一位國際主義者，他提議英國應當邀請世界其他各國參展。這一點如何辦到卻是皇家委員會的事，皇家委員會中有許多工業界地位最高的人，如世界最大火車頭製造業的首長，和倫敦—伯明罕鐵路工程師羅勃・史蒂文生這樣的人。

任何想在「水晶宮」參加展出的國家，都必須遵守在倫敦所制訂的規則。「水晶宮」分配給它們展出的空間，但是它們得自己設法把展品運來並負擔運費。每一個國家應當成立其自己的委員會，以安排展品的選擇和運輸。由一開始，大家便同意展出空間的一半，應該陳列英國及其殖民地的產品和製造品，另一半陳列世界其他地方的產品和製造品。大家也決定，所有陳列品均應運到在倫敦海德公園中將要興建的一棟建築物中展出，這個意念使倫敦西端上流社會住宅區梅風爾、倫敦海德公園附近高尚住宅區貝格拉維亞及貝斯華特的貴族及富有居民大吃一驚。主辦單位標出十九畝大的一塊地，但旋即出現一大困難使這個「大博覽會」的進行工業面臨終止。委員會不肯接受任何關於會場建築物所提的計畫。參加競賽的二百四十個計畫中，它認為沒有一個適合。絕望之餘，它提出自己的計畫。但這個計畫又引起更大的憤怒，因為它表示把海德公園中一大片土地覆蓋在磚頭和灰泥下面。

就在這個當兒，在一八五〇年一定是有人擦了奇華里先生的阿拉丁神燈，因為一個神怪出現，在眨眼之間便會完成一件奇蹟。巴克斯頓當時是在園藝學界受人尊敬的著名人物。他在前來倫敦與一位國會議員商討事情的時候，提出自己對「大博覽會」建築物的設計圖。巴氏並非建築師，而是德文郡公爵的園丁長。公爵擁有許多大片的土地，以及自己家在查茲渥斯的邸宅。他在一八二〇年時初次見到巴克斯頓，因為賞識這個農地勞工之子異常的才能而僱用了他。巴克斯頓對於植物的熱心啟發了公爵，公爵本人也成為熱誠的園藝學家；他們二人曾多次同去歐洲考察。巴克斯頓學設計玻璃溫室，以便存放公爵收集的植物。他發明了自己精緻的建築物，以應付冷凝和腐朽的問題。

查茲渥斯所收集到最精彩和富異國情調的植物，是南美的巨大荷花，並稱之為「維多利亞女王荷」。它的葉子大到可以覆蓋整個池塘，有六呎長，而且強韌到上面可以站一個孩子。這種荷花很美，但在歐洲不一定開花。巴克斯頓曾設法使一棵「維多利亞女王荷」開花。當他考慮「大博覽會」建築問題的時候，也正在查茲渥斯建造自己所設計過最大的玻璃溫室，以便放置「維多利亞女王荷」。多年以後，他在往後的演說中曾說，他是修改了自己給查茲渥斯玻璃溫室的設計圖，而作為「水晶宮」的設計圖。

巴氏雖然出身寒微，但到了一八五〇年時，已有了很好的社交關係。他熱心鐵路事業並在上面投資，與羅勃·史蒂文生熟識，並因他的企業設計與建造玻璃溫室，而與若干製造業者打過交道。巴克斯頓經人介紹見到「大博覽會」主要的提議者柯爾，後者鼓勵他繼續朝建築一座以鐵和玻璃為原料的建築物這個方向設想。巴氏旋即得以與一小群卓越的工程師討論他的想法及其實用性。這些工程師均是由修築鐵路而學得技巧。他在乘火車去倫敦的時候遇見羅勃·史蒂文生。史氏讚賞他的計畫，提出幾點建議，並把這份計畫送進皇家委員會。布魯耐爾也看到這份計畫，但是最重要的一個人卻是查爾斯·福克斯——一個當日的名人，但現在卻被歷史遺忘。

查爾斯·福克斯是大致和羅勃·史蒂文生、布魯耐爾及巴克斯頓同時代的人。他那一代的工程師，乃成長於鐵路時代。他於一八一〇年在德比出世，是醫師的兒子，一度曾受教於當外科醫師的哥哥，並志在醫療事業發展。然而查爾斯·福克斯喜歡工程學，一八二九年，他設法使當時正在設計為參加雨山試行比賽的「新奇號」車頭的艾瑞克森與布瑞斯維聘用了他。由這個起步，他進入利物浦的一家公司工作，而後又在倫敦—伯明罕鐵路上與羅勃・史蒂文生共事。他為倫敦一端的優斯頓站設計了以構架支撐的熟鐵屋頂，以及修築斜交磚質拱門的方法。他後來又去布拉馬在伯明罕的公司，並成為一位股東。製鐵業者約翰・韓德森也加入他們的公司。一八四五年時，這家公司改名為「福克斯與韓德森公司」。在隨後幾年鐵路迅速發展的時候，他們成為傑出的製造和設計鑄鐵和熟鐵建構的公司。

因而，巴克斯頓自然而然的去查爾斯・福克斯在倫敦的辦公室見他，與他討論建造「水晶宮」的實踐性。查爾斯・福克斯答應以低廉的價格承造「水晶宮」，條件是將來其構件為他的公司所有。事實上，巴克斯頓當時已在想，把這個建築物遷移到倫敦郊外，使它成為一個遊樂園的中央部位裝飾品。「福克斯與韓德森公司」不但供應了修建「水晶宮」所需的全部鐵質零件（兩千多個工廠預製的桁架和近四百個屋頂桁架），而且也監督了全部的工程作業。巴克斯頓在建造水晶宮時，有的時候需要出國，而把作業交由查爾斯・福克斯斯管理。伯明罕斯梅威克的「謙思兄弟公司」供應了所有玻璃壁板。

「大博覽會」建築的設計，必須經過若干次的修改。巴克斯頓最初的草圖，有橫亙在上方的屋頂，但要造這樣的屋頂需砍伐許多上好的榆樹。最好的解決辦法當然是把它們圍在一個圓頂之下，給博覽會場一個華麗的中央部位裝飾品。這不是一件容易做到的事，因為榆樹有一三五呎高。再者，又沒有可用以抬舉鐵樑和桁架的由蒸氣所驅動的機器。所有的工作都是用馬力和一個三腳起重機完成，又建造了一條特殊的架空懸索道，供裝玻璃工人裝高處壁板使用。工程適時地使用巴克斯頓所發明的智巧的預防冷凝和排除剩餘水份辦法，讓水沿支持這個建構的鑄鐵支柱往下流。零件的裝配吸引了為之著迷的群眾，而必須擋住他們的向前擠動。過了一陣以後，那些想走近看個仔細的人便得繳費。當十九個畝的面積都覆蓋完成以後，這個建築物的內部比聖保羅大教堂的容積大了四倍。然而它只用了七個月便達成，成本又非常低。

「水晶宮」代表了十九世紀上半工程學和製造業成就的巔峰，參觀「大博覽會」的人也無疑認為英國是世界上高高在上的第一個工業國家。它不僅是世界上最富足的國家，資助由南美到印度各地的工程，它的社會也是第一個因工業制度而轉型的社會。倫敦一八五一年時有二百三十萬人口，那年的戶口調查說明，在工業城市如曼徹斯特和利物浦迅速成長以後，英國住在城市地區比住在鄉村的人為多。歐洲沒有任何其他的國家是像這樣的。一七五〇年時巴黎的人口和倫敦的人口數目差不多；到了一八五一年時，其人口只有倫敦人口之半。而絕大多數的法國人仍是過著鄉村生活。美國的情形也一樣。美國在一八五〇年時，最大的城市是紐約，但紐約的人口只有五十萬人多一點。第二大城是巴爾的摩，人口差一點不到十七萬人，大小約是曼徹斯特的一半。

但是這個情形很快便會改變。美國因為取得新土地而達成的成長，幾乎在一八五一年時完成：這年的前一年，加里福尼亞成為這個合眾國的第三十一州。而十九世紀的下半葉，歐洲人大移民美國，美出生者較死亡者為多，因而人口自然增加率也很高。在同時，驅動工業發展的工藝技術又迅速演進，因而在它勝利的出現在海德公園以後短短幾年，重建在倫敦南部的「水晶宮」，本身也成為古董。一八五一年以後一切都改變了。雖然英國又繼續領先了一陣子，但是有理解力的「大博覽會」參觀者，都知道這個情形不會持續多久了。

當奇華里在展覽會的長廊上漫步時，他想到創新的過程已經全球化：

在巴黎或倫敦將有人率先想到一部機器或一種便利的製造方法。它在都林吉亞的一個小村中得到最初的改進，在曼徹斯特市或雪菲爾市最初成為實用的形狀。而後，經由不亞於印度護持神的那種古怪變形，它以改進的形式連續重現在里昂或蘇黎世的藝術家工作室，或布瑞斯勞或威維爾、艾伯非或格拉斯哥的藝術家工作室。我們也沒有把握說它不會現身在大西洋的另一側，在婁渥，或在更遠俄亥俄河上的匹茲堡，在那兒完成。[4]

奇華里舉在德國鄉間最初生產的甜菜糖為例。甜菜糖的生產過程乃在柏林發明，而後傳到法國，使大半歐洲人不必再依靠西印度的蔗糖。又據奇華里或英國官方的說法，最初發明煤氣照明的是法國人勒本，這個發明在到達倫敦以後便成為商業投資。拿破崙曾經懸賞徵求可以生產與英國棉線競美的細亞麻線的人，以期打擊英國的工業。法國人吉樂德大致在拿破崙於一八一四年戰敗的時候完成這一生產。吉樂德把這項技術帶到華沙，並在那兒加以改進。細亞麻線的生產日後又由華沙帶到英國約克郡的紡織業城市里茲。里茲的馬歇爾完成這項技術，他所創立的成功企業，其所用的技術，原是為贏得因打擊英國工業而設立的獎金的。

工業間諜活動的時代尚未過去，但是必須利誘技術機械士的時代已經大致過去。技術機械士原本把機器的作業或一種特殊的技術保存在自己的腦裡，但是到了十九世紀中葉，大數目的學報和百科全書出現，詳細說明工作的原理。「大博覽會」的展出期是一八五一年五月到十月。在這段期間《泰晤士報》登載了許多一位名叫拉德納的人所撰寫的文章。拉氏是愛爾蘭人，他致力於科學的普及，一度也曾是倫敦大學學院的自然哲學教授。他在文章中評論各種展出品的作用原理。他所恣意描寫的細節，正是狄更斯所怕的噩夢：狄氏最怕遇到一個想向他說明某種發明的作用原理的人。然而，就有技術頭腦的人來說，這些資訊已足夠使他們可以製成各種最晚近的器械，如亮到必須透過彩色玻璃去看的「碳棒」電燈、各種各樣的電報機和最新的蒸氣機。一八五〇年代，關於專利權的爭執很多，因為已出版的文本使保守一項發明祕密的細節愈來愈困難。但是舉辦「大博覽會」這樣龐大規模的盛事，其最值得擔心的事不是工業上的間諜活動，而是假想中對治安所造成的威脅。

在「大博覽會」舉辦以前的三年，有一波革命運動橫掃歐洲，威脅到各地的舊日社會秩序和君主政體。亞伯特親王接到普魯士國王所寄來大量的大驚小怪信件。普魯士國王很希望在所謂「大博覽會」展出的幾個月中，維多利亞女王和亞伯特親王將逃離倫敦的謠言是真的。亞伯特的日耳曼親戚誠然沒有一個人會冒了生命的危險來海德公園，然而，亞伯特是主要促成「大博覽會」的人，他不可能錯過觀賞的機會。而且他感到必須以一種簡短的諷刺語調答覆普魯士國王：

所謂朝廷被迫下決心在「大博覽會」展出期間離開倫敦的謠言，只不過是反對一個文藝活動和全部文明進步者所虛構的一種發明，想藉此驚嚇大眾。由一開始，他們便表現出了不起的堅持與智巧。

數學家計算一刮狂風「水晶宮」便會給吹倒；工程師計算長廊會倒塌壓死參觀的人；政治經濟學家預言由於這麼多人匯聚在倫敦，倫敦會缺乏糧食；醫師說由於這麼多不同的種族互相接觸，中世紀在十字軍東征以後出現的黑死病會再出現；道德家說英國會感染文明世界和不文明世界的各種災難；神學家說這第二個巴貝爾塔會因冒犯神而招致報復。

我不能保證不會有這些危險，我也不能對你的那些皇親國戚可能受到的威脅負責。但是我可以答應你：他們也會得到維多利亞和我所受到的保護——因為我猜想我們也同在受害者的名單上。[5]

「大博覽會」的吸引力最後証明是無法抗拒的。少數幾位法國的製造業者退出，使奇華里很覺煩惱，但其同胞所展出的卻是所有外國展出中最大規模的，歐洲大陸國家一個接一個組織起來，設法把它們的陳列品運到英國。中國也送來一點東西；巴西、智利、墨西哥、波斯、希臘、土耳其、埃及、西班牙、葡萄牙、馬得拉群島、瑞士、比利時、荷蘭、丹麥、瑞典、挪威、奧地利、俄國也各有陳列品送來。日本沒有送來任何東西，不過有人收集了幾件日本東西供展覽之用。在同時，義大利提供的陳列品分成三部分，分別由羅馬、薩丁尼亞和塔斯卡尼運來。日耳曼的陳列品卻是由許多省份、大公國和市鎮送進來：漢諾威、努連堡、漢堡等等。（其至關稅聯盟的國家也肯合作，各有自己的展出。）印度和澳洲的陳列品列入「不列顛屬地」之下。

國外部最大的展出面積是撥給美國。不過美國是以複雜的心情回應這一在全世界面前展示其許多貨物與製造品的邀請。國會成立了幾個委員會，由各州收集參展品，並撥出一艘海軍海快速戰艦供參加展出者使用。這艘「聖勞倫斯號」將把它們送到英國。但是誰去展覽仍由個別的公司或個人決定。一八五〇年夏天，美國報紙對於倫敦正進行的準備工作沒有什麼興趣。然而一八五〇年八月一日，《紐約前鋒報》刊登了一篇社論，它呼籲美國人在「大博覽會」上做體面的展示：

這是我們第一次把我們工藝產品公平的呈現在世人眼前的機會，我們不輕易地錯過這個機會。它對我們比對任何其他國家在政治上和商業上都更為重要。歐洲的市場只知道我們生產原料，其他還不知道，現在我們可以向它們說明：我們不只是生產大量的棉花、鐵、煤、銅和黃金，我們也可以把它們製成產品。我們產品的完美和生產技巧的熟練，不但趕得上，有時還能勝過他們那些古老的國家。[6]

美國國會和大多數的州雖然似乎也同意這個看法，但卻不願意在這上面投資很多錢。當「聖勞倫斯號」在三月初到達南安普敦時，該城設宴歡迎船長和船員，並且願意把所有的參展品免費由南安普敦港運到倫敦。然而使美國人很難為情的是：他們既沒有錢把這些參展品由倫敦火車站運到海德公園，也沒有錢讓它們在「水晶宮」陳列。在這一刻，喬治．皮巴德介入，他借給這些美國人一萬五千美元，並支付陳列的費用。皮巴德也是美國人，那年五十五歲。他因從事橫貫大西洋棉花與鐵軌貿易而致富，並於一八三七年在倫敦定居，成為一名銀行業者。他始終沒有結婚，但在布來頓有一個情婦且與她生了一個女兒。不過皮巴德在倫敦過的是單身生活，家中經常招待傑出的美國人。在「大博覽會」期間，他像是替美國代表團充當非官方的大使，並設宴招待大西洋兩岸的重要人物，使他們可以聚首。

事實上，美國的參展品未能擺滿撥給美國的空間，而它們又使參觀的人認為毫不精彩。美國人格瑞里在參觀過以後向《紐約論壇報》說：雖然他很高興有些「美國雜物」展出，如上好的銀版照相和犁，但他也注意到美國參展品缺乏像奧地利有金質繡花的布料，和俄國滿布鑲嵌裝飾的鐘錶的燦爛品質。格瑞里原先便反對美國送展「成桶松脂、火腿等」代表美國「意外財富」的東西。他急切的希望歐洲人不要以為美國只會供應原料，而讓別的國家的工廠把這些原料製成精美的貨物。可是在「大博覽會」上，美國攤位所陳列的卻是煙草、蒸氣烘乾的玉米、豬肉和蜂窩的樣品。佛蒙特州送來一片葉。

英國的新聞界對美國的展出，最初的反應是盛氣凌人，以含糊的讚譽加以貶責。由《泰晤士報》到《晨間記事報》，所有的英國報紙都說「水晶宮」的這一角貧瘠。展品之中有些很有用的東西，如輕便的客車和看上去很舒服的雪車、以及某些很不錯的藝術品，如鮑爾斯獲得獎章的雕像「希臘奴隸」。《泰晤士報》說：「其他國家是憑其對藝術、製造品或機器的造詣產生效果，美國則不然。她以她的農具為傲，而英國製造業者蓋瑞特、或蘭森和梅爾，卻認為這些農具一文不值。它以它的機器為傲，但是這些機器幾乎放不滿我們展覽會場的一角，而我們的土木工程師也不會說這些機器有什麼好。」[7]

想出「水晶宮」這個綽號的諷刺雜誌《龐奇》，其批評最為苛刻：

看到美國人想要、而「大博覽會」也撥給他們龐大展出空間的淒涼和空洞，我們不禁對他們的自負和不良表現之間強烈的對比感到吃驚。一面大旗指示出撥給美國的整個東端，但是我們到了那兒，卻驚訝的發現他們對世界工業的貢獻，不過只是幾隻酒杯、一兩塊肥皂，和一對餐桌上的鹽罐！就一個長於算計的民族來說，我們的美國友人到現在為止實在沒有算計好。[8]

而美國的報紙一般又認為在「大博覽會」上參展只是浪費時間，反正它不過是個騙局。美國不如仍然以世界上最富生產力的國家為滿足，而不要去和歐洲的那些奇異的貨物比賽。在美國，有許多使用奴隸大農場的農業南方和工業北方之間互相尖銳對立。《查爾斯頓信使報》不滿意北方未能充分展出美國的發明。到了一八五一年八月，似乎美國在海德公園不熱心的參展已是失敗了。可是然後一切都改變了。

日後所謂的「鎖之爭論」乃始於七月二十三日。霍布斯是在「大博覽會」上展出其一種銀行用扣鎖的製鎖公司「戴及紐渥」在紐約的代理人。那個時候，倫敦的著名製鎖公司布拉馬，在其皮卡迪里街的櫥窗貼出告示說，「可以製造出工具撬開或打開這把鎖的人，立即可獲得二百基尼河金幣。」霍布斯接受這一挑戰，於是布拉馬公司安排了一次複雜的測驗，其中有三位裁判員，以確保沒有人在測驗中用詐術。這個鎖很難開。霍布斯在七月廿九日開始撥弄它，到八月二十三日以前尚未能打開。在這段日子中，他有時得離開去做別的事，但是照頒給霍布斯二百基尼河獎金的裁判說，在他於八月二十三日把鎖打開以前，花了十六天中的五十一個鐘頭，測驗的條件是不能損害到鎖，而霍布斯的鑰匙真做到這一點：他鎖上而又打開，鎖還是原樣。雖然霍布斯並未真正按照規定只用一個工具（他用了四個工具），但布拉馬還是把錢給了他。

就在霍布斯挑戰布拉馬以前，他已在西敏區以僅僅二十五分鐘的時間打開一個保險室門上由奇布公司所製的鎖。雖然他有若干見證人，可是奇布公司不情願接受這一屈辱。不過《泰晤士報》卻認為布拉馬、奇布這些英國的大鎖匠因此丟了臉，說他們現在應當注意自己的專利權，而不應當把這項失敗一笑置之。大家認為布拉馬接受挑戰是好事，而且說沒有一個竊賊會有十六天時間去撬開一個鎖。但是他們也認為，霍布斯的成績是美國人一項真正的勝利。沒有人能打開「戴及紐渥」公司參展的鎖，因而英格蘭銀行不久即訂購了一些同樣的鎖。《泰晤士報》說：「在『大博覽會』開幕以前，我們認為我們的鎖是世界上最好的，而我們的鎖中，布拉馬和奇布所製又像直布羅陀一樣牢不可破。然而，機械的幽靈永不休息。我們在大洋另一側的後裔不時證明這一點，最近又嚴厲地讓我們重溫這個教訓。我們也許咎由自取，因為我們譏笑他們在『大博覽會』上的缺點。」[9]

正當霍布斯撬鎖的時候，有些其他的美國人也接受挑戰，示範表演其發明的優越。在會場美國展出區的所謂「大草原」部分，陣列了一架外表古怪的機器。英國人毀謗它，說它是「阿斯特雷的戰車、獸力糖粉機和風行機器的異種雜交的混種。」這部機器是塞羅斯．麥考米克的收割機。它像倫敦頂尖的馬戲表演場所河斯特雷的戰車一樣，沒有人能知道它的功能究竟如何。但是它的業主在七月底接受了艾塞克斯郡一位農夫的挑戰，把這架收割機由展覽會場拿出試驗它的能力。觀看示範表演的人中有一位叫B．P．約翰生的人。B．P．約翰生是「紐約州農業協會」的祕書。他寄回美國一篇令人興奮的報導，敘述麥考米克的勝利。這篇文章發表在《阿班尼晚報》上：

試測的那個星期四是個雨天，麥積先生的艾塞克斯農場中的玉蜀黍一片綠色，也浸透了水。當收割機開進濡濕的這些農作物中時，當日裁判之一B．P．約翰生和別人一樣急切的跟在後面。過了一會兒，機器停了下來。據B．P．約翰生的說法，那個農夫宣布說：「各位先生，這架美國收割機勝了。它在各種困難之下完成了工作。現在，讓我們這些英國人像他們表示我們的感謝，他們對我們農具上的貢獻，使我們的農產品價廉。讓我們英國人誠懇的向這些美國人歡呼三次！」麥考米克的收割機後來在「大博覽會」上贏得了大獎章。它經過計時的測驗，在七十秒之內可以收割七十四碼的玉蜀黍，也就是說，一天可以收割二十畝。這個又大大的在「大博覽會」中增加了美國人的信譽。不過在麥考米克家族中卻在醞釀一次大爭吵。是誰發明這架收割機的？是曾經奮鬥了二十年想製造一架好用收割機的父親羅勃？還是一八三一年時，據說在六個星期中，解決了收割機上所有問題，並給它取得專利權的兒子塞羅斯？塞羅斯的兄弟以及其他麥考米克家人，說是父親把這種收割機交給塞羅斯時它已很好用。塞羅斯否認這個說法。這場爭戰和維爾家族和摩斯家族關於美國電報真正起源的爭戰一樣情感激烈，不過麥考米克家族卻設法繼續製造農業機械，並在不久以後製成最初的一部馬拉複合收割機。[10]

「大博覽會」中一種最奇怪的美國展出，是康乃迪克州古怪的發明家查理．古德義的印度橡膠（皮）攤位。那個時候，英國和美國的新聞界似乎都還不了解它充分的重要性。古德義身穿橡膠製成的衣服，在他的展出攤位前面設了一道橡皮牆，其中有六呎的氣球和各種橡皮物件，其原料乃是在經過他所謂的「硫化作用」以後可以製成衣著、鞋和其他許多東西的一種材料。中、南美洲的土著民族自遠古的時候起便用橡膠（一種樹液）製成鞋子穿。歐洲自哥倫布的時候起便知道橡膠，但是在自然狀態下的橡膠沒有什麼用，因為它很容易壞或發黴。它的性質隨氣溫而起變化，在冷天變脆在熱天變粘。由於這個原因，以往所用橡膠做可穿衣服的嘗試都沒有成功。

「橡皮」（rubber）這個名稱的來源是因為它最初的一個用途是擦（rub）鉛筆所寫的文字或符號。好些人曾經設法想使橡皮變為經久耐用。蘇格蘭化學家查理．麥辛托希曾經發明軟化橡皮的辦法，和使貨物不透水的技巧。他先在格拉斯奇的一家小工廠製造這樣的貨物，而後又與曼徹斯特一家紡織廠合伙製造。然而，他用粗揮發油處理橡膠的辦法並不完全成功，因為經過處理的橡膠仍對氣溫的變化有反應。麥辛死於一八四三年，他的企業由一位同事漢考克繼續經營。漢考克使用古德義自稱由他發明的硫化作用過程製造橡膠物品，而因此大為成功。古德義曾經做了許多實驗以致幾乎成為赤貧，硫化作用是他在這個以後偶然的發現。他發現如果你把橡膠加熱並由其中抽出硫磺，那麼便可把橡膠轉化為一種不大受氣溫變化影響的可用材料。漢考克於是開始製造大量的橡膠物品，包括為軍方和漁人製的背包和不透水的褲子。

古德義在英國與漢考克互相爭取專利權，說漢考克偷竊了他的發明；而在美國另有人說是自己最先發明的。但是一八五一年時，大家都認為他和霍布斯及麥考米克都在「大博覽會」上為美國人爭光。十九世紀稍後，有一家替腳踏車製造橡膠輪胎的公司以他的名字為名。然而，在「大博覽會」期間，對英國人來說，古德義的新橡膠世界，不如另一個攤位上所展示的武器一半有趣，這種武器是薩姆耳．科特的「連發手槍」。「連發手槍」這種新流行的武器，在「水晶宮」展出以前有段有波折的歷史，可是在「水晶宮」，英國人很快的便認識到，它是可以控制土著民族的方便武器。

科特也是一位事業發展難以逆料的發明家，他出生於一八一四年，父親是康乃迪克州哈特福市的編織業者。他曾上過大學，但十五歲時顯然是為了什麼不榮譽的事情而退學。他於是航海，來回於加爾各達與美國之間。這個以後，科特成為使用所謂「笑氣」表演的演員。「笑氣」是英國化學家亨福瑞．戴維所發現和推廣的氧化亞氮。戴維說它是止痛藥，也可作為麻醉劑，不過很久沒有人設法證實這個說法。用鼻子吸氧化亞氮便會使人格格狂笑不停，像快樂的醉酒者一樣跳舞。

像摩斯在「薩利輪」上一樣，據說科特是在觀看船上起錨機（絞盤）旋轉以後得到連發手槍的靈感。據說他用木頭雕出的手槍，便是他在一八三五年獲得專利權連發手槍的原型。他於是開始製造這樣的手槍，賣了幾支給向美國西部走的人，卻因營業失敗而於一八四二年破產。可是在一八四六年的墨西哥戰爭期間，美國軍方向他大批訂購。那個時候，科特手上已經沒有連發手槍，連模型也沒有了。但是他與在惠特尼維爾的艾利・惠特尼工廠合夥，而得以供應軍方一千枝。不久以後，他在哈特福市自己開業，並在別人的協助下，建立了日後成為世界上最大的武器製造工廠。在「水晶宮」展出連發手槍以後，科特在英國成立了一家製造工廠。英國國會一個委員會訪問他，並且造訪哈特福。他們對哈特福的印象很好，因而購買了許多科特的產品，並把他的幾個工人帶回英國。

在「大博覽會」期間，在大騎兵倉庫地區銷路很廣的英國報紙《梅斯東報》，報導了沉思科特這種快速連發六顆子彈的高效率手槍的價值：

> 最近在好望角的戰爭中，英國所遭受的一個最大屈辱，是一大群卡弗人衝向我國的一個小分遣隊。我軍在發放了一次子彈以後來不及再裝子彈，手中的毛瑟槍便被他們搶去。野蠻人的勇氣和氣力超過我們訓練有素的士兵，我們的士兵在發射了第一槍以後，便完全受未被擊中的野蠻人的擺布。毛瑟槍在對付大群密集的士兵時是好武器，但是在對付像卡弗人、阿富汗人、美洲印第安人和紐西蘭人這些好戰部落不規則的猛烈攻擊時，則必須用另一種武器，另一種可以在一定時間以內發射最大數目子彈的武器。[11]

於是，「大博覽會」上有美國製的鎖、硫化橡膠、收割機、手槍，而最重要的是：紐約遊艇「美國號」在維特島的賽船會上擊敗了所有的英國小船，證實了所有美國人都知道的：他們的大帆船乃是大海上最快的。到了最後，一八五一年十月，《泰晤士報》不得不承認：「在『大博覽會』中，大不列顛由美國所得到的有用理念和智巧發明，比由任何其方面所得的更多。」《觀察者報》則更進一步：「我們在大西洋另一側的遠親，在找尋市場上比我們徹底。他們的工業制度傾向基本上是民主的，不受古代慣例的拘束，也不受我們社會制度所鼓勵的盛觀和堂皇氣派的拘束。他們為大多數的人民而生產，為大量的消耗而生產。不像其他的許多國家那樣，他們有極多的原料可以使用，而又能不罔顧大多數人的需要，以求趕快為少數人供應奢侈品。」

到最後，美國人由「大博覽會」帶回一百五十九枚獎牌——這不是一個小數目，它等於是美國每四件參展品中便有一件獲獎。甚至《龐奇雜誌》也改變語調，它給流行歌曲「美國愚人」加上「最後的一個附錄」：

美國愚人把他的物品
送到倫敦在「大博覽會」展出；
大家都誹謗他
嘲笑他的地位；
他們認為他遠遠落後
是一個傻瓜，大笨漢，
「笑吧，好人——不要緊！」
安靜的美國愚人說。

合唱
你們的製槍匠可以說俏皮話，
但這也不要提
我猜科特的連發手鎗，重創
他們最早的發明。
你們也被美國愚人，
在農業上徹底打敗。
用他收割小麥的機器，
像被一隻禿鷲嚼碎。[12]

美國的成功，壓倒了有些歐洲比較驕傲的國家。這些國家的奢侈品最初閃耀奪目，但到最後卻被視為陳舊不再通用。這種情形尚有一個可悲的小附帶事件：正當「大博覽會」將閉幕時，一名警察應召來到查理・古德義的攤位前，因為有人看見一個對化學有興趣的年輕普魯士人，由這個攤位上偷了一幅硫化橡膠製的美國地圖。他說那是攤位上的人給他的，但事實上，他們是讓他拿一些其他橡膠製品回家去。警察罰了他一點錢放走他，但不讓他拿走地圖。

到了最後，美國的創造力在「大博覽會」上到處可見。縱然全場上展出六種不同的電報機，摩斯本人卻不是一位展出者。可是日耳曼的漢諾威市參展品中，卻有一架「摩斯氏電報機」。這種電報機最近才在漢諾威市安裝使用，是現代美國器械最早在歐洲銷售的一種。事實上，一八五一年的「大博覽會」成了工業革命的一個分水嶺，而「水晶宮」是工業化第一個世紀奇異和永垂不朽的紀念碑。但是時代在迅速改變，新的國家不斷在世界上出現。美國已經成功了，法國也以其自己的方式急起直追，不久德國也將成一個重要的國家。然而俄國則將仍是粗陋的巨人，要想發展便得依靠外國的智巧。其接近但孤立的東鄰日本，則根本沒有在「大博覽會」上參展。不過當時有人已在進行一些計畫，去揭開這個美國作家麥維爾所謂的「上了兩道門栓國度」的帝國的神秘面紗。

第十四章「一個十分漂亮的末尾」

差不多在造訪倫敦的人讚嘆「水晶宮」奇事的同時，世界的另一側正在演出一齣戲；而它在工業革命全球性的散布上，和倫敦的「大博覽會」有同樣的重要意義。一八五一年初，有三個日本漁人正在返國的路上，他們的船隻在十年前遇難。這次還鄉之行並不容易，因為他們知道日本官員會對他們深感疑慮。任何曾經造訪西方的日本人，不論當年是有意去西方或是因船隻遇難而流落西方，都被視為賣國賊，可能受到外國的信仰和和準則的污染。有兩百年之久，日本當權的幕府都嚴格的乃至往往殘酷的執行排斥外國人和與外國人有接觸的日本人的政策。這種仇視外國人的現象，源於十七世紀日本人拒斥耶穌會傳教士（大半為荷蘭人）。日本政府將這些傳教士和因他們而改宗基督教的日本人，視為煽動叛亂的人，認為他們的信仰會逐漸損害日本軍事統治者的準則。他們往往遭到追捕、殺伐或流放。

甚至在一八五一年時，日本的幕府仍然堅決抗拒來自英國、俄國和美國希望它開放扶桑三島與外人貿易的壓力。這三個返國的漁人很明白他們所冒的危險，但是他們渴望再見到朋友和家人，也想講述日本以外世界的故事。

三個漁人中包含其美國友人口中的約翰・萬次郎（中濱

萬次郎）。他存了一點錢，替自己和友人在美國船「莎拉．波以德號」上買到艙位，這條船由緬因州的巴斯啟航往中國航行。萬次郎在離開日本以後，曾經是美國捕鯨船上幹練的船員，事實上還曾是「莎拉．波以德號」上的一名船員。原來他們的計畫是讓萬次郎的兩個日本朋友在琉球群島上船，自行回其在日本南方的家，而萬次郎一直跟著船去中國。但是「莎拉．波以德號」的船長在目睹萬次郎看到他故鄉的風光、嗅到他故鄉的氣味以後極端興奮的表情時，堅持他和他的同伴一起離船。於是萬次郎收拾起衣物，寫信給友人，和大家說再見。他們拿起一隻小船的槳往岸邊划去。

雖然萬次郎用力搖槳，可是他們三人還是在難行的大海上顛簸；其中一個萬次郎的同伴因為驚恐而崩潰，怕他們的船又會遇船難。可喜的是，他們的小船最後終於靠岸。島上的人沒有虐待他們，不過卻對他們保持警覺，把他們由一家人轉交給另一家人。過了整整一年，萬次郎和他的朋友才到達首都江戶（東京的舊名）的幕府所在地。一路之上都有人詳問他們的經驗，他們現在也得在儀式中證明自己未曾皈依基督教：踐踏有聖母和小耶穌的大像牌。然而，當萬次郎說到他在西方的冒險時，官員們愈來愈認為他所說的是可貴的資訊，而非危險的宣傳。

日本在此以前已設法與西方的發展並駕齊驅，主要是透過商人帶來的荷蘭文本的日譯。但是萬次郎所揭示的事情，在訪問他的人聽來，簡直難以置信。譬如，他手上那幅一八四六年所繪的世界地圖，便使主管官員大吃一驚。他們從未見過這麼詳盡的地圖，因為他們不懂上面寫的字，這位年輕的漁人不得不翻譯地名為日文給他們聽。至於萬次郎自己，他事實上是由一個中古的世紀，一下子被推進維多利亞時代，而且他覺得向日本人說明他在美國所見到的民主政治，是一件不容易的事。他所回到的日本，是一個分散的國家，其二百五十個家族的族長，每年向當權的軍事貴人（幕府）表示效忠。為了表示忠誠，這些族長及其隨從武士每年去東京一次，並且作定期居留：這是幕府照管大家族的辦法，因為他們可能僭越、想逐漸損害到幕府的權威。日本皇帝變得毫無權力，被軟禁在皇宮裡面，而老百姓基本上是農奴。萬次郎出身於社會最低的階層，但他顯然是一個能幹的年輕人。

萬次郎被審問了七十天。在最後的一段時期，他與一個年輕的藝術家河田小龍共事；河田盡可能由萬次郎的敘說中畫出他經歷的奇事和情景。他們二人共同編成一部四冊長的日文遊歷見聞錄，並給它一個謎樣的書名《簡述漂流向東南》，萬次郎又給它一個英文的副標題：「五個日本人的故事，一個十分漂亮的末尾」，成書的日期是一八五二年十月二十五日。

這是他的故事。那年是「牛年」，西曆是一八四一年。約翰．萬次郎當時只有十四歲，是五個漁人中最年幼的一個。風把他們的小船吹離航道到離家幾百哩以外，沖到南太平洋無人居住的小火山島上擱淺。雖然他和另外幾個比較年長的男人感到絕望，並且常為自己的境遇哭泣，可是卻設法在這個露出海面的土地上存活下來。這個小地方水手們一向稱為「鳥」或「颱風島」。他們以一個洞穴為家，用打撈起來的小船殘骸做成床。有一個漁人的腿斷了，無助的躺在床上，由他的兄弟照料。另外三個人，尤其是約翰．萬次郎，儘可能出去採集食物。他們發明了自己坐船遇難者的食譜，稱之為「石頭烤肉」：搗碎的海鳥肉放到岩石上用陽光烤。他們又捕魚並在海岸上儘量找吃的，如此而存活了四個月。他們時或也看到遠方海上的船隻，但未能引起船上人的注意。

有一天，約翰．萬次郎看到兩隻船向島上划來，他興奮的大喊：「救援的人！救援的人！救援船來了。」他的兩個友人虎右衛門和五右衛門跑了過來。他們把五右衛門的褲子栓在一根折斷的船桁上狂亂的搖晃。船上的船員在看到他們時也揮手致意，有的舉起帽子和他們打招呼。他們邀請這些坐船遇難的人前來，於是萬次郎及其友人脫去衣服，游到他們的船上。他們的兩隻船各有船員六人，有的人有不整潔的長髮，有的人皮膚比他們所見過的都更黑（萬次郎形容說像是鍋底的煤煙），而且捲曲。雖然他們語言互相不通，萬次郎還是設法用手勢告這些海員說，島上還有兩個乘船遇難的人。於是這兩個人也被接上了來船。

約翰·萬次郎對於那條船和解救他和他友人的人記得很清楚。他對「約翰·灝藍號」的船長有深刻的印象。此人身高六呎，黑髮向後梳，像個貴族般的威風凜凜。這些日本漁人自小所受的教育是懼怕權威。他們跪在惠特風的面前，焦慮的發抖。但惠特風很快的向他們保證會善待他們。這位船長叫人給他們每個人找一套衣服，並且小心的給他們安排了一頓飯，包括素湯和一點豬肉，但叫人把廚師做的煮甘薯拿了下去。在他們開始恢復精力以後，船長又注意常給他們米吃，因為他想這是他們正常的食物。

「約翰·灝藍號」也給約翰·萬次郎深刻的印象。這條船在駛離小島繼續在太平洋上尋找鯨魚時，上面載有六千來個桶子預備裝鯨油。其僅有的防禦海盜武器是兩門砲和三十支帶刺的鎗。船上的新鮮食物備有若干隻母牛和豬，又有一些做麵包用的穀類。惠特風本人的妻子在他出航前不久故世，他也沒有子女。在「約翰·灝藍號」獵鯨並殺死十六隻鯨的六個月中，船長喜歡上約翰·萬次郎，因為萬次郎學東西很快，又敏於觀賞這些外國人如何能長於殺伐和屠宰這麼大數目的鯨魚。

一直到船到達今日的夏威夷，惠特風才把這五個乘船遇難的人帶上岸，他把他們介紹給一位美國醫生和傳教士吉德。吉德曾經見過來自日本的乘船遇難者，因而很快便知道日本是約翰·萬次郎的祖國。他也把四位年紀較大的乘船遇難者安置在夏威夷的幾個家族。萬次郎原來也可能被這樣安置，但是惠特風船長問他的朋友，他是否可把他帶去美國，那兒有人會好好照顧他，他也可以學得一技之長。在經過討論以後，大家同意這個想法，而約翰·萬次郎開始了他難以想像的奇異歷程。

「約翰·灝藍號」一直到一八四三年初夏才回到新拜德福。萬次郎在海上的兩年中，曾經造訪遠離十九世紀各種影響力而存活的最原始社會：住在棕櫚葉簡陋小屋或地下簡單洞穴，吃椰子和在海岸靠撿拾甲殼類存活的人。現在，在新拜德福，他生平第一次經驗到西方生活，其考究的層次，是只有日本當政的精英才能享受到的。萬次郎最初沒有注意到任何技術性的東西。新拜德福在外表上與夏威夷熱鬧的道府檀香山沒有大的差別。萬次郎比較喜歡它居民（尤其是婦女）的美貌和友好開放的態度以及悅人的氣候。

萬次郎在新拜德福曾與各種人住在一起。他學習製桶業以便製造裝鯨油的桶子。他們送他進學校學習數字和歐洲文字，並由惠特風船長的家人和朋友照顧他。這位船長已二度結婚，他買了一個農場，由他的妻子經營。萬次郎在這個農場上住了一陣子，幫看照管牲畜。到了一八四六年，萬次郎說寫英文的能力，已可使別人聽得懂和看得懂。他很高興的遇見一個老友，此人是紐約人達維斯，原是「約翰．灝藍號」的叉魚人，現在是他自己捕鯨船「富蘭克林號」的船長。他請萬次郎上「富蘭克林號」當船員。

萬次郎在「富蘭克林號」船上航海近二年之久。他在檀香山與他的兩位漁夫朋友重逢。這兩個漁夫本想回日本去，但無法在日本上岸，因為他們那艘捕鯨船的船長怕上岸會有衝突。「富蘭克林號」航行到了一半時，達維斯行為開始怪異。資深的船員們最後判斷他患有精神病，把他留在馬尼拉。萬次郎晉升為大副。一八四九年九月，萬次郎回到新拜德福。這時他已是一位合格的海員。他的船距上次離開已三年多，漁獲量豐碩；據萬次郎說，有五百條鯨魚之多。這些鯨魚均經專家屠宰，而後煮為成千桶的油。萬次郎的一份利潤是三百五十美元。這時他的恩人惠特風自己也由海上回來，於是萬次郎驕傲地向他出示這三百五十元酬金。

萬次郎回到新拜德福不久，加里福尼亞發現黃金的消息便傳到新拜德福市。他決定去加州碰碰運氣，以便賺到足夠的旅費橫渡太平洋回日本。他決定不計一切危險回家看看家人。惠特風船長也支持他去加州。於是萬次郎在回到新拜德福以後不到一個月，便乘「史泰利茲號」由費爾海芬出發前往合恩角，而後沿南美洲西海岸北上，於五月到達舊金山。他生平第一次在舊金山看到用外輪航行的船，並乘這條船到薩克拉曼多。他此時也見到若干美國最早的蒸氣鐵路。淘金比萬次郎所想像的難，由於歹徒壓榨淘金的人，淘金也很危險。但是他在七十天以內卻賺到六百多美元。於是他找由舊金山出航去夏威夷的船，希望在夏威夷找到他的兩位日本友人，說服他們跟他一齊回日本去。

萬次郎及時在夏威夷與五右衛門及虎右衛門會合，共同擬定回日本的計畫，他對於未能先去拜訪惠特風船長便回家一事感到良心不安，於是寫了一封給這位船長：

我從未忘記你把我由一個小孩撫育成人的恩德。到現在為止，我尚未回報你的仁慈。現在我將和虎右衛門及五右衛門一起回我的國家。我的錯不可饒恕，但是我相信這個不斷變化的世界會好轉，我們也會重逢。我留下的金銀和衣物，請用在用得著的地方。請把我的書和文具分給我的朋友。

約翰．萬次郎上[1]

如果萬次郎是在一八四一年以前幾年乘船遇難，那麼他獲救的機會便會很小。日本人為了執行其孤立主義的政策，禁止修造出航大洋的船隻。像歐洲和北美洲東岸一度的情形一樣，若干世紀以來，日本的捕鯨業都是限於靠近自己海岸的地方，沒有任何日本船會航行到萬次郎及其友人那艘小船擱淺島嶼那麼遠的地方。但是美國船在南太平洋的數目，卻逐年增加。

捕鯨業也許是古老的行業，但一八四〇年代美國的捕鯨業卻規模盛大，每年運到新英格蘭港埠成百萬桶的鯨油以及成千噸的鯨鬚或鯨骨。捕鯨業的孿生中心是費爾海芬和新拜德福。它們位於一個小內灣之中，不直接在大西洋上。當時的美國人認為，新拜德福如果不是世界上最富有的城市，至少也是最富有的城市之一。因而捕鯨艦隊的業主，管理這一行的經理人，以及縱橫世界各地追捕這種巨大海獸的許多艦隊的船長，都非常富有。

麥維爾在《白鯨記》一書中綜括的說：在全美國都看不到像在新拜德福這麼多適於貴族居住的屋子和富麗的公園與花園。它們是從那裡來的……不錯，所有這些美麗的房子和絢麗的花園，都來自大西洋、太平洋和印度洋。它們每一個都是由海底用魚叉叉起來，由海底拖到這兒來的。」[2]

新拜德福的船長所捕獵的鯨魚有兩種。最可貴的是抹香鯨，因為它所含的油可以用桶勺舀起，在燈裡面燃燒時也清潔光明。最初期的燈塔便是用這種油，它也是金屬機器中活動零件的潤滑劑。抹香鯨的油脂溶化以後品質也很高，可以製成最好的蠟燭。偶然這些鯨魚由於某種疾病，也會產生一種稱為龍涎香的特殊物質，可以用於製造香水；不是因為它本身的氣味，而是因為可以用它「固定」經蒸餾過的植物香味，露脊鯨之名得自於牠們的行動慢，而大帆船可以追捕他們。他們也是鯨油的來源，但是這種鯨油質地不佳，點燈會有臭味，也不是好的潤滑劑。鯨魚骨乃由這兩種鯨魚的大顎取下，其用途類似今日的塑膠。

像麥維爾在《白鯨記》中所生動描寫的那種捕鯨船，至少在理論上是平等主義企業單位的典型。每一個船員，不論如何卑微，都可得到一次出航利潤中的一個百分比。船長可以得到八分之一，一般的船員可以得到二百分之一。出航愈成功，回港以後船上的每一個人便可以得到愈多，因而他們具有共同的利害關係。一八四〇年代時，大多數的捕鯨船至少在海上兩年而得帶著其鯨油船貨回港，不過往往在海上的時間是這個的兩倍。船員是一群來自世界各地的烏合之眾，其中有非洲人以及麥維爾筆下虛構的叉魚人桂凱格那樣的南太平洋島民。事實上，麥維爾曾經談到一群或許是食肉的野蠻人在新拜德福的街角上閒談和抽煙斗的奇異景象。

然而新拜德福捕鯨船的船長，大半卻是虔誠和上教堂做禮拜的基督徒，像來自費爾海芬（隔阿庫希乃河德福相對）的惠特飛這樣的人。惠特飛可說是一個細緻和正直的人。他在搭救萬次郎的時候是四十多頷骨四周所留當日流行的黑鬚刮得整整齊齊，上唇的鬚也刮得乾乾淨淨。「約翰・瀾藍號」像幾乎當時所有的捕鯨船一樣，先向南駛到南美洲危險的光端合恩角，而後進入太平洋上有很多鯨魚的地方。十八世紀時，大半的人在靠近家鄉的地方捕鯨，但是那些較早的船隊都在與英國的戰爭中受損。一八一二年當和平到來而美國的有橫帆裝置的船可以再度出航時，鯨魚存貨已低。

為了在離母港後行駛數千哩，捕鯨魚必須在太平洋上找到避風港，以便修繕和補充他們經常攜帶的淡水、食物和牲畜。到了一八四〇年代，許多汽船已在像赫德遜河和密西西比河這樣的美國大河上行駛。一八一五年時，「薩瓦那號」已是渡過大西洋的船艦之一，不過只有部份旅程是由蒸氣驅動。但是如果捕鯨船以蒸氣為動力，當時在太平洋的島嶼上還沒有辦法補充煤，因而捕鯨船都是大帆船。今日夏威夷的首府的檀香山，是大家喜歡停船的熱鬧港埠，因而那裡有一些美國的傳教士和代理商。他們也處理船隻和新英格蘭港埠之間的郵傳。

最初到太平洋上捕鯨的遠征事業，部份是發現之旅。所製海圖上標出每一個方便的島嶼，是有天然港、淡水和淺水魚場的地方。但是日本這個大列島卻是捕鯨船無法靠岸修繕或再取得燃料的地方。有難的船員如果在日本海岸求救，便會受到槍擊或拘捕和虐待。俄國的船員也遭到同樣的待遇。有時他們只不過是想把乘船遇難的日本漁人送回家，卻被攆走。日本不和世界其他國家接近是一回事，但把無辜的外國人當作罪犯看待，卻是另外一回事。

在太平洋捕鯨事業最盛的時期，新拜德福有三二九條漁船，和總數一萬人的船員，資本額每年一千二百萬美元左右，美國遲早會設法與日本締約，以便其遇難的船員可以得到一些保護，而且與世界上這個人口眾多也可能富有的地方進行一些貿易。除了捕鯨船隊的安全考慮之外，一八四八年以後，由於美國與墨西哥之間的戰爭結束而加里福尼亞加進了合眾國，也有自美國西海岸直航日本的可能性。而且輪船現在也橫渡太平洋，會需要加煤站。工業制度擴散到全球，終於和日本幹上了。

一個在一八五二年三月二十六日早晨翻開《泰晤士報》的英國人，會對當日的一篇社論感到興趣。這篇社論所談論的新聞乃來自大西洋的彼岸，說美國準備其所謂的「遠征日本」。這位《泰晤士報》的傑出作家說：「日本帝國對於文明世界的各國而言，太久以來像是一本密封的書。」這份報紙十分贊同由美國政府支持作此一遠征，以便促使日本人打開港埠與西方新的工業化國家進行貿易。不久以前，英國人已用幾回合的砲火打破中國皇帝目空一切的孤立政策。無疑，日本人雖然號稱態強硬的國家，但還是無法有效抵禦美國「負責特殊任務的分遣艦隊」的榴彈砲和火箭筒。[3]

雖然日本沒有正式參展「大博覽會」，但英國或任何工業化中的西方國家，並不認為它落後，《泰晤士報》的社論說，日本是一個「富庶」的國家，一度曾外銷木材、小麥、米、棉花、絲、和龍涎香。由於日本可以是一個能由貿易中受益的十分富有國家，其專制統治者只許它與西方作最小限度接觸的頑硬政策，尤其令人感到沮喪。《泰晤士報》說：「我們可以問：人類的任何部落或種族，能有多大的權利排斥其他的人類分享由一個廣大和美麗的地區取得的利益？」[4]

《泰晤士報》沒有明白指出日本可以提供的「利益」是什麼。但是它的語氣表示：由工業世界（尤其是英國和美國）的角度看來，日本可以提供原料，有用的港口和商棧。這篇社論確乎沒有暗示日本是個道路或有輪車輛不多，且基本上停留在中世紀的國家，除了在製造絲質衣服和塗漆的盒子等奢侈品以外，會在製造任何物件上趕得上西方。《紐約信使和詢問者報》一八五二年抱怨說：「日本不但拒絕與世界其餘地方有商業上的來往，[5]它還更進一步。雖然它擁有極長的海岸線，但它不但不肯對有困難的外國船隻開放自己的港埠，事實上還對這些進入它海岸鎗砲射程以內的船隻射擊。如果有的船因為天氣惡劣而上了日本海岸，日本便會把這種不幸船隻的船員扣押、囚禁、放在籠子中展示，乃到謀殺。」[6]為此，美國的船員不得不在離其獵場非常遠的地方靠岸。「去年一共有一二一艘美國捕鯨船在夏威夷群島的港埠停泊，因為它們不能進入日本海岸上的任何港埠停泊修繕。而夏威夷卻離它們的獵場很遠。這件事不僅說明我們的商業在那個地區的範圍，也說明人類本身的要求面對在野蠻人時得到保護。這些野蠻人切斷了黃海和鄂霍次克海的商業。」[7]

培里海軍准將於一八五二年十一月二十四日帶著美國總統費爾摩的一封信，由奇薩皮克灣乘「密西西比號」輪船（墨西哥戰爭中曾是他旗艦的輪船）出發。培里原來等待其他參加這次遠征的船隻修繕竣工，但是終於先離開美國，計畫與當時已在遠東的輪船「薩斯克漢那號」及僅在一層甲板上裝有砲的小軍艦「凡達利亞號」和「馬其頓號」會合。培里等人航行到馬得拉群島繞過好望角，再到模里西斯及新加坡。那個時候輪船在海上行駛尚在萌芽階段。培里不得不先派煤船走在前面，以便在太平洋上不缺煤的供應。這些美國人，一路上停靠許多地方以後，於一八五三年七月到達日本。培里只有四艘船展現給日本的幕府看：拖著供應船「薩拉托佳號」的輪船「薩斯克漢那號」，以及拖著「普里茅斯號」的「密西西比號」，「薩斯克漢那號」行駛在最前面。

在一八五六年發表的官方對這次遠征的記錄中，郝克斯寫道：「當分遣隊向海岸上行駛時，船員看到十艘大帆船在移動，但又看見其中兩三艘轉向往海岸回航，好像是回去宣布陌生人的到來。」

那天早晨似乎證實了一般人所說的日本氣候特色。空氣陰沉而且煙霧瀰漫，能見度不幸地很有限。一直到分遣隊停泊在浦賀市（現在的橫濱）才能看清海岸的輪廓。集在岸邊或分散在海灣口的日本捕漁大帆船，其船員站在船上觀看。美國輪船的帆均已捲起，縱然海上有風，可是仍以時速八或九浬前進。這使日本船員大吃一驚，他們在日本水域上第一次見到輪船時，表現出熱烈的驚喜之情。[8]

美國人乃是駛向一個盡頭為首都東京的寬敞海灣。在過了橫濱以後，他們便準備作戰：海軍准將培里發出信號，大家立即把甲板上的雜物拿掉以備作戰，大砲安置好並試放，彈藥安排妥當，小武器備妥，哨兵和士兵各就各位，簡言之，像一般在與敵人遭遇的情形一樣，一切已準備就緒[9]。過了一陣，美國船離陸地只有兩哩，這時一支由十餘艘大船所組成的日本艦隊朝它們的方向駛來迎戰。培理傲然勇往直前，使日本人大惑不解的是，這些帆仍然捲起來的輪船能繼續不斷的前進。

海軍准將培里對日本人保持距離的辦法完全可以了解。一八四六年，美國曾嘗試與日本的統治者對話，可是好奇的日本群眾佔領了美國的船，而後拒絕讓這些訪客登陸。當時也流傳美國軍艦遭到日本人射擊的故事。培里在他的幾艘船駛向東京的時候，下令只許日本人上他自己的船，不可上其餘的美國船。美國人注意到沿海灣的山邊射來幾個砲彈，但它們太遠，因而不造成什麼麻煩。而後武裝的日本船出現，把四艘美國船圍繞在中央。郝克斯在其由培里等人的日記和記憶編出的報告中說：「他們幾度想與我們的船相傍並上『薩拉托佳號』來。他們把拖鏈（可以栓在一條船任何部份的鏈子）無禮的擲出。他們想爬到我們的船上來，但我們的船員奉令阻止他們，而我們船上的長鎗、短厚而微彎的刀和手槍也使他們望而卻步。當他們發現我們的官兵都很認真時，便不再想上來了。」[10]

美國人對日本人的「巡邏艇」有深刻的印象。這些船以很快的速度掠過水面，結構像「美國號」大遊艇。每一隻船上有多到三十個人的船員。他們只穿一種纏腰布，背上有類似盾形紋徽的刺花。培里對他們都抱不屑的態度。他們想交給「薩斯克漢那號」一份寫在羊皮紙上的文件，但美國人拒收。最後這份文件交給了「密西西比號」。這份用法文寫的文件要求美國人走開，如果他們靠岸便會遭逢危險。語言問題使這原已可笑的程序更為滑稽。美國人有一名將日文譯成英文的翻譯人員以及一個會說荷蘭語的人。這也很好，因為雙方在磋商如何開會時，有一名日本人用純正的英語說他會說荷蘭話。後來才知道好幾位日本人都會說荷蘭話：日本人與荷蘭商人已長期來往，荷蘭語文是他們唯一懂得的西方語文。

一旦美國人與日本人開始溝通，他們便無休止地討論如何把費爾摩總統的信交給一位有相當地位的日本官員。可以用荷蘭話交談的受過良好教育的日本人，在「薩斯克漢那號」上受到慷慨的招待，在喝了美國人請他們喝的威士忌酒和白蘭地酒以後，也變為十分友善。使美國人感到有趣的是：當他們給這些日本人看一個地球儀時，後者可以指認出華盛頓特區和紐約市，也可正確的說出英國、法國、丹麥和其他歐洲國家的名稱。基本上他們似乎擁有比訪客所預料更豐富的知識。這個情形無疑部份是因為萬次郎曾帶回大量的資訊，日本人大約已細看他帶回的地圖。有一位幕府大將軍顯然還曾訂閱《插繪倫敦新聞》，在裡面看到鐵路的繪畫，本來最佳的翻譯人員和外交官絕對應是萬次郎，他曾向他的主管保證美國人是一個愛好和平的民族。但是那些認為他對這些訪客太過友善的人占了上風，使他未被介紹給海軍准將培里。另一位曾經坐船遇難的日本人叫「三八」（美國水手稱他是山姆‧巴奇），是培里在「密西西比號」上的客人，但是他作為翻譯人員的價值卻大大受到折損，因為他一見到地位比他高的日本人便下跪，這種尊敬順從的動作，使其他的船員大吃一驚和感到厭惡。如何交遞費爾摩總統的信這件事，花了好幾天才安排妥當。我們值得在此引述這封信的全文，因為它充分說明美國想打破日本的孤立，促成日本與世界其他國家貿易的理由：

偉大的好朋友：

我託海軍准將培里把這封公開信傳達給你。培里是美國海軍中軍階最高的將官之一，他所指揮的分遣隊，現在正造訪皇上的領土。

我令培里准將向皇上您保證，我對您的個人和政府具有最親切的感情。我派他去日本，只是為向皇上您表示美國和日本應友好相處，並彼此有商業上的來往。

美國的憲法和法律禁止干預其他國家的宗教或政治。我已特別指示培里准將不做任何擾亂皇上您領土的事。

美國的疆域已由一個大洋延伸到另一個大洋。我們俄勒岡領土和加里福尼亞州直接和皇上您的領土遙遙相對。我們的輪船由加里福尼亞航行到日本只要十八天。

我們偉大的加里福尼亞州，除了白銀、水銀、寶石和其他值錢的物件以外，每年還可以生產價值約六千萬美元的黃金。日本也是一個富有和多產的國家，並生產許多有價值的東西。皇上您的臣民多才多藝，為了日本也為了美國的利益，我希望我們的兩個國家互相貿易。

我們知道皇上您政府的古舊律法禁止與除了中國人及荷蘭人以外的其他外國人貿易。

但是在世界的局勢不斷改變和新的政府不斷組成的情形下，似乎也應該時或制訂新的法律。皇上您的政府最初制訂那些古老的律法的同時，歐洲人發現了美洲（有時稱為「新世界」）並在美洲定居。有很長一段時間，在美洲的人很少，這些人也很窮。但是在美國的人現已很多，經商的範圍也很廣大。他們認為，如果皇上您能改變古老的律法〔原文如此〕使我們兩國可以自由貿易，那麼對於我們兩個國家都將大有裨益。

如果皇上您不放心一起廢除那些禁止對外貿易的古老律法，認為這樣做不妥當，那麼可以把它們暫停使用五年或十年，以便做做實驗。如果實驗的結果不如我們所期望的那麼好，可以恢復古老的律法。美國與外國締結條約，通常限於少數幾年內有效，而後看情形延長這些條約或不延長這些條約的有效期限。

我也令培里准將向皇上您提起另外一件事。我們有許多艘船每年由加里福尼亞航向中國，而我們也有極大數目的國民在日本沿岸從事捕鯨業。在多風暴的天氣之下，有時我們的船會在皇上您的海岸遇難。在這樣的情形之下，我們請求您善待我們這些不幸的國民，並保護他們的財產，直到我們派船去接他們回來。我對於這一點很認真。

我也令培里准將向皇上您表示：我們了解日本帝國有豐富的煤礦和供應品。我們的輪船在渡過大洋的時候需要很多的燃煤，而把煤由美國一路帶著走，是一件不方便的事，我希望皇上您會允許我們的輪船和其他船隻在日本停泊，並補充它們所需的煤、供應品和淡水。我們的船員將用現金或皇帝您的臣民所喜歡的任何東西，支付這些補給品。我們請求皇上您指定一個在日本帝國南部的方便港埠，以便我們的船隻可以在那兒停泊和補充這些必需品。對此我十分渴望。

我派培里准將帶著一支強大的分遣隊去造訪皇上您著名的江戶城〔東京〕，只不過是為了友誼、商業、煤和供應品的供應，以及對我們乘船遇難的美國人的保護。我已令培里准將祈求皇上您接受這幾件禮物，它們的本身並不很值錢，但是其中一些可以當作美國所製造物件的樣品，並表達我們誠摯和恭敬的友誼。

願萬能的神保佑皇上您

作為憑證，我叫人在這封信上蓋了大印，我也簽上我的名。一八五二年十一月十三日於美國首都華盛頓市。

〔蓋印〕

您的好友米拉德．費爾摩

因總統之命：國務卿愛德華．艾弗瑞特。[11]

培里准將在這第一次的造訪中沒有帶許多禮物。在遞交致日本皇帝（他誤以為皇帝便是日本的統治者）信的同時，他也遞交了另一封簡短的信，說日本人應該好好考慮考慮，他下一年會再來。於是日本人現在所謂的這些「黑船」在蒸氣驅動下駛去：它們的甲板上豎立了許多武器，以防在到達公海以前遭到攻擊。培里許下諾言：他再來日本時，所帶的分遣隊會比現在離開東京的分遣隊軍容更加壯盛。培理自一開始便說明，他不會聽日本人所謂他的軍艦只能停在指定停泊地方的一派胡言：他並不是一個小店主或手藝人，不會以走旁門進入日本為滿足。而且他心中很明白：如果雙方爆發衝突，美國可以用其較精良的武器，制服不服從的日本人。

這個遠征隊沒有回美國去，而照來時的路線先經過琉球群島，並在中國海岸上逗留了一些時候。他在這兒拿到美人第二次去日本時擬帶的禮物——顯然是由英國郵輪由法國帶到中國並留在廣州，另一艘英國船又把它們帶到上海的。培理原來不急於回到日本，但卻聽到一艘法國快速戰艦在由歐洲收到的「密封命令」下出港。同時一艘俄國戰艦顯然是在準備再回長崎市去，而培理猜想這可能是俄國人與美國人競爭，想與日本簽定條約的前奏。現在已是十二月，日本四周的海面時或有大霧時或有風暴，十分惡劣，但是培里決定，他必須儘早離開中國，而不要如原來計畫的等待明年春天到來。於是他把分遣隊集合起來，並且派三艘供應船先行，將來和它們在琉球群島會合。一八五四年元月十四日，他的分遣隊駛離香港，除了「薩斯克漢那號」和「密西西比號」兩艘輪船以外，又有「包哈坦號」和軍需船「勒克星頓號」和「南安普頓號」。

培里在中國的時候，由荷蘭人處聽到日本老皇帝駕崩的消息。當他再度到達東京海時，日本人便拿現在已是一位新君在位的事實為拖延的藉口。然而他們也大致決定他們需對美國人做一點讓步。培里是一個威風凜凜的人，他手下的船員給他的綽號是「老熊」，因為他的隆隆聲音。而這第二次的分遣隊又比第一次的具有恐嚇性。培理盡量行禮如儀，帶著一支軍樂隊以及當初美國人答應給日本的禮物走上岸來。日本人是理想的聽眾，一度可能竟然相信每一件精彩和時髦的東西，都是由美國所發明。當他們問，是誰發明了輪船的時候，培理的士兵當然說，是美國一個名叫富爾頓的人。當然美國人也發明了電報。電報的示範表演使日本人大吃一驚，不過官方的記載上所說作業員甚至無法用日文傳遞了一個摩斯訊息，卻令人難以置信。

還有其他引起轟動的事。科特連發手槍給日本人的印象和給任何其他人的印象一樣深刻。另一件使日本人為之轟動的事是攝影。日本人渴望讓美國總統看看他們的婦女有多美麗，乃集合了一群漂亮的女人讓美國人攝影。有的人很害怕這一不尋常的發明，甚至散布謠言說，任何人在照像以後，三年內便會死亡。但是最讓日本人感到興奮的是，美國製的原來尺寸四分之一大的火車頭和客車。它們在一個直徑一哩長的圓形軌道上行駛，好像一個巨大的聖誕節玩具。培里在誇示這輛火車時說，他覺得自己是「聖誕老人和一名魔術師雜交的產物」。

這是在日本所見的第一部蒸氣驅動的火車頭，它標示出那個社會的開始轉型。這種轉型在一個驚人的短時期以內，便將日本社會帶進已工業化的世界。培里由他的主人那兒要到一紙協議：日本人答應禮待任何乘捕鯨船而遇難的船員，開放一個港埠與美國貿易，並為輪船供應煤——以後再談比較複雜周全的條約。不過無可避免的是英國人和俄國人也分別與日本人締結協議，而日本也派出最早的代表團去探索，過去的兩百年間，世界上別的地方究竟發生了些什麼事。一八六〇年，萬次郎榮任這種代表團的團員。十年以後，他又是監督一八七〇年發生的普魯士與法國之間戰爭的代表團的成員。他們路過紐約，因而萬次郎得以乘火車去會見多年以前搭救他的那個人。惠特飛船長時年六十五歲，而且虔誠如昔。他認為是天意讓萬次郎回到他的身邊。

西方所謂的「日本」門戶的打開，其最持久的形象來自郝克斯所編的官方報告。郝氏在其中描寫了「小人國火車頭」所引起的興奮情緒。這個機械裝置的每一部份都十全十美。車廂是最有品味的手藝樣品，但實在太小，幾乎裝不下一個六歲的孩子。然而，日本人卻不受騙，仍堅持上車。由於不能把自己縮小進入車廂，他們設法爬到車廂頂上。這個奇異的景象看上去很滑稽：一個有尊嚴的官員以時速二十哩的速度在圓環的火車道上旋轉，他寬鬆的長袍隨風飄飄而舉。他拼命的抓緊車廂的頂，一面高興的露齒而笑。他捲縮的身軀帶著可笑的懦怯抽搐的搖動。火車迅速的繞圈子。看見這個情形，你或許會想，這樣的行車不是靠那個噴氣的小火車頭，而是靠那個不舒服而又焦急官員的極大努力。小火車倒是輕鬆的在做它的工作。[12]

雖然與日本締結貿易條約顯然有許多好處，但是驅動美國去接近日本的，卻是為取鯨油而捕鯨和捕鯨船船員的福祉。但是，就在海軍准將培里和他的隨行人員好笑的觀看其顯赫的日本主人坐在世界最先進交通工具模型頂上迴旋的當兒，在英國和美國又有新的工業發明，這些終究使捕鯨船成為過去。

第十五章　石油先驅

鯨油用途雖然很多，但古時候主要卻是用做發光體。如前所述，抹香鯨油最好，燃燒起來光很亮也少氣味和煙。然而一八五〇年時，它賣到美金二元到二元半一桶，因為太貴，只有景況好的人家才用得起。露脊鯨的油價還不到一半，可是仍然不便宜。當時也有另類的人工發光體，其中有的早在一八二〇年代市場上便有出售。但是基於某些理由，大家對人工發光體不熱衷，尤其不喜歡在家中使用。

十八世紀末葉，英國布爾頓和瓦特公司的職員威廉．墨篤克和法國人勒本發明了原始的煤氣燈。墨篤克把煤在鍋中加熱，把產生的煤氣用槍筒虹吸出來，作為他在康瓦耳郡家中的照明之用，他也用同樣辦法，照亮布爾頓和瓦特公司的伯明罕工廠的一部分。勒本在一個大玻璃碗中燃燒木頭碎片，而後把產生的煤氣點燃。他稱他的發明為「熱燈」。瓦特之子（也名詹姆斯）目睹一八〇一年勒本的示範表演，把巴黎的西格納里旅館部分點燃。他勸父親和布爾頓發展煤氣照明，但是他們沒有。獨行其事的日耳曼人文澤想買勒本的熱燈，但勒本不肯賣。在這個時候，勒本於一八〇四年在巴黎的麗榭大道神祕的被人謀殺，而文澤帶著他自己款式的勒本燈去了英國。他把自己的姓英文化，稱為溫莎，著手舉行示範表演，想籌錢組織煤氣公司。但是戴維爵士等科學家譏笑他，不是因為煤氣不好，大家都知道煤氣可燃，而是因為當時尚不知如何儲存和散布煤氣。戴維甚至諷刺說聖保羅大教堂的圓頂是放置煤氣的好地方。

許多人反對以管線輸送煤氣，因為這會毀了捕鯨業以及許多精良的水手，如果戰爭爆發，便無法徵用這些後備人員打海仗。溫莎失望地回到巴黎。可是包括布爾頓和瓦特公司以前一個職員在內的某些人，仍舊想組織煤氣燈公司。他們在向國會的一個委員會說明以後，終於獲勝。一八一〇年，「煤氣燈和焦炭公司」率先在倫敦成立。墨篤克為此勃然大怒，說他們偷了他的構想。到了一八一九年，幾乎所有英國的城市中的街道和工廠，都已有煤氣照明的設備。

然而，用管線輸送的煤氣照明的辦法，並未終止對家用油燈的需求。與魚尾形燈口、由煤氣公司安裝的牆上設備供應煤氣的耀目煤氣光亮相比，有設計精巧的燈罩的油燈更具有吸引力。大家最喜歡的油燈是十八世紀法國人亞干所發明：裝燈心的是中空的圓筒，空氣可以吹向火焰而減少冒煙。一直到十九世紀開始很久以後，它還在流行。亞干是一個不幸的人，他被共事的人所騙，他的發明被人剽竊以致無法賺錢，一八〇七年死時處於破產狀態。他的燈雖然是為燃燒鯨魚油或植物油而設計，但很容易改裝為使用人工燃料。在煤氣照明的時代，它是維多利亞式客廳的特色之一。

十九世紀中期，露脊鯨和抹香鯨因為過度捕殺已經幾近絕滅，因而鯨魚油價格暴漲，促使人設法尋找另其它的照明方法。煤氣工廠的副產品苯是一種新的發光體。又有由脂松所提取生油的樹脂，和由松脂提取的烯莰（不過烯莰往往冒很多煙）。然而，這些都比不上鯨油和最好的植物油。而事實上，找尋這些物質代用品的問題，不久就被分別在大西洋兩岸獨立工作的兩個人幾乎同時解決。雖然蘇格蘭人楊昂往往被認為是第一個由特殊的煤中取得一種商業用發光體的人（也因此而得到「石臘」楊昂之名），但實際上第一個發明這個方法的人，卻是幾乎不見於歷史記載的亞伯拉罕・吉斯納醫生。一七九七年出身於新斯科夏半島的康華里斯的吉斯納，可以說是現代石油工業的創始人，因為是他首先發現如何分解和精煉未經處理的瀝青和煤——這個過程日後廣為人所採納。

吉斯納的曾祖於一七一〇年移民紐約，這家人一直在紐約住到一七七六年美國獨立戰爭爆發的時候。這一年亞伯拉罕的父親亨利加入忠於英國的「奧倫治襲擊者」，這個部隊於戰爭結束的時候駐紮在新斯科夏半島。由於戰爭結束以後新斯科夏仍然是英國的殖民地，亨利和他同屬「奧倫治襲擊者」的兄弟都獲頒土地。亨利．吉斯納得到在康華里斯谷地的四百畝土地，並與家人一七八六年在那兒定居。亞伯拉罕和他十一個兄弟姐妹在這個崎嶇的地區長大，接受了基本的學校教育。他早年的生活今日已不得而知，不過他的兒子記得他曾將新斯科夏和新布隆斯維克的馬販賣到西印度群島。他在販馬的時候船曾兩度出事，也不曾賺到錢。他並不是一個身價很好的單身漢，不過新斯科夏肯特維爾的韋布斯特醫生之女哈瑞亞特．韋布斯特卻嫁給了他。雖然他那時已二十七歲，可是岳父安排他在倫敦受行醫的訓練。他在醫院受訓，並於一八二七年取得資格。最重要的是，他唸的科目中有化學一科。

吉斯納回新斯科夏以後成為一名鄉間的醫生，騎馬出診。他住在有豐富晶狀岩石的地方，開始對地質學發生興趣，並且收集了許多石材。一八三六年他出版自己所寫關於新斯科夏半島地質的書，並且自以為是煤礦和鐵礦的探勘員。一八三八年，他受任為新布隆斯維克省的省政府地質學家，遂把家搬到聖約翰市。探勘占去了他大部分的時間，他與印第安人嚮導探勘河流和森林，找尋可能有價值的礦物。不幸的是，許多探勘員太過相信他對他所發現礦石的重要性的判斷。當他們發現沒有找到真正的財寶時，便攻擊他，並且罷除他官方地質學家的職位。他於是回到在康華里斯的老家，繼續執醫生業。

但吉斯納仍然對地質學和當地岩石的商業潛能感到興趣。他一度拿來自千里達「瀝青湖」的一片瀝青做實驗。他在當販馬商的時候，曾經造訪這一填塞船上隙縫和防水物質的龐大黑色礦狀，他也知道巴貝多斯的

「瀝青泉」。很久以後，他或許由停泊在新斯科夏島一個海港的船上得到一些千里達瀝青。吉斯納蒸餾這些瀝青而得到一種發光的油，他稱之為「煤油」。這個字乃由希臘文而來，意為「蠟油」。由於把千里達的瀝青運輸到新斯科夏太不容易，吉斯納設法找當地出產的類似瀝青。他很幸運的在新布隆斯維克找到。

一八五二年，吉斯納在喪父之後舉家遷往哈里法克斯。他本無意開發當地的瀝青，而且如果沒有遇見湯姆斯．柯克蘭，也許永不會發展自己對發光體的興趣。柯克蘭是登都納第十伯爵，他當時是英國「北美和西印度軍港」的總司令，總部在哈里法克斯。柯克蘭的父親曾在蘇格蘭設法蒸餾煤瀝青製燈油。他想因此賺些錢而未果，反而因這一事業和其他事業而傾家蕩產。湯姆其沒有繼承到任何遺產，但繼承了重振家業的野心。他投效海軍並參加了許多戰役，在一八一二年對美國的戰爭中指揮一艘軍艦。他當選國會議員但後來牽連官司，因為他的親戚一八一四年想在股票市場上賺一筆錢，遂散布不實的謠言說拿破崙已死，因此他們所持的股票大漲。不公平的是，湯姆斯．柯克蘭被控參與這一事件而定罪，剝奪了他所有的獎章而且判他入獄。他在出獄以後旅行世界各地，充當自主業的海軍指揮官，度數主管智利和巴西的海軍。最後，他的貪污之罪名是洗清了，但當他駐紮在哈里法克斯的時候，已經七十五歲。然而老年的吉斯納又回到他父親對將瀝青或煤轉化為各種有用產品的興趣上，並買下千里達瀝青湖周圍的土地。當他遇見亞伯拉罕．吉斯納時，兩人不相信會有這麼幸運的事。

吉斯納和柯克蘭合作爭取專利權，並討論成立一個公司的可能性，以便開發利用千里達的瀝青，以及新布隆斯維克的亞伯特郡開採的相似煤礦物質。一八五一年，柯克蘭於他在加拿大任期屆滿以後回到英國，並在英國取得專利權開發利用千里達的瀝青或「天然土瀝青」。他在那個時候尚未想到把這種瀝青蒸餾為照明的油。吉斯納設法取得開採亞伯特郡似煤土瀝青礦藏的權利，但在法庭上輸給另一位作此要求的人。他大無畏的遷居紐約，一八五三年三月和柯克蘭共同成立了一個公司，把他所謂的「亞伯特岩石」轉化為各種大家想要的產品。除了製造照明用的煤油以外，公司也製造各種絕緣和防水的材料。鋪路用土瀝青混合料、鐵路潤滑膏等等。一八五四年頒給「土瀝青開採與煤油公司」的專利權。界定三種不同等級的煤油。「煤油C」的品質最佳：經過進一步的蒸餾和清潔，成為透明的照明用燃料，沒有什麼氣味，而有良好和穩定的燃燒性質。

雖然「土瀝青開採和煤油公司」是一個賺錢的公司，可是吉斯納並非業主，而事實上是其首席化學家。過了一陣子，他又成了紐約的執業醫生。他於一八六三年由紐約回到哈里法克斯。哈市的達豪西大學請他擔任自然歷史講座教授，可悲的是，他於一八六四年四月二十九日過世，得年六十七歲，未來的及接受這個教職。吉斯納的財務失敗部分似乎是由於缺乏生意頭腦，但也是因為運氣不好。雖然他幾乎一定是比別人先發明如何將瀝青或土瀝青轉化為照明的燃料，但他申請專利權的時間卻太遲。蘇格蘭人楊昂險勝他的紐約公司。楊昂由這個公司取費，給它使用他生產石蠟油方法的執照。

詹姆斯．楊昂是他那個時代典型的人物。他於一八一一在蘇格蘭格拉斯哥出世，他的父親乃是一名木匠，年輕時先替他父親工作，並在安德森大學上化學教授葛拉漢所開的夜間課程。到了二十歲的時候，楊昂已能放棄木匠業而在葛拉漢的實驗室充當助手。葛氏的周圍，有一個可觀的科學家圈子，其中包括日後成為著名傳教士和探險家的大衛．李文斯頓，以及當時最有才華和事業心的科學家普來費爾。楊昂事實上也在這個圈子中佔有一席之地，普來費爾曾在德國受教於化學家來比格（參看第二十一章）。他並與亞伯特親王友善，可和親王用德語交談，他在一八五一年的「大博覽會」中主管頒發獎賞，並以煤和化石燃料專家的身分為英國地質調查所的所長。使楊昂走上油頁岩這條路和致富的，正是普來費爾。日後楊昂把部分財富投資在他的老友大衛．李文斯頓的非洲探險上。

倫敦大學學院請葛拉漢擔任講座教授，而楊昂也於一八三七年到大學學院充當葛氏的實驗助理，一度和普來費爾是同事。不久以後，普來費爾去德國跟來比格唸書，而楊昂進入鹼金屬製造廠詹姆斯．莫斯布拉父子公司工作。鹼業是一種異常有污染性的產業，但是它為玻璃、肥皂和人工染料業供應必要的組成部分。那個時候，歐洲有一種化學家的協會，會員分享其資訊，並將其最有才華的學生相互推薦。來比格曾在法國隨蓋—盧薩克這樣的化學家學習，並且是詹姆斯．莫斯布拉的朋友；詹姆斯的兒子們又曾在德國跟葛拉漢學習。楊昂之接受莫斯布拉的工作是因為它的薪水比大學的薪水高——他此時剛成家，於一八三八年結婚。

一八四四年，楊昂跳槽到另一家化學公司譚能特．克勞公司。這家公司位於曼徹斯特市的阿德威克，他在那兒領薪水充當顧問，也在那兒發跡：製造出廉價的靛青染料並發明其他獲得專利權的化學步驟，同時又成為自由黨員的一份子。他也是《曼徹斯特審察員報》的創辦人，他在曼徹斯特工作的時候，由現在已是倫敦地質調查所所長的普來費爾處聽說他知道粗汽油或天然石油的某個源點，這個源點位於普氏姐夫歐特斯德比郡的產業上面，而楊昂可以自由成立公司加以開採。這是楊昂的第一宗石油事業。他下了一個錯誤的結論，說位置在煤層以上的德比郡石油，乃是煤經由冷凝作用所形成。但正是這個誤解指引他到他的下一個大工作項目，因為他開始實驗一個產生同樣效果的人工方法。當他發現自己可以蒸餾某種煤或油頁岩以產生石油時，便很快取得這個方法的專利權，並買下對愛丁堡市附近巴斯門油頁岩最佳源點的權利。他最初是生產滑潤劑，但是另一個偶然的發現使他認識到，他的石蠟油也適合照明之用。

楊昂在蘇格蘭的競爭對手之一是喬治．米勒。在楊昂控訴喬治．米勒侵犯其專利權以前的幾年，喬治．米勒的公司在煤—油生意上業務昌盛。喬治．米勒曾經聽說，美國有人用煤氣工廠的廢料製造出一種稱為「大成功油」的潤滑劑。位在麻薩諸塞州的「美國化學製造公司」生產這一潤滑劑，但它像許多其他早期的由煤製造的產品一樣有惡臭。但「喬治．米勒公司」不因此氣餒，它向「美國化學製造公司」索取樣品，考慮在持有執照的情形下，合法製造這種潤滑劑。這家美國公司的艾特伍和麥瑞爾來到格拉斯哥，開始用當地的煤和油頁岩做實驗。喬治．米勒也使用油頁岩於溶解橡膠為液體，以之浸漬布料俾縫製防水衣物。這種油頁岩乃來自楊昂所控制的巴斯門。艾特伍意外發現在第二次蒸餾這種巴斯門油頁岩時，可以得到在某種油燈中燃燒大放光明的透明液體。楊昂在造訪喬治．米勒的辦公室時看到這個情形，並立即認識到其在商業上的潛能。因而他不再供應喬治．米勒油頁岩，以便自己加以開發利用。這便是楊昂財富的基礎，因為後來煤和油頁岩以及最後的原油，都將成為點燃成百萬盞燈的燃料。

楊昂本人在一八七〇年退休。他在一八八三年逝世以前，把許多時間用在耕作他的三處地產和乘坐他自己的蒸氣遊艇出遊。不過他能在蘇格蘭石油業面臨美國的抗戰以前賺到錢，卻是一件幸運的事。一八六六年時，楊昂的「石蠟油燈和礦物石油公司」僱用了一千五百名工作人員，是蘇格蘭一百二十來家石油公司之一。但是一八六〇年代以後，石油業的榮景便逐漸消失。因為有人發現在地底下有許多天然出現的石油油田，可以把石油虹吸進油桶，而後用精煉生產煤油和石蠟油的方法加以精煉。

自遠古的時候起，當石油由地表滲出時，便有人把它收集起來。世界上有些地方有豐富的油藏，許多世紀以來，便有人用它點燈和作為潤滑劑、藥品乃至屋頂防水的齒節。但是除了藥品以外，其餘的製品均只在近距離貿易。在美國，匹茲堡化學家克爾一八四三年開始推銷原油為送治各種病症的萬靈藥說，「沒有什麼比它更能醫治灼傷」、「治癒慢性咳嗽」和「風濕症不敵石油」等話。克爾等人是在勘探鹽水的時候找到「石油」的。有許多年之久，隨鹽性沉積上升的油性物質，被視為不祥的污染物質而被排除。克爾所做的不過是把污染的鹽水盛放在金屬盆中，等油浮到水面，然後取油出來放到瓶子中。克爾的阿里堅尼瓶裝石油，其新穎處不過是在於它乃由鹽井中取得。基本上它與已當作藥品出售多年的石油並無不同，後者往往稱塞尼加油。不過，一八五二年一月，克爾仍然發明了一個宣傳他專利藥品的智巧方法。它是用模仿鈔票的形式，每個角上標有「四百」的價格，表示這種萬靈藥大約是在地表以下四百呎的地方找到的。傳單上也畫有一架鑽探油井用的井口上的木架塔，它怪誕的模樣，使人想起一種不久便將完全轉化美國經濟和世界上大部分地區經濟的產業。

在克爾發明了推銷其石油的新方法的當兒，賓夕凡尼亞州提土斯維爾的一家木材公司（布魯爾和華生公司）繼續享受其土地上穩定的天然石油供應。這種黑色的液體來自所謂「油溪」）上的一個裂縫，當時的人用它潤滑機器；有時也在空曠的地方作照明之用，只要這些地方受得了隨火焰而冒出的濃煙。法蘭西斯・布魯爾是公司創辦人之一的兒子，他是一個醫師，當他在佛蒙特州行醫的時候，隨身攜帶有一隻容量五加侖桶子的「溪油」。這是他父親給他的，他以為是有用的藥品。然而，一八五一年時，法蘭西斯回到提土斯維爾在他父親經營的企業中工作，兩年以後，他把這個石油泉出租給提土斯維爾的安吉爾；後者的責任是確保石油不斷由裂縫中流出。

布魯爾曾在達特茅斯學院就讀，他在回學校造訪老友的時候，帶了一些提土斯維爾的石油作為樣品出示。達特茅斯學院的一位化學教授赫巴德認為，這種石油如果能大量發現便會有價值。布魯爾把一些樣品留給他在達特茅斯教醫學的叔父。這些樣品引起另一位達特茅斯學院畢業生畢賽爾的注意。那個時候，畢賽爾正開始在紐約執律師業，他和他的合夥人艾維勒斯原已對工業企業有興趣，替顧客出售股票。他對於美國人所謂的煤油和布魯爾的藥性石油之間的相似感到十分驚奇。基於好奇，他花錢讓布魯爾的表兄弟克羅斯比去提土斯維爾評估開發利用油泉的可能性。

克羅斯比報告說，那個油泉是有價值的資產，並說，如果畢賽爾和艾維勒斯能成立一個有二十五萬美元資金的合股公司，並指定其五分之一歸「布魯爾和畢生木材公司」所有，則布魯爾可以出售畢賽爾和艾維勒斯一百畝農田（要價五千美元）以及在一萬二千畝土地上開採石油的權利。不過這不是他們這兩位合夥人能辦到的。他們求教於紐海芬儲蓄銀行總經理湯生，湯生說，如果有專家對這項工作的報告上有好的評估，他可以找到願意拿資金冒險投資的支持者，湯生選擇了艾特伍和西利曼作此報告，前者曾發現「大成功」，後者方接替他父親在耶魯大學的教職。西利曼的報告後來十分重要。他不慌不忙地在一八五五年四月宣布說，報告已經寫成，但他要等到收到美金五二六．〇八元的酬金以後，才會揭示結果。他的工作事實上做得很徹底，不但分析了石油，而且推測其各種可能的用途。西利曼說其一半可以蒸餾為煤油（他誤以為這可以簡單的用水煮石油辦到），他也認為可以由提土斯維爾油製成照明的煤氣。西利曼的報告說明，他不是石油專家，因為他不了解石油可以用作潤滑劑。那個時候，楊昂已在蘇格蘭製造石碏油蠟燭以及燈的燃料，西利曼顯然也不知道這些發展。可是他有足夠的理解力和熱誠去鼓勵別人投資。而且，雖然他自己對於蒸餾的過程知識有限，但卻能正確的猜出，未來可以把原油分解為許多不同的和在商業上有價值的物質。

在美國，合股投資中股東的責任每州不一樣。康乃狄克州比較寬大，因而畢賽爾和艾維勒斯把他們的新公司——「康乃狄克州賓夕凡尼亞石油公司」在康州登記。他們的一萬二千個股份每股價值十二元五角美金，引進三十萬美國的資金。至今也沒有人知道這個公司是怎麼贏利的，但不足為奇的是，它曾遭遇許多挫折，以致它的野心幾乎未能實現。可能的投資人來了又走。公司沒有什麼動靜，其財務問題都交由最初應邀籌款的銀行家湯生承擔。

大家重新磋商開採石油的條件。安吉爾前此已悄悄地用已有的挖溝法，每日取出幾加侖，現在他簽字解約。有人一度（今日已不能知道是在何時或是誰的靈感）想到他們事實上可以鑽井取油（盛傳的故事是說，畢賽爾是由克爾的仿鈔票傳單上看到鹽井鑽井架而想到這件事，但這個故事從來未經當事人證實）。不過可以確知的是關於提土斯維爾地產的所有權當日尚有一些未解決的法律問題，因為布魯爾的妻子和另一女人沒有按照規定在讓與證書上簽字，而湯生找人解決這些問題。他找的這個人是錐克。錐克原是紐海芬鐵路的車掌，當時正在失業。他剛喪妻，有一小孩，而且自己已患病一陣子。湯生答應給他幾塊錢，讓他到提土斯維爾去解決問題。錐克走過西拉庫斯、紐約和伊利，於一八五七年十二月到達目的地。最後一程（也就是離提土斯維爾四十哩起）必須走公路，表示不論在提土斯維爾建立任何工業，都必須在沒有鐵路的情形下操作。

在錐克啟程以前，湯生假造了「上校」這個頭銜給他，讓他有點重要性。今日已不知道錐克去提土斯維爾時心中有什麼想法，因為沒有這方面的記錄流傳下來。但是他日後卻說鑽井取油是他的意思。這不是不可能，但不太像有這回事。總之，他在回到紐海芬時，對於這個工作項目十分熱心。在湯生採取了一些輕捷的法人組織步驟以後，這塊土地於是歸他的康乃狄克州塞尼加石油公司所有。錐克獲得探勘石油的差事，一八五八年五月遷居提土斯維爾，年薪一千美元。他剛開始工作的時候情況很惡劣，到了六月，一天所得到的石油不超過十加侖。他在這個階段仍是用鑿子和鋤頭挖掘。由於這個方法不能有好結果，他於是到克爾的地區想找一名鑽鹽井的人。那年他的運氣不好，也許是因為他聽說鑽井的人喜歡喝酒，而他想要一個不喝酒的人。事實上，那個他自以為已僱用的人沒有出現，不過，錐克還是著手為一部蒸氣機建造房屋，並修了一個木質的重零件架子放置鑽孔設備。

一直到了一八五九年，錐克才找到一個願意來提土斯維爾的鑽鹽井工人。這個人叫威廉．「比利叔」．史密斯，來自食鹽工廠的一個中心——賓夕凡尼亞州塔倫頓附近的鹽鄉。僱用史密斯是一件划算的事，他是一名技術高超的鐵匠，並將他十五歲的兒子帶來當助手。這對父子可以製造鑽中所需的全部工具。但是鑽井的工作很困難，因為地表的土壤是流沙，而鑽孔不斷淹水。史密斯而後發明了一種韌性鐵的鑽子鑽入岩石。當他把鑽子拴在蒸氣機上時，一天可以鑽入岩石三呎左右。鹽井常一鑽便到達地下一千呎的深度，所以一天鑽三呎不算回事，而且什麼也沒有鑽出來。到了一八五九年仲夏，紐海芬的投資人紛紛退出，只剩下湯生一人。最後湯生也認為這樁生意失敗，因而他寫給錐克一封信，裡面附有一筆錢，稱是支付錐克本人、史密斯以及任何其他他欠下工資的人。

這封信還沒有寫到，一八五九年八月二十八日，「比利叔叔」史密斯，在已鑽到七十呎深的井水表面看到一層浮油。任何鑽鹽井的人都熟習這個現象，他們常認為這種浮油是污染物而必須把它拿掉。不過在這個情形下，浮油卻正是他們要找的東西。這稱不上是一口油井，但是不久每天便可抽出八到十加侖的石油，而問題是，如何找桶子盛這個石油。錐克本可以成為一個大富翁，但是他不了解他發現了什麼。他的惡運也不少：那年秋天他的油井架和儲油桶失火，而且他也不知道如何推銷他的石油。他把已得的利潤收了收來，出售了油井，並遷居紐約；而在紐約，又因從事投機買賣而賠了錢。這個世界上第一口的商業油井對他根本沒有好處。錐克於一八八〇年在貧困中過世。

可是，認為石油不僅是藥品或方便的機器潤滑劑而是值很多錢的東西這個想法，卻滲入美國採礦者的意識之中，因為他們像淘金者一樣紛紛來到提土斯維爾。租約紛紛簽訂，油井架也紛紛在各地出現。許多人注意到如何儲藏和運送這種有黏性和高度易燃的原料到需要它的市場的問題，石油必須精煉，也必須設計一套全新的工業結構。事實上，在十年之內美國煤油的生產不但預報蘇格蘭油頁岩實業的終結，也刺激了數千里以外大石油生產競爭對手——裡海的寒冷和稍有鹽味的海岸。

在此有環繞古代貿易城市巴庫（在亞塞拜然）的「常燃火之地」，也是許多世紀以來東方和西方會合的地方。當回教入侵時，逃離波斯的宗教難民在此也在印度定居，並修建其寺廟。巴庫洋溢著地表石油和煤氣，當地久已把成桶的石油用車運送到波斯。大多的石油都在當地消耗，包括使這些人可以在其祆教寺廟中保持常燃的火焰。俄國人因為認識到巴庫油田的商業潛力，因而一點一點地把土地出租，租約為期只不過幾年。到了十九世紀中葉，這個地區已有一百多個油「坑」，每年生產五千五百加侖左右的石油。和在美國一樣，此處的石油乃用於照明，或用作潤滑劑，或用於各種其他工業程序，如處理皮革。但是巴庫油田的作業原始到令人難以置信。雖然一八六〇年代中期，美國已成功的設置最初的油管，可是在十年以後，巴庫的石油還是倒入木桶而後放在駱駝或騾子背上運送。它只有兩口深井，其他的油均由手挖的坑中取出。

一八七三年，羅勃．諾貝爾偶爾來到了巴庫地區。他的父親之前由瑞典遷居俄國想要致富，但終於破產，身無分文。羅勃是三兄弟中之一，到巴庫時年四十四歲。老伊曼紐爾．諾貝爾是一個古怪的發明家，他精彩的構想很多，偶有一點成功，但最後註定失敗，伊曼紐爾生於一八〇一年，十幾歲的時候下海當船員，而後就讀於斯德哥爾摩的藝術學院，再上機械學校。他有一項發明是可膨脹的軍用橡膠背包；他愛好新的軍用裝備。他其次想到魚雷，他的魚雷與同一時期富爾頓的新奇機械不一樣，但或許更為精巧。一八三七年，當他不能使他的祖國瑞典對這種新武器感到興趣時，巧遇一位俄國血統的芬蘭官員，後者告訴他說，在國外的運氣或許會比較好。當時近於破產的伊曼紐爾．諾貝爾覺得，他除了去芬蘭以外別無選擇。他在芬蘭研發魚雷一年而後去俄國，在聖彼得堡定居下來。那個時候，以及十九世紀大半的時間，俄國鼓勵外國人前來創設產業。巴庫的油田便是一個實例。

伊曼紐爾把妻子和三個小兒子留在瑞典，設法成為一名供應魚雷給俄國軍隊的人。一八四二年他接家眷到俄國：包括他的妻子、十三歲的羅勃、十一歲的魯德維奇，和九歲多病的阿弗烈。這些孩子在瑞典都上過學，他們在俄國有家庭教師，三個人都學習俄文、德文、法文、英文及工程學。阿弗烈也有一位化學教師，他日後發明了由甘油三硝酸脂製成的新炸藥。他始終沒有結婚。使他的家人震驚和憤怒的是，他把財產留給了瑞典的一個委員會。這個委員會創設了給各方面有傑出成就的諾貝爾獎金。

諾貝爾這家人最初在俄國很發達。魚雷的市場有限，但是伊曼紐爾創設其他的企業。他和三個兒子製造機械武器和鐵輪，在俄國和土耳其一八五四——五年的克里米亞戰爭中發了大財。當英國、法國和奧國在戰爭中決定支持土耳其時，俄國禁止這些國家進口俄國任何東西，使諾貝爾這樣的國內生產者有了有利的條件。英國在克里米亞半島的軍事表現，被認為是英國的國恥，但是戰爭對於最後的戰敗國俄國卻影響更大。

對於武器的需求減少，以致他在一八五九年宣布破產，回到瑞典。魯德維奇接管了父親的工廠，設法繼續辦下去，羅勃經營其他事業，而阿弗烈開始實驗炸藥。

逐漸，魯德維奇進入為俄國軍隊製造後膛裝彈的步槍。羅勃已回來與他共事，由聖彼得堡經過巴黎到達巴庫，在巴庫與阿弗烈會合，想找價廉的胡桃樹以便製成步槍槍托。巴庫是一個遙遠的地區，兩兄弟都沒有到過那兒。在他們最後一段路乘船渡過里海的時候，羅勃開始聽見有關巴庫石油的故事。他曾一度在俄國出售煤油，知道俄國有市場。船長是名叫德波爾的荷蘭人，他和若干其他外國人一樣，在巴庫購有土地，正巧他想出售這筆土地。羅勃看了巴庫一眼，便決定冒個大險。他的弟弟給了他二萬五千盧布買胡桃木，但他把錢花在德波爾的土地上。

羅勃一開始時獨力發展他的油井。他像阿弗烈一樣曾經學過化學，因而很快能生產比巴庫當地所產的更精良煤油。他由瑞典引進專業的知識技術，並由美國找鑽油井的人。這個地區竟有驚人豐富的油藏，一個接一個噴油穴冒出石油。一八七六年，魯德維奇終於帶著兒子親自視察巴庫。他認識到在此可以賺到大錢，因而開始設立石油企業，並盡量由美國假借，他察覺一件必須立刻改變的事，那便是不能再把石油放在木桶中用駱駝隊運送。於是魯德維奇在研究賓夕凡尼亞州的油管尺寸以後，設置了俄國第一批油管，不過油管的本身幾乎完全是由格拉斯奇運來，而非由俄國鐵工業製造。可是因這一改變可能喪失利益的人憎惡駱駝隊的消失，而油管必須由哥薩克人巡邏者和瞭望塔保護。

魯德維奇在盡可能假借現存的工藝技術以後，便開始設計搬運石油的新方法。他想停用木桶，而大家搬動他的煤油和蒸餾以後剩下的沉澱物可以當燃料用。為了這個目的，他設計出第一批成功的油船，美國人也嘗試著製造與他的油船相似的船隻，以便將油運過大西洋，但未能成功。不過美國還有許多木材可以製造油桶，而俄國可供製桶的木材十分昂貴，增加煤油的成本。當俄國的船主們不肯改造其船隻以便運油時，魯德維奇讓人在瑞典設計和建造其油輪。他稱第一艘油輪為「所羅亞斯特號」（即祆教的創始人為名）。一八七八年，「所羅亞斯特號」試航成功以後，他又將「佛陀號」和「諾登斯奇約號」加入運油行列。為了由瑞典去到巴庫，它的旅程令人難以置信——橫渡波羅的海再橫跨裏海。到了一八八〇年，由於他的企業已成長為世界上最大的企業之一，魯德維奇使人修造其整個船艙都可以裝油的油船。當然悲慘的意外事件也不是沒有：由於一陣風使「諾登斯奇約號」側傾，這條油輪爆炸，扯鬆了一條供應管，半數的船員喪生。，穿過拉多嘉及昂尼嘉二湖，沿兩條俄國運河航行，下伏爾加河，

「諾登斯奇約號」的損失是一個挫折，但是油輪很快的成為裏海上常見的景象，因為仿諾貝爾式的石油公司不斷增加。一八七九年時，羅勃．諾貝爾因健康不佳而退休。於是有技術和組織天才的魯德維奇，便獨力把他們的巴庫公司經營成世界上技術最先進的石油公司。一八七〇年代，美國在提煉石油技術上領先其他國家，因為提士斯維爾的礦藏重要發現，產生了龐大的產業。因而魯德維奇派遣瑞典工程師通貴斯特親自學習這些技術。通貴斯特在美國住了三年，帶著關於當時所用所有技術的徹底知識回來。然而有些技術有專利權而未經實際應用。這些技術使魯德維奇和通貴斯特想到創辦一家工廠，「繼續不斷蒸餾」由井中汲出的原油。

他們做了一個大石油湖，上面有一層瀝青可以減少蒸發。由這個湖，油流下一個緩坡進入一系列的油槽，在油槽中一步步去除雜質，而後在不同的氣溫下加熱，直到最後產生出理想的照明用高度精煉的煤油，這個諾貝爾程序自一八八二年成立起，便逐漸使這家公司成為俄國煤油和石油副產品的最大生產者，遙遙領先其他的公司，事實上，它擁有大約二分之一的市場。魯德維奇也修築了一條由巴庫到黑海的鐵路，並在俄國各地以及瑞典和芬蘭修造儲油槽。到了由十九世紀進入二十世紀的時候，世界上只有兩個石油的大生產國——俄國和美國。一八九九年時，俄國的原油生產事實上超過美國，但其出口額不及美國的出口額。美國在

生產煤油上仍然領先，而且還有一個龐大的外銷市場。

一八七〇年代和一八八〇年代時，美國原油和精煉油橫渡大西洋的外銷方式是用大帆船載運，把油裝在桶子或罐子中放在船艙內。挪威的船主所建的四艘大帆船有特別設計的油槽載運大宗的油。一八七九年時，這些大帆船開始把原油由費城運往歐洲。雖然桶裝或罐裝的石油是相當穩定的船貨，可是船艙中放許多大油槽卻有技術上的困難必須克服：油在不同的氣溫下容積容易膨脹和收縮，而其所造成的大量液體流動，會使運載船隻不穩定。

在同時，諾貝爾於一八八五年將運貨船「福格森號」改裝為特殊的運油船，由巴土木（也就是由巴庫出發的鐵路的終點）運到安特衛普，而後又用「斯維特號」船於一八八五年通過不平靜的比斯凱灣，終於把重五十萬噸的俄國石油運抵倫敦。訂購第一艘真正現代化蒸氣運油船的人是一位德國人，由英國的阿姆斯壯和米契爾公司修造。這艘船名叫「格拉本夫號」，一八八六年秋天，它由紐約把它第一宗船貨（美國煤油）由紐約運到德國的布萊梅。

離「石蠟油」楊昂取得其精煉巴斯門油頁岩不到四十年，和離他進入燈油企業不過三十年，現在世界上已確立了龐大的國際性石油貿易和工業。照明用油和潤滑油的生產取代了動植物油，在世界上大部分地區降低了照明的價格。吉斯納壽命長，目睹這個他幫著創造的新工業的興起。一八六一年，他發表了「實際論說煤、石油及其他經蒸餾的油」。他以真摯的謙虛態度說：「這種發現和許多其他的發現一樣，其發展是緩慢而漸進的。它不是一個人，而是許多人勞心的成果，因而很難知道誰的功績最大。」[1]化學這門科學的進展誠然是很重要的。如果吉斯納和楊昂不了解物質的性質，以及一種物質如何可以產生其他許多有用性質的物質，他們便不太可能做那些實驗。但是運氣對於發現也很重要。談到選成由基本上木頭世界轉化為由比較價廉可是強韌得多的金屬所建構世界，這話誠然不錯。肇始這一革命的那個人，與吉斯納和楊昂是在同時期工作，他喜歡誇耀說，這一突破是由他造成的，這是因為他對鋼鐵業一無所知。事實上，他驚人的發明事業是由製造假黃金開始。

第十六章　鋼鐵革命

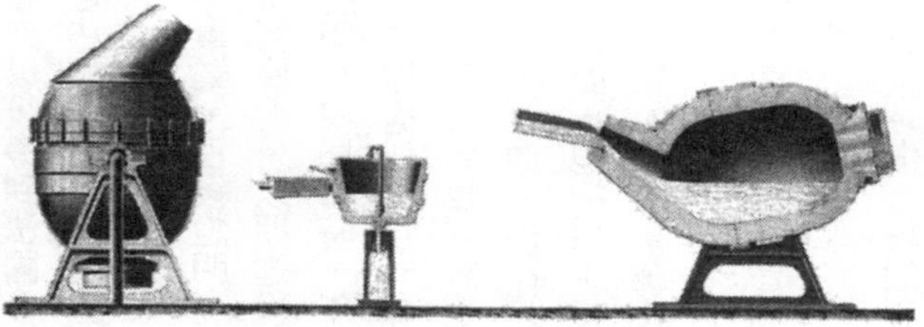

亨利．柏塞麥的名字已長期與鋼鐵業聯在一起。他在自傳中講了一個故事：一八四〇年代，當他在日耳曼渡假的時候，在努連堡附近的佛斯市被捕，並且被控從事工業間諜活動。他在出庭應訊的時候大吃一驚，因為法官說有人看到他賄賂一名佛斯的工人，想偷竊製造假黃金（表銅裝飾漆）的祕密。當法官問他如何為自己辯護時，柏塞麥振振有辭地說，他不可能是工業間諜，因為幾年前他所發明的機器，一天所生產的表銅屑，便抵得上八十個日耳曼工人用古法製造的青銅屑。事實上，柏塞麥認為這個給他捏造的罪名，是因為佛斯的工人知道他是誰，也知道他搶走他們很多的生意。

於是法庭對指控柏塞麥的這宗案子不予受理，但是警告他必須離開日耳曼。他那時是一個異常充滿自信的年輕人，只有三十歲。他先是拒絕離開，但是由於後來政府官員對他的密切注意使他煩惱，才回家與他在英國海邊渡假的妻兒團聚。但是一回到倫敦，柏塞麥便嚐到他最近一項勝利的滋味。在他自己的祕密實驗室裡，他已發明了由蒸氣驅動的可以榨取西印度甘蔗的壓榨機。這個發明剛為他贏得「藝術與製造業學會」的金牌獎章，而在這一次特別儀式中，頒獎給他的不是別人，正是這個學會的主席亞伯特親王。

由「柏塞麥」這個名字看來，亨利的祖先大約是在十七世紀離開法國，是當時不再享有宗教保護的基督新教徒大批出走者的一部分。他的父親安東尼．柏塞麥在倫敦出生，但是由父母攜往荷蘭，在荷蘭習工程學。他學成雕刻以後搬到法國，在法國成為法國皇家科學院的會員，並在皇家造幣廠工作。安東尼在法國大革命期間逃離法國，但是因為已存下一點錢，在赫特福郡的查爾頓村買了個小地產。亨利便在這個地產上出生並度過童年。他只受了小學教育，但在他父親的作坊中花了很多時間。他在十七歲時隨父親遷居倫敦，在倫敦所肇始的事業，日後證明有驚人的發明力。他最早的一項發明，是防止把官方的印花由舊契據上詭詐的取下來貼到新契據上，以期逃稅的辦法。柏塞麥所發明的印模，可以在印花稅上穿許多小孔，使人幾乎不可能造偽。政府印花稅局當時一年因不法之徒的詭詐而損失十萬鎊（約合今日五百萬鎊左右），它乃接受柏塞麥的發明，並請他擔任監督一職，薪水也頗高。但是他不久便了解，如果把每張印花稅上加印日期，便可更輕易地防詐。印花稅局也同意這個辦法，因而不再請他當監督。

一八三〇年代早期，仍住在查爾頓村的柏塞麥的姐妹，問亨利能不能為她的畫冊《柏塞麥小姐花卉寫生》設計金字封面。他把這本畫冊帶到倫敦，並自當地一個化學家處買了些「金粉」，這些「金粉」價格的昂貴令他大吃一驚。他對「金粉」為何會這麼昂貴感到不解，因而在上面加了硫酸，看看它是否真的含有黃金。它不含黃金。亨利問了不少化學家和藝術材料供應商，為何它會這麼貴？沒有人知道。他們只知道這種「金粉」是在努連堡附近製造。他猜想它是某種黃銅，如果他可以知道如何製造它而後大量製造，便會賺大錢。

許多世紀以來，偽金粉的製造方法沒有什麼變化，因為亨利參與了十二世紀一個日耳曼僧人西奧費勒斯所編的百科全書，便發現了製造它的祕密。他由這本百科全書中學到的方法是：先把黃銅搗成一片箔，而後用杵和臼磨它，並加上蜂蜜以防「結塊」，再反覆用水沖洗這黏性體的東西，除去蜂蜜。這是難以置信的緩慢和費力的過程，也是偽金之所以這麼昂貴的原因，於是亨利開始思索，是否可以把這個過程機械化。他花了一些時間仿造努連堡的偽金粉，最後用顯微鏡發現了其祕密，也就是微粒必須具有的形狀。他發明了鋼滾轉機以製造箔，又發明了滾筒以生產形狀正確的微粒。這種機器——能有商業用途，它製造出的偽金粉樣品，便吸引人出五百鎊一年買它。但是亨利拒絕出售，而花了一些錢成立他自己的金漆粉製造工廠。

柏塞麥認為，如果他不為這項發明申請專賣權，可以賺得更大更久的利潤，因為即使法律的保障有效，也不過只有十四年。因而他著手建立自己的工廠，其特色是別人不能發現和模仿他的過程。他由格拉斯哥、曼徹斯特、利物浦和倫敦的不同製造商處訂購重型機器，由每一家製造商處只訂購一部。這些製造商都不明白其所製造的機器如何和別的機器配套使用。這個工廠完全安置在一棟沒有窗戶的建築物中，建築物以奇布公司出產的鎖鎖牢。製造偽金粉過程的祕密只洩露給他的姐夫查理和威廉．艾倫。這個祕密一直保存了四十年。這四十年間偽金漆的價格垂直下降，亨利賺了很多錢，因為只有他的工廠可以廉價大量製造偽金漆。

亨利適時租了一棟在海蓋特（當時在倫敦邊緣的鄉下）的好房子，坐他自己的馬車去工廠上班。但比他現在成為有馬車階級更重要的是，他有了足夠的錢支付自己的研究項目，而不必去向股東或贊助者要錢。雖然柏塞麥的金漆使他致富，不過它卻沒有給他國際上的名聲。他有一百多種享有專利權的發明，而那項使他享譽國際的發明，卻是他嘗試一種他開始時一無所知的技術而完成的。亨利在晚年曾說：比起冶金專家來，他的無知正給他一個優勢，因為他願意嘗試冶金專家因按照固定的方法和規則而不屑嘗試的技術。事實上，完成柏塞麥基本的創新——生產所謂的「軟鋼」，要花相當大量的專門知識和技術的。

一八五四年，當英國軍隊捲入俄國和土耳其之間的戰事時，柏塞麥設法發明比無膛線毛瑟槍和大砲更準確的武器。克里米亞戰爭突顯英國軍隊的落伍。在拉克蘭勛爵（其所參與的最後一次戰役是一八一五年的滑鐵盧之戰，並在此戰中失去一臂）的指揮下，沒有好的領導，配備不良，組織不佳，表現得一塌糊塗。但是這兩年之久的征戰中，也有兩個方面是英國值得稱讚的。當英軍在巴拉克拉瓦的基地到受圍困的要塞西瓦斯托波之間的道路幾乎不能通行時，包商布拉西和帕多及其英國修路工人立即動工，在短短幾個星期之內修成一條鐵路，運輸攻城大砲和補給品。築路工人甚至攜帶手槍自衛，南丁格爾改善了送到斯庫塔里的傷患士兵的駭人景況。改革俱樂部著名的大廚師索雅到戰場來教軍隊如何做飯，其所設計的戰地爐灶一百年以後還在使用。在那個時候，戰場上有許多商業性質的活動，食物由英國隨軍小販或法國軍營販賣部經理供應。西印度護士和供應食物者西珂，也在這個戰爭中成名，一度成為民族女英雄。

然而柏塞麥本人的愛國貢獻作戰部卻不理不睬。他的想法直截了當，大家都知道加「來福線」的槍砲在遠距離的射擊中，比無膛線的槍砲準確，因為它使發射中的子彈彎曲前進。使子彈在空中穩定前進的是延長子彈的旋轉。來福槍（步槍）久已用於狩獵，它們在拿破崙戰爭中由步槍旅初次用於戰場上。然而，如前所述，來福槍裝子彈的時間較毛瑟槍為長，不適合驅逐騎兵進擊的步兵方陣使用，因而大多數的槍仍是無膛線的。柏塞麥發明了一個「裝載」子彈的方法，使它旋轉出無膛線的毛瑟槍，使它射程遠而且準確。他甚至做了個小模型說明這個過程。

在作戰部宣布他們對他的辦法不感興趣以後，柏塞麥做了一個大砲證明他的辦法可行。他把子彈射進自己在海蓋特的房屋四周空地，將它們瞄準空氣。他標出每一顆子彈，以便查看不同設計的子彈各能射出多遠。然後，一八五四年他在巴黎訪友時，把他的工作項目告訴若干正要出發到克里米亞的法國軍官。他們感到好奇和有趣，乃安排他去謁見拿破崙。法國人無限制供應他研發旋轉子彈所需，讓他放手去做，在同年聖誕節前不久，請他在文森的射擊場示範表演旋轉子彈。

柏塞麥在自傳中敘說後來啟發他研究冶金術的一刻：

低矮爐床上圓形木材的輝煌爐火，看上去極具吸引力，以致我們直覺地圍繞著它，在熱騰騰的加糖、香料的紅葡萄酒醉人的影響力下，大家高談闊論比手劃腳。在比較安靜的一瞬間，軍事學校校長米尼說：子彈誠然以充分的速度旋轉，直接穿過標的，很令人滿意。但是他完全不相信目前的槍枝，他也不認為由十二磅重的鑄鐵槍枝發射三十磅重的子彈會是安全的。他說，真正的問題是：可以製造任何承受這麼沉重彈丸的槍嗎？這一句簡單的話是點燃這個世紀最偉大工業革命的火花，因為它立即可以記載的使我注意到這個情形的真正困難，也就是：我們如何製造一枝可以強韌到安全發射沉重、旋轉子彈的槍？當我於那個寒冷的十二月晚間回巴黎的寂寞旅途中，暗自下定決心：如果可能，我要完成如此令人滿意的這項工作，也就是生產最高級的鑄鐵，使其可以承受子彈重量增加以後的沉重壓力。[1]

柏塞麥雖然不是製鐵業者，但卻熟悉生產鑄鐵、鍛鐵和鋼的方法。在他開始用自己設計的鎔爐做實驗時，鋼——這一質地最高級的金屬，只是用來製造彈簧、各種工具和刀剪等利器。將鐵轉化為鋼乃是古老的藝術，中國人和日本人都會，因為鋼可以製成最佳的刀和劍。但是由於鎔化的金屬加熱所需的特殊條件，鋼的生產要花好幾個星期，而一次只能生產少量的鋼。在英國，製造品質最佳的鋼的方法，乃是由錶匠亨茲曼所發明。他將由瑞士進口的鍛鐵在坩堝中加熱。坩堝乃是用特殊的黏土製成，可以承受強熱，也不會將雜質帶進鐵中。亨茲曼在一七五〇年前後完成了坩堝或「鑄」鋼的程序，他也是第一個製鋼塊或鋼錠的人。亨茲曼由鑄造黃銅和製玻璃的人那兒假借工藝技術，他沒有申請專利權，這大概就是他的技術長久以來都是個祕密的原因。

拿破崙一直對英國在工業上領先法國一事大不高興。他懸賞四千法郎，要把獎金授予他的帝國之中第一個發現英國鑄鋼技術的人。腓德烈．克羅布因為想發現這個祕密而不果，竟至蕩盡他一度富有家庭的財產。克羅布是個悲劇性的人物，住在魯爾區艾森這個有圍牆的城市中，也在那兒工作。一八二六年，腓德烈的小鑄造工廠遺贈給他的遺孀，並由他當時只有十四歲的兒子阿弗烈經營，阿弗烈決定復興家業，並且一心一意想解決那個毀了他父親的問題——他要生產和進口跟英國鋼一樣好的鋼。

阿弗烈身材瘦長，是一位非常神經質、苦幹和才華洋溢的工業家。他早年日夜做實驗想要發現如何製作精質的鋼，能在這個情形下存活下來，也可說是個奇蹟。供給他風箱和錘煉鎚動力的小河——柏尼河，常使他感到沮喪，因為它有時會變成細流，有時又爆發為洪水。他最後設法購買了一部效率不高而又漏水的蒸氣機，作為供給他鎚子動力的工具。一八三〇年，這家滲淡經營的鑄造廠，因一筆家庭現金的注入而起死回生。到這年，真正的克羅布坩堝鋼製造了出來。柏塞麥也是在同一年開始研發金漆的生產。奇怪的是，柏塞麥是造成鋼生產革命的人，而在艾森工廠做了四年煉鋼實驗的阿弗烈．克羅布卻不是。克羅布所發現的，是如何把金屬薄板在模型滾軸下壓過，以製成叉子和湯匙——這一發明，他完全歸功於他的兄弟赫曼。這是賺錢的好生意，也是克羅布家族財產的轉捩點。

一八三八年，阿弗烈到歐洲其他部分旅行探詢，尤其是去英國。他是一名工業家，十分明白他家鄉普魯士的落後，跨過英吉利海峽時，想從事一點當代的工業間諜活動。巴黎根本太輕浮，引不起他的興趣。他的聖地是英國的密德蘭區域，尤其是雪菲爾市——坩堝鋼之家。阿弗烈的人酷愛隱私，在護照上用克羅布的名字，而在一陣英國狂熱中，永遠改變他名字的拼法（由alfived改為alfred）。他有一位名所林的旅伴。他們二人設法假裝成作文化之旅的普魯士貴族，阿弗烈甚至戴天鵝頸刺馬釘。但是這種無效的欺騙法乃屬於另一個時代，而「男爵」（大家對他的稱呼）成為英國人私下嘲笑的目標。他一共在英國停留五個月，英國人招待他參觀他所造訪的工廠，不過卻都知道他是誰，他來英國做什麼。

阿弗烈究竟有沒有學到任何英國工業上的祕密，今日已不清楚，不過他卻十分感激他在那兒所受的款待。他確乎發現製造不同的鋼需要不同的鐵，但他搜尋合適礦砂卻花了很長的時間，遭遇到很多的問題。不過雖然如此，到了一八四〇年時，他的艾森工廠已在生產純正的坩堝鋼，而到了一八五一年倫敦的「大博覽會」時，他得以展出自來世人所見過的最大一塊鋼錠。這塊鋼錠重四千三百磅，是「水晶宮」中的一個奇蹟，並為他贏得一面金牌。製造一塊這麼大的純鋼錠，需要在工廠表演驚人的奇技，把許多坩堝中的內容分秒不差的同時倒入一個模子中。阿弗烈也展示了他的一個鋼砲。二十年後，他的鋼砲便會決定歐洲大部分地區的命運。

柏塞麥在「大博覽會」中也有他自己可觀的展出（包括清煉蔗糖的機器在內）。他也許曾對克羅布的巨大鋼錠有深刻印象，但是它卻無助於他自己當前的任務。這麼大量的鋼是罕見之物，而且貴得嚇人。如果他想製造可以發射旋轉子彈的強韌槍枝，便必須找到以價廉得多的物質去模仿鋼的性質的辦法。這個時候乃至其後很久，大家對於精良鍛鐵和鋼的不同之處究竟在那裡頗有爭論。二者間的差別是在其金屬中炭的含量？或是在其錘煉的方法？

柏塞麥具有革命性的方法，可以直接由銑鐵製鋼，而不需要經過先把銑鐵轉化為鍛鐵的辛苦過程。這個方法，相當於金工中的奇蹟。事實上，許多製鐵業者在最初聽說柏塞麥所謂的「轉換器」，說它可以把冷空氣吹過鎔化的銑鐵而產生良質的鋼時，都不肯輕信。柏塞麥示範表演了幾次他的程序，並在取得專利權以後，在雪非爾市成立了一家製鋼廠。他邀請許多製鐵業者來他的工廠，說如果他們願意，可以領取執照生產柏塞麥鋼。有幾個領取了。柏塞麥發給他們每個人不同的大生產區的執照。他們修造了自己的轉換器，讓它們吹，而後察看產品，可是產品脆弱易碎而且無用（他們稱之為「壞透了」）。柏塞麥在自傳中記下這場災禍：

用於製造鐵條的普通銑鐵，因為含磷太多，完全不適合用我的程序製造鐵。我突然了解到這個驚人的事實，它像晴天霹靂一樣，令我絕對無法招架這種由無上光榮到完全失敗的轉變，幾乎使我所有的氣力為之渙散。新的失敗報告一天一天的傳來。新聞報導中也談這件事情。每一家報紙都收到通訊記者的信，公開指摘這是個陰謀，是狂熱者放肆的夢，沒有任何有腦筋的人會片刻這麼想。我記得很清楚：有一份報紙在以很重的話申斥我以後，說我的發明是一顆燦爛的流星，它短暫地掠過冶金術的地平線，只不過在一串火花中漸漸消滅，而後化為漆黑一片。[2]

關於這個問題後來如何克服的故事長而曲折，並且充滿爭論。一個可能的解決辦法是，找不含磷的礦砂，但卻發現這樣的礦沙在歐洲罕有，即使有也在不對的地方。法國人由阿爾及利亞進口礦砂，他們為了運輸上的方便，把鋼廠搬到地中海沿岸。阿弗烈．克羅布是第一位嘗試柏塞麥方法的日耳曼製鋼業者。他是由他在倫敦的代理人阿弗烈．朗斯頓處聽到這個方法的；阿弗烈．朗斯頓的兄弟羅勃．朗斯頓，自金漆時候起，便是柏塞麥的合夥人。但是到克羅布使用其第一部轉換器時，含磷礦砂的問題已經揭露出來。他對此大感失望，因為他以前所用的銑鐵已大致不能用於這些轉換器，於是他必須購買西班牙生產合適礦沙的礦場，以便供應可以有保障。英國和美國在一八六〇年代用上柏塞麥的方法，只有他們有不含磷的礦砂。

柏塞麥轉換器的另外使用方法，乃由法國製鐵業兄弟皮艾爾和艾米爾．馬丁與日耳曼兄弟偉那和威廉．西門子共同發明，一般稱之為「西門子—馬丁程序」。它包括重用鎔爐熱力的非常經濟辦法。而且，它雖然比柏塞麥的轉換器慢了一點，卻比較容易控制，並可產生較優質的鋼。但是含磷的礦沙對於這兩種革命性的製鋼方法都不適用。因而大家繼續找尋克服這個問題的辦法。

不過，大量生產鋼的時代已經到來。在普魯士，阿弗烈．克羅布成為絕對最大的供應商，他曾設法給柏塞麥轉換器取得在普魯士的專利權，但是沒有引起什麼興趣。因而他同意把這個程序保密，用假名稱掩護放鎔爐的建築物。大家很早便已發現用柏塞麥方法所生產的鋼是鐵路軌道的理想材料，而任何製造鐵路軌道的人都會發財。一八六〇年代是美國鐵路業興旺的時代，克羅布和他的英國同業一樣，外銷大量的鋼到美國，他也發明了用單一的模子給機車鑄造鐵輪的方法，因而沒有接縫處。這個發明也讓他賺了大錢。但是克羅布還有一個尤其野心勃勃的夢想：一八五一年時，他曾在「水晶宮」揭示這個夢想。他認為後膛裝彈的鋼砲，比當時軍方所喜歡的黃銅砲功能更好。他經常說願意加以研發，在幾乎無償的情形下供普魯士軍隊使用，或者甚至免費。但是他沒有如願，因為這個日耳曼的王國軍事領袖態度保守。

一八六六年，當普魯士在所謂的「七週戰爭」中，與其以前的盟國奧地利發生衝突，並予以擊潰時，克羅布的大砲初次用於戰鬥。這次戰爭是朝德國統一邁出的一大步，而德國統一的本身，又為十九世紀末年這個國家工業蓬勃的興起奠立基礎。一八六六年，克羅布的鋼砲表現得並不好：在裝填砲彈的過程上，仍有技術性的問題。但是到一八七〇年普魯士和法國之間爆發戰爭時，它們比與他們競爭的任何大砲都好得太多。它們的射程、準確性和發射速度，均非法國人所能招架，因而為普魯士贏得快捷和相當出意料的勝利。

克羅布急切地等待由戰場傳來的消息，想知道他大砲的表現。當他聽說他所生產出的這些武器十分具有摧毀能力時，便用典型日耳曼式的句子——「現在，讓我們看看我們的軍隊獲致了什麼樣的戰績！」[3]——給一位英國友人寫信。拿破崙三世在西旦投降以後，普魯士的軍隊進軍設防嚴密的法國首都巴黎，並加以圍困。法國政府向南遷到羅亞爾河流域，先後在圖爾和普瓦捷成立臨時政府。但普魯士軍隊於九月十八日完成對巴黎的包圍，並切斷頭上的電纜。九天以後，他們在塞納河中找到電纜，也予以切斷。法國人絕望之餘，把政令和私人的訊息放在鍍了鋅的球中，而後把球放在河上流進巴黎。然而普魯士人旋即發現這些鋅球，並把它們用網由河上撈出來。沒有任何訊息躲得過他們的網。

走陸路或水路出入巴黎幾乎不可能。然而，有一個逃避的方法卻有成功的機會——氣球或熱氣球。他們趕緊做了成百的氣球，並在天氣好的時候放出去。有一個氣球落在挪威。有的時候也用氣球送信，但是卻完全無法控制它們落在那裡。最後，由於所有其他的聯繫方法都不能用或不可靠，法國人只好依賴信鴿。

在巴黎圍城以前，有些人在抗命的情形下，把這些鴿子由其巴黎鴿房帶到圖爾。現在牠們都被用來建立進入巴黎的有限郵政服務。在圖爾的法國人，把要傳的訊息別在鴿子的腿上，而後把牠們放出去，鴿子於是直飛回到巴黎的老家。牠們不可避免的有些傷亡：有的被普魯士人射下來，有些被鄉村飢餓的法國人射下來。而後，在巴黎市本身，一個稱為「希望」愛鴿俱樂部，貢獻他們的鴿子，這便是日後歷史上最著名的鴿子郵政。這些鴿子是被用載運訊息及人的氣球帶出巴黎，先是帶到圖爾，當普魯士軍隊繼續前進時，又帶到普瓦捷。不論其旅途如何曲折，鴿子一經釋放便會立即飛回其巴黎老家的屋頂。有的時候，法國人把鴿子用火車載到近巴黎的地方，能安全地多麼靠近巴黎便多麼靠近巴黎，以便縮短鴿子的旅程，也使其旅程減少危險。

在現代工藝技術失敗之處，已知最古老的長距離溝通方式卻奏效。它也得到一個驚人發明——縮微照像術——之助。在巴黎被圍的期間，法國人寫了許多漫長的訊息，把它們照下來，縮入微小的小片，而後可以用放大鏡或用投影到牆上的辦法閱讀。如此公私函件得以收發，不僅是在巴黎市和「自由法國」之間，也有的來自包括英國在內的其他國家。一八七〇年十一月十九日《泰晤士報》報導說：「據說鴿子帶走縮小到肉眼看不見大小的薄片，上有拍攝下來的音訊。這些音訊在巴黎放大、抄出來，而後傳遞到其上面所寫的地址。音訊只許包括私事，絕對不許寫政治活動和軍事行動的消息。但是據說，普魯士人以其窮凶惡極的狡猾和智巧，放出鷹和獵鷹在巴黎的四周飛來飛去，打下那些翼下攜有治癒焦慮患者解藥的這些羽毛信使」。巴黎圍城於一八七一年二月結束。在此以前，達爾文正在寫他的《人類的由來》。他的一些手稿被譯為法文和德文，據說有的且穿越普魯士的戰線，走私流入巴黎市。

阿弗烈在聽到這些氣球及其所載的鴿子時，發明了必然是世界上第一尊用於防禦敵機的大砲。不過它管不管用卻不得而知，因為沒有關於使用它的記錄留下來。但是克羅布鋼砲卻是在世界各地都有需求的。而阿弗烈永遠是一個生意人，如果有訂單進來，他願意賣給任何人，甚至是像法國這樣的敵人。在同時，新近統一的德國首相俾斯麥，作為備戰行動的一部分，要求法國割讓亞爾薩斯—洛林地區。這是一個有重要工業潛能的地區，藏有豐富的含磷鐵礦砂。

有些最傑出的冶金專家在設法解決磷的問題，但一個背景與冶金業非常遙遠的年輕人卻超前了他們。雪梨・湯姆斯出生於一八五〇年，是一個遷居倫敦為國稅局工作的威爾斯人之子。他在倫敦北部伊斯林敦的佳農百利區狄更斯筆下許多辦事員之家長大，九歲以後上都維奇學院，為此一寄宿學校的寄讀生。雖然他在學校時對科學極感興趣，也想將來以此為業，可是十七歲喪父以後，為了供養母親卻不得不外出工作。他先在艾塞克斯郡當教員，而後於一八六七年在馬伯樂街的違警罪法庭充當初級辦事員。他不久以後遷居泰晤士路，在那兒住到一八七九年。他一面工作一面在柏貝克學院上夜校，主修法律和化學。柏貝克有一名偉大的教師查隆那，他告訴湯姆斯的班上說：誰能解決柏斯曼轉換器中的含磷礦砂問題便將致富。湯姆斯當時只有二十歲，但是他卻開始設法解決許多人所未能解決的這個問題。

為了盡量學習有關製造鐵和鋼的事情，他參加皇家礦業學院的考試，參觀實驗室，在假日去製鐵地區旅行，並在家中進行若干實驗工作。他的結論是：解決這個問題所需的是，襯有一層可以「固定」磷的材料的熔爐。湯姆斯有一位在威爾斯鑄造工廠工作的表兄弟吉爾・基督，在吉爾・基督的協助下，他證明了這個方法的實用性，並於一八七七年取得他第一項專利權。問題的關鍵在於給轉換器加一層襯裡。如果在以一陣空氣所造成的由銑鐵到鋼的突然變化中使用輾碎的白雲石，磷便會被吸收。柏斯曼日後認識到，他曾偶然在他第一個實驗性的轉換器中使用了不含磷的礦砂而當時不了解其重要性。所謂的湯姆斯—吉爾．基督所修改的「柏斯曼轉換器」最初遭人質疑，但於一八七九年在英格蘭東北部密斯百樂的一家鐵工廠示範表演以後，便為大家所接受。當時已筋疲力竭和脆弱，並是廣大不含磷的西班牙礦沙儲存地業主的老阿弗烈．克羅布，拒斥這一突然使洛林的礦砂成為搶手貨的新發明。但是他的兒子使用這個新辦法。這個辦法不久便在全世界應用，並迅速終結了鍛鐵的生產，引入鋼的時代。

由於美國對於各種鋼製品的需求迅速增加，英國的製鋼業者一度十分興旺。但是一八七〇年代以後，美國鋼的生產起飛，同時，使用柏塞麥和西門子—馬丁辦法，以及湯姆斯—吉爾．基督的轉換器。到了十九世紀末，包括卡內基在內的美國許多製鋼者，均發了大財。卡內基在擔任賓夕凡尼亞鐵路的一名經理以後，與另外兩個人合夥探索進入生產鋼這一行業的可能性。一八七二年他造訪英格蘭，並參觀柏塞麥的系統。他而後設法僱用了美國最好的工人，在賓夕凡尼亞州的匹茲堡附近創設鋼鐵工廠。一八七五年時，這家工廠開始生產鋼軌和其他鐵路硬體。美國有不止十三個城市或叫「柏塞麥」，或把這個名字嵌進其名字中。柏塞麥本人因他製鋼的過程而贏得許多獎章，並於一八七九年封爵。到這個時候，他已因發放使用轉換器的執照而贏得第二筆大財富。

雪梨．湯姆斯於一八八一年訪問美國。美國人十分熱烈的歡迎他，並因他對鋼鐵業無價的貢獻而給予他巨大的榮譽。他在次年創辦了自己的鋼鐵工廠。他像柏塞麥一樣得到許許多多的獎品，其中之一是藝術學會的獎章。可悲的是，他在勝利的巔峰卻生了病，或許是因為操勞過度。一八八三年他環遊世界，次年又在北非的阿爾吉爾住了一陣。湯姆斯終生未婚，但與他蘇格蘭籍的母親及妹妹很親近。一八八五年初，他與她們在巴黎會合渡假，但到了這個時候，他的健康日漸惡化，這年二月一日死於肺氣腫，葬在法國首都，得年僅三十五歲。柏塞麥爵士是個長壽的人，他一八九八年逝世，得年八十五歲。

鋼鐵時代的成長與石油工業的成立，等於構成了第二次工業革命。一八七〇年代以後，德國的工業加速發展，因為其科學家和技術人員接受了新的化學和電氣工業。美國正迅速成為世界上最先進的工業國家。法國的步調比較遲緩。雖然諾貝爾等人研發了俄國的石油工業，但是俄國仍落在後面。包括義大利和西班牙在內的其他歐洲國家，沒有多大的進展。英國正被人迎頭趕上，不過它仍然是個富強的國家，而它所創造的工業社會，現在已在世界上的一大部分生根。而日本呢？這個幕府大將軍和武士的國度，此時勉強進入工業的地圖。

第十七章　蘇格蘭人和武士

海軍准將培里於一八五四年啟航離開東京灣時，日本人仍處於混亂的情形。美國人實力的展現，以及他們由萬次郎這種乘船遇難流落海外而又回日本者處所聽到的一切，使當初的軍事封建獨裁幕府德川了解：他們必須做一些讓步，打開一點自己「上了兩道門閂」的大門，與外國貿易和進行外交活動。於是他們打開了根據條約開放的商埠，而外國商人源源進入。在同時，日本又興起一場運動。它一方面反對幕府的讓步，一方面又想擁立日皇復位，並驅逐美國和歐洲的侵略者出境。許多年輕的武士，尤其是強大薩摩家族和長州家族的年輕武士回應這一呼籲，這兩大家族的領域離幕府在東京的根據地很遠。

長州教師吉田松蔭認為：如果日本想要取得軍事力量以抵抗侵略，便必須知道西方是如何變得如此強大。當美國遠征隊第二度出現在東京灣時，當時年僅二十四歲的吉田松蔭和一位友人，曾祕密設法請培里准將帶他們去美國。培里拒其所請，而這兩個人被日本人逮捕，用屈辱的囚禁方法，在東京把他們放在一個籠子裡。當幕府與美國人簽署第一次的條約時，松蔭大為驚駭，於是開始計劃推翻幕府，並使天皇復辟。他的口號是「尊王攘夷」。他力促他年輕的追隨者向西方學習，以便可以擊敗幕府而重新點燃日本帝國的驕傲。

由於不信任幕府，薩摩家族和長州家族的成員，非設法武裝自己不可。他們是想要槍砲和輪船以驅除外夷呢？還是想推翻自己的統治者呢？這事並不清楚。但無論如何，他們的煽動叛亂是幕府所不能容忍的，於是吉田松蔭於一八五九因其政治活動而被斬首。不過，叛徒們所需要的是某個西方的聯絡人，以便取得現代的武器。一群長州武士終於找到他們的救星——蘇格蘭人湯瑪士・布雷克・格羅夫。

格羅夫於一八五九年晚夏到達日本南面的海港長崎。他那時只不過二十一歲，是蘇格蘭嘉汀馬提松公司的一名辦事員，有些野心勃勃的公司在貿易條約生效以前的一年，便搶先做起生意來，嘉汀馬提松也是其中之一。當格羅夫到達日本時，它的代表羅斯・麥肯錫已成立了其第一個辦事處。長崎是幕府准許與西方貿易的三個港埠之一。在那兒的小外國人社會，其生活是有時奇異、有時乏味、有時又極端危險。最初羅斯・麥肯錫發現出口海藻到中國（中國人視海藻為佳餚）和出口絲到歐洲（歐洲人用絲製成最精美時髦的衣著）可以很快獲利。然而，因為與他們競爭的商人也加入這項貿易，而貿易又受到日本人的限制，生意便清淡了。格羅夫主要是經辦茶、絲和大米的外銷。不過英國在長崎的一小群人，不久便組成一個俱樂部，為自己創造了有特色的領地，晚上在那兒聚會飲酒。他們大半的時間沒有什麼問題，不過是與低級官員爭論、設法懂得一點日本的語文和享受長崎著名美女們的眷愛而已。

在他們迫使幕府與他們簽訂的條約中，英國人在橫濱和東京成立了外交站。日本人不喜歡看到這些西方人，也發生了若干英國人遭受攻擊的事件。最壞的事件於一八六一年在東京發生：英國的公使館在夜間遭到揮舞著劍的日本武士攻擊。這個時候，日本駐長崎的領事摩瑞森正巧來東京訪問，他開槍擊斃兩名武士。這樣的攻擊激起典型的英國式回應——砲艦外交。不幸的是：英國皇家海軍的船開始在日本水域巡邏。

這個時候，格羅夫已經安頓下來，他到了二十四歲的時候，已是長崎小外國人社會的領袖人物。他娶了個妻子（這樁婚事像是磋商條約而非終身的承諾），她也給他生了個孩子。他們給他蓋了一棟近於西式的房子，他也熟識了日本南部的兩大顯赫家族——薩摩家族和長州家族。有些家族在違反東京幕府嚴格的命令之下，開始購買英國輪船。格羅夫逐漸明白內戰正在醞釀，而他毫不懷疑他是站在內戰的那一邊。如果想要貿易發達，那麼主張現代化的人必須贏得戰爭。而當日本的緊張情勢快到達頂點時，格羅夫直接涉入一個大膽的計劃：打開日本的門戶，以接納西方的影響。

緊張的局勢在一八六二年到達頂點：一群英國商人和外交官在由橫濱乘車出行時，遇上由東京往京都走的薩摩家族一行。由於英國人不肯讓路，薩摩武士乃攻擊他們。在接下來的打鬥中，英國商人理查遜被殺。英國人要求日本人為此事道歉，並賠償金錢，薩摩家族予以拒絕。一時高度的緊張局勢，隨雙方這一相持不下而來，後來因為薩摩家族的退卻，才避免了不折不扣的戰爭。

一八六三年夏天，當英國和日本的關係仍然緊張時，有一些年輕的長州武士前來見格羅夫。他們是他認識的吉田松蔭的信徒，來問他能否協助他們逃往西方。他們並不想流亡在外生活，只想盡量學習西方的工藝技術和工業，而後帶著這些新的技術和知識回日本，因為他們相信舊秩序已維持不了多久了。這對格羅夫自己而言是一件危險的事，但他同意協助他們。嘉汀馬提松公司所奠定的貿易網絡，提供了把這些武士非法帶出日本的方法。這五個人——伊藤博文、井上馨、井上勝、遠藤謹助和山尾庸三——把頭髮剪成西式，穿上了英國海軍的制服。雖然他們其中之一會一點英文，但這群人快速而不清的喃喃而言，想要隱藏其身分。「長州五傑」躲在橫濱嘉汀馬提松公司一個辦事員家中候船去上海。這個時候的橫濱港還不比漁村大多少。

原訂的計劃是，他們五個人到達上海以後，便會在去倫敦的船上找到乘額的舖位。但是由於誤解，他們之中的兩個人——井上馨和伊藤博文，被登記為見習船員，因而不得不在輪船「皮卡蘇斯號」上以低級水手的資格，忍受艱難的去英國旅程。不過一開始的時候，還不大清楚他們為何去歐洲。他們最後是想推翻幕府？還是想擊退西方的侵略者？或者兩樣都想？誠然，伊藤博文在出發的時候認為，他們會學習西方的海軍，尤其是英國的海軍，並把自己武裝起來以便驅除侵略者。一八六三年時，他強烈地以日本為傲，並曾賦小詩一首：

你要知道，我是為了日皇的帝國才走上這個旅程。
不過我在自己大丈夫的驕傲中也感慚愧。[1]

伊藤原是吉田松蔭的學生，甚至還有人謠傳，他那一群人涉及對東京市郊英國公使館的攻擊行動。今日已不知道格羅夫在協助伊藤及其友人逃走的時候，是否明白這一點。也許他有把握一旦伊藤到達英國，便會明白抗拒是無望的，而他取得西方工藝技術以擊敗「入侵者」的美夢，不過是幻想。事實上，當伊藤和其他幾位年輕的武士到達上海時，他們只能驚奇的看著上海港中一隊一隊的輪船，而有了自己行動的新目標：日本唯一的選擇是現代化和工業化，否則它只能一直是個供應西方原料的國家。畢竟，一個世紀以前刺激新獨立的美國發展其本身工業的，也就是這同樣的恐懼之感。

長州武士在到達南安普敦以後，與嘉汀馬提松公司的休．馬提松會面，後者帶他們去倫敦的大學學院。那個時候，大學學院是倫敦唯一的不分宗派大學，因而不會阻止他們註冊。化學教授威廉森照顧他們，並為他們申請特別的註冊許可。這五個人中，四個將上他所教的分析化學。

這五個年輕人身穿漂亮的衣服，頭髮剪成西式的髮型，看上去像一流行音樂團。他們住進近大學學院的寄宿舍，開始學習英文。但是他們在倫敦沒有多久，便在《泰晤士報》上看到日本的緊張狀態，以及鹿兒島戰役。在這件發生以後很久，一八六三年十月二十九日，由八月二十六日的英文報《日本商業新聞》摘下的一篇報導，與由「我們的偶爾通訊記者」在旗艦「尤瑞勒斯號」上的指揮下，進入寬闊而美麗的鹿兒島海灣。它停泊在城外，想要由薩摩家族索取這個家族因其對英國人暴行而付出的補償。海軍中將古柏注意到海灣中停泊了三艘薩摩家庭的輪船：它們很可能是格羅夫給這個家族買的，因為格羅夫供應任何他們要的東西。由於古柏預料與薩摩家族商談不是一件容易的事，他於是決定「拿下」這些輪船，並用自己的船把它們由碇泊的地方拖走。

這個動作引起日人列砲的轟擊——海灣的盡頭是一個城市，列砲設在那兒作防禦之用。旗艦所受創傷最重；其船長及一指揮官陣亡，船也受損，古柏於是動武，他焚燒拿下的薩摩輪船，而後攻擊鹿兒島。日本人旋即放棄列砲，城的本身及許多停泊在港口內的大帆船，均被縱火焚燒。日本人傷亡的確切數目不得而知，但是據估計有一千五百人被殺，另有許多人受重傷。十二名英國船員立即陣亡，受傷的或許有二十人。在這個薩摩城市被殘忍制服的新聞傳出以後，接下來又是更令人憂心忡忡的報導：長州——這五個人自己的家族——在射擊由橫濱去上海途中通過馬關海峽的英國和美國船隻。

井上馨和伊藤博文曾去阿伯汀，格羅夫的親戚在那兒帶他們參觀造船所，他們也再度受到嘉汀馬提松的照顧。他們為所見到的大吃一驚：那些強大和武裝的船，可以輕易的制服任何日本部隊。這兩名武士原想在英國多待些時候，但是到了一八六四年春，他們感到應回日本去告訴自己的同胞，與歐洲人和美國人抗爭是徒勞無益的。另外三個武士留了下來，其中之一繼續在格拉斯哥大學學化學。

在伊藤和井上於一八六四年七月中旬回到日本的時候，英艦與長州家族的對峙，在這個家族封鎖馬關海峽大約一年以後，已到了嚴重的關頭。一支由英國、法國、荷蘭和美國軍艦聯合組成的艦隊正在去長州的途中，要迫使這個家族放棄其敵對的態度。英國在日本的代表艾爾柯克爵士看到這兩位外出武士的歸來，乃請他們傳個音信，告訴他們的諸侯撤除封鎖，否則便會遭到攻擊。英國的翻譯人員薩托把艾爾柯克的話用日文寫出來，他在把這個文件交給伊藤和井上的時候，特別告訴他們說，當他們遞交這份文件時，會有百分之七十左右的機會被砍頭。兩艘英國戰艦在七月二十七日晨，把這兩個焦慮不安的武士送到一個小島上，說戰艦在八月七日會回來。事實上，英國人在八月六日便來接他們，但他們告訴長州的好戰之士在支吾其詞。想說服他們這是一件沒有希望的事，因而伊藤和井上說，打破這個僵局的唯一辦法是，把幕府大將軍免職，而迎天皇復位，天皇會與兩方人磋商新的條約。

一八六四年九月五日，這支國際艦隊開砲射擊，很快便擊潰長州的抗拒。這個家族不但需要付出因其攻擊英國人的賠償，也被迫支付這次制服他們的遠征軍的開銷約二十七萬鎊（比今日的一千三百萬鎊更多）。這些前進的年輕武士現在更了解到，他們必須聯合起來推翻當前的統治者，而且接受西方的工業體系。次年，在格羅夫及其友人的協助下，十九個薩摩武士和官員溜出日本。其中兩人在其日記中形容，他們如何在香港初嚐冰淇淋，以及他們在沿蘇伊士運河乘坐火車時所感到的驚訝。其中一人森有禮寫道：「我們這群人中，有一半以上原是主要的煽動反對情緒者，但是當他們在地中海馬爾它島上岸，並初次看到歐洲強國的開明進步時，便立即警醒。」[2]

薩摩這一行人，在護衛荷爾姆的陪同下，經南開普敦到達倫敦。荷爾姆事先打電報給湯姆斯．荷爾姆的兄弟吉姆，以便後者可以在倫敦接他們。電報的使用也使這些日本人大吃一驚。「薩摩十九傑」住在倫敦一家旅館的時候，與「長州五傑」尚留在英國的三位會面。他們之間的友誼，可以由在日本的這兩個家族開始聯盟反映出來。在這些反叛的武士留在英國體驗生活（有些住在阿伯汀格羅福家中，有的在倫敦的大學學院上課）的同時，日本國內已擬好推翻幕府的計劃，最後供給秦凱的薩摩和長州叛軍武器的，是格羅夫。

一八六八年幕府滅亡，十五歲的天皇復辟，江戶改名東京，日本真正開始採用現代的工藝技術。對格羅夫來說，他這一私運軍火協助贏得的勝利，卻幾乎造成經濟上的災禍，因為他主要的生意大致枯竭。然而，他後來成為三菱造船公司的顧問，並在一八六三年在他建造的格羅夫府邸過著舒適的生活。他在一九一一年去世時獲頒極大的榮譽。「長州五傑」之一的井上馨，當時已是新日本的傑出政治家，他送來一個花圈。事實上，當年冒了生命危險去西方取經的五位勇敢武士，均已成為新日本的政治領袖。伊藤博文一度是日本首相，並且曾擔任高的總督一職（日本是在其帝國成立時兼併高麗），不過在一九一〇年，他被一個民族主義份子暗殺身亡。大多數當日去西方的薩摩武士，也在日本的現代化中扮演重要角色。

一旦新的日本政權決定採納工業制度並與西方貿易，幾乎所有的工藝技術均必需由國外引入，而早期許多英國人的貢獻，均出自蘇格蘭人之手。造成日本轉型最重要的人物是布倫敦，他於一八六八年來到日本，在日本住了八年，其間進行了為數驚人的工作項目。布倫敦一八四一年出生於阿伯汀郡，家道小康。他上的是私立學校，並有家庭教師給他補習。他在遷往倫敦以前，曾在蘇格蘭一家土木工程公司任職。在倫敦時，又在參與修築「倫敦與西南鐵路」的一家公司工作。他申請去英屬印度工作而不果，但就在這個時候，看到徵求去日本建造燈塔的工程師的廣告。

英國公使派克斯在日本磋商締結的條約協議，包括規定一度對西方富有敵意的日本海岸，對運輸業有較好的安全保障。燈塔的訂單已經提出，但因為沒有適當的方案，最後乃請教蘇格蘭的史蒂文生公司。這家公司刊出年輕的布倫敦所看到的那則廣告，而在經過商業部的同意以後，他於一八六八年二月得到這份工作。他那時二十四歲，從來沒有關於燈塔的任何經驗。但是在史蒂文生公司給他安排了密集的訓練以後，他於一八六八年八月八日到達橫濱。

布氏在一份文件中寫下他對日本最初的印象。這份文件到一九九一年，也就是寫成後的近一個世紀才發表出來。他說他在橫濱所見當地人的原始生活情形，令他大吃一驚。他來橫濱是由於派克斯公使請他協助一個外國人的聚居地。這兒的木造房屋建造得很不好，也不舒服，冬天唯一取暖的設備是放在中央的火盆。至於衛生設備，則在屋後通常有兩個構成化糞池的陷入地下的桶，四周圍了起來。人類排泄物被視為極有價值，可以作為水稻田的肥料。[3]

派克斯請布倫敦修築一些較好的道路，布氏報告說：「日本人舊日未曾想到硬而乾的道路。沒有馬拉的交通工具，只有一些手推車的有輪交通。人和馬都穿用稻草製成的草鞋。人也穿木屐。木屐可使腳離地一或二吋高，使腳不沾泥。」不過，一八六六年日本所簽的一份協議，卻規定橫濱的外人區域，應按照一八〇〇年代早期馬格當在英國所建議的方法，舖設碎石路。布倫敦最初找不到容易運到橫濱的石材。日本當時沒有馬拉的車輛，而縱橫穿越內陸和海岸的道路很窄，只能走馱馬。布倫敦得在沿海找石材，在找到以後，用一隊大帆船運到橫濱。打碎的岩石必須加以輾壓加固，在歐洲，馬力或蒸氣力可以做這件事，布倫敦在橫濱的唯一解決辦法是，把一大塊重四、五百噸的方形石頭弄成圓形。這塊圓石又由二十或三十位勞工所組成的工作隊，在新修的路上往返拉拖一年。

布倫敦認為日本人太過興奮地想要修築鐵路和擁有輪船，而他們卻應該先給自己修一個想樣的道路網。日本很像十八世紀早期的英國，它的海岸貿易很經濟而有效，而大宗貨物幾乎是用海運。大型帆船只為內陸水域而設計，它的底是平的，可以在淺水中航行，因而不太需要疏浚河流的入海口。布倫敦似乎可以著手處理任何工程學上的問題。他竭力主張要有從河口掃除擱江沙的辦法，並修建防洪的設備。而在同時，日本的每一項建設，由建造燈塔到修築鐵路，都因經常的地震威脅而更為困難。

布倫敦在早年不得不臨時湊合，有什麼便用什麼。一七七九年世界上第一條鐵橋建成，橫跨什羅浦郡的塞文河——它是煤溪谷的達比家族和約翰．「愛鐵成狂的」威京遜的功績。

幾乎一個世紀以後，橫濱的總督寺島宗則問布倫敦，他是否可以建造日本的第一道鐵橋？寺島曾於一八六五年到一八六七年在英國兩年，因而必曾在英國看到到處的鐵質建構。誠然，日本需要比它的典型橋樑更牢固的橋樑。布倫敦曾描述日本典型的橋樑說：「兩棵帶樹皮的樹構成了橋墩，它們盡本地器具的所能打進地裡去。這兩根橋墩中間的空間，架設兩、三個另外的樹幹，要挑彎曲的樹幹，以便形成日本橋樑的拱形。在這兩、三根樹幹上交叉地鋪上木質厚板，一道粗糙的欄杆完成這個建構。這樣的橋樑需要經常修理。」[4]

寺島宗則沒有錢由英國進口鐵或引進任何工匠。不過布倫敦在橫濱找到一個有些鐵匠經驗的英國人。他在香港找到舊鐵板，又由一家工程工廠借到一部鑽孔和修剪用的機器，並教日本工人如何用鉸釘把各塊鐵板接在一起。群眾前來觀看日本第一道鐵橋的修築，這道橋將承載由橫濱到東京的交通。布倫敦沒有說它究竟是個什麼樣子，但說它看上去像他在英國所建造的鐵桁鐵路橋樑。這條鐵路雖然在中心處有一點不牢固的鉸釘，卻是一大成功，它有一陣子是明治時代日本的一個奇蹟。

布倫敦本來只是受僱建造燈塔。他乘輪船沿海岸旅行多次，設法克服困難，在他認為該建造燈塔的地方建造了些燈塔，由英國招來一些工人修建。有一次載運照明和反射設備的船在海上失蹤，幾乎釀成災難。布倫敦以他典型的處置辦法：取得為美國機車所設計的車前燈，把它們安裝在一些燈塔上，日本有充足的石油供應；它是生產在坑中，與美國鑽孔技術引進俄國以前俄國所用的相似。但是布倫敦不能把日本石油精煉為燈塔用油，因而必須進口油。

布倫敦在一次探索島嶼之行中，被帶到一八六三年遭英軍轟擊後已重建的鹿兒島。即使是在明治維新以後，驕傲的薩摩諸侯這時會如何接待一位英國工程師，尚不可知。布倫敦的嚮導井上先上岸去試探他的心情，回來說諸侯歡迎他們造訪，而且會設宴款待，不過這些宴會主人很抱歉，因為他們沒有酒。布倫敦船上有很多酒，他這一行帶六瓶香檳酒和六瓶雪利酒上岸。

在宴會開始以前，主人帶他們去看薩摩家族所興建的新產業，其中有一個巨大的棉紡廠，機器乃是格羅夫由蘭開郡奧德漢進口。他們也帶他去看鑄砲的兵工廠、造船廠和吹玻璃的設備。宴會設在連接棉紡廠的一間大室中，有二十個座位。他在就座以後注意到瓷器來自著名的瑋緻活陶瓷所在地斯泰福郡，而西式刀叉餐具（對日本人而言，這完全是新奇的，因為他們用筷子吃飯）乃雪非爾市所製，然而食物是「巴黎式」，由湯開始、點心結尾。布倫敦和其他客人剛吃完一大頓飯，並滿意的擦嘴，整頓宴會的食品又重新端上來。他們設法吃下這第二輪的食品，但不得不冒得罪主人的危險在第三輪又端上來時說吃不下了——布倫敦以肘輕觸井上，井上輕聲告大師傅說，客人都已經吃得很飽了。當輪到布倫敦在橫濱招待他的日本客人時，他們生平第一次嚐到羊肉，因為日本既沒有豬也沒有羊。

雖然促進現代化的日本人士對鐵路很熱衷，可是主管官員過了一些時候才想出如何支付修築鐵路經費的辦法。格羅夫又搶先一步。他在一八六五年由上海進口了一部蒸氣火車頭，把它開在長崎一條狹窄的二呎六吋軌道上。有時格羅夫也駕駛他稱為「鐵公爵」的英國造機車。這不過是個新奇有趣的東西，他後來又把它運到大阪去示範演出。在日本修築鐵路的先驅，遭遇到特殊的問題。每當馱馬行列所用的橋樑被洪水衝走了以後，更換是一件容易的事，但它們很脆弱。鐵路的橋必須承載極大的重量，據英國的工程師說，必須用石材建造，至少也得用石質橋墩。此外還有地震的危險，有的地方還有大雪，其所造成的雪堆可以高達八呎，尤有甚者，日本多山，對工程師來說，是最困難的地勢。高地可以高達七千到一萬呎，而高聳在東京市上方的富士山，更超過一萬二千呎高。

第一條真正的鐵路舖於橫濱與東京之間，長二十多哩。它是由政府出資進行的工程，由無所不在的布倫敦設計。一八七二年，在這條鐵路的通車典禮上，年輕的天皇說：「對於絕對服從朕意引進鐵路，並克服一切反對與困難，最後完成我們今日所見成果，朕表示最大的滿意。」[5]機車先鋒理查·特里維西克的孫兒成為在日本著名的修築鐵路者。他們自己是「倫敦與西北鐵路機車工程師法蘭西斯·特里維西克的兒子。理查·特里維西克的長孫以他父親之名「法蘭西斯」為名。一八七七年，他受日本人之聘，日後寫成關於日本早期鐵路的一部權威性歷史。

最初的十年間，由軌道到火車頭，幾乎每一樣東西都是由英國購進，不過後來火車頭乃由法國、德國和美國進口。政府自一開始起便監督鐵路的修築。許多鐵路乃公營事業，甚至私人公司（其特許權為期在二十年到九十九年之間），照法蘭西斯·特里維西克看來，也是在得到政府的援助下築路。在美國，鐵路公司承擔所有測量工作、工程學和舖設鐵路線的所有成本，但是在日本，這些都由國家鐵路局承擔。而後政府擔保投資者其投資額百分之八的利潤率，以及在日本人口最稠密因而可望獲利最大的地方規劃鐵路線的權利。由於政府對鐵路的支持，鐵路興建得很快：到了一八八七年，法蘭西斯·特里維西克說，大家爭著要求修築更多的鐵路，簡直可說是到了狂熱的程度。到這個時候，有十七家公司提議修築共長一三七五哩的鐵路。私營鐵路超過公營鐵路線。

雖然如此，日本人當時卻未自己製造出火車頭。新橋和神戶的工廠可生產軋製材料，由法蘭西斯及其兄理查監製。到了一八九三年，理查得以在日本製出第一部火車頭。但它並非全是在神戶所製，因為有的部分需由外地進口。但它標示日本可獨力製造火車頭而不依靠進口的開始。一八九四年，法蘭西斯·特里維西克，回憶起一個世紀以前他祖父所遭受的待遇，寫道：「歷史上的事件反覆發生，老理查·特里維西克因為使用高壓發動機而遭詹姆斯·瓦特說他愚蠢和瘋狂，甚至至今一般人也不知道他是第一個發明和製造火車頭的人。日本人也將永遠不知道神戶的理查·特里維西克是日本的第一個火車頭的設計和發明人——這項榮譽給了一個沒有什麼機械知識的日本人。」[6]

理查·布倫敦對於日本人的愛面子，或說將國外假借來的創新事物說成是自己的發明的這個情形，也一樣熟悉。不過他苛評日本人喜歡用自己的水手為輪船船員，因為他們對於這麼快速和強力的船隻沒有經驗，在第一年的操作中，經常造成輪船擱淺或互撞。布倫敦在日記中常批評他的地主，他奚落日本官員的貪污腐敗、愚頑地拒絕承認西方工藝技術的優越，以及偶爾的侵犯行為。但他顯然對於日本人有熱情。當一八七二年一個日本特別使節團在周遊世界經過倫敦的時候，他恰巧回到倫敦，因而這個使節團前來拜訪他。布倫敦明白英國人對這些東方客人一無所知，乃於他們到達以前寫信給《泰晤士報》，鼓勵英國人注意這個迅速工業化中的國家。

布倫敦盛讚日本是「一個景物優美、礦藏豐富的國家，它正努力躋身有高度文明的國家之列。」[7]日本所有的學校均教授英文，上流社會也在採納英國習慣。約有五百五十個年輕的日本男子在國外讀書：三十到四十個在德國、四十到五十個在法國、二百個在美國、二百五十個在英國。同時，日本各地都有英國工程師在工作，許多英國學者是日本大學學系的系主任。布倫敦說：這個快要到達倫敦的特使團團員，都是日本最傑出的政治家，美國已給他們適當的熱烈歡迎：美國國會通過五十萬美金的款項招待他們。布倫敦說：「我並不希望我國效法美國『喧鬧』和繁瑣的那種款待」[8]，但是希望英國人尊敬和禮遇這些日本人。他在再次回到日本去修造燈塔以前，誠然友善的歡迎他們。

到了一八九〇年代，日本人已開始樹立起自己的各種實業，尤其是造船業。在肇始日本的轉型中發生最重要作用的格羅夫，仍然擔任其造船業的顧問。日本現代化的資本大致是來自外銷絲和名種礦物質的贏利。在強烈抗拒西方以後，它正迅速成為世界上最強大的國家之一。它想找海外的殖民地，好像也要和英國在這方面爭勝一樣。可是此舉無可避免地造成日本和俄國的衝突，這個強大的鄰國現在終於也開始現代化。而在日本迅速工業化的同時，西方世界也正開始另一次革命——馬正將為汽車所取代。

第十八章　馬力

日本在採用英國和其他歐洲國家所發明的最新工業技術時，卻少不了拖曳馬這個原動力。馬在世界各大城市拉乘客運輸工具和貨物車輛，而在大西洋兩岸的鄉村也拉犁和收割機。當鐵路取代驛馬車而成為長距離交通工具時，連接各市鎮的道路往往失修。但是在城市之內及近火車站或港埠的地方，馬拉的道路交通工具不但必要，而且在十九世紀後半葉以極快的速度增加。事實上，對於馬匹的需求實在太大，如果不是發現了取代馬匹而成為城市中主要動力來源，則工業的進展便已停頓。後來的救星是小汽車，但是這種新奇交通工具的出現，卻花了九牛二虎的國際力量，因為由石油驅動車輛的這個想法，最初引起極大的反對。在剛開始以汽車為工具的那些年，一位美國的反對者說：「沒有人想坐在爆炸物的頂上來來去去。」

歷史學家湯普森寫過兩本書：《十九世紀的馬意識》和《維多利亞時代的英國：馬拉的社會》。他假借經濟歷史學家的概念，發明了他所謂的「反事實的馬」。反事實的研究問歷史一個問題——「如果當日的情形與歷史上真正的情形不一樣，那麼會發生什麼？」他想像如果沒有內燃機，二十世紀的生活會是怎麼樣。他說：如果沒有道路上的交通工具把乘客和貨物載運到火車上，和由到站的火車把乘客和貨物載運到其目的地，那麼火車站便會像是一條擱淺的鯨魚。鐵路公司本身都養了大量的馬，巴士和電車公司亦然。這些馬得餵食也得有馬廄，不論是走在路上或是休息，都極佔空間。倫敦的新大英圖書館，便是建在聖潘克拉斯站旁的多層駐馬場。

湯普森教授提出了一些驚人的數字：十九世紀末，英國大約有三百五十萬匹馬（平均每十個人有一匹馬），美國大約有三千萬匹馬（平均每四個人有一匹馬）。馬當然不是人製造出來的，也不是在養馬場大量生產出來的：只有少數幾個精華軍用馬廄，才用高度特殊的畜養法。相反地，這種四隻腳「機器」的生產方法，是由一個取費的人帶著一匹種馬出行，使他為在發情期的母馬受孕。讓馬交配是需要技巧的，也可能使人相當緊張。幾年以前我們所訪問的一位最後的帶種馬出行人形容說：「你把母馬的尾巴用一條線拴在馬背上，種馬騎到她背上，你把種馬的陰莖放到她身體中去。交配完了以後，立刻把牠的陰莖在一桶水中洗乾淨。母馬離開，你希望這件事就此結束。但是因為你經常走這一條路，如果三個星期以後那個農夫認為牠又進入發情期，你便得再回去。如果牠對那匹種馬不感興趣，那麼牠大約已受孕。」[1]

帶種馬出行者的成功率很高，但是在十九世紀最後的十年間，馬的價值開始戲劇化地上升。在倫敦這樣的大城市維持一匹馬和一輛馬車愈來愈昂貴：除了買馬的成本以外，還需給牠築廄、付馬夫工資和飼料的費用，還有燃料。英國的道路交通工具，需要一千五百萬畝的農地，供應一年的乾草和燕麥。在美國，一般認為需要大約三分之一的已耕農地（八千八百萬畝）去生產馬匹的飼料。與此同時，英國有二萬部蒸氣火車頭，美國有六萬部。每一部火車頭可以做大約一百匹馬的工，因而大大增加了長距離貨物和乘客的運輸量。

最後，在和「反事實的馬匹」說再見以前，我們必須一提這些四腳發動機比較令人不愉快的面向。每匹馬一年產生大約七噸的糞肥料，這些糞在農耕區域實在很方便，但在市鎮卻是個真正的問題。在一八五〇年代的倫敦市，衛生局的報告說：單是在西敏寺和倫敦商業區，馬便排放了二十萬噸的糞便。新聞記者梅休喜歡統計學，他的數字比較低，只有五萬二千噸。但是他說的只包括馬在路上六個小時拉的糞便。

梅休也生動的描寫了屠宰廢馬商的工廠——廢馬丟在這裡的大桶中，身體上的每一部分都重複利用。梅休寫作於十九世紀中葉，他估計單是倫敦一地，每年便有三萬七千匹馬送進廢馬屠宰場。一八九〇年代，這個數字是二萬六千。馬的肉體大半賣作貓和狗的食物；肉放在木質串肉針上，在馬拉或平推的車上，在大街小巷招攬顧客。一八九〇年代，每週大約售出七十來噸馬肉。狄更斯在十九世紀稍早在幻想中想像，如果你留下所有的木串肉針，那你便可以修造一艘海軍軍艦「皇家串肉針號」去嚇英國的敵人。除了馬肉以外，馬蹄可以送去給製膠的人，馬骨送去給製肥料的人，馬皮送去給皮革商人。這一個多彩和富刺激性的馬匹運輸工具世界，僱用了成千的鐵匠和蹄鐵匠，以及帶種馬外出授精的人和運貨馬車伕。但這個世界到了一九〇〇年，大約已到達其發展的極限。

事實上，機動車輛遲緩的演化，與取代馬匹的想法沒有什麼關係。有一段很早的時間，馬還是一個妨礙，因為走在路上的機械車輛，往往會驚嚇這些敏感的動物，並威脅到那些畜養牠們、照料牠們，和視牠們為生活中不可或缺部分的人的生計和利益。尤其，最早的蒸氣貨車行為有點凶惡的樣子，為了抑制這些怪物，英國在一八六〇年還通過了好幾項「火車機車法案」。一八六一年的第一項「火車機車法案」，對於使用收取通行稅道路的蒸氣車輛，規定了驚人的高額通行稅，並規定其速度限制：鄉間每小時十哩，城市每小時五哩。

一八六五年所通過的「紅旗法案」惡名昭彰。它不僅將時速減低到城外每小時四哩，城裡每小時二哩，而且規定至少要有三個人管理一輛蒸氣貨車，而當這部機車開動時，其中一個人需步行至少走在它前面六十碼，並手持一面展開的紅旗，警告趕馬的人和騎馬的人，這部機車要來了，打信號給趕馬的人告訴他，何時當停下來，並協助馬、馬拉的車，傳遞同樣的信息。」[2]這項法案在一八七八年有小修正：不需再用紅旗，走在車前的那個人，只需走在車前二十碼。修正後的紅旗法案，到一八九六年才廢止。

不過以蒸氣為動力的道路車輛，美國和歐洲都有研發，而且在整個十九世紀中，英國的道路上都可見到這樣的車輛。事實上，到了十九世紀末二十世紀初，其外表和石油驅動的汽車，已看不出有什麼差別，其汽鍋乃用某種液體燃料（如煤油）加熱，但它不是直接導致汽車發展的蒸氣車。法人所謂「汽車」的起源，是兩種相當不同發明的結合。

第一種是腳踏車。這種「旋轉木馬」最初在十八世紀後期出現，旋即成為年輕的時髦人士和交際花的狂熱喜好。這種腳踏車只有前後兩個附在一個木架上的輪子。騎車的人雙足著地，把它向前推。車前沒有操縱方向的裝置，騎車者必須舉起這沉重的架子才能變換方向，這個習慣使許多熱愛騎車的男人脫腸。改良腳踏車的發明人據說是巴黎機械師米曉，他想起把曲柄放在前輪上，騎者可以用腳轉動。許多人懷疑，有誰可以在這樣一架機器上維持平衡，但旋即發現，這是可能的，因而另一波狂熱又起。這個階段的腳踏車沒有鏈條和齒輪，只有實心的輪胎。解決支撐的辦法是把前輪愈做愈大，騎士坐在一個高高的鞍上。這樣的機器用於旅行和賽車都很受歡迎。它們有各種形式，有時前輪小，有時後輪小，其一般的名稱是「常物」，日後的綽號是「一文錢」。英國工程師史塔雷和希爾曼，於一八七〇年取得第一種全由金屬製成的腳踏車的專利權；這些高輪腳踏車到一八九〇年代仍然流行。「高輪行進」在歐洲各地和美國日漸為人所喜，有各種技術的技師零星予以改良，歐洲和美國也成立了許多騎腳踏車俱樂部。

騎馬的人討厭騎腳踏車的人。一群騎腳踏車的人有時超前騎馬的人，因為如果道路合適，騎腳踏車的速度可以很快。對騎腳踏車的人而言，這種高輪的旋轉物，其缺點是有「倒栽」的危險。這樣的危險時常發生，如腳踏車遇到路上有坑洞，或轉進鄉村道路隱密的角落時，撞上一群羊。騎得太快也會被警察取締。

雖然騎腳踏車的人在拉重物的時候，比不上拉車的馬，可是騎車卻是騎馬的勁敵。一八七〇年代和

上：當一八五四年美國人第二次遠征日本時，他們帶來工業世界的禮物，包括一部四分之一大小可用的蒸氣機、其所拖的車廂和一條圓環軌道。有些旁觀者跨騎這些小型車廂與高采烈的兜風。

上：照片中的五名武士，於一八六三年冒了生命的危險離開日本，去找尋西方工藝技術的祕密。後排由左起為遠藤謹助、井上勝、伊藤博文。前排由左起為井上聲、山尾庸三。

上：利比克（一八〇三——一八七三）為日耳曼化學家。他曾在巴黎進修，而後在日耳曼吉森地方他的實驗室訓練英國和美國化學家。

上：柏塞麥（一八一三——一八九八）因發現廉價製鋼方法而聞名世界。他於一八七九年封爵。

上：愛迪生（一八四七——一九三一）與其最著名創作—留聲機—之版畫。他是由電報操作員轉化為發明家的一個美國人。

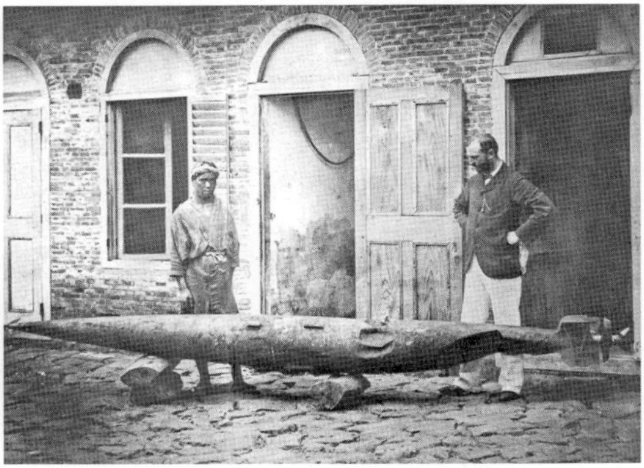

上：懷德海（一八二三——一九〇五）一八七五年留影。懷氏乃蘭開夏郡工程師，他在亞德里亞海上福佑姆為奧地利人工作時，研發第一枚有效的魚雷。

左上：這公認為世界上第一部的摩托車，乃由戴姆勒和梅巴赫於一八八五年在坎斯塔德一個後花園工場製造。

右上：蘇格蘭獸醫鄧洛普（一八四〇—一九二一）在北愛爾蘭的貝爾法斯特開業。他在一八八七年，發明可膨脹橡膠輪胎以前，未曾見過一輛腳踏車。

上：在石油發動機發明以前，世界上大城市幾乎所有的道路交通均像這輛倫敦巴士一樣，是用馬拉的，對農場飼料需求極大而又創造堆積如山的馬糞。

左：俄國艦隊命途多舛的司令官海軍上將羅傑斯特汶斯基。這支艦隊於一九〇四年啟程，繞過半個世界去與日本海軍在黄海作戰。一九〇五年他本人在對馬海峽之役受重傷，他的艦隊被殲滅。

上：一九〇五年九月五日，隨著樸茲茅斯條約在新罕布夏州的簽訂，日俄戰爭結束。這項條約乃由西奥多·羅斯福總統促成。上面明信片中央為羅斯福，其兩側分別為俄國的沙皇和日本天皇。其下為條約的談判人。

上：英國士兵（如一九一四年八月所攝這張照片中的受訓新兵）的制服，需要大量的黃色卡其布。不過問題是：卡其顏料乃主要由德國供應；德國主宰了世界上的化學工業。軍方很快便與英國供應商簽合約。

一八八〇年代的卡通漫畫，常畫騎兵騎在「一文錢」上，或紳士騎腳踏車載著其獲送的人在公園中行走。騎在腳踏車上的人取代馬，最初這當然只是幻想，但在腳踏車的設計愈來愈進步以後，對於腿勁好的人來說，它真的成為馬以外的替代交通工具。「一文錢」有各種形狀和大小，有些有企圖心的製造商，開始把兩輛腳踏車聯接在一起用。史塔雷的聰明想法是在成對的架子間放兩個座位，並宣傳這一成品為有浪漫意味的「蜜月雙人車」：女士在前方踏，男士在後面踩。他和他兒子騎著這前後雙座腳踏車在伯明罕附近作示範表演，但兩人都跌進溝中，因為在山腳下一個轉彎處，兒子騎得比父親快。這件事使史塔雷想到把每個輪子放在自己的獨立軸上轉，這個辦法得以解決在轉彎處外輪比內輪走得快的問題。

大西洋兩岸的製造商，此時推出五光十色各式各樣的二、三、四輪腳踏車，國際腳踏車騎士也舉辦集會和比賽。許多日後在歐洲與汽車有關的名稱，均始於腳踏車的製造：如英國的若弗、恆白、希爾曼，和法國的標緻、雷諾。十九世紀後期，龐大的腳踏車產業在許多方面為日後立下楷模。每年都有新型的腳踏車出現，以各種附件作為宣傳，腳踏車這一行是真正國際性的。製造商在賽車會中競賽，互相爭取最好的騎士，一如今日的汽車製造商簽約僱用賽車選手。都市和鄉間的道路，自有鐵路以後便常為人所忽略，現在大家又對它們感興趣，地位高的腳踏車騎士組成壓力團體要求加以改善。

現代的腳踏車有兩個大小相似的輪子，一個菱形的支架，中央踏板轉動的鏈條驅動後輪，它最初在一八八四年出現。很多發明家都研究腳踏車，但是以鏈條驅動後輪的機制，一般人歸功於日後涉足汽車業的英國人勞森。而史塔雷確乎推出有現代外觀的所謂「安全」腳踏車。它們的確比較安全，因為騎士不坐在巨大的輪子上方，要等到比在「一文錢」的輪上騎車更進步的減震方法發現以後，它們才終於普及。

蘇格蘭人湯姆森，早在一八四六年便取得可膨脹的橡膠輪胎專利權，並於一八四九年在倫敦的攝政路示範表演，但是它沒有造成轟動，湯姆森也予以放棄，只用在他自己的馬車上。發明這種車輪的人業已獲得專利一事，四十年以後再次有人發明可膨脹橡膠輪胎時，已完全沒有人記得。這個再次發明此一革命性和對改良道路工具有十分重大意義輪胎的人，既不是工業家也不是習於發明的人，而是一位成功的外科醫師。鄧洛普一八四〇年生於蘇格蘭，其父乃一農夫。他很年輕便取得獸醫外科醫師的資格，先在愛丁堡執業，而後又遷往貝爾法斯特。根據鄧洛普的簡略自傳，他到四十多歲時，已有當時全愛爾蘭最大的獸醫診所。他有好幾輛馬車，僱了十二個人專門為馬裝蹄鐵，並由專利的獸藥上賺了很多錢。事實上，當他想到橡膠氣胎的時候，他的健康不佳，也正在考慮退休。據鄧氏自己的傳記，這件事在好些方面都是出人意外的：他從來不曾騎過腳踏車，在貝爾法斯特，也沒有任何橡膠或腳踏車製造商。不過他很久以來便想給馬車發明一種支撐如有彈性的鋼輪。他在執業獸醫中，也懂得一點如何使用橡膠薄板。他沒有說他究竟想用橡膠發明什麼，但這個東西可能與馬有關。

可膨脹橡膠胎的靈感來自他的兒子強尼。強尼有一輛三輪車，騎它上下學或與其他男孩在貝爾法斯特的「人民公園」玩騎車比賽。馬拉車軌道縱橫分布在貝城舖有圓石子的路面上，強尼抱怨說，他因此不能騎得快。這個問題使他的父親感到很有趣，因此開始做一連串的實驗。他先用打成圈的美國榆木製成一隻腳踏車輪，並給它加上由批發商那兒買來的橡膠薄板做的輪胎，他把這個粗糙的胎用亞麻布栓到輪子上，而後用他兒子的足球打氣筒把它充氣。他而後做一個試驗：把實心的橡膠輪子滾過院子，看它在滾動停止以前能走多遠。而後他推出新奇的裝有氣胎的輪子，發現它比實心橡膠胎的輪子走得遠。他重覆這一試驗多次，並讓他的工人也做這個試驗。可膨脹的輪胎無疑跑得更快更遠。強尼大為興奮，力促父親給他的三輪車做可膨脹的輪胎，以便可以在公園的競賽中勝過其他小朋友。

一八八八年二月二十八日夜，強尼去到貝法斯特的街頭，他三輪車的後輪裝有充氣的輪胎，前輪仍然是實心的，因為它承受不平滑道路上的大半衝擊。月蝕使貝市街道一片漆黑，因而試車延期。但是再試以後，鄧洛普受到鼓舞，決定孜孜不倦繼續研發。他放棄了舊的三輛車而訂購了一輛新的，上面不用他熟習的貝爾法斯特商人艾德林和辛克來所供應的輪子。他再度製造自己的輪子，使用美國榆木、橡膠薄板和亞麻布。當艾德林先生問他，什麼時候需要這輛新三輪車的輪子時，他回答說他不需要，因為他已有符合自己規格的輪子。艾德林及其合夥，像所有其他早年的人一樣，對氣胎表示懷疑。不過他們兩個人都騎新輪子出行，發現它比實心橡膠輪胎不僅更舒適，而且也更快。報紙上旋即出現一則廣告：「請注意：新充氣輪胎既安全又不會震動，唯一的製造商：貝爾法斯特加菲爾街的艾德林公司。」

這些粗糙的氣胎看上去古怪，後來製的往往更不如以前最初的那個好，人稱「木乃伊」，又因其突出的外表而稱之為臘腸。大西洋兩岸數目龐大的騎車人士一時之間都對它不熱心。一八八八年十二月十九日，《愛爾蘭腳踏車騎士雜誌》開玩笑說：「我們注意到一個新的充氣車胎，新『氣胎安全』。『有氣車胎』！和空氣有關，不是嗎？也說得頗對，我們願見新的理念充分得到討論。愉快的想法。我們聽說過曳馬，或許氣胎可用作曳腳踏車。」[3]有一陣子，這樣的嘲笑很普通。可是當用新鄧洛普式輪胎的騎士開始贏得賽車，勝過被認為更優秀的參賽者時，騎腳踏團體也改變口氣。甚至愛爾蘭騎腳踏車協會的主席克羅斯，在他的兒子被使用新輪胎的騎士擊敗以後，也來請教鄧洛普。在友人的遊說下，鄧洛普成立了一個公司，取代了都柏林的一家腳踏車經理處。一八八九年成立的一個氣胎經理處，大股東是鄧洛普。他們申請也獲頒專利權。

一位倫敦專利權審理處的職員，適時發現蘇格蘭人湯姆森久已被遺忘的規格計畫，鄧洛普稱他氣胎的原創性是無效的，但是這些輪子的其他若干方面，卻可獲得專利。鄧洛普輪胎公司終於成立，它的名稱旨在向鄧洛普表示敬意，但約翰．鄧洛普本人卻與它無關。事實上，他與氣胎沒有財務上的利害關係，也沒有因氣胎而賺到什麼錢。他在一九二一年去世時，似乎只留下很少的遺產。不過他的女兒珍在為他的自傳所寫的序言中卻說，父親在澳洲有十分成功的投資，因而得以過舒適的生活。他所留下的遺產在英國沒有記錄。

在與鄧洛普推出首批氣胎的同時，法國中部奧維尼區近克來蒙費朗市處，有許多工廠的法國家庭，也偶然進入這一行業。一八二〇年代艾都亞．道布瑞和其弟安德瑞．道布瑞最初創建其由本地出產的甜菜煉糖企業。艾都亞曾經擔任軍官和巴黎糖代理人。他娶的一位英國女子伊麗莎白．派克，與防水衣製造商麥韋托希是親戚。她和艾都亞於一八三〇年在離克來蒙約十哩處的鄉間定居，貸款興建了第二個煉糖廠。伊麗莎白由於她娘家在橡膠方面的背景，僱用了當地婦女，做橡皮球的小生意。道布瑞家的親戚阿瑞斯泰德．巴比爾由於當時景況欠佳，也參與這個還算成功的生意，製造幾種橡膠貨品和煉糖的機器。在道布瑞和巴比爾在一八六三年相繼逝世以後，這家僱用了近四百個工人的工廠，便歸巴比爾的女婿朱爾斯．米其林經營。

米其林把這個企業傳給道布瑞之子，後者又把它傳給一位律師。然而，到一八八六年時，這家公司幾近破產，米其林的兩個兒子安德瑞和艾都亞，受命接管。雖然安德瑞在巴黎有兩個小的金屬加工生意，但是這兩個兄弟對繪畫比對製造業更感興趣。艾都亞在一八八八年春來到克來蒙費朗，開始由工人處學習橡皮的製造。兄弟兩以製造轎式大馬車上用的橡膠車墊而初嚐成功滋味。

下面的故事也許是偽造的，但它是米其林家族財富的根源。巴黎的安德瑞在看到鄧洛普氣胎以後，寫信給艾都亞說：「鄧洛普的這些粘上去的氣胎（大肥香腸）很可怕。大家都認為它們會損毀腳踏車。它們沒有前途。」每次艾都亞在看了安德瑞的信以後，在其小工廠的門口會看到一輛牛車上山向他走來，它旁邊一個英國人。這人的腳踏車放在牛車上，他的鄧洛普氣胎已經爆胎。艾都亞本人對製造橡膠物件沒有經驗，但是他手下的工人卻可以修補這些輪胎，滿懷感激的這位英國人慷慨地付費給他們。他們看著他往山下走，但此時又發生爆胎。不過艾都亞不洩氣，相反地，他決定米其林家族將為法國製造輪胎。

早期鄧洛普式輪胎的大缺點是，它們是粘到輪子上去的，及早便有人看出需要的是可以取下來的輪胎，以便容易很快的修補。都克羅斯及其在都柏林的工人，在一八九一年時曾製造出這種輪胎。米其林兄弟亦然，並且是由艾都亞掌管其設計。鄧洛普和米其林所製造的輪胎，規格不同卻相似。早在一八九一年九月，這兩種輪胎的性能，便在由巴黎到布列塔尼再折返的騎腳踏車競賽中受到考驗。騎米其林腳踏車的是奪得錦標的查理．特隆，而騎鄧洛普腳踏車的是被看好的吉爾拉瓦。一開始參加競賽的二百一十位騎士中，用氣胎的不少於五十七位。特隆為米其林獲得勝利，雖然他一連騎了七十一小時而未下車睡覺。

隨著氣胎有用於新安全腳踏車上，騎士技術表現有了不錯的成績。一八九〇年春，史密斯由倫敦騎到布來頓又折返，只用了不到七小時。他走的是布來頓驛馬車所走的路線，但是在時間上擊敗布來頓的驛馬車——後者在一八八八年所創的最佳記錄是七小時五十分，路上換了十幾次馬。腳踏車騎士現在於是走上任何騎馬的人未能料想過的旅程。一八九五年，無畏的羅伯．路易士．傑佛遜皇家地理學會會員，和南倫敦凱特福腳踏車俱樂部傑出會員，給他自己做一次耐力測驗。他說，他想在不到五十天的時間內，騎車從倫敦到莫斯科然後再騎回來。他在一八九五年四月二十日，在祝福者的包圍中，與兩位英國開道者的陪伴下，由肯賓頓橢圓板球場出發往海岸走。他由海岸乘船渡過北海南部到荷蘭。他輕裝出行：帶著橡皮布披肩、綁腿、地圖、乾果、螺釘、球軸承、計程表、一盒稱為荷摩西亞的專利藥（其製造商說，可以治療由流行性感冒到打傷瘀傷、凍瘡、濕疹的任何毛病），以及若干手帕。他也在行囊中裝上很多罐保衛爾牛肉汁、一罐腳踏車潤滑油，和一柄左輪槍。

一路上大概都有當地熱心騎腳踏車的人前來給他引路。他在俄國邊境上遭遇唯一的挫折：他們不禮貌地把他的護照丟過一間守護室。而有些他認為不遵守倫敦猶太人的貧窮波蘭猶太人，又幾乎搶走了他的腳踏車。他不得不在一個窮小伙子下巴上打了一拳，搶回他的「帝國漂泊者腳踏車」——這部在科文垂史塔雷工廠出品的最高級腳踏車。在近俄國邊境的一個貧困地區，他也被駕在一輛水車上的狗追趕。狗與車在捉到他以前撞毀。

羅伯．路易士．傑佛遜在二十三天一小時以後到達莫斯科，由計程表上看走了二，一二〇哩，莫斯科的腳踏車騎士以適度的熱情歡迎他。他們敬他香檳酒，並在他的外衣上別了一個金質胸針。他於五月十六日離開莫斯科往回騎，離許可他用的五十天時間早二十三小時五十四分鐘回到倫敦。羅伯．路易士．傑佛遜在他所著的《騎腳踏車去莫斯科再回來》中寫道：

我的計程表上顯示距離是四，二八一哩。我在四十九天又六分鐘走完全程，這是歷來在一定時間內持續騎車最長的距離。我掉了二十八磅，胸圍減少了二吋半，腰圍減少了四吋半。我們得承認：黑麵包、酸牛奶和伏特加酒味道雖然好，卻誠然不會使人發胖。受到騎車兄弟們的接待，使我十分高興。當然也有一、兩個吹毛求疵的人批評說，看不出此行有什麼好的目的，但不要去管它。[5]

一八九〇年代，長距離騎腳踏車在北美和歐洲都很流行，但是很少有人有羅伯．路易士．傑佛遜的體力、精力，和在各種三輪或四輪車上氣喘吁吁相比，喜歡較沉靜騎腳踏的人必然會歡迎一點自動裝置的協助。問題當然是在於設計一種精巧輕便的發動機，使它可以裝在一輛三輪車或像馬車而不用馬拉的交通工具上。當時也有一些以蒸氣驅動、駕駛座位在外的車輛。例如，英國諾弗諾克郡斯柯爾的麥肯錫所製的這種車輛，可以平滑而安靜地在實心的橡膠車胎上以每小時十或十二哩的速度行駛。一八九〇年代，已有各種以電力電池驅動的客車。在早期有可靠和發電站可供電池充電的倫敦市內急急忙忙的開來開去很是方便。然而在這個時候，以煤氣或汽油為燃料的汽車，已開始出現在路上。它們最初雖然無法在速度上超越由最佳腳踏車騎士所騎的腳踏車，可是在短短的幾年以內，便研發出巨大的動力，駕凌其他一切道路上的車輛，包括馬拉的巴士和煤礦車、出租車和私人客車。

最早的汽車雖然採用了許多腳踏車的工藝技術，但其發動機是新穎的。運氣不好的法國人巴平用火藥驅動活塞。如果這樣的實驗不為人所重視，那麼內燃機的先驅是由比利時人勒努瓦所發明。藍氏一八二二年出生，曾實驗電力，尤其是電鍍物品，並在巴黎開業。一八五〇年代，不少人設法造製爆氣發動機。一八六〇年勒努瓦製造出一部。他所用的燃料不是汽油而是照明用的煤氣，把煤氣點燃以驅動活塞。藍氏的煤油發動機看上去像是較小而密實的瓦特蒸氣機，其驅動靜止機器的方法，也與瓦特蒸氣機相似。它在小工廠中尤其有用。勒努瓦確曾把一部煤氣發動機裝在車上，又把另一部裝在船上，但他的發動機主要是用於工廠工作，它需要太多的注意力，不能用在道路上。

然而藍氏的發動機卻很有名，它並啟發了別人去設法把它改造得更為實用。尼古拉斯．奧古斯特奧圖在這方面有突破性的貢獻。但是，像其他許多發明家一樣，這位有突破性貢獻的人，既沒有工程學背景，也沒有獨立研究發動機的辦法。他於一八三二年六月六日，在萊茵河上為樅樹林所環繞的高原上叢生石南荒地的霍召森村出生，他的父親菲立浦．威廉奧圖是郵政局長和村中旅館的老闆，但在奧古斯特還是嬰兒時便逝世。由於家裡很窮，他在孩童時期便離開學校謀生。他先在附近城裡的雜貨店工作，而後成為法蘭克福市的秘書。之後，他哥哥在科隆為他謀得旅行售貨員一職。

奧圖乘郵件驛車在科隆附近來來回回。他由各村落收集貨物的訂單，然後再送這些貨物。奧圖最初是在驛車上想起發動機，由於他小時對機械性的東西很感興趣，因而知道勒努瓦這個人。他在科隆也交了一個有家機械店舖的朋友宗斯。勒努瓦發動機用的是煤油，因而必須或是在永遠有石油供應地方的附近，或是連接到盛有可維持很久的煤油罐子上。奧圖想出另一種發動機——使用與空氣混合的石油汽。他把這種發動機的草圖出示給宗斯，而後他們二人一起製造了以酒精為燃料的一部粗糙器械。奧圖申請專利權，其中請書是說：他所設想的發動機，可以在鄉下的道路上輕易而實用地推動車輛，對小型實業也有用。[6]

奧圖的申請未獲批准，其理由是，在他之前，別人也有類似的想法。但他和宗斯沒有放棄。他們製造了一部複製的勒努瓦發動機，在看到它能夠運作時大為高興。奧圖全心全力想改良這部發動機，終於想到給煤氣或石油發動機用四沖程循環。他那個時候已與他在旅行中嘉年華會上結識的姑娘安娜．高西訂語。一八六二年興奮地寫信告訴她說，自認為達成一個突破。她急著想結婚，他也急著想結婚，但卻沒有必要的金錢。然而，在一八六二年秋天，他決定孤注一擲。他辭去售貨員的工作，在宗斯的工廠做全日工，而後去倫敦。那年倫敦又有一次當時流行的萬國博覽會。這次萬國博覽會在南肯星頓舉辦，雖不像一八五一年的「大博覽會」那麼成功，卻與它同樣野心勃勃。

奧古斯特在萬國博覽會上查看他的四沖程發動機有沒有競爭對手，但他發現不必擔心這個，因而決定生產他所設計的發動機。然而，他在回到科隆的工廠以後卻發現，不能使這種發動機有效運作。在把這個問題仔細思考以後，他想到使用他的英雄詹姆斯．瓦特發動機的大氣原理。因而這又回到古老的紐柯曼發動機，不過用不同的燃料──煤氣。在他想到以大氣壓力作部分驅動力的時候，奧圖已近於破產。他的一點遺產已經用光了，如果不是遇見一位富有的年輕人藍京，他的研發也許不會繼續下去。藍京是一位成功的煉糖和銀行業者之子，他有一點技術訓練，當時也有他自己的事業。他對這種新發動機大感興趣，於是拿出錢來在一八九四年三月創辦製造發動機的奧圖公司。

他們在一家老倉庫租了間閣樓，奧圖在一位為當地鎖匠工作的機械工人協助下開始工作。他所製造的發動機極端喧囂但是可用，第一個買它的人是當地的一個鎖匠。但是奧圖和藍京發現他們早期的發動機事實上賣不出去，其原因和勒努瓦發動機不大成功的原因相同：操作太困難，維持也需要專業的知識和技術。藍京的參與加重，在經過三年的實驗以後，他們有了較好的發動機。它有一個垂直的圓筒，還有一個在它上下移動時轉動一個齒輪的活塞。它仍然是外表古怪的新奇機械，但是奧圖和藍京卻滿懷自信，在一八六七年巴黎所舉行的下一次國際展覽會上展示了它。一旦它裝配起來在展覽會場發動時，沒有人會不注意到它，因為喧囂得可怕。不過奧圖和藍京卻大膽地登廣告說：「煤氣發動機……給工業一部三馬力的發動機，比蒸氣機的操作廉價。」

展覽會的頒獎委員會最初忽視奧圖—藍京發動器。勒努瓦的各種發動機在會場到處旋轉，供給抽吸機和旋轉小機器動力。德國人的這部發動機，卻好像是一件退化的工程學院機器。但是委員會有位委員是議森——幾年以前，藍京曾邀請他參加自己的公司而為他所婉拒。這個時候他力言應給奧圖—藍京發動機一個公平的試用機會，並與勒努瓦的發動機做一比較。在隨後安排的試用中，它表現得異常良好，所消耗的燃料為勒努瓦發動機所消耗的三分之一。奧圖和藍京奏凱，在有拿破崙三世出席的一次宏大典禮上，獲頒金質獎章。

訂貨單源源而來，奧圖和藍京簡直應接不暇。到了一八六八年，他們已把發動機賣給俄國、美國和其他歐洲國家。次年，他們由科隆搬到萊茵河右岸德茲地方一個較大的廠址。他們在一八六九年售出八十七部發動機，一八七〇年售出一一八部，一八七一年售出一九七部，因而開始贏利。一八九九年，一個英國工程師公司——曼徹斯特的克羅斯來兄弟公司在領有執照的情形下開始製造奧圖—藍京發動機。在與一八七一年普魯士擊敗法國和德國完成統一的同時，新發動機的企業也成立。到一八七二年，這家公司不得不再擴大以應付訂單。新股東加入，又成立了一家新公司——「達茲AG煤氣發動機工廠」。他們所聘請的新經理，是一位熟習勒努瓦發動機，並曾在倫敦讀書且經驗豐富的工程師——高特利布·戴姆勒——他於一八七二年七月加入公司工作。

戴姆勒在那個時候對研發任何種類的汽車都沒有興趣，但到了後來，卻成為國際上最具影響力的汽車促進者。他於一八三四年在維騰堡的小城匈多福出世，父親有一家製賣麵包糕點的店和酒吧。達氏在十四歲以前受過一點學校教育，而後成為一名造槍匠的學徒。他是一名技巧的工匠，幹了四年以後，在斯特加工業藝術訓練學校獲得入學資格。他的一位表哥鼓勵他前往發展他的工程學技巧。這個學校的學生白天在一間工廠工作，晚間和週末讀書。戴姆勒在十九歲的時候，到斯特拉堡附近一家製造鐵路客車、貨車、橋樑組成截，和其他多種機器的公司。這又是另一種艱難的訓練方式，漫長的一個工作天由早晨五點鐘便開始，包括離開工廠以外的教學。當他還在那兒的時候，這家公司開始製造蒸氣火車頭，戴姆勒在年僅二十二歲的時候成為工頭。

一年以後，他在斯特加工藝學院獲得獎學金，公司也給了他進修假。他沒有什麼過日子的錢，因而住在他父親一個屠夫朋友的家中。戴姆勒在這個學院學到化學、物理、數學、工程學、經濟學和英文，把四年的課程在兩年唸完。一八五九年他依約回到斯特加的公司，但他的心已不再在蒸氣火車頭上面了。他留任兩年以後獲準離職。關於戴姆勒接下來的生涯沒有什麼記載，但我們知道他的確去過巴黎，而且顯然對當日巴黎從事商業性製造和漢堡經特許製造的勒努瓦發動機有興趣。戴姆勒在巴黎曾拜訪一個名叫皮林的人。皮林有一家木工廠，但他對它沒有什麼興趣。不過這同一公司對他日後的生活發生極大的影響。

戴姆勒由巴黎去到英國。他先到里茲，對里茲工業的活躍和活力有深刻的印象，並在史密斯、皮考克和譚能特公司的發動機車間工作了一段時間。他而後去到曼徹斯特，在由編織棉紗替造船廠製造鋼皮大剪刀等機械的羅勃茲公司工作。他所到之處，大家都樂意毫不保留祕密的給他看他想看的東西。在這次呼嘯而過的旅途中，他也造訪了科文垂的精確工具製造公司和惠特渥斯；威廉·惠特渥斯曾是茅茲雷的學徒。茅氏和布魯耐爾如前所述是為英國海軍製造滑輪組的人。

戴姆勒這次旅程的高潮是參觀一八六二年的倫敦萬國博覽會，那兒的各種新發明又給他留下深刻印象。

這個時候他對奧古斯特．奧圖一無所知，奧圖此時也來到倫敦看看有沒有與他正在研發的發動機競爭的新發明。戴姆勒回到德國以後，成為一個不尋常的工程工廠的主管。布勞德豪司工廠有做慈善工作的性質，它生產紙廠所用機器、地秤（秤車輛牛馬用）及農具等機器，利潤的一部分用於供養孤兒等。福利國家的概念是在俾斯麥治下的德國最早出現，其目的是防止社會主義的威脅。英國受到比弗瑞吉的邱吉爾影響，在第一次世界大戰以前採用這個理念，邱吉爾那時尚是自由黨員。

戴姆勒由一八六九年在布勞德豪斯工廠工作。由專業上來說，他並不得意，因為他想當經理未果。但是在這個時期，他娶了化學家之女艾瑪．克茲，而且交了個年輕得多的朋友梅巴赫，後來他在一生中最富創造性的年代，與梅巴赫是同事。梅巴赫於一八四六年出生，十歲成為孤兒而被布勞德豪斯工廠收養。他遵守工廠嚴格的生活規律，在工廠做一名學徒並且上夜校學習物理學及不用任何儀器而徒手畫的技術製圖法。他和一位友人也向工廠另一位職員學習英文和法文。戴姆勒賞識他在製圖和發明上的天才，乃給了他在布勞德豪司公司設計室的一個職位。當戴姆勒去另一家工廠當經理時，他特別回來把梅巴赫也帶去他新的工廠。一八七二年，當藍京挖角戴姆勒去管理製造奧圖發動機的達茲公司時，戴姆勒說服他也僱用梅巴赫為首席設計師。

戴姆勒梅巴赫由一八七二年到一八八一年替達茲公司製造奧圖發動機。這個公司十分成功。但是到了後來，戴姆勒和奧圖卻發生個性上的衝突。藍京是這個公司的財務支持人及資深經理，於是不得不出面干預。戴姆勒去俄國旅行看看有沒有在聖彼得堡開辦工廠的可能性，但在回來以後決定不去辦工廠。他的合約沒有續約，他於是離開去開辦自己的工廠。戴姆勒當時已四十八歲，並因他為自己所訂的辛苦與孜孜不息的工作進度，而弄得精疲力竭。他於一八八二年帶著妻子和五個孩子搬到坎斯塔德，在那兒買了一棟有大花園的美麗別墅。他也在此創辦自己的工廠。這家工廠與他剛離開的公司相比可謂渺小，後者當時有三百個職員，一年生產六百部奧圖發動機。

戴姆勒在坎斯塔德開始研發發動機，成為日後汽車工業的基礎。梅巴赫也參加他的工作項目。他們二人共同著手生產的石油發動機，有高效率和快速啟的點火裝置，而其動力與重量的比率，更使它適用的推動陸路上的車輛和水中的船隻。戴姆勒不僅想到私人汽車，也想到貨車。到了一八八五年，他們已製成一馬力的發動機：每分鐘旋轉六百五十次。戴姆勒由斯特加的一家公司訂購了一部轎車，說是給他妻子的禮物，以免打草驚蛇引起競爭對手的興趣。他們把新發動機裝在這部轎車上，在花園四周開來開去。次年戴姆勒又把這種發動機裝在船上在尼卡河上行駛，它的推進力使圍觀的人為之迷惑：他了解人們仍舊害怕石油，乃由船上排些電線，讓人看起來驅動這條船的是電力。

就在戴姆勒和梅爾巴赫完成二汽缸發動機和製成與現代汽車相似的交通工具時，另一位與他們無關的德國發明家推出了一部馬達三輪車。卡爾．賓士是李斯特在沮喪和自殺以前努力要實現的那個德國孩子。他的父親漢恩．蓋奧格．賓士來自有古老傳統的鐵匠家庭，這些工匠的世界乃由關稅聯盟以及後來的鐵路事業而開拓。漢恩．賓士雖然沒有受過正式的訓練，卻想成為鐵路工程師。他先是在一家糖廠擔任機械士和工頭，而後又向有堂皇名稱，在卡斯魯赫的貝當大公國中的「道路與自來水廠高委員會」，申請蒸氣火車司機一職。他獲得允許在工廠試工，並奉命去海德堡的公爵鐵路站報到。一八四三年秋，他受任為卡斯魯赫鐵路的工程師。他的妻子於一八四四年十一月廿五日生下兒子卡爾。兩年以後，漢恩死於肺炎。

雖然卡爾的母親得靠政府微薄的津貼養活自己和兒子，但她卻沒法把兒子送進以教授自然科學見長的卡斯魯赫書院。由這個書院，他獲得一份上工藝學校的獎學金，成為具有啟發性的教師瑞騰巴赫的學生。瑞氏教授機械工程學的理論和實習，並有自己的工廠。卡爾在此聽說工業發展下一個關鍵性的發明將是體積小但卻有強大力量的發動機。卡爾畢業以後，在卡斯魯赫的一家工廠覓得工程師一職。這家工廠製造蒸氣機等物，這也就是高特利布·達姆斯在三年以後將經管的工廠。一八六六年，卡爾去為曼海姆的一家製造高度專門化秤重量機器的公司工作，兩年以後，又去普弗占的製鐵工廠和發動機機車間工作。一八七〇年，當他還在普費占的時候，母親逝世。

一八七一年，卡爾設法逃避了在法國的戰爭中服兵役，他也遇見了日後的妻子白莎·林吉。白莎是一位營造商和承包商的女兒，她說服父親投資賓士第一項企業。他在曼海姆買了一塊地，在上面開了一家機器商店。為了賺到足夠的錢，他試著出售各種工具，但是日子並不好過。到了一八七七年，他已瀕臨破產，只因為一家同情他的銀行協助，才未因負債而入獄。這家銀行了解，他為工廠所買的那塊地已經升值。賓士現在必須全力以赴，他決定他必須設計出「那項偉大」的發明——一種新發動機。他自然是熟悉奧圖發動機的，也了解奧圖四沖程發動機的專利權。因而賓士必須研發二沖程發動機，以期避免侵犯奧圖的專利權。由於他堅強意志以及他年輕妻子的支持，賓士努力工作，在一八七九年的除夕，製造出可以使用的二沖程發動機。

最初看起來，賓士將遭遇到和奧圖曾遇到的同樣命運，而終於只是為工廠作業製造發動機。他找到一位肯出資的支持者，在若干股東相當大數目的投資下，成立了一家公司。這家公司——曼海姆煤油馬達工廠——存活了若干年，但是賓士本人卻離職，因為他想追求自己的夢想，而不以只是作為一個製造機器謀生的人為滿足。他找到新的贊助人，於一八八三年成立新的公司——賓士和西艾公司。這個公司很成功，而且因為對它所生產的發動機的需求日增，必須擴張。照他的企業夥伴看來，這個公司營業發達，實在不需要再涉足像汽車製造這樣前途未卜的事。不過賓士已經下定決心，他再度尋找允許他進行研發汽車計畫的新贊助人。他在一八八六年獲頒用煤油發動機推進車輛的專利權。煤油發動機的定義是：「其煤氣燃料來自由這部機械裝置的一部份的器件所處理的揮發性物質。」

賓士在一個可茲紀念的場合，和他的妻子及兒子開始乘坐他所創造的汽車上路。報章雜誌對他的發明也有最初的報導。一八八八年，慕尼黑有一家報紙刊登了下面的故事：

本城街上的行人很少看過這麼一個驚人的景象：在一個星期天的下午，一輛「由一匹馬拉的輕馬車」，從森德林街到威漢公爵街疾駛而過，但沒有馬。一位坐在輕馬車篷下面的男士，乘坐有三個輪子的車——一個輪子在前方，兩個在後方——急速地駛向市中心。見者皆感驚訝。[7]

雖然賓士的機械化三輪車吸引了很多注意力，可是令他失望的是，一時之間，社會上沒有對這種新車輛的需求。原來，在工藝技術創新上富有才華的德國人，並不急著想要汽車，他們還是喜歡馬。而且賓士的三輪汽車還有許多待改良的地方。當他設法引起萊茵河以西德國的斯培雅市郵政局長凱格勒對他這項發明的興趣時，凱格勒關於這一點的回答很明確。今日在賓士的檔案中尚可見到凱格勒考慮周到的回應：

一、你較小的三輪車的操縱方向機械裝置，是放在這輛輕車的裡面。在你新的四輪車中，你能把駕駛的座位放在前方嗎？如果能這樣，圍有車壁的空間便可全由乘客支配。

二、你能在司機座位的底下或在車的後方放兩個一大一小可關閉的箱子嗎？如能這樣，則郵遞的信件和現金便可妥存。

三、為什麼沒有倒車的操縱裝置？不能倒車令人大惑不解。

四、你是不是應該用一部馬力比較大的發動機，以便車子可以輕易開過路面潮濕鬆軟的地方或積雪？

如果你能在你的汽車上做這些確保行車安全的必要改進，那麼我相信你智巧和最實用的這項發明會是一大成功。我不僅想到它在郵政服務上的用處，也確信它對鄉間的醫生來說，也是最佳的交通工具。並非所有的小村落醫生都備有供馬活動空間的馬廄、馬匹和養馬農場，但是某種車輛對一個必須到好幾個距離遙遠的地方出診的醫師來說，卻是必要的。夜間拜訪醫師求診的人常有嗎？他又有什麼別的辦法去他必須去的地方？在他可以把熟睡的農夫由床上叫醒，讓他把馬勒和馬具放到馬身上以前，很多可貴的時間已經流失。

關於你的車輛還有一件事：它說停就停。它不需要飼料、馬夫、鐵匠。沒有馬驚跳的危險。它勇往直前好像有鬼在用手推它，而一踩剎車它便停下來。[8]

賓士留意這些建議，研發了四輪車。縱然他在一八八九年巴黎萬國博覽會上展出的汽車沒有引起什麼興趣（達姆斯也在這次博覽會上為自己設計的汽車找買主），可是賓士還是開始製造汽車求售。一八九四年，他和一位新的合夥上市了他們稱之為「維洛」的輕便車輛。「維洛」是早期「腳踏車」的編寫，他們希望用這個名稱引起愛好騎踏車者的興趣。其他的賓士模型有「維多利亞」和「面對面」。他也製造了一些長形的遊覽車，其中一部開始在西金、耐特潘和達茲等城市之間服務。到了一八九五年，賓士工廠已經推出了一三五輛汽車，其中九十七部是銷售到法國。法國可以說是最好的顧客，在其後的幾年間，這個公司一度成為世界上最初重要的汽車製造商，外銷汽車到開普敦、墨西哥、布宜諾斯艾利斯、新加坡、莫斯科、聖彼得堡以及巴黎和倫敦。

在同時，戴姆勒和梅巴赫也沒落後多少，而他們在國際上的影響力也許比賓士更大。他們在與法國人艾米爾．勒瓦爾會晤以後，達成第一次突破。勒瓦爾曾在比利時由英國人考克瑞所創辦的工程公司工作，製造蒸氣火車頭等物；他也認識代表奧圖—藍京的一位工程師和專利代表薩瑞津。在有人請薩瑞津在法國找一位製造奧圖發動機的人時，他自然而然地想到此時已遷居法國，並與皮林和潘哈德機器製造商合作的勒瓦爾。後者於是在一八七五年經特許製造奧圖發動機。四年以後，這家德國公司決定在巴黎開辦自己的工廠時，勒瓦爾等人也失去了一宗賺錢的生意。然而，當戴姆勒離開了奧圖和藍京公司而成立他自己的公司，薩瑞津又與他取得聯絡，並願擔任他的法國代理人。皮林和潘哈德公司所以同意製造戴姆勒發動機，只不過是為了取得法國的專利權。

一八八八年，當勒瓦爾為皮林和潘哈德公司製造戴姆勒發動機時，這家公司收到巴黎一位工程師裝在裝運貨物箱中的一套賓士維洛輕便車輛組件，這位工程師認為他們會對此有興趣。他們能夠把這些組件裝配成輕便車輛，但不能予以發動，後來是賓士本人前來教他們如何發動的。然而勒瓦爾並不很喜歡它，因為戴姆勒的發動機似乎更強而有力。這時薩瑞津已去世，他在臨終前力促他的妻子延續戴姆勒發動機這條路線，因為他覺得已有些進展。於是，一八八七年薩瑞津的遺孀和勒瓦爾一起去坎斯塔德拜訪戴姆勒洽談一紙合約，以便成為戴姆勒汽車在巴黎的代表。這事辦成以後，她駕駛戴姆勒汽車回家，不久又與勒瓦爾結婚。勒瓦爾最初對汽車不感興趣。相反地，他讓戴姆勒與製造腳踏車的標緻連絡，以便研發一種法國車輛。

最初「無馬客車」的競賽性上路測試仍在法國舉行——在第一次世界大戰以前幾年間，法國成為汽車的大製造與外銷國家。最初法國在競賽中領先，這是由於德國的主管官員敵視這些新機器，對它們強加禁令和十分有限制性的速度限制；而且，雖然美國人很快地接受了汽車，並且不久便成為世界上主要的汽車生產者，但是他們卻受到一個名為塞爾登的人所持可笑的專利權抑制。塞氏說，他擁有一切對在美國境內任何形式的以內燃機為動力車輛的權利。塞爾登曾在一八七七年製造出某種車輛，一八七九年時，他申請一汽缸的發動機，和它應用在四輪車輛上的專利權，並於一八九五年獲得這項專利權。他而後把這個賣給一個名叫威廉·惠特尼的人——他生產電動車輛的合夥人。當美國汽車工業起步時，任何製造汽車的人，都必須付塞爾登和威廉·惠特尼執照費。福特在一九〇三年成立了自己的公司，他與另外六個製造商反駁塞爾登—威廉·惠特尼專利權的要求。經過八年的法律爭訟，他們在一九一一年的裁決中失敗，福特上訴並於終於獲勝，理由是他的發動機並非源於塞爾登的發動機，而是來自奧圖的發動機，奧圖此後便成為福特英雄人物。

在同時，戴姆勒僱用了著名的鋼琴製造商史坦威為他發動機的特別代理人，去宣傳這些發動機為適用於市街鐵路車輛、遊樂船、客車、四輪車和消防車。一八八一年，在史坦威加入他的公司以前，戴姆勒已生產了世界上第一部機械化消防車。一八九三年，當萬國博覽會在芝加哥舉辦時，史坦威說服戴姆勒前往美國促銷他的發動機和車輛，戴姆勒第一位妻子已逝世，最近才又結婚，因而這次旅行也是他的蜜月之旅。雖然丹氏本人受到熱烈歡迎，可是他在美國的時候，那兒對汽車的採納仍然受到塞爾登專利權的抑制，使戴姆勒此行沒有什麼結果。

在美國，一八九六年成立了一家戴姆勒汽車公司製造汽車。公司成立在科文垂，也就是腳踏車傳統的產地，丹氏年輕的時候曾在此對於英國人的發明才能表示敬意。在經過激烈的遊說國會議員以後，英國國會同年修改了關於道路上汽車行駛速度的苛刻法律，因而不但戴姆勒汽車的生產，而且其他英國本地研發的各種汽車的生產，都真正開始。汽車幾乎立即取代腳踏車成為富人的交通工具。首批公共汽車於一九〇三年在倫敦街頭出現，這時倫敦只有十三輛公共汽車，但有三，九二三輛馬拉公共車。可是到了一九一三年時，倫敦街頭只剩下一四二輛馬拉公共車，卻有三，五二二輛公共汽車。倫敦的計程車也一樣。一九一三年時只剩下二千輛馬拉的二輪小車的駕駛座在外面的四輪馬車，但卻有八千輛計程汽車。這是馬的時代將過去的開始，不過在第一次世界在大戰期間，數十萬的馬被英國運往法國——牠們許多死在法國。

戴姆勒和賓士雖然在汽車工業上各自發生了極大的作用，但他們始終未曾晤面。戴姆勒於一九〇〇年三月逝世。在他剛逝世不久，他在法國南部的代理人吉林乃向公司訂購了一輛新而有更大馬力的汽車；在南法，尼斯市海岸後面陡峭山路上比賽汽車是很流行的事。吉林乃是著名避寒遊憩勝地法國維耶拉的著名人物，他想要一輛力量大而且又安全、可以與潘哈德和勒瓦爾公司出廠的法國汽車較勁的汽車。梅巴赫適時設計出極好的三十五馬力汽車，吉林於是訂購了三十五輛。為了回報他，公司授與他在美國、法國、比利時和奧匈帝國獨家推銷這種汽車的執照。吉氏稱它為「梅西迪斯」，因為這是他十一歲女兒的名字。雖然有些國家稱「新戴姆勒」，是但是「梅西迪斯」這個名稱卻保留了下來。卡爾．賓士於一九二九年逝世，得年八十五歲。在此之前，他所開辦的公司與戴姆勒於一九二六年合併。這一合併創造了最著名的汽車製造商梅西迪斯——賓士。

在製造第一批商業用汽車以後不過短短的幾年，大家便明白美國是汽車自然而然的產地。美國的石油工業現在已根深柢固，這種新交通工具的燃料隨處可得。相反地，日本人採用了腳踏車，一直到第一次世界大戰開始前幾年，仍然忽視汽車。日本的道路欠佳，它也有更重要的事要做：它想創立現代化的商船業和一支強大的海軍。而在同時，曾經提供美國和日本現在各以其自己的方式所遵循的工業藍圖的英國，卻有嚴重的自信心危機。這樣的跡象已出現多時，但在十九世紀的最後十年卻已無法否認。在一八五一年的「大博覽會」會場，「粗魯」的美國人被當作暴發戶看待。可是在這個石油、鋼鐵和電氣的新時代，他們已是世界舞臺上商業競爭的一個強國。

第十九章　門羅公園的魔法師

英國科幻小說家威爾斯像許多其他的英國人一樣，認為英國到了二十世紀早年，在工業方面已落於其競爭對手之後。他是提倡「國家效率運動」的人。參加這個運動的人擔心英國工人階級的人健康不良，並且羨慕德國人在科學上的進步和美國生產業的活力。一八九九到一九〇二年，英國在南非與波爾人作戰，在擊敗波爾人上所需的極大努力，誠然喚醒了英國人。《福爾摩斯探案》的作者柯南．道爾寫道：「現代的波爾人是自來大英帝國所遭遇最害怕的敵人。拿破崙和他的老兵，從未遇過這些人，他們以其古代神學和其不方便的現代步槍，粗魯地對待我們的頑強農夫。」[1]那些步槍是德國製的毛瑟槍。

威爾斯在其小說《布瑞特林先生看透了》（一九一六）中所講的故事是，一個初次訪英的美國人，想說服艾德華時代一位古怪英國知識份子到美國作巡迴演講。這位美國人為古老英國的「古怪」著迷：他與布瑞特林見面的地方是當地的火車站——以得獎的麝香豌豆為裝飾。布瑞特林穿著恰當的襤褸衣服，把他的客人安置在一輛嶄新的美國製汽車的乘客座位上。他剛買這輛車，並開始學習駕駛，車在去布氏鄉間住宅的路上，有幾次差點出事，幸好車子後滑進野生薔薇和金銀花的樹籬中。由於在幫忙的人到來以前車子無法動彈，布瑞特林了發表了一篇關於英國可悲現況的威爾斯式獨白：

> 我們的製造階級最初當然是個叛徒階級。它有工匠天然的事業進取心和激進。可是一旦它發了財並把自己的兒子送到牛津大學念書，便失落了。我們的製造階級旋即為各種保守的階級所同化，後者的教育有官僚性質——一點點官僚性質，十分古老而好挑選，恨機器人。恨科學的人，入骨的根據經驗做事的人。當前社會主義者亦然。他們讓英國人都認為汽車應該全由傳統工匠的手去製造，一個一個用錘薄的紅銅、鍛鐵和風乾的橡木製造。對於英國人來說，我這車上的電力起動器和電力照明裝置，對英國人而言都是可恨的。這不是由於我們在這些事情上落後，而是由於我們是反對這些事情的。英國從來沒有真正容忍過電力，至少沒有真正容忍過那種通過電線的電力。太狡猾太油腔滑調，不能容忍。他們把它和義大利人說成一氣和流暢的說辭說成一氣，和伏特、嘉凡尼、馬可尼等人說一氣。[2]

使那些認為英國落後的人痛心的是，這個當初開創工業制度的國家，已不再處於領導地位。這不是說，譬如，英國沒有製造汽車的公司：熟悉的牌子——漢伯，希爾曼和路華——已經確立，而亨利．羅伊斯和查爾斯．羅爾斯也已在一九〇四年聯合生產汽車。但是布瑞特林先生的汽車，並不是來自英國北部的煤礦或密德蘭烈火雄雄熔爐的製造品，而是一個國際性工藝產品——德國的智巧在法國研發、外銷到美國，再到達英國。英國在十九世紀上半葉曾經領先全世界，但是現在至少由威爾斯和促進「國家效率」的人看來，一九〇〇年代初最晚近的工藝技術在本質上是外國的。威爾斯說，英國人認為電力基本上是「義大利人的」，這個想法當然可笑。伏特和嘉凡尼誠然是義大利人。馬可尼也是義大利人，只不過他的母親是盎格魯—愛爾蘭混血，他的英文說得很完美，他又在英國的一家公司中研發了他的無線電報。還有費蘭提。費氏的先祖可以上溯到威尼斯的總督，不過他本人是在倫敦出世，在漢普斯特上學，在利物浦開業（與他的岳父畫家斯考特做人像攝影）。費蘭提後來成為製造電機裝置物的人，但是他唯一真正與義大利的關係是他的先祖。

不過許多人卻認為，一九〇〇年代早期，英國是受到其工業競爭對手的侵略，尤其是受到美國人的侵略。美國人正乘坐幾乎全是由英國人所製造的龐大海洋船舶，想要購買其母國工業大餅上許多部分。例如，一九〇一年，「美國煙草公司」派頭十足的杜克來到利物浦，他一上岸便直接走到英國的「奧格登煙草公司」，把它買了下來。許多憤怒的英國公司予以還擊，其口號是：「不要被洋基（美國人）的虛張聲勢欺騙，以煙斗所噴出的陣陣白煙支持約翰牛（英國）！」若干較小的英國煙草公司合併成為「帝國煙草公司」，與杜克達成劃分世界市場的協議。

另一位美國入侵者是蓄著誇大八字鬍的伊爾克斯，他曾隨便提起他的企業計畫，說是要「買一些老破爛，修補修補，再把它們交給其他的可憐傢伙」[3]。他曾在芝加哥修築高架的鐵路，也觸犯過法律。那個時候，美國城市的交通正因電車道的引入而起了革命——電車道最初是由德國西門子公司研發。倫敦的第一條地下電力鐵道——由斯托克維到英格蘭到銀行的一條短道，於一八九〇年開始通車，而後一個國際性的財團籌錢修築了「中央線」。這條線於一九〇〇年通車，東西貫穿首都的中心。美國的金融業者想爭取供應倫敦交通工具資金的權利，而伊爾克斯財團獲勝。以往以蒸氣為驅動力的「特區線」電力化，而著名的皮卡迪里、貝克路和北方等線也挖成並修建，大半用的是美國工藝技術。美國的字彙如「北行」、「南行」引入英國的鐵路公司；這些公司以前總是說「上行」和「下行」火車。美國的同業也涉入，用電車取代馬拉車：倫敦郡議會把在一九〇〇年在伊斯林登農業館展出的整套系統，由美國的喬治·威斯汀豪斯買了下來。

但是，美國工藝技術與經濟入侵的最猛烈活動，卻是愛迪生所從事的活動。愛迪生或許是成為大眾通訊時代第一位為國際明星的發明家。他事實上變成了十分具有傳奇性和美國報紙十分喜愛的人物，以致他對現代工業的貢獻極端不容易揣摩。愛氏曾說：「天才乃是百分九十九的努力與百分之一的靈感。」這句話可以描寫他自己對工藝技術上發現的強烈用心。美國的報紙好稱他為「門羅公園的魔法師」——這是一位記者在參觀他在紐澤西州樸素的工廠以後給他取的綽號。他在英國和歐洲也受人捧，而他本人和他的財務贊助人所努力創造的印象是：美國達成各種真正突破的地方。

愛迪生一八四七年二月十一日出生於俄亥俄州的米蘭市，他是南茜和山姆．愛迪生第七個也是最後一個孩子。南茜乃是一名教師，山姆經營一家鋸木廠營生，那個時候，小城米蘭的經濟短暫發達。它所生產的穀物由運河進入休倫河，而後進入伊利湖，運往紐約市。南茜和山姆原來都是加拿大人。如果不是因為山姆在一八三七年參加武裝反叛而成為逃亡者，那麼他們也不會南遷美國。他的祖父在美國獨立戰爭中是忠於英國的人，事敗以後逃離紐澤西，先在新斯科夏半島避難，而後又去了上加拿大省，一八三七年，山姆來人遭到追捕，在森林中逃跑了兩天，逃避追捕他的官兵。

關於愛迪生的童年有太多未經證實的故事（都是說他有早熟的天才），因而最好不要全信。一件似乎確切的事，是他曾患猩紅熱病，因為他自童年起便聽覺欠佳。他沒有受過什麼正式教育，不過他的母親曾教他讀過些書。他一生中的第一次創痛，是一八五八年伊利湖岸邊的鐵路通車，但沒有經過米蘭市，他父親所經營的鋸木廠因而倒閉。愛迪生一家在其不多的錢財喪失以後，必須重新開始，遂遷居密西根湖上的休倫港。雖然關於愛迪生生平的傳說沒有什麼可確信的地方，可是他的家庭在此時可能很艱難，這便是為何他在十二歲時便外出工作的原因。這條鐵路通過休倫港，他的父親便在火車上給他找到一份工作，在由休倫港到底特律的三小時路上賣報紙和零食給乘客。

愛迪生日後，在不上火車的時候，便去底特律公共圖書館讀書，由雨果《悲慘世界》的譯本一直讀到牛頓的《數學原理》。他根本不能在科學上有所進展，至少不能在牛頓物理學上有所進展。據說他曾說：「我由此不喜歡數學，至今猶然。」[4]與愛迪生共事的人，確實發現他對數學一竅不通，也不長於繪圖和製圖技術。他較會製作小機械，但比不上與他共事的人。他的所長是，想出需要發明的東西，並找金融家贊助他，一面再想出該怎麼發明，或者聘請可以發現某個特殊問題解決辦法的人。

關於年輕的愛迪生在鐵路上的作為有許多故事，其中一個或許是真實的，而且把他帶上真正成功的大道：他看見克里門斯山鐵路站站長的幼兒有跌下火車的危險，因而搭救了他。站長為了報答他，送他去受電報操作的密集訓練。在那個時候（一八六二年），這是給一個有大志的年輕男孩最佳的學徒訓練。因為摩斯系統正擴散到全國各地，而南北戰爭的持續衝突，又使對電報術的需求大增。愛迪生一旦成為熟練的摩斯操作員以後，便成為巡迴電報員，四處行旅了五年，最後於一八六六年時到了南方肯塔基州的路易維爾市。他原計畫加入一個「叛徒」的群體逃往巴西，但在最後一分鐘接受警告而未去。他如果去了巴西也許就完了，因為許多真的去了南美的人都死於黃熱病（這種藉蚊子傳播的疾病引起嚴重的黃疸病，死亡率很高。）

愛迪生於一八六七年秋天回到休倫港，疲乏異常，身上一文錢也沒有，他的家庭正在解體。他們的房子被軍方徵用了，他的父親山姆·愛迪生賺的錢很少。他的母親南茜希瀕於精神分裂。在短暫的停留以後，愛迪生東行到波士頓，那兒的朋友告訴他說，可以給西方聯合會工作。愛迪生在此又回到沉悶的電報操作，一面繼續自習。他看了法拉第所著的《實驗性研究》。法拉第是一位英國科學家，由寒微的出身晉升到高位。愛迪生也夢想效法法拉第。

愛迪生在早年完全不知道他想發明什麼。他調整電報系統，一直在試著發現如何改良現有的機械裝置：他做的實驗，包括如何把兩個信號同時在一根電報線上發出去；也試著製作自動收報機、用紙條的印刷機，和為政治團體製作錄票機，但是一無所成。一八六九年，他在波士頓表演自動錄票機，但這部錄票機卻不靈。在這一慘敗之後，他於一八六九年前往紐約，那個時候電報員有一種組織，波普在波士頓時認識愛迪生，遂介紹他加入這個組織。波普當時在一個報導最新黃金價格的公司做實驗，愛迪生在他的辦公室做臨工。愛迪生最大的突破發生在一八六九年黃金瘋狂交易的巔峰時期。有一次在紐約證券交易所的「黃金室」板上展示價格的標示器失靈，大家一陣驚慌。這個展示器的發明人勞斯博士急切的希望修複它。愛迪生注意到幾個鬆落的零件，乃前來搭救。接下來發生的事好像是好萊塢電影裡面的情節，愛迪生受僱並領薪。他的友人波普因受不了勞斯博士的裝模作樣而離職，愛迪生接替他的職位。

不久，當愛迪生設法改良黃金標示器的時候，他發現自己捲進一大金融醜聞，因為有人想壟斷黃金市場。在這個醜聞過去以後，勞斯決定去幹別的。波普此時從事自主業做電機工程方面的工作，愛迪生乃去跟他合作。由於他們的股東——《電報員》的發行人艾希禮——供給他們免費的廣告版面，「波普和愛迪生公司」乃促銷其服務，這是大膽與新穎之舉。波普住在紐澤西州伊麗莎白市，愛迪生是他的房客。他們租了一個舊店鋪作為愛迪生的實驗室。他們在此生產了改良的「金印刷機」；他和波普把它出租給西方聯合會的競爭對手。正如他們所願，在六個月之內他們改良的印刷機，便以一萬五千美元的代價被收購。這在當時是一筆小財，愛迪生馬上打電報回家，給父母錢。

在成為地位確立了的發明家以後，愛迪生終生申請專利權的習慣於焉開始，往往是為了改良現存機械的理由。西方聯合會那時僱用了自己的「發明家」，而他們最後想讓愛迪生為他們工作。他們請他設法阻止印股票的機器突然失控。當他想出辦法以後，西方聯合的金融家認為很了不起。愛迪生在初為這家公司工作的時候並沒有談到價錢，當它的黃金和股票電報處處長勒弗茲問他他要多少錢時，他讓勒弗茲自己開價。他為這個錢數大吃一驚，後來回憶說是四萬美元。記錄上的數目是三萬美元。不論哪一個是正確數目，這都是突然而且始料未及的一筆財富。

西方聯合會已取得愛迪生最初的若干專利權，當他成立製造將股票行情自動印錄於紙條上的電報機的營業時，公司給他一位同事恩格。愛迪生僱用他自己的工人，登廣告徵求手指靈巧的鐘錶匠和機械師。加入他在紐約瓦克所成立最初企業單位的人之中，有一個年輕的英國人巴奇勒。巴奇勒曾習紡織業，來美國是為在紡紗廠設置一些機器。當他拜訪愛迪生時，愛迪生即讚賞他製圖的技術和對機器的掌握。巴奇勒後來隨愛迪生工作了很多年。愛迪生的工廠迅速國際化，援引各種在英國實業中所磨練出來的技巧。為愛迪生工作人中，有瑞士鐘錶匠克魯西和德國機械士柏格曼。柏格曼初來時不會說英語，但是愛迪生認為他的技術顯而易見。柏曼和另外一位德國人舒克特在替愛迪生工作以後回國，後來在柏林創辦了一家大電力公司。

一八七一年時，愛迪生只有二十四歲，但是手下已有五十名員工。他現在不會回家了。他的母親於那年四月九日去世，愛迪生到密西根參加她的葬禮。他的父親愛上一個十七歲的牛奶場女工，後來娶了她。愛迪生一家人都長壽。愛迪生回憶他去造訪祖父，那位時年一〇二歲的老人還在嚼吐煙草。他們誠然是一個堅強的家庭，以體力和精力著稱。愛迪生本人以日以繼夜的工作馳名，完全不顧自己的外表，常有人說他穿得像一個流浪漢。可是他卻吸引了許多熱切於新創或改良的機器上賺錢的金融業者和商人。他也由一群商人處取得資金；他們希望他改良一套他們有專利權的自動化的摩斯發送機和印刷機。他在這個工作項目上花了兩年的時間，最後它為金融家古爾德收買。

一八七一年聖誕節，愛迪生娶了主日學教師瑪麗．西德華為妻。關於愛迪生生平的故事愈來愈多而往往又互相衝突，因而今日已無法確知他是怎麼遇見他妻子的，是他在她的學校示範表演電報術的時候；還是他在一個門廊躲避驟雨的時候；有一個故事說，她曾在紐瓦克和他共事。愛迪生婚前一直住在公寓，現在他買了一棟房子。一年以後他做了父親，稱他第一個孩子為「點」，第二個孩子為「長劃」，成為聲譽卓著的

「發明家」和自動化電報高手的愛迪生，於一八七三年應邀首次出外旅行。他的財務贊助人認為英國郵局也願意購買愛迪生的專利權，因而四月乘船到利物浦。在他示範表演他的系統在倫敦與利物浦間的作業時，有人問他，在更長的距離間，這個系統還行不行？於是他們計畫在英國和巴西間架設一道二千二百哩長的電報線。電纜放在格林威治，而愛迪生想把一個摩斯信號傳送過全程。他失敗了：有一個點拖了二十七呎長。愛迪生六個星期的英國之行沒有什麼可誇示的成績。他回到美國以後，受聘參與若干計畫，這些都牽涉到互相競爭的公司之間的某種訴說。他最有意義的工作是，發明一種可以在一根金屬線上同時處理四個信號的四路多工電報。但是他在這個時候不賺錢。事實上，他是在賠錢，因他已把最初的一點積蓄花在他紐約瓦克的工廠上面。在他面臨貧困的這個時候，金融家古爾德再度出現。古氏以三萬美元的大西洋太平洋電報公司支票，把愛迪生由其競爭對手公司西方聯合會買了出來。雖然愛迪生現在有錢了，可是旋即捲入古爾德與其在西方聯合會的勁敵凡德比爾特之間無盡的法律爭論之中。

一八七六年，愛迪生逃離紐瓦克。他關閉了在那兒各種的營業，並請他的父親替他在紐澤西州找一塊地，以便給自己蓋一個研究實驗室。老山姆．愛迪生選擇的地方是門羅公園，並留在那兒指點這個木頂屋建築的修造。現在愛迪生成為自由業的技士，接收任何人委託的工作。不久之後，竟是西方聯合會以五百美元一個月的代價聘他為顧問，研發一種由貝爾和埃利薩．格雷所創造的原始電話。愛迪生在門羅公園如魚得水，他寫信給一位專利權律師艾斯說：「位於地球上西半球門羅公園嶄新的實驗室，離拉威四哩，紐澤西州最美麗的地點，在潘納鐵路上，在高山之上。我會帶您四處看看去採草莓。」[5]

事實上，愛迪生和他在門羅公園的團隊沒有什麼時間去採水果，他們都回憶說工作時間很長，往往通宵達旦，想實現愛迪生發明點什麼以期實現名利雙收的美夢。有人說他是「第一位清楚了解發明是附屬於商業的偉大發明家。」易言之，製造沒有人要的東西是不具意義的。在這一點上，愛迪生和瓦特、布爾頓、威京遜或柏塞麥沒有什麼不同。在歷史上，縱然有的發明家不能發財，但大多數的發明家都是想發財。愛迪生本人多次幾乎破產。而造化弄人，使他真正不但是在美國也是在全世界享大名的那一項發明，在商業上卻註定失敗。

愛迪生和他的團隊在設法改良貝爾的電話時，偶然間發現他們可以把口語記錄下來並予以播放。愛迪生最初曾想到一種像現代電話自動回答機器的機器，可以記錄口語。關於專利還有另一場法律大戰。西方聯合會說，愛迪生的電話話筒是在先的，可是埃米爾．貝林納予以反駁，說它已由柏林那裡取得專利權——貝氏乃一自學成功的德國移民，受僱於貝爾電話公司。這場爭奪戰同時在英國和美國發生。一八七九年，年輕的蕭伯納受僱示範表演愛迪生電話的奇蹟；這種電話當時有白堊盤式收話機，十分嘈雜。蕭伯納日後寫有一部小說《不合理的結》。這部小說乃根據了他與愛迪生團隊工作的經驗。他在引言中說：

> 這些著迷的和浪漫的人，使我一瞥美國的技術勞動階級。他們的語言即使照一個愛爾蘭人聽起來也是可怕的。他們幹勁十足，與獲得的結果不相稱。他們絕對輕視狡詐緩慢的英國工人，因為英國有些工人盡量少做事，做到能拿工資就行。他們崇拜愛迪生先生，以他為自古以來最偉大的；不論是在科學、藝術、還是在哲學方面，並且咒罵另一位電話發明人貝爾先生說，他是愛迪生先生惡劣的對手。他們是無拘無束的人，極好的伴侶，常常哼一聲——慢慢的像古老英國式的哼一聲表示不滿。不論是與自己所造成的困難纏鬥，或者是在死路一條中掙扎時，也哼聲不絕。沒有導致走錯路的想像力的英國人，得把他們像迷了路的羊一樣找回來。[6]

愛迪生是在電話大競賽積極進行的當時最初認識到他可以製造「說話的機器」。關於這種機器的公開宣布，乃見於一八七七年十一月的《科學美國人》。愛迪生通常預言他會在一年以內有一種可用的機器：他永遠在告訴全世界說，他快要發明了什麼。事實上，他所謂的「留聲機」一個月便能用了。這種設備簡單得令人難以置信：聲音啟動一根針，針在覆蓋有錫箔的圓柱體上形成凹痕，當圓柱體因機械作用而旋轉和播放時，便發出聲音。使克魯西和其他機械士大吃一驚的是：愛迪生本人錄下的是兒歌「瑪麗有隻小羊」。一八七七年十二月，愛迪生在《科學美國人》工作人員面前示範表演他的留聲機，並把幾臺這樣的留聲機送到英國。英國郵政總局首席工程師普瑞斯展出了它們。這種說話的機器被認為是時代的奇蹟，而愛迪生的質樸研究實驗吸引了由美國各地來的朝聖者。留聲機似乎有無限的用途：它可以把口述錄下來而使速記員成為不必要；失明的人可以聽書；它可以用來教授演說術，它可以播放音樂；它可以記錄方言作為歷史記錄。當然，後來也就是這樣。但是，當留聲機不再令人感到驚奇，它便顯得過於粗製。投機資本家協助成立了「愛迪生留聲機公司」。但是由這種機器發出來的聲音質地仍然很差，以致愛迪生本人失去興趣，把這個他常說是他所鐘愛的發明物丟開了十年。

眾人的力捧和他的留聲機使愛迪生疲倦不堪。一八七八年時，年方三十一歲的他看起來愁苦和感到困擾。也就在這個時候，他的事業又有始料所不及的轉折。一八七八年七月二十三日有一次日蝕，賓夕凡尼亞大學的教授巴克和一群行人將旅行到落磯山脈去觀測這次日蝕。他知道愛迪生有一具可以測度溫度微小變化的儀器（電微壓計），認為他可以在這次日蝕中予以試用：這次旅行會讓愛迪生輕鬆輕鬆，也和許多傑出的科學家見見面。愛迪生於是和巴克等人一同西行。在懷俄明州的時候，他和巴克討論到電力的應用，包括用於照明——這一點是愛迪生前此未曾想到的。西行歸來以後，巴克安排愛迪生去造訪一家康乃迪克州黃銅和紅銅鑄造工廠——華來士父子公司——它曾製造出一部強力的發電機。他們正在做炭弧光燈照明設備的實驗，並想探索將電流傳送過長距離的可能性。

當愛迪生在九月前往「華來士父子公司」時，一位《紐約太陽報》的記者奉命隨行，他對於近迪生參觀弧光燈照明示範表演後反應的描寫，並不牽強：

愛迪生為之狂喜。他貪婪的逼視它。而後電通到這個設備上，八個電燈一起燃燒起，每個相當於四千枝蠟燭——科學到現在尚不能再分電燈。這使愛迪生先生十分高興。他由儀器跑到燈又由燈跑回儀器。他像一個單純的孩子一樣四肢伸開爬在桌子上，做各種計算。他計算儀器、燈和電力；在傳輸時可能的損失；儀器在一天、一週、一個月、一年裡面可能省下煤的量；以及這樣的節省在製造業上的結果。[7]

愛迪生的願景是用他的電力照明設備把世界點燃。他的關於供應公共電力照明的典範是當時已有煤氣網絡——由中央的煤氣供應輸送到街頭和個別的房子。光亮的炭弧光燈對住宅而言太亮了一點，也不經濟：當時所需要的，是有人已做過三十多年實驗的白熱燈泡的改良。但是燈炮雖然很重要，卻只也需要發動機、開關、電線插頭、電表等裝置的設備中一個因素。這套設備簡言之便是相當於煤氣網絡的電力網絡。不過愛迪生已下定決心：他由華來士父子公司訂購了一部其強力的發電機。未久他得到資金上的支持，並向全世界宣布即將有另一次大突破。

當愛迪生致力於電力照明的時候，電力照明在歐洲並非完全新鮮的事。在此次前，已有人數度想製造高效率燈泡以取代現存弧光燈。其中最流行的一種是傑布洛考夫燈。保羅．傑布洛考夫原是俄國一名電報工程師，並曾晉升為由莫斯科到庫斯克之間的電報主任。美國一八七六年在費城舉辦「百年紀念展覽會」，紀念其獨立戰爭爆發的一百週年，時年二十八歲的傑布洛考夫於一八七五年出發前往美國，想去看看這個展覽。

他到了巴黎便停下來了，因為他在巴黎遇見法國工程師布瑞格，布邀請他用他自己的實驗室。他在此發明了一種改良的炭弧光燈，把兩根炭棒平行垂直豎起來，通過它們的電產生強光，又把強光關進形似一盞油燈的玻璃球體中，法國的一家公司——通用電氣公司——乃成立於一八五三年，初為開拓因想由水中經電解作用以取得氧氣和氫氣而發明的機器，現在也經銷上述改良的炭弧光燈（或稱傑布洛考夫燈）。英國的荷姆斯教授曾修改發電機為於一八五七年和一八五八年安裝在兩個燈塔中的弧光燈供電。另一法國公司——聯合公司——也在為法國和英國的燈塔生產設備。

弧光燈發出的強烈光線也適合大型露天公共空間。在歐洲各國中，法國走在前面。到了一八七七年，巴黎的北站和羅浮百貨公司都點了燈，而「傑布洛考夫蠟燭」也全城都有。一八七八年七月，英國的出版品《電器技師》抱怨說，雖然巴黎一夜比一夜光明，可是英國連一盞電燈都沒有。一直到了那年的秋天，弧光燈才初次在英國首都出現，照亮某些商業貨品陳列室和泰晤士河堤防。通用電氣公司在倫敦生意興隆，在一八七八十一月照亮比林斯門的魚市場。那個時候，沒有現成的立法授權在公共街道上設置電纜，但是在倫敦市和西敏間的荷本陸橋，卻是一個適宜的試驗地點，這條陸橋建於一八六九年，為的是馬拉的交通，上面有一條道路而非鐵路。一八七八年底它有了照明設施，在橋下架了電纜。但這一個實驗在一八七九年五月結束，因為電力照明比煤氣照明昂貴太多。不過英國人也可以說他們有許多「第一」。一八七八年，《電器技師》刊登了一篇報導：

星期一晚上雪菲爾市有近三萬人齊集布拉摩巷的橄欖球場，觀看在燈光下舉行的橄欖球賽，這時因把電燈光用於新穎的用途所引起的強烈興趣，是驚人的明顯。那場由兩個屬於雪菲爾市橄欖球場會的球隊所進行的比賽，在七點半開始。電燈光由距地面三十呎的四盞燈照射下來，觀眾可以把球員看得清清楚楚，就好像是在中午一樣。可是強光使球員目眩，以致有時造成失誤。[8]

一八八一年，薩里郡的哥達明市接受了一個名叫「考德和巴瑞特」公司的投標，以電燈取代其合約已期滿的煤氣照明。雙方所訂的協議規定，電力照明的成本應該相當於煤氣照明的成本，絕不可多。衛河以水車供應的動力，旋轉一部西門子交流發電機，交流發電機於是發電。使用水力的權利必須與當地一家製革廠磋商，製革廠照明免費，作為給予水權的報酬。在那個時代，這是一種先進的辦法，因為除了照亮哥達明市主要的公共地區以外，還有大約三十隻白熾燈。白熾燈乃由約瑟．斯旺發明。斯旺於一八二八年出生於德拉謨郡的桑德蘭市，父母為蘇格蘭商。他的父親起初小康，後來因為各種生意失敗，乃送十四歲的約瑟去一位化學家那兒當學徒。他後來繼續做化學方面的工作，並遷居泰因河上的紐卡索市與茅森結為合夥。在他們的工廠樓上是一間實驗室，斯旺可以自由在實驗室做各種實驗。他對攝影術很感興趣，發明了若干新的程序。他大致是一個自學成功的人，博覽群書，於是讀到關於白熾燈發明的記載。然而，當時所需要的是當電流通過它時便燃燒和發光，而不會冒煙使周團玻璃變黑的物質。

斯旺和茅森公司的一件著名產品是其獲有專利權的火棉膠。火棉膠是以纖維素為基礎的膠，用來敷在傷口上，在傷口痊癒時保護它，在這方面的實驗，引導斯旺在他的燈泡中使用賽璐珞燈絲。如果要光線清朗，必須將玻璃燈泡中的氧氣拿掉。不過一旦有效的真空泵發明了出來，製造這樣的燈泡便非難事。斯旺的燈泡到一八七九年時便可使用，不過他的合夥茅森在這個突破以前便去世：他死於意外事故，在他監督丟棄在這個城市荒野的銷化甘油時被炸死。

斯旺燈於一八八一年在哥達明市的使用，是現代燈泡第一次實際的使用。它吸引了國際上的興趣，德國一家技術出版公司對這個發明刊出讚賞的報導。但是也有一些一開始時所遭麻煩。有一架水車未能供給發電機足夠的動力。威廉·西門子所創辦的公司——西門子兄弟公司——現在德在國、俄國和英國都有好的成就。它接過這個方案，但無法藉此營利。無疑是由於斯旺燈與煤氣燈相較光線暗晦，個別家庭對這種新燈的需求不如預期的高。一八八四年，衛河上的發動機停轉，而哥達明市回到用使煤氣燈的時代。

一八八一年，當哥達明市的實驗開始進行的時候，巴黎舉辦了第一次展出是電氣設備和發明的國際性展覽會。在門羅公園所進行的瘋狂實驗比斯旺稍晚，但根據同樣的原理。它不但生產了自己型式的白熾燈，也研發為實現愛迪生由一個中央發電站供應全城照明設備的整套電氣系統。「巴黎展覽會」是愛迪生使他歐洲競爭對手相形見絀的理想舞台。他派遣包括巴奇勒在內的一群熱心的年輕人，帶著他自己由他自華樂絲接收的大發電機所改良的大發電機，由英國渡過大西洋到巴黎參展。同時又動員了一群人去打開知名度，在法國報紙上刊登關於由美國來的精彩電氣展示的故事。

巴黎展覽會請裁判比較四種不同型式的白熾燈泡：斯旺的，愛迪生的，另一英國人福克斯—匹特所研發的，以及另一位有趣的美國人馬克辛所研發的。這些燈泡的本身不分上下，但只有愛迪生的陣營了解良好公共關係價值，據說甚至賄賂有影響力的新聞記者在文章中稱讚其發明。馬克辛在美國原來遠遠超前愛迪生。他十四歲起成為製作馬車的人，後來在工程工廠、煤氣照明公司及美國開創性的電燈公司工作，一八七八年成為「美國電燈公司」的首席工程師。但是他於一八八一年把營業賣給愛迪生而遷居倫敦。他日後在倫敦所設計的機關槍，經人研發以後，在第一次世界大戰中的西面戰線成為極具殺傷力的武器。馬克辛私生活不檢點，似乎是個重婚的人，喜歡年輕的女孩子。但他於一九〇一年在英國封爵，這時他已因販賣武器致富。他形容自己為「經常發明的人」。一九〇二年他在南法的尼斯養病時，甚至發明了減輕呼吸困難者不適的空氣濾過器。

愛迪生在此時竭力發展其電燈事業，他的團隊取悅法國人，次年又取悅英國人，他又在紐約的珍珠街設立了自己的電廠。他的手下在倫敦取得再次照亮霍爾本．維亞達克特的許可：這一次用白熾燈泡。往往有人說，這是世界上第一個使用白熾燈泡的公共照明系統，不過，哥達明市卻更應該是第一個使用這個系統的地方。荷本方案由一八八二年二月起實施了四年，但後來又因不經濟而取消。英國的任何電力業者，由一八八二年起，都必須與「電燈法案」鬥爭，這項構想拙劣的法案勸阻任何在這種法案上的私人投資。它的產生乃是受了當時政府商業部長約瑟．張伯倫的影響。他在伯明罕當地的政治活動中鼓勵所謂的「煤氣和水社會主義」——由公家的官員接管「自然專利權」。英國前瞻性的電燈計畫中，有在布萊頓、薛西克斯和泰因河上紐卡索市地方官員所主管的計畫。在倫敦西端上流社會住宅區梅飛爾，在格羅斯維那藝廊的照明計畫下，不久即把電線接到私人住宅上去，但這是倫敦極為富有的地區。事實上，「電燈法案」有效地阻止了愛迪生的任何進展。他在巴黎也無進展。因為經濟不景氣損傷了法國人的自信心，沒有什麼錢可以投資。愛迪生的理財者所做到的，是與某些敵對的專利權持有人達成協議。一八八三年，斯旺的公司和愛迪生的公司合併，資本一百萬鎊。不久愛迪生斯旺電燈泡便家喻戶曉。

美國比英國更能接納電氣。這並不是如威爾斯所云，是因為英國認為這種新動力太過自由和無拘束又太義大利式，而是因為電氣的勁敵煤氣產業在美國較不發達。在以煤為動力的英國，持有煤氣的人在都市是重要角色。可是在美國，煤氣只有小規模的生產而且是限於大城中，許多地區仍在點油燈。十九世紀末，最熱心發展電氣工廠的歐洲國家是德國，愛迪生的系統最先在德國採用和改良，龐大的AEG公司也是此時創辦。電車也是在德國最早行駛。

對於電力的供應有許多鬥爭，其中最激烈的是喜歡「直流電」的愛迪生與提倡「交流電」的美國人喬治．威斯汀豪斯之間的鬥爭。威斯汀豪斯是對的，但他得心愛愛迪生手下的人破壞策略。這些人決心使公眾認為交流電太過危險。英國人巴奇勒等甚至把流浪狗和其他動物抓來施以電刑。可是愛迪生仍然是典型的美國英雄——這不是因為他由赤貧而暴富的故事，而是因為他由無知的人成為天才。他在一九三一年去世的時候，名下有一千多種專利權，可是除了留聲機以外，至今仍不可確知什麼是他個人的發明。可是，可以確知的是，愛迪生和其他像他的人證實了美國晉身為世界上工業的領袖，而國際影響力又隨著經濟力量而來。二十世紀早期，美國應邀協商另外兩個工業強國——俄國和日本之間的和約。

第二十章　魚雷的恐怖

一九〇四年二月八日夜晚，日本的魚雷快艇對俄國在滿洲旅順基地的戰艦發動奇襲，日俄戰爭於焉開始，世界其他強國焦慮的觀望。英國人縱已與日本在一九〇二年簽訂聯盟條約，此時也感不安。他們的焦慮不是沒有道理，因為此一衝突會使日本成為太平洋上一大海軍強國，對英國本身也將有影響。

一九〇四年十月二十三日（星期天）下午，兩艘拖網捕魚船勉強航行回到英格蘭東北海岸的赫爾港，下著半旗。前來迎接它們的人先是大惑不解，而後又十分驚訝。這兩隻船——「米諾號」和「摩緬號」——上面滿布彈孔。它們把另一赫爾鬥雞船隊船隻「鶴號」的船長亨利·史密斯和其水手長威廉·亞瑟·勒格特的屍體載運了回來，負傷的人有六位。能夠沒有更多的傷亡可說是一個奇蹟，因為赫爾的拖網漁人是在夜間遭到一支龐大俄國艦隊的攻擊。俄艦的緊張船員，在經過多格灘的漁場時，向它們開火。令人吃驚的是：這些俄國人竟以為他們受到日本魚雷快艇的攻擊。俄國船隻誠然是在前往與當時已經很強大的日本海軍對陣，最後想贏得那年稍早日俄之間終於爆發的戰爭。但是他們離開敵方的水域還有好幾個月的航程，把約克郡漁夫誤認為是日本水手簡直是近於瘋狂。

這支俄國艦隊一共有四十八艘船，包括主力艦、驅逐艦、巡洋艦、供應船、魚雷快艦、和雜七雜八的陳舊船隻。它一路不停地馳進英吉利海峽，在天亮的時候視察他們所造成的損傷或提出給受到侵襲的漁人協助。英國海軍軍官乘火車來到赫爾，他們所聽到的情形旋即由《泰晤士報》和其他報紙報導，標題是「多格灘的暴行」。與拖網漁船隊並行的是傳教船「約瑟和莎拉邁爾號」，它救起「鶴號」上的一位生還者。是這個人最早和生動地敘述那一個可怕的夜晚所發生的事：

我們剛才把網拖上來又拋出去，在魚池清洗魚和談論關於戰艦的笑話。我們可以清楚的看見這些戰艦並聽見它們開火。突然間有些東西擊中我們。第三水手說：「船長，我們的魚箱著火了。」並且向前走去。在船橋上的船長笑他害怕的樣子。我們又被擊中，有人大叫：「水手長被擊中了。」我走到前面去察看，發現水手長在淌血，我們甲板上的船舷被打穿了一個洞，前面甲板通往船艙的梯路被打掉了。我去告訴船長。在我去到船尾以前，一顆砲彈打穿發動機箱，我開始害怕了。我可以看到船長不在船橋上。我向船尾走，經過組長，他在淌血，我把我的領巾給他讓他止血。我走向船尾，看見船長躺在柵欄上。我說：「天哪！他被擊中了！」我把他抱起來，看見他的頭已經被打成碎塊。我把他放下來，衝到前檣前的上甲板，看見水手長躺在地板上，他的頭也被擊碎。

另一顆砲彈擊中了我們，我不知道是擊中那兒，全船所有的水手都大叫他們被擊中了。我跳到船橋上去吹口笛，但是它與蒸氣號笛都被打掉了。我想轉動舵輪，但是舵輪齒輪已被擊碎。我而後發現我們的船在下沉。我走到小船（救生艇）前、切斷把手，把它拴上，把舫索放到錨機上去想拖它到船尾，但卻發現有的錨機已破碎。而後有什麼擊中我的背。我看見「鷗」把其小船下水。我把船長往前拖，把第三水手拖到甲板上然後去找組長，他已失去知覺。這個時候「鷗」的小船搖了過來，我們把我們的船長和水手長放上小船，然後自己也上了小船——但我不知道是怎麼上去的。

當那個男孩走到我面前問：「我的父親在那裡？」我簡直受不了。我無論如何也不能告他說，他的父親是怎麼了。

探照燈把田野照耀得如同白晝。在發動機室的火伕目擊那條戰艦對我們射擊——由船側的孔看到它對我們射擊。他們把我們當目標，他們要毀掉我們。他們不需要藉著其他燈光看我們在那兒，探照燈已清楚告訴他們我們在那兒。[1]

英國的海軍船隻秘密尾隨通過英吉利海峽的俄艦，而緊急的外交談判開始。俄國艦隊指揮官羅傑斯特汶斯基海軍上將堅持說，他們曾看到魚雷快艦並擊沉了一艘。不過他知道他那些大半素質不佳的船員曾對漁人射擊，雖然這些漁人拼命的高舉他們所捕到的魚以示他們既非軍人，在這個情形下，也非日本人。《泰晤士報》譴責說：

我們聽說俄國人以榴霰彈射擊這些無助的漁舟達二十分鐘之久。他們而後駛走，不等著弄清楚他們所射擊的船是什麼船，或是那一國的船，事先也不警告說發射這致命的炮火，事後也根本不想搭救他們擊沉的船上面的船員。任何自稱水兵的人，不論他們受到什麼驚嚇，竟能在沒有弄清楚其目標是什麼的情形下，轟擊一支漁船船隊達二十分鐘之久，簡直是不可思議的事。我們據現在所知可以做的唯一臆測是：這些俄國人本身也是可恥、驚惶的受害人。我們駐哥本哈根的記者有一封電報，它說俄國人在通過丹麥水域時異常緊張。關於日本間諜準備把這支波羅的海艦隊炸到雲霄的無稽之談很多。[2]

情勢緊張好幾天之久，英國和俄國似將開戰。這支俄國的波羅的海艦隊乃奉俄皇尼古拉二世之命到遠東與日本人作戰，因為日本人現在對俄國控制有爭論的滿洲和高麗領土提出質疑。日本在英國的鼓勵和其他歐洲強國的協助之下所達成的工業化，在太平洋上已創造了一支嶄新的武力。一八四七年目擊薩摩家族在鹿兒島上防禦衰滅的年輕武士，現在已是軍事領袖了。事實上，日本艦隊的司令官東鄉平八郎海軍上將，是在一八四七年出生於薩摩家族。雖然英國人轟炸鹿兒島的時候他只有十六歲，但他是在場的。他穿著武士的華貴衣服，在一個砲臺上，將石製砲彈輸入古董大砲。他必然再也不會忘記當年想以這種過時的武器與現代戰艦對抗的屈辱。

東鄉接下來的經歷，說明了十九世紀最後幾十年間日本和英國之間非常親密的關係。由長洲五傑的時代開始，日本人便盡可能學習西方的工業和軍事工藝技術。而在天皇復辟以後，這種學習也不再需要秘密進行。一八七一年，東鄉在推翻幕府的內戰中參戰以後，便到英國學習船舶操縱術和受英國水手的訓練。他和一群其他的武士先在倫敦停留了幾天；倫敦的規模令他大吃一驚。而後這群人分別被送往不同港埠的寄居宿舍。他住在普利茅斯。適應英國的食物和習慣並非易事，他弄得胃口特大，把大塊的麵包浸泡在茶中吃以滿足食慾。英國的軍官學校學生弄不清楚地理位置，給他和其他日本學員起了個綽號：「強尼・中國人」。東鄉最初在皇家海軍軍艦「渥斯特號」號上受訓，後來又乘皇家海軍軍艦「漢普夏號」在澳大利亞訪問。他在回倫敦以後得了嚴重的眼疾，後來由哈利街的醫生治好。此後，他在格林尼治上皇家海軍學院，並造訪泰晤士河上正為日本帝國海軍製造戰艦的一個船塢。他於一八七八年回到日本以後，得以觀看法國人和中國人為台海有爭議的領土而發生的海戰，在此之後，他參加了一八九四——一八九五年間的中日戰爭。

中國漁港旅順，歐洲人稱之為「亞瑟港」，因為一八六〇年（在第二次鴉片戰爭期間）一位名「亞瑟」的英國海軍軍官曾在那兒改裝一艘船。在日本人戰勝中國人以後，英國人和法國人說服日本人放棄旅順，他們的目的是讓旅順保持中立，可是俄國人卻在實際上兼併了旅順。俄國人認為旅順特別值得爭取，因為它常年可以進出，而他們自己的太平洋海軍基地海參威冬天結冰。日俄之間對於滿洲的領土也有爭執——大西伯利亞鐵路的最後一段是修築在西伯利亞，日本人認為這條鐵路通海參威一段的修築是一個挑戰。當對於旅順的外交磋商一無進展時，日本人決定一戰並派來魚雷快艇。

俄國派出最著名的海軍司令——多次受動的馬卡洛夫——指揮其在旅順的第一太平洋分遣艦隊。馬卡洛夫曾經在俄國於一八七七到一八七八年擊敗土耳其的海軍，新近又成為魚雷和地雷的專家。諷刺的是，他的旗艦於一九〇四年四月十二日被魚雷擊沉，這位海軍上將也沉落海底，有人說，一片飛來的金屬把他的頭削去。一個月以後，日本人自己也有二艘戰艦被魚雷擊沉，但是到了元月底，旅順港已在其大砲的射程之內。八月十日，俄國的新海軍司令維特吉夫特海軍上將想要掙脫，但是他的分遣艦隊卻被東鄉追捕攔截。維特吉夫特在接下來的黃海戰役中陣亡，因為兩顆砲彈擊中他旗艦的艦橋。俄國人被迫回到旅順，而一直到十月，羅傑斯特汶斯基的波羅的海艦隊，才會出發作一萬八千哩的馬拉松式航行，去支援俄國在太平洋上的海軍。

俄國太平洋的分遣艦隊有一部分是在海參崴，但它不能挑戰日本艦隊。俄國在理論上具有優勢：它是一個龐大而有強大潛力的國家，有世界上第三大規模的艦隊。可是，東京的軍官曾在英國、美國和法國接受訓練，懂得最新近的海軍工藝技術和理論，而俄國的最高指揮部大部人員缺乏經驗和腐敗。一九〇四年時，俄國有一百名海軍上將，當時擁有世界上最強大海軍的英國有六十九名海軍上將，法國有五十三位，德國有九位。俄國海軍的任命根據能力，但也同樣根據社會聲望。

雖然俄國人製造戰艦往往按照法國人古怪的規格，但至少是在其自己的船塢中製造。相反地，大多數日本的軍艦是買來的：吳港的海軍船塢到一九〇五年才開始製造大型軍艦，橫須賀市到一九〇六年才製造大型軍艦。東鄉的旗艦「三笠號」本身便是最近由英國船塢訂購的先無畏艦軍艦中之一。整個說來，日本有六艘英國製造的戰艦；而其八艘武裝巡洋艦中，四艘是英國製造、二艘是義大利製造、一艘是德國製造、一艘是法國製造。在其二十四艘驅逐艦中，十六艘乃英國製造，八艘乃日本製造。東鄉的艦隊中，有不少於六十三艘的魚雷快艇；其中二十六艘為德國製造、十艘為英國製造、十七艘為法國製造、十艘為日本製造。這是等待俄國艦隊的可觀和強大的軍力——如前所述，這支俄國艦隊一啟程便出了大錯，幾乎和英國作戰。即使羅傑斯特汶斯基的船能完成其沿著海岸、又駛過其軍官和船員不熟悉的大洋大海的壯麗行程，他也沒有什麼成功的希望。

這位俄國海軍上將還面對其他幾乎不能克服的困難。俄國未曾參加十九世紀最後二十年帝國主義對非洲的爭奪。因而，在橫渡印度洋到新加坡再進入黃海的水域以前，他的艦隊在駛下西非海岸繞道好望角、又上到馬達加斯加島時，沒有友好的港埠可以停泊。通過蘇伊士運河是一條捷徑，可是這條捷徑乃由英國人控制，而由於英國人名義上是日本人的盟友，羅傑斯特汶斯基不想冒落入圈套的風險。

煤的問題更為重要。以蒸氣為動力的這些俄國戰艦，消耗大量的煤，在它們巡航的時候，大約一天三千噸，在它們急速航行時，一天大約一萬噸。它從那兒得到這些煤？南威爾斯的輪船用煤最好，英國人把這樣的煤大量供給日本，但是他們不給俄國人。此外，日本人曾經警告，日本將擊沉供給俄國人煤的任何船隻。法國人不願意牽涉到日俄戰爭裡面，不許俄國艦隊停泊在其非洲殖民地的前哨站。其他的中立國家也一樣。少數幾個自主業的商人也許曾因供應俄國人而獲利，可是使俄艦能繼續航行的，卻是沙皇尼古拉斯二世好鬥和古怪的表兄弟德皇威廉二世的協助：六十艘漢堡—美國線的運煤船，在中立港埠與俄國艦隊會合交煤或在海上交煤。當然，日本人隨時可能出現，或者更糟的是由海面下以魚雷或潛水艇的形式出現。

羅傑斯特汶斯基終於得以在西班牙的維戈港補充煤，英國人在此要求他解釋，為何攻擊赫爾的漁人。當他的艦隊向南駛向坦吉爾時，英國和俄國之間有爆發戰爭的真正危險，雙方緊急的外交磋商正繼續進行。俄國人最後向英國道歉並賠償損失，但是其年輕的沙皇對英國的要求感到憤慨。俄國艦隊在坦吉爾一分為二。那些老舊和緩慢的船隻，因無法繞通好望角，將走蘇伊士運河的路線，將來在法國殖民地馬達加斯加島外與其他的船隻會合。當分遣隊預備分開各走一條路線時，其中有一條船的錨絆住一條連接非洲和歐洲的電報電纜，而後又把它拉了上來。俄國艦隊司令大為生氣，下令把它切斷。幸好這條電纜不是英國人而是法國人的。

羅氏的船隻在接下來的幾個星期中，沿非洲西海岸南行。俄國人間或上岸去看看，逐漸得到各種奇異的動物，其中的一條大蛇，似乎很喜歡喝伏特加酒。塞內加爾達卡布的法國人曾想叫囂著把他們趕走，但是羅傑斯特汶斯基認為，他必須在此盡量由德國運煤船上把煤裝載到他自己的船上。即使法國的海岸上的列砲可能對他們開炮，俄國的軍官和士兵還是在華氏一二〇度的氣溫和百分之百的溫度下裝煤。船上的煤倉裝滿以後，多的煤便放在甲板上，甚至放在軍官的艙房中。但是有的人實在吃不了這個苦，因此而死者之中有一位是伊凡·奈利多夫，他是俄國駐巴黎大使的兒子。他死前住的醫院，是他母親曾經捐過錢的醫院。一艘法國輪船後來將他的屍體運回俄國。英國人和日本人都密切監視俄國分遣隊的前進。事實上，俄國船上的號角不止一次大作警告說，已看到有日本的魚雷快艇，而這不過是出於某些人的想像而已。羅氏的一些船上，有人陰謀反叛，並且散發小冊子。在醫療船上不可避免地也發生一些與護士戀愛的事件。羅傑斯特汶斯基鐘愛已婚的西弗斯，不過此時的他在俄國已有妻女，並與在旅順港外被魚雷炸死的海軍上將馬卡洛夫的孀婦談戀愛。

俄國人在繞航好望角和設法北上到馬達加斯加的途中，曾遇到狂風暴雨，他們理當在馬達加斯加與通過蘇伊士運河船隻會合，但此時羅傑斯特汶斯基收到一通電報，叫他等一等另一支大半由舊船組成、來自波羅的海的分遣隊。不過他拒不受命，想讓這支分遣隊設法追趕上他。一九〇五年五月，這些俄國人終於駛過新加坡到日本附近的海面。他們的完成此行可說是一件了不起的成就。日本人有充分的時間為將在他們自己水域的海戰養精蓄銳，俄國人卻遠離故鄉並因數千里的海上航行而精疲力竭，而且其滿佈黑煤塵的船隻、甲板和船艙又迫切的需要修繕。羅氏自己是砲術專家，但他對他手下官兵的砲術並不樂觀。總而言之，徵兆不祥。五月二十五日羅氏的一名高級指揮官馮弗克賫故世以後，羅氏害怕影響士氣，秘不發喪，而且現在俄國艦隊比以前更害怕受到魚雷攻擊。

自從一個世紀以前的特拉法加大海戰以後，大家最害怕的海軍武器新發明是魚雷。像美國人羅勃·富爾頓在特拉法加戰事以前不久所示範表演的最早形式魚雷，是在水面上推進的。這個以後，在美國南北戰爭期間曾有許多人做各種不同設計的魚雷實驗。但這些魚雷都不是自行推動式的，而且它們在走向目標的途中往往也會給人發現。然而懷德海在一八八〇年代卻發明了一種新穎而具有革命性的魚雷——現代魚雷的先驅。懷德海是英國人，他完全沒有想到自己智巧的發明會驚嚇到世界上最強大的海軍，或間接地導致對赫爾漁船船隊無理的攻擊。幾乎與這種魚雷同時發明的潛水艇，乃是由英國牧師喬治·威廉·利特勒·蓋瑞特所發明的較早形式潛水艇發展出來。到了一九一四年，它導致對水面運輸可以造成最致命創傷的德國潛水艇的推廣使用。

一八九七年，英國海軍第一大連理查茲爵士在談到懷德海時說：「沒有任何人曾經對其國家造成更大的傷害。他的發明到現在為止，給英國的成百萬鎊負荷多到可以興建一支大艦隊。」[3]懷德海在世的時候得到許多應得的獎賞，可是他不曾由他的祖國美國得到任何讚美和賞賜，因為他所發明的武器事實上威脅到英國的海軍優勢。懷德海的故事或許是發明歷史上最不尋常的故事之一，它也生動地說明，到了十九世紀的最後幾十年，工業的傳布是如何迅速。

羅勃·懷德海的父親在蘭開郡的波頓－勒－摩斯有一家漂白和紡織品表面完工的工廠。羅勃於一八二三年一月三日在此出生，他的母親愛倫的娘家豪斯維福特家，有許多製造蒸氣機、水力壓榨機、煤氣燈設備和磨粉機器的企業。愛倫的兄弟威廉乃是一位工程師，也是懷德海最喜歡的舅父。懷德海在波頓上一家以拉丁文和希臘文為主要學科的中學一直到十四歲，而後上私立學校學習拉丁文、希臘文、歷史、地理、繪圖、數學和簿記。他的舅舅威廉當時是曼徹斯特一家工程工場——理查·奧麥洛父子公司——的經理。懷德海在私立學校唸了兩年以後，便在這個工廠當學徒，他很快獲得實際經驗和科學訓練。他白天在曼徹斯特新建的倫敦鐵路站給屋頂門桁，晚上在機械士學校上兩個鐘頭的課，花錢學習機械繪圖和圖案設計以及工程學的理論。在這個時候，他的父親已改行從事釀造業，奧麥洛兄弟公司給老懷德海製造各種蒸氣機。懷德海到了二十出頭的時候，已是有經驗和技巧的製圖員，可以設計各種機器和其他設備。一八四六年三月，他娶了法蘭塞絲·瑪麗亞·約翰生為妻，約翰生家也經營染色業。也就在這個時候他因利誘而出國，引他出國的是他的舅舅的威廉。

十九世紀中葉，英國工程師的知識和專業技術，仍是歐洲大陸所十分珍視和需求的。例如，艾朗和查理·曼比父子檔修造了世界上最早的鐵輪船，他們於一八二二年在倫敦的泰晤士河上示範表演這艘鐵船，並且把它開過英吉利海峽到納河上的魯昂，再到巴黎。他們父子二人都在巴黎和在勒克魯索參與工程學上的企業，振興十八世紀時以威京遜知識技術所建立而現已不用的鐵工廠。另一位後來在法國致富的英國人是菲三浦·泰勒，他的父親以寫作聖歌為生，母親是散文作家。泰勒出生於一七八六年，在諾弗克郡的諾維其市長大，最初跟一位外科醫師當學徒。他受不了這種職業的殘忍，乃去和一位化學家哥哥合作經商。他製造出切割藥丸盒組成部分的機器，而後開始其驚人的發明生活。他一度取得由石油製造點燈煤氣方法的專利權。這項發明曾用於科芬園歌劇院和聖彼得堡的帝國圖書館。

泰勒是布魯耐爾的朋友，他曾任泰晤士河地道公司的理事。當布魯耐爾這位偉大的發明家破產並關在欠債人的監獄中時，泰勒也是搭救他的人之一。這個以後不久，泰勒在南威爾斯開了一家鑄鐵工廠，也有一家化學工廠。這兩家工廠都倒閉了以後他去巴黎，他在巴黎設法向法國國王路易．菲力浦兜售以一條長管藉萬有引力由馬尼引水到巴黎的計畫。當這個計畫失敗以後，他又在巴黎創辦了一家工程公司，而後由於他的妻子患病，他把家搬到南面的馬賽。他在馬賽先做磨面粉的生意，而後又與他的兩個兒子開了一家工程工廠。最後，一八四五年他在土倫附近一個稱為拉西安的地方購買了一家造船廠，這家造船廠旋即僱了兩千名員工，他們親熱的稱呼現在已是一位傑出人士的泰勤為「老爹」。他又回英國去找可以管理他造船所的人，且在奧麥洛父子公司找到威廉．斯維福特，後者也為他提出的高薪所吸引。威廉熱心的寫信給外甥羅勃，告訴他說在法國的工作情形。因而懷德海在一八四六年去到斯維福特那兒。

然而懷德海在泰勒的公司並沒有久留，一八四七年他又遷居米蘭。這時米蘭的棉紡業和傳統的紡織業一樣已有了基礎。他在米蘭成為一名顧問工程師並為織造業設計機器，而且取得由繭上把絲繞下來方法的專利權。他在米蘭沒有多久，一八四八年的社會動亂便在歐洲大部分地方爆發。米蘭本地人反叛奧地利的統治，而且發生巷戰。這是懷德海和他年輕妻子的一個困難時期——他們的第一個孩子出世不久便夭折，他們又困在一個前途不確定的城市。奧利人雖然一度被擊退，現在卻又回來，並答應改進義大利北部地方。最大的一個計畫是給倫巴底的沼澤排水，而懷德海得到設計抽吸機的工作。

懷德海和他的妻子本可由米蘭回英國，但是羅勃的哥哥卻鼓勵他去亞德里亞海岸新成立的造船所謀職。

羅勃一開始是在崔亞斯特的奧地利—洛伊德工作，而後又到亞德里亞海岸稱為斯楚多夫工廠的傑出海洋工程師公司工作。年方二十六歲的他，受任為技術主任，並開始設計和監督海船、蒸氣機的製造——主要是為了奧地利的海軍。幾年以後，懷德海已經成名，於是一群在由崔亞斯特海岸向南的福佑姆地方（今日仍是一大造船中心——克羅西亞的瑞吉卡）成立新公司——福佑姆技術公司的金融業者徵召他去工作。他在這個公司可以自由的做發動機設計工作，和安排他自己的研究。

奧地利想繼續控制威尼斯和今日義大利的北部地區，而義大利人卻意在獨立。二者之間的衝突引起武器競賽，懷德海也牽涉在這一競賽之內。他替奧地利人做事，一八六五年他的福佑姆造船所替奧地利海軍造成一艘快速戰艦。這艘船以鋼板和螺旋槳推進器代表了最晚近的海軍工藝技術。法國在一八五八年只下水了一艘真正的裝甲艦——「光榮號」，英國的回應是在一八六〇年下水了「戰工號」。第一次裝甲艦之間的大交戰是發生在一八六六年奧地利和義大利在亞德里亞海上的利薩遭遇戰。在那個時候，以戰艦前端的撞角撞擊敵艦側面是大家所喜歡的攻擊方法。懷德海供應奧地利船大半的設備，包括表現得異常之好的必要蒸氣機。在奧地利獲得勝利以後，有人向他道賀。然而這只是短暫的勝利而已，因為奧地利旋即在與普魯士的短期戰爭中戰敗，而被迫把威尼斯讓給義大利。

懷德海是在這樣的衝突與技術創新的氛圍中，最初遇見退休的奧地利海軍軍官德盧皮斯。那是在一八六四年，也就是在德盧皮斯開始業餘性質的實驗一種可以裝載炸藥和瞄準敵艦的小船以後的幾年。這種小船基本上與富爾頓在一八〇五年所示範表演的魚雷相似。德盧皮斯這個想法乃來自另一位奧地利軍官，他而後設法予以改良。他認為它在突破封鎖上會特別有用。他稱他的這一發明為「海岸縱火艇」，它以有發條裝置的馬達旋轉魚雷末端的螺旋槳推進器，由岸上一個操縱的人以附著在它上面的繩索駕駛它。如果它擊中目標，則以雷管引爆炸藥。

當懷德海應邀觀看這一器械時，他了解到：只要由一條船的甲板上瞄準射擊幾次，便可炸毀行駛在水面而速度又低的東西。德盧皮斯大為失望，因為這位英國工程師認為它沒有前途。但是懷德海卻記住可以有使這種武器更為有效的方法，於是他開始研究這個問題，並在福佑姆工廠旁邊地上一個簡陋的屋中成立了製造它的工廠。他十二歲的兒子秘密的和他在一起工作。懷德海開始研究自己的魚雷時，他在奧地利已經是一個紅人，並且得到皇帝約瑟夫的歡心，因而他可以籌到資金。他的魚雷在形狀上很像一隻海豚：由首到尾十一呎七吋長；軀體狹窄，最龐大的地方直徑不過十四吋。它乃由鍛鐵鍋爐板製成，後端有鰭和一個螺旋槳。當然，內部的作業是看不見的。懷德海與在他以前的若干發明家一樣，不肯申請專利權；因為如果申請便會揭示這種機械太多的技術規格而使別人複製它。事實上，這種魚雷是由通過一個活門而穩穩放出的一個金屬罐所裝壓縮空氣所驅動，不過懷德海所視為「秘密的」不是這個，而是把魚雷保持在水面下一定深度的平衡盒。它因而是一種看不見的武器——有馬達的水雷。

懷德海在一八六六年最初試用這樣的魚雷，以後又經常改良其速度和準確性，贏得了許多訂單。最熱切的購買者通常是較小的國家，它們認為懷德海的魚雷可以擊敗設備精良得多的敵人。懷氏本人是一個精明的生意人，一八七〇年代他到處旅行，在斯堪地那維亞和其他歐洲國家示範表演他的發明。英國皇家海軍密切的注視這些發展，也要求他示範表演，並於一八七二年像許多其他的國家一樣付給他一大筆錢，以取得生產魚雷的權利，在伍威奇的皇家兵工廠並適時加以研發和改良。

懷氏不可避免的遭逢競爭對手，但是他與那些持有執照研發他魚雷的人經常改進魚雷，在競爭上保持領先的地位。一八七二年，懷德海與其社會關係良好的女婿侯約斯伯爵合夥買進福佑姆工廠，並在福佑姆技術公司附近興建了許多別墅。羅勃的長子約翰．懷德海日後成為這家工廠的經理。雖然懷德海的總部留在福佑姆，但是他於一八八五年在柏克郡的渥斯地方購買了稱為巴多克赫斯特塞特廣大的鄉村地產，並於一八九一年在多塞特的威茅斯附近，成立了他魚雷工廠的英國分支。

懷德海畢生都堅持自己是個愛好和平的人，他認為魚雷可以嚇阻戰爭。在他於一九〇五年十一月以八十二歲的高齡故世時，《泰晤士報》評估魚雷的影響，並複述理查茲爵士的看法：

海軍建設、軍備、戰術或一般海上戰事以及海上戰事的準備，沒有一項不深切受到機動魚雷到來的影響。在建設方面，它已成功的研發了魚雷快艇、捕捉船、驅逐艦和潛水艇。在軍備上，它刺激了速射砲的生產及其各種發展。在防禦方面，它發展出網絡防備、在戰爭中使用採照燈，以及把現代的戰艦再分為各種各樣不透水的船艙。在戰術上，魚雷已迫使現代的海上戰爭行動在魚雷鞭長莫及的地方展開，因而刺激研發確保重砲在長距離射程下速度和準確性均高的器械。在戰爭策略上，它已修正了海軍封鎖的方法，而且使人嚴重質疑在面對凶猛和堅定敵人時海軍封鎖的效能。在一船備戰方面，它導致了欄木的維持，以及為防禦海軍停泊處而修建的大規模和成本高昂的工事，如在波特蘭和直布羅陀的防波堤和在多佛的避難港。這些設置目前都顯而易見而且正在進行。但還不止於此，即使魚雷在射程四千碼及時速三十六浬處已開展到極限，可是潛水艇則剛萌芽。有人認為潛水艇不久便可使交戰的雙方都不能使用狹窄的水道。如果這個預料實現，那麼某些現有海軍基地的重要性便會減少。這些都是由於機動魚雷的發明。[4]

懷德海與其他福佑姆工廠的工程師過世以後，這家工廠便預備出售。英國海軍部很快鼓勵兩家英國大公司——維克斯和阿姆斯壯、惠特渥斯——把它買下來。它們乃於一九〇六年各付四十萬鎊購買一百八十四股，把三百六十七股留給懷德海的受益人。那個時候，皇家海軍反對發展潛水艇，但是維克斯公司與一家紐約公司卻合夥開始在福佑姆修造潛水艇。一九〇八年，奧匈帝國海軍軍官喬治．馮崔普奉命來此研究潛水艇設計。羅勃．懷德海之子約翰之女阿嘉西主持一艘早期潛水艇的下水典禮，她與喬治相逢相愛。他指揮一艘魚雷快艇，而後又指揮一艘潛水快艇。

奧匈帝國在第一次世界大戰中戰敗以後，喬治．馮崔普便失去委托。一九二二年阿嘉西死於白喉，得年三十二歲。她留下五個需要照顧的孩子，喬治給他們找了一位名叫瑪麗亞．克茲奇拉的家庭女教師。瑪麗亞乃一名修女，一度在這些孩子生病的時候看護他們。瑪麗亞教孩子們唱歌，並贏得喬治的愛情，喬治於是向她求婚。瑪麗亞拋棄了她想做修女的大願，終於成為一個大家庭的女家長；她有五名繼子女及三名她自己在婚後所生的兒女。在馮崔普於一九三二年的金融崩潰中失去家產以後，瑪麗亞讓孩子們以歌唱謀生。以馮崔普歌唱團為名，他們在奧地利巡迴演唱，一直到一九三八年希特勒兼併了他們的國家而他們不見容於納粹黨人為止。他們逃亡到美國，在佛蒙特州購得一個農場。瑪麗亞終於在這個農場上寫下他們的故事，這個故事後來演成電影「真善美」轟動一時。這個著名的家庭合唱團，其五名團員是那個發明魚雷的人的曾孫。

然而，早在一九〇五年五月時，魚雷的價值尚未經證明，而對於其在日本艦隊和俄國艦隊的任何大規模交戰中會有什麼樣的作用，自然有許多臆測。日本人有六十三艘船攜帶魚雷，對於魚雷確乎樂觀。另外一種東鄉用上了而羅傑斯特汶斯基屏斥的新發明是無線電報。年輕的盎格魯─義大利人馬可尼把這一新發明轉化為商業上的成功。他的公司此時把摩斯電報發報機和收報機裝置在大西洋的輪船上，因而有效的結束了海上船隻的孤立。海岸上的電報臺可以和幾百哩外的船隻對話，而船隻也可以彼此互通音訊。今日已不知道日本人是如何又在什麼時候取得馬可尼的裝置（可能是他們在馬可尼在義大利的海軍基地拉斯皮濟亞的一次示範表演以後剽竊的），可是日本船隻可以把無線的音訊傳送到若干哩之外。俄國人裝有一種不同和較不可靠的無線電報機，而羅傑斯特汶斯基決定根本不用它。

一九〇五年二十七日清晨，日本巡邏船「信濃丸」看到俄國艦隊北航通過對馬海峽馳向海參崴。海參崴現在是它唯一可能的目的地，因為旅順已落入日本人之手。東鄉下令在「三笠號」上升起信號旗。上面他仿納爾遜在特拉法加戰役以前的話在旗上寫著：「我們帝國的命運懸於這一戰役，大家盡力而為吧！」而羅傑斯特汶斯基則直航向前，拒絕使用他的無線電報去干擾日本人的傳送音訊或與他自己的船隻溝通。

在這場戰役最初也是具有決定性的一小時內，羅傑斯特汶斯基的旗艦多次被擊中，他也受了許多傷，以致神智不清。俄國船員英勇作戰，但其艦隊旋即大亂。戰事一直進行到夜晚，日本魚雷快艇像一群獵犬一樣成群結隊而來，即使俄國的探照燈照著它們，它們也還是在近距離開火。有一或兩艘日本船被俄國人擊沉，可是到了五月二十八日早晨，便清楚看出俄國艦隊已在這次所謂歷史上最具決定性的海軍戰役中被殲滅，只有三艘俄國船勉強航行到海參崴，其他的逃回馬尼拉。有的戰艦連帶所有的水手沉入海底，最後揭示的冷酷統計數字令人難以相信。日本人擊沉了二十一艘船，擄獲了七艘船，解除了六艘船的武裝。羅傑斯特汶斯基艦隊的傷亡人數是四，三八〇人戰亡，五，九一七人受傷。東鄉失去了三艘魚雷快艇，死者一一七人；受傷者五八三人。這位俄國海軍上將被送到日本，由日本一個佛教僧院收容。東鄉去看他，並表達同情之意。然而俄國艦隊的慘敗並未結束俄國對日本的戰爭。滿洲的戰事繼續進行，雖然日本的獲勝已經很明白，可是俄國卻不肯認輸。

使這兩個交戰國開始進行談判的，是美國總統西奧多．羅斯福在一九〇五年六月的插手干預。這次外交上的勝利，使他在一九〇六年獲得諾貝爾和平獎。雖然日本人的海軍在對馬海峽很少傷亡，可是在陸地上和其他海戰中，其傷亡總人數卻大於俄國的傷亡人數：日本有四七，三八七人戰死，一七三，四二五人受傷；俄國人有二五，三三一人戰死，一四六，〇三二人受傷。一九〇五年九月五日，這兩個國家間的和約終於在新罕布夏州樸玆茅斯簽字。在磋商的期間，《泰晤士報》報導說：「日本已經證實它有得到其他強國以平等對待的充分權利，不僅是在戰爭藝術上和外交上，也在文明上。」[5]

羅傑斯特汶斯基在被日本人釋放以後，乘橫貫西伯利亞鐵路的火車回到聖彼得堡，農夫歡呼他為英雄，他也在此與存活下來的俄國軍艦上的軍官一起接受審判。雖然他在法庭上堅持他應該單獨對在對馬海峽的屈辱與戰敗負責，但是他的認罪卻未被接受，法官宣告他無罪開釋。可是其他牽涉在這場戰役中的俄國軍官卻判死罪，後來改為監禁十年。這場戰爭自來不為俄國民眾所喜，一九〇五年時又有嚴重的暴動，以致哥薩克的騎兵奉命前來應付示威——「一九一七年革命」的預兆。至於對馬海峽的勝利者東鄉，他的幸運是，一九〇五年九月十一到十二日的夜間，他不在他在佐世保的旗艦上。因為這一夜「三笠號」發生了爆炸，船員二五〇人遇難身亡，受傷的人更多。這艘船也在她的碇泊處下沉。爆炸的原因至今還是一個謎。它可能是意外事件，或許是因為彈藥在庫房處理不善，也許更可能是典型日本式故意的抗議行動，因為許多日本人認為這是不光榮的和約：日本沒有得到所有其想得到的領土，也沒有財務上的賠償。（「三笠號」本身後來打撈上岸並經修繕，今天她是日本國家級的巨大歷史紀念物，她那類的船碩果僅存。）

樸茲茅斯條約的簽訂，差一個月便是納爾遜在特拉法加戰敗法國和西班牙海軍的整整一個世紀之後。一八〇五年十月時，只有英國稱得上是一個工業國家，可是僅僅一百年以後，北半球的大部分已因工業制度所釋放出來的力量而轉型，而德皇的德國，雖然一八七一年才統一，其所造成的經濟奇蹟和日本的經濟奇蹟同樣巨大。它成功的秘訣是科學，尤其是化學。甚至遲至一八七〇年代，歐洲沒有任何人，包括德國人自己在內，曾預見化學工業的疾速上升。它在短短的二十年中發生，是一九一四前的戰爭爆發時德國人財富的基礎。

第二十一章　合成的世界

一九一四年八月十八日，英國對德國宣戰以後不過四天，一個科學家和製造商的委員會在倫敦集合，討論對於當日必要的一種物質的迫切需要。英國各地有成千的人在軍隊招募中心報名，而必須為他們準備以標準顏色——土黃色（卡其）——染成的制服。到了第一次世界大戰爆發的時候，現代無煙和可以攻擊長距離以外目標的武器，已經將英國士兵緊身上衣的鮮豔紅色作廢，現在已不再能以多彩的實力展示威迫敵人了。卡其首先在印度採用，到一九一四年時，已成為標準的顏色。一八五〇年代卡其制服的布料是用植物汁染色。事實上，十九世紀中葉以前，幾乎所有的布料染料都是由自然產物中提取。但是到了一九一四年，合成染色劑的研發，已經使由唯一的國家——德國——的龐大公司所主宰的染色和紡織品印花起了革命。一九一四年以前，英國是由德國取得其合成卡其染料，這便是為什麼在大戰爆發之初，英國會有裝備其新志願軍隊的迫切危機。

在一九一四年開會尋找解決這個問題辦法的委員會上，有幾個合成染料圈子中著名的人物——W·H·柏金是在一八五〇年代發現和製造最早廣泛使用的染料的威廉·柏金之子；赫伯特·勒文斯坦，是伊凡·勒文斯坦之子，伊凡是猶太裔德國人，在英國紡織品企業上是重要的角色。勒文斯坦的公司聲稱它可以製造戰爭中所需要的全部卡其染料。到了一九一五年五月，它已經由煤焦油產品中生產了六十萬磅的線——棕色染料，到那年秋天，還可以有另外四十萬磅。這是足夠供應九百萬士兵穿著嶄新卡其制服的染料。

雖然，當下的卡其危機很快獲得解決。可是使英國人好好深思反省的，是它在許多化學產品太依靠德國，而英國在研發這個最現代和贏利的工業上遠遠落後。他們也擔心同樣由用以製造染料的煤焦油中衍生出來的物質，可以用來轉化為像猛烈黃色炸藥三硝基甲苯這樣的現代炸藥。可是德國何以能主宰化學生產卻沒有真正基本上的理由。不久以前，甚至在一八七〇年代，英國在這方面似乎還很強。到那個時候，有些德國人還在英國擔任科學和製造業的方面工作，而且這兩個國家彼此之間很友善，在工作上也有互惠的關係。然而到了一九一三年，德國的優勢已相當驚人，尤其以在合成染料方面為然。英國的紡織工業仍然稱雄世界，並需要消耗極大量的染料：它在一九一三年用了二萬三千噸，而德國用了二萬噸，法國用了九千噸。但是只有德國消耗的比製造的為少。它生產十三萬五千噸的染料，而英國生產五千噸的染料。

為紡織品以及其他像皮革衣服這樣的貨物製造鮮明的色彩，只不過是化學工業中的一項。關於合成染料化學的研發，引導其他的發現。例如，十九世紀後期，若干最早的合成藥品已出現在藥房的架子上，其中之一是阿斯匹靈。當時有為採礦和軍事而製造的炸藥。又有所謂的「重化學」工業，為現代工業生產大量的基本材料：硫酸和蘇打。十九世紀下半葉這些工業的迅速發展，等於是創造了一個全新的工業制度概念。在其核心是以合成的對應物取代自然產品，不但是在紡織品染料方面、食品加工方面，或香水、農用的肥料、藥品方面。這些合成的對應物，大半是用生產煤氣和焦炭時所產生的沒有價值且會造成污染的副產品製成。

尤其特別的是，在製造取暖和照明用煤氣時所剩餘的有毒煤焦油，成了化學家的好原料，他們由煤焦油產生出多得驚人的物質。一旦科學家了解，由煤中所得到的碳氫化合物和石炭酸的化學結構單元，可以系統性地轉化為極大數目的新產品以後，將世界由其對自然原料的依賴中解救出來的可能性，似乎是令人極端興奮和十分有利可圖的事，而設法創造這個美麗新合成世界的工業革命份子，其本身便是「新人類」——同時具有對科學的了解和製造商的企業野心。他們的前輩——像瑋緻活和布爾頓這樣十八世紀的偉大發明家——對科學也很有興趣，但是那個時候化學這一學科尚在萌芽期。英國的戴維和法拉第和法國的化學家如蓋伊—盧薩克，已促進了對氣體性質和化學與電力之間關係的了解。事實上，法國在十九世紀上半葉，在化學理論方面已是最先進的國家。不過，所謂「有機化學」這種新科學的創立卻是真正國際性的。有機化學最傑出的促進者是德國人賈斯特斯．利比克。他的學術生涯在一開始的時候雖然不順利，可是後來成為他那個時代最著名的歐洲科學家之一，在英國也非常受歡迎和具有影響力。

利比克出生於一八〇三年，是達姆斯塔市某個商人之次子；達姆斯塔市當時位於萊茵河上赫森—達姆斯塔大公國。他的父親約翰是一自學成功的化學家，曾發明了擦鞋油等有用的東西，而且因為用骨頭加熱製成的煤氣照亮他的工場，在當時名噪一時。利比克的母親是一私生女，由收養她的家庭帶大。她很可能是猶太人。一九三〇年代納粹黨人設法說明她不是猶太人，以便她著名的兒子利比克可以是真正的印歐語族的人。賈斯特斯．利比克的童年既不安適也不安定。雖然大公爵盧德維格是一個親法國的人，他領土的獨立也是拿破崙所授與的，可是在拿破崙戰爭中，達姆斯塔無可避免的是命運無常。利比克家也有其自己的問題。利比克的哥哥路易斯因為不能成為一名藥劑師，並輕蔑地拒絕繼承家庭生意的機會而令父親大為失望。他年紀輕輕便死了。利比克的四個姐妹嬰兒時便夭折，一個弟弟五歲時過世。然而利比克的兩個弟弟——喬治和卡爾——和一個妹妹伊麗莎白都存活下來。

他們住的是貧農的地區，可是利比克的父親卻能把他送到一個以教授古典文學科目著稱的學校求學。他初上這個大學預科學校時只有八歲，而他班上的平均年齡是十歲。學校的記錄說，他十二歲時成績是全班之末，而利比克本人則說，他這個早年的教育幾乎一無用處。他日後回憶說，當他在學校想成為一個化學家時，全班同學和教師都大笑。這件軼事不一定是真實的，但利比克所想指出的一點是：這種傳統的教育對他沒有什麼用處。他自己的說法是，他在十四歲離開這個大學預科學校，因為他覺得這是浪費時間。他的傳記作家認為，很可能是由於他的父親付不起學費。一八一五年以後，赫森—達姆斯塔的經濟遭到故意的破壞，以報復在拿破崙戰爭期間其大公爵對法國人的支持。

利比克十四歲的時候，在一名藥劑師那兒當學徒，離家住在達姆斯塔南面的赫本海姆市。他在那兒只不過幾個月。他關於這件事的回憶——他因在藥店沒有前途而被開除——也沒有任何佐證。由他父親和那位藥劑師間的通信看來，這又是錢的問題：他的家族付不出學費。利比克為何一再熱切地將他少年時代戲劇化是頗為不可解的，不過可能是因為他一旦成名而且晉升貴族階級以後，便想掩飾自己年輕時候的貧窮。

利比克回到家去，有時在他父親權宜的實驗室中工作。大公盧德維格的圖書館是開放給在他的力量支配下的人借閱的。利比克由那兒借了許多書看。他認為他設法重複做在書中看到的實驗，是他化學教育的開始。由十幾歲近二十歲的時候起，他似乎過的是一種喜悅的生活。他沒有什麼正式的資格、大半是自修的人，也沒有可以使他進入吉森當地大學的社會關係。不過這個大學教授的化學，也不過是把它當作醫學課程的一部分，並不對它認真。利比克似乎是透過他的父親而遇見波昂大學傑出的德國化學家凱斯特納教授。約翰．利比克或許是由凱斯特納處購買化學物質，後者間或來達姆斯塔拜訪他。凱斯特納對十幾歲的利比克深具好感——他對化學實驗有明顯的興趣，他也曾經真正的研究過所謂「爆炸粉」（用以製造火炮的爆炸性物質）的組織成分。凱斯特納不僅設法把利比克的一篇論文發表在著名的學報上，並且收他為自己的助手。十七歲的利比克不久就寫信回家，興奮的談到他與他的導師所進行的各種實驗。他在一八二一年二月二十日的一封信中說：

我和凱斯特納由西里西亞鋅配製新金屬鎘，又從氫碘酸的鈉鹽配製碘……要由靛青製造胭脂紅，必須加上明礬土。我們現在由倫敦可以買到許多塗有美麗白金金屬釉的陶器皿，這些器皿可以不受任何酸，乃至硫酸的侵蝕。它可以用來做喝咖啡的用具、燭臺等等。如果實驗結果良好，便可以賺很多錢，因為這種用具在社會上有很大的需求[1]。

利比克自其化學家的生涯一開始，便注意實際應用他所得到的任何發現。他輕視不科學的藥學和不清楚的哲理探究。他一度想和他的父親共同創辦一個新的化學企業。然而，當凱斯特納受任為著名的埃朗根大學化學教授時，利比克也跟他去了。他在此進修物理學、植物學和工藝學，並在他贊助人的教導下，分析像化石這樣的物體，以期闡明其真正的化學性質。

利比克晚年喜歡說：「在這個時候，德國的大學沒有什麼像樣的實驗室。他輕視大多數地方的實驗室，說它們不過是「廚房」，也就是說，化學家是一種調製有用混合物的大廚子。雖然這不過是隨便說說，可是拿廚房比喻實驗室，現在回想似乎相當貼切。因為十九世紀一群才華橫溢的化學家，其興起和現代飯館革命中的名廚興起，是經由同樣的途徑——彼此互相當學徒。一八二二年時，利比克仍然尚無正式的資格，也沒有收入：他依靠父親的資助為生。但是斯特納的贊助已足以使他開創一個使他成名十九世紀一個最具影響力人物的事業，並且創立一種全新的工業。他的祖國德國將在這種工業上有傑出的表現。

利比克雖然認真學習，可是他畢竟還是一個年輕人。他在埃朗根與一群酗酒和鄙視權威的學生為伍。他捲進一場小衝突，把一位當地顯要的有寬硬帽邊，兩邊或三邊折向帽頂的帽子打掉，也捲進一場學生與當地年輕人的互相打鬥中。學生被逐出這個城市一段時期，但後來又回來，因為地方官員發現，沒有從學生那兒來的收入，市政便無法維持——許多學生來自極為富有的家庭。可是利比克的麻煩事情還沒有結束。他被控陰謀對付權威，應召去見法官。如果當時他被判有罪，便可能在沒有獲得學位以前被開除和流放——有些反叛的學生被迫移民到美國。

不過利比克避免了起訴，而且又經歷了與一位貴族醉漢與詩人馮普拉的戀愛。後者比他大七歲，曾寫了好些「利比克十四行詩」稱讚他們之間的關係。那個學年結束以後，利比克逃避了在埃朗根的危險，回家去了。凱斯特納曾替他向大公申請一筆補助金，使他可以去巴黎求學，因而他在家焦急的等待消息。結果是：一八二五年以後造成很多問題的那種赫森—達姆斯特對法國的友善，現在對利比克卻有了好處。一八二二年他得到通知：獲得去法國的津貼。

一八二二年十一月，利比克開始在法國讀書。他上的課是給數目龐大的學生開的，學生一度多達四百人，齊集在一間教室。教授是一群才華橫溢的法國科學家，他們均曾受到非正式但有極大影響力的阿古義將學會的啟發。這個學會是柏索雷成立，會址便在他巴黎以南一點的家中。拿破崙的遺產之一是以物理、化學、和數學的學習為法國學校課程的核心。到了一八二〇年代，巴黎的傑出人物如蓋伊—盧薩克等，已享譽全歐。利比克因而得以受教於一時之選：專攻光學的比奧、化學家和藥劑師塞納和化學教授都隆，這些人都是在阿古義村會中的一員。利比克寫信回埃朗根說：「科學不再是一匹老馬，把鞍放上去才能騎。它是有翼的馬——我愈想追它，它跑的離我愈遠……我還以為我在達姆斯特時工作很努力，但是在巴黎每天的工作，是由早晨七時到午夜或更晚，我很喜歡這種生活。」[2]

雖然利比克此時仍無任何資格，但他顯然不是尋常的學生。講課全用法文，因而他必須很快學會法文，但是他還費事地也去學英文。他上數學課，因為他知道他在做實驗工作時會需要數學。他去聽克里門關於工業化學的演講。克氏乃一工廠業主，他引導利比克對科學發現的實際應用發生興趣。而化學家塞納認識到這個學生異常高的天份，安排他在一個私人實驗室做實驗。所有這些食住聽講和研究的費用，都靠他微薄的補助金和父親的接濟。利比克在實驗室中回頭做他炸藥的研究，並寫成一篇論文。蓋伊—盧薩克宣讀了這篇論文，而利比克在一旁示範表演論文附帶的實驗。這件事使博物學者洪保德十分賞識利比克，因而說服蓋伊—盧薩克接受利比克為助手一段時期。這是利比克巴黎教育的最高點。他在許多年以後寫道：「我將永不會忘記在蓋伊—盧薩克實驗室中的時光。每當我們完成了一種成功的分析，他便對我說：『現在你必須和我共舞。當塞納和我發現了什麼新東西時，我們總是共舞』，而後我們便跳舞！」[3]

雖然利比克也曾由巴黎寫信給他以前的戀人馮普拉，可是看不出他們的同性戀繼續存在，而他與蓋伊—盧薩克的共舞，也顯然是兩個滿足的化學家清白的慶祝行為。然而，他們之間的合作未持續多久，因為洪保德說利比克在德國應有一個職位。凱斯特納替利比克買了個博士學位（利比克父親出的錢），因而解決了利比克缺乏資格的問題。在此以後，他便成為吉森大學的特別化學教授。表面上，這並不是一個有前途的職位，因為吉森是一個只有五千五百居民的小城，其生計靠幾百個學生。大學只有一棟建築，圖書館一週開四天，但只開一小時。教授們一般在家中教學。他們的收入是在由當地財政部門所領的薪水之外再加上收學生的學費。再者，赫森區域的地方官員也不注意化學的教學。他們告訴利比克：「政府的任務在於訓練文職公務員，而非藥劑師、製肥皂的人、釀啤酒的人、染工和蒸餾醋的人。」

利比克的實驗室是在吉森的一棟新建但不用的兵營裡面。它是私人的投機事業，其成敗是由被吸引來的學生人數和才能決定。為了升遷，利比克必須表現得比已在職的化學教授齊麥曼表現得更出色。齊氏也曾在巴黎求學，但在化學上已經落伍。利比克不久表現得比齊麥曼出色，於是齊氏酗酒，而後投河自殺身亡。利比克的教學法很獨特：他充分利用他實驗室中的設備，經常強調了解化學反應及過程的需要，並將這種知識應用到工業的目的上。因此，吉森由歐洲各地及美國吸引來許多學生。一八三〇年到一八三五年間，當利比克尚在為他的事業奠定基礎而藥劑學比化學更受歡迎的時候，麥森只有少數幾個外國來的學生——由法國來的有六個，由英國來的有兩個。然而，在一八三六到一八四五年間，由英國來的人數穩穩上升，終於成為最大的多數：一共有五十六個學生。他們將帶著對實驗化學的新熱忱回自己的國家去。由法國只來了十七個學生，由瑞士來了二十二個。一八四〇年早期，美國也開始有學生前來。

利比克在吉森剛有了不多但穩定的收入，便追求一位當地官員的女兒——亨利艾特．茅登瑞爾。他們於一八二六年五月結婚，她只有十九歲，他二十三歲。利比克情緒易變，如果他的理論受到質疑便會發脾氣。可是他在吉森有了安定的婚姻生活，家庭使他安定下來，而他的國際聲譽又使他間或到國外去講學。他在吉森的第一個英國學生是查理．亨利；亨利只比利比克小一歲，父親是威廉．亨利，他們家的財富得自其在曼徹斯特的鎂乳製造業；鎂乳是在英國十分流行的胃藥。查理力邀利比克訪英，因其教學已漸在英國出名。由於英國學生到吉森來的愈來愈多，利比克乃接受勸告在英國高級科學學會的集會上演講。

一八三七年秋天，利比克渡過北海。格拉斯哥大學化學教授之子湯姆斯．湯姆森在赫爾的碼頭上迎接他。他們乘驛馬車通過平寧山脈，在曼徹斯特受到查理．亨利的歡迎。利比克在此領略到英國看似陰森的工業區域所滋生的龐大財富。他寫信告妻子說：

由里茲到曼徹斯特之間的地區，是一個大的冒煙煙囪。我對英國富有人家的宏偉優雅感到相當吃驚。我的房間有些設備是只有英國人才會習慣的：四種盥洗盒——一個洗頭和臉，一個洗牙，一個洗手，一個用水。亨利在夜晚邀請朋友來晚餐。我認為這頓晚餐實在無趣。僕人穿戴著黑色燕尾服、長及膝蓋的短褲、白手套。我們後面站了三名黑色僕人。簡言之，場面十分堂皇，不過對我而言卻很沉悶。我不必描寫食物，更不必描寫那一打左右的酒、冰糕、黑白葡萄等等。[4]

食物對利比克說來太豐富。由於他的英文還不夠好，談話更為無趣。但是他繼續旅行下去，渡過愛爾蘭海到都柏林，在都柏林與一些他以前在吉森的學生重逢。他而後造訪蘇格蘭。湯姆斯・格拉翰當時是格拉斯哥安德森大學的化學教授；詹姆斯・「石蠟」・楊昂也曾在這所大學就讀；利比克參觀了許多工廠及一個僱用了一千五百個工人的龐大印花布印製廠。利比克由格拉斯哥乘船回到利物浦。法拉第在利物浦宣講了利比克有刺激性題目——「論尿酸的溶解性產品」。這篇論文被認為是一大成功。利比克一共在利物浦住了八天，而後生平第一次乘火車通過新開的鐵路到伯明罕。他參觀了查理・麥辛托希的防水衣物工廠，而後乘驛馬車到倫敦。（由伯明罕到倫敦之間的鐵路一直到次年（一八三六年）才通車。）

利比克的第一次訪問英國是一大成功。皇家學會票選他為外國會員和柯普雷獎章得主。他也眼界大開，看到這個工業國家的財富，也看到其富裕的中產階級。然而即使如此，在這個他的祖國德國不過剛開始工業化的時代，他已覺察出英國的一個缺點——這個缺點日後抑制了英國的發展。他寫道：「英國不是一個科學的國度，只有許多業餘的科學愛好者。化學家恥於自稱為化學家，因為被人輕視的藥劑師已把這個名稱據為己有。」[5]「化學家」這個詞彙在英國，到今天意義還不分明，可以指合格的藥物零售商，也可以指從事創造新物質行業的人。

一八二五年，年輕的美國人羅賓森，在造訪歐洲以後談到法國的科學家和工程師在理論上的優越，以及其在實際機械學上和英國人相形之下的落伍。在工業化的那個階段，似乎英國人占上風。然而，十五年後利比克卻看出：雖然英國有許多像法拉第這樣的天才人物，英國人一般對於科學的態度卻是有缺點的。他寫道：

我在英國時，印象最深刻的是，只有那些實際性的著作才能使人注意和令人尊敬，而更為重要的優秀純科學著作，卻幾乎默默無聞。可是後者卻是其他著作的正當和真實泉源，只應實用永遠不能發現真理或原則。德國的情形適得其反。在此，照科學家看來，實際的結果是沒有價值的，或只有一點點價值。任何能使科學充實的事物便值得大家注意。我並不是說這個比較好。對這兩個國家而言，信守中庸之道可說是真正的福氣。[6]

在實際方面，利比克最感興趣的是植物和動物的化學，他和其他的化學家曾經指認出和確定身體脂肪、碳水化合物和蛋白質。利比克做了許多促進植物生長的工作。他第一部使他享譽世界的著作是《化學在農業和生理學上的應用》（一八四〇年發表，後由普來費爾譯為英文）。但他的說法不完全正確：例如，他認為植物可以由空氣中得到其全部所需的氮。但是英國和美國的地主和農夫，對於他推廣人工肥料都有極大的興趣。普來費爾是一位傑出的科學家，也是利比克在吉森的學生，他所英譯的來著作，在英國和美國都可買到。他也是曾經鼓勵詹姆斯．「石蠟」．楊昂調查頁岩油在商業上發展可能性的人。可是對於未來最重要的，卻是由一八三〇年代開始，利比克和他手下的年輕人，在吉森研究自然染料靛青和其他自然產物的化學構造。他們在分析了煤焦油的殘渣以後，發現它含有與靛青所含同樣的油。利比克最聰明的助手馮霍夫曼給這種油取名為「苯胺」。

利比克在其所有的著作均譯為英文以後，認識到在英國造成影響的重要性。一八四四年，他的英國之旅又極為成功。格拉斯哥的貿易館開宴向他致敬；當地最重要的醫學學報《柳葉刀》在一特刊中報導了這一宴會。現在被視為名人的利比克，也曾與英國首相皮爾爵士會晤。當英國人討論在英國創辦一個和在古森的教學、機構類似的才學機構時，他們自然去請利比克主持這件事。他們也考慮請他出任倫敦國王學院的化學教授。但他決定留在德國；德國即將受給他爵位，使他成為賈斯特斯·馮·利比克，而他也在德國買了一個小地產——人稱「利比克高地」。

在英國，當時官方的技法仍以為製造業可以照顧其自己的研究工作和教育系統，而如果有需要設立一個化學學院，那麼商人自己可以出資設立。皮爾爵士自己的家族財富，乃是部分是建立在印花布的印製之上。他和利比克就這件事爭辯。利比克不相信商業利害會導致科學上真正的發現。亞伯特親王本人對科學一向熱心，又因其這位德國同胞是這麼才華橫溢的國際人物而大為高興，乃參加公開捐款活動，籌集到五千鎊成立了皇家化學學院。他們與若干化學家接觸，想找一位院長。無可避免地，最後獲得這個職位的是馮霍夫曼。這位二十七歲的化學家，曾在一八三七年發現苯胺。霍夫曼的父親是建築師，曾經設計利比克在吉森實驗室的擴建工程。霍夫曼是那兒的一個明星學生。亞伯特親王曾施展影響力為霍夫曼獲得這份工作。由於霍夫曼真正住過亞伯特兒時在德國住的那棟房子，亞伯特對這個年輕人又更為鐘愛了。

皇家化學學院於一八四五年成立，院址最初是在漢諾威廣場，一年後遷往牛津街。霍夫曼不久即建立吉森式的教學方式，並有了一群熱心的學者與他共事。其中之一豪爾日後在倫敦市學校教化學。豪爾在這個學校遇到一個位名叫柏金的穎異學生。柏金一八三八年出生於東面倫敦的謝德威區，父親是相當富裕的建築師。他先在私立學校求學，十三歲的時候上了倫敦市學校。他在那個時候便已經對化學發生興趣，並設法給自已照像。豪爾看出柏金對化學有正確的瞭解以後，推荐他直接去上皇家學院跟霍夫曼唸書。柏金的父親原想把他訓練為建築師，對於他可能被誘拐去當一名前途未可知的化學家大不高興。然而在與霍夫曼晤談了幾次以後，他的態度變為和緩，允許威廉去上皇家學院。

小柏金去上的學校，在霍夫曼的教導之下，所教乃是至少半個世紀化學研究的精華——在這種研究中，若干基本物質的成分逐漸顯示了出來。舊日煉金術士的美夢，是想辦法將賤金屬轉化為黃金。現在，像霍夫曼這樣的化學家，認為透過和密切觀察記錄為分子式的結果，可以把無用的物質轉化某種有用和可以出售的東西。與利比克和某些英國的投資者一樣，他曾參與一個計畫，想將由秘魯的金雞納樹皮提煉金雞納霜時的剩餘廢物，轉化為一種便宜得多但同樣有效的金雞納霜代用品。金雞納霜是醫治瘧疾的藥品，對此全世界都有極大的需求。基於各種原因，這個計畫失敗了，但其原則仍在：如能以化學知識設法由母豬耳朵製造出一個絲錢袋，便可以致富。

霍夫曼不向學生強調化學的商業面向；不過他自己是由許多公司拿錢的顧問，並不是不想賺錢。他教學生的方法，通常是給他們在實驗室中個別的任務，往往是重複他已做過的實驗。柏金日後回憶說，霍夫曼有時抓住一個學生所做的溶液容器，在此溶液中加入少許其他化學物質，而後拿起美麗的晶體結構，大叫：「諸位先生，新物體在空氣中飄浮！」[7]柏金在皇家學院唸了三年書以後，霍夫曼對他說：或可由煤焦油的衍生物合成金雞納霜。一個方法是分析金雞納樹皮這樣的物質，並設法用其他物質複製其化學構造——主要是用煤焦油的衍生物。事實上，金雞納霜化學的秘密一直到一九四四才解破，而自然產品仍然是這種藥物的主要來源。

然而，在商業上來說，最有希望辦到的，是用合成的方法製成紡織工業所用以染織布、羊毛布、亞麻布和棉布的染料。這個在以前已做到相當程度，因為已經有人用化學方法改變像青苔或尿酸以製成可用的染料。其中一種染料是「羅馬紫」，它最初乃由英國醫生和化學家威廉·普芬特合成。他所用的原料是一條大蟒蛇排泄物中的尿酸，這條蟒蛇乃是倫敦動物園中的明星，動物園於一八三二年由倫敦塔遷到攝政公園的地點。因為有了秘魯鳥糞石的進口，這種紫色染料後來可以達成商業規模的產量。鳥糞石主要是用作肥料，但也含有尿酸，曼徹斯特和法國城市摩豪司（由一八七〇到一九一四年為德國城市）用它做紫螺酸銨。

發現一種顏色可以人工製造，並不表示它可以是一種商品。染料工業有其根深柢固的基本原料來源，尤其是茜草和靛青。樹皮、番紅花、由中美洲以仙人掌為食物的雌甲蟲身上取得的洋紅，以及其他的顏色天然來源都是為人熟知的，而且經過培養和有穩定供應。就染色業者來說，一種染色劑不但要便宜，而且要色彩鮮明，能在長時間曝光和經常洗滌的情形下保持光彩。使染料不掉色乃是古老而且耗費時間的藝術。每一種織品質地都不一樣，必須用不同的方法加處理。例如：在絲質品上不掉色的染色劑，在棉織品上也許會掉色。大多數紡織品上都得加媒染劑以防止掉色。因而，打入染料市場不是像只要找到製作人工合成染料的方法那麼簡單的事。到了十九世紀中葉，雖然紫螺酸銨和其它經過化學處理的染色劑已在使用，但是在工業上，它們並不被視為有多大的好處。一八五一年的「大博覽會」上也很少展示它們。因而，柏金如何發現和研發一種新染料、而且被許多人公認創建了現代染料工業，這個故事更是值得注意。

柏金在謝德威區的老家，人稱「大衛王古堡」。他用這棟房子的多餘空間，裝置了個臨時的實驗室；夜晚和皇家學院放假的時候，他便在這個實驗室中工作。他的同學邱奇也有一間簡陋的實驗室，有時也和他一起工作。柏金在設法完成霍夫曼交給他的任務——人工合成金雞納霜時，先生產了一種紅色粉末，繼而又生產了一種黑色的黏性物質。他而後以苯胺代替——苯胺是靛青的著色劑，霍夫曼已經證明它是可以由煤焦油產生的一種油性物質。如此產生的是非常深色的液體。柏金感到非常好奇和有趣，乃進一步實驗，發現他已生產了非常亮麗的紫色。他最初稱這種紫色為泰爾紫，以由地中海軟體動物所抽取出的液體所製的染料得名。在他哥哥——湯姆斯的協助下，他製成幾批泰爾紫，每一批都比上一批質優。

這個時候化學家在實驗室生產出奇異和美妙色彩，並不是不尋常的事。這些色彩受到讚美，關於它們的論文也發表了出來，而後它們便被遺棄。要知道，它們能否成為商業性染料，需要做好幾個月的實驗，而這也不是皇家學院的宗旨。霍夫曼本人誠然不這麼想。由於柏金了解這個情形，他便對他的發現守秘。他用他的紫色染料染了一塊絲織品，而後又染了一塊棉布，染得很好，也不掉色。為了徵求專家的意見，柏金把他染物的樣品寄到位於蘇格蘭的柏斯的普拉的公司；他曾聽說這是一家著名的編織品染色公司。羅勃·普拉在給他的回信中相當地鼓勵他：「如果你的發現不會使貨品太昂貴，那麼它誠然是長時期以來最有價值的發現。這個顏色是各級貨品最需要的顏色。過去這個顏色在絲織品上都會掉色，在棉紗上要花很多錢才能使它不掉色。我在信中附上我們在棉花上最好的紫丁香花圖案。它在聯合王國只有一家可以做——曼徹斯特的安米斯商號——他們要多少錢便得給他們多少錢，但也並不是十分不掉色。不能像你的紫色那麼能經得起考驗，它曝露在空氣中，顏色便慢慢地轉淡。」[8]

羅勃·普拉是一個野心勃勃的二十八歲年輕人。使他大感興趣的是柏金似乎發現了一種全新的顏色。這不是說它對染色廠而言是人工合成的代用品：洋茜或靛青的供應都不缺。但是編織工業乃受到時尚的主宰，任何時興的東西都可以有很大的價值，即使只能時興幾年。但是，柏金所生產的染料卻有一個問題：當時不能明確地知道它能否大量用作商業染料。需要使用什麼媒染劑才能使它不掉色？它適用於棉織品（當時編織工業最重要的織品）嗎？如果不適用，會有任何製造商冒險投資研發它嗎？

不過，柏金還是決定冒險。他宣布自己將離開皇家學院，以便成立一個公司生產這種新染料。此舉使霍夫曼感到震驚和憤怒。利比克和霍夫曼雖然很想使化學與工業界發生關聯，可是當時仍有的一個感覺，如柏金自己所云：商業投機「有損一個人的尊嚴。」柏金當時只有十八歲，而且他輕蔑地拒絕當一名建築師已使他的父親大為生氣。可是，在倫敦東端的染絲商人吉斯認同了這種新染料產生的奇妙顏色以後，柏金的父親冒險把他畢生的積蓄都放進修建一個染料工廠上去。不久以後，哥哥湯姆斯也放棄了建築的課業，而加入他們的專業。

柏金家所找到的地址，位在他們倫敦東區住宅的另一側——在中西克斯郡的格臨福草地，沿大組合運河。他們在此創造歷史，發明了轉化煤焦油為染業者願意購買的合成染料所需的各種設備。他們最初只能染絲織品，但是在經過他們自己和普拉在蘇格蘭所做的各種實驗以後，發現了染料固定到棉布上的媒染劑。棉布當時是英國財富的一大來源。到了後來，紫螺酸銨的淡紫色和由青苔製成的法國紫都成為時尚。柏金很幸運，他所生產的第一種顏色現在有大的需求。一八五九年，當他們的產品暢銷而家庭又致富以後，這種染料在英國又改名為「淡紫色染料」，因法文中紫花錦葵屬植物而得名。

由煤焦油生產新顏色的工業很快興起，這些顏色都稱為苯胺染料，是取代靛青植物的人工製代替品。雖然霍夫曼當初強烈反對柏金離開皇家學院去成為製造商，可是他不久被人稱頌為發明苯胺染料的科學家，他為許多染料業者所做的顧問工作也受到讚賞。柏金要本人和一些其他的人日後發現可以人工製造染料植物洋茜的基本成分，於是創造了整整一系列的新染料。其中有茜素染料，也是「洋茜植物」這個名稱的來源。一八六九年以後，由於柏金開始生產茜素染料，洋茜（南法艾城周圍的名產）的栽培減少，而合成染料興起。事實上，在十九世紀的最後幾十年間，洋茜和靛青的龐大國際貿易消失，許多在印度的英國種植者財源斷絕。

在一八七〇年左右以前，英國在苯胺和茜素染料的生產上都領先，接下來不遠是法國；而柏金父子公司是其最重要的製造商。柏金在十九世紀末年寫到茜素的時候說：「在一八六九年年底以前，我們生產了一噸的這種染色糊；在一八七〇年生產了四十噸；一八七一年生產了二百二十噸。產量每年增加。由於我們在生產人工茜素上很成功，別的人不大需要冒險便可生產人工茜素。可是一直到一八七〇年底為止，格臨福草地的工廠是唯一生產人工茜素的工廠。而後德國的製造商也開始製造茜素，起初只是小量，後來逐漸增加。但是一直到一八七三年底，在英國沒有什麼人能在染色業上和我們競爭。」[9]

有一個時期，與柏金父子公司競爭的商家辛普森．茅奧和尼柯森公司（霍夫曼是他們的顧問）是世界上兩個最大的煤焦油半成品及染料的生產者之一，另一個是巴黎的倫納德。而且一切都改變了。英國的染料工業以簡直令人難以置信的快速開始萎縮，敗給其德國的競爭對手。在其發表於一九一四年十一月「染業者的著色者協會」學報上的文章中，威廉．柏金之子腓德瑞克對這個情形為何會發生有其絕對明確的看法：「在其後十年間（一八八〇年代）對於科學研究的忽略，是英國根基穩固的煤焦油顏色業之所以會被德國競爭對手逐漸逼退的原因。」[10]

威廉．柏金在一八七四年年僅三十六歲的時候，便出售了其格臨福工廠和企業。有些報紙批評他「不愛國」。腓德瑞克在替他父親辯護時指出：如果要這家公司擴大，必須經常有訓練有素的化學家加入，以求發現新的染料和製造它們的最廉價方法。任何不能徵招新血輪的公司都會關閉。他們所能找到的資格適合的化學家，都是來自德國；在德國，利比克所促進的科學教學繼續躍進。一八六四年，霍夫曼因其贊助人亞伯特王子於一八六一年過早故世，在英國不能有任何贊助人，而回到德國。利比克本人在英國仍是一位非常受歡迎的人物。他像霍夫曼一樣，是維多利亞女皇的座上賓。他也是大家想諮詢的顧問，由肥料到下水道中污物的處理，都有人諮詢他。在他所促成的德國化學奇蹟行將震驚英國和世界其他各國時，他於一八七三年四月七十歲生日前因肺炎故世。

腓德瑞克說，他的公司所僱用的德國化學家都是很有價值的人，但是他們幾乎都是在英國做完指定他們做的工作以後，便回故鄉去了。在德國，化學家很受重視，染料製造商也得到鼓勵。然而在英國，政府的自由放任政策使柏金父子公司這樣的企業得不到任何保護。例如，專利權法是個大禍害。德國人不理會英國的專利權，一八七七年以前，德國根本沒有可執行的法律。可是德國的公司可以在英國取得專利權，不生產任何染料也運用這些專利權。但是腓德瑞克．柏金也承認，英國的製造業者自己也有自滿之罪。紡織業中的著色業者非常保守：他們不願受某種有缺點染料的連累。如何上染料對於染料是否成功十分重要，製造染料的人必須告給染工如何使用染料。德國的公司把化學家訓練為推銷員，派他們到世界各地說明什麼是使用染料的最好辦法。然而英國人往往理由不足地警告購買的人，不可為劣質的外國貨所欺騙。

什麼事都對英國的染料業不利而對德國有利。酒精在製造染料的過程中是必要的成分。它在德國便宜，在英國因為課稅的關係而頗昂貴。德國的銀行願意資助和投資化學公司。英國的公司得自己張羅資金。德國人把大量的金錢投資在研究工作上，可是英國的染料製造業者得節儉和積攢。最後，英國政府不認為任何種類的干預會對工業和國家有利。當日的口號是「自由貿易」。如果進口德國染料比英國製造自己的染料來得經濟，那麼進口德國染料便是政府的最佳政策。瑞德在其所著在一九一四——一九一八年戰爭以後形成的英國大公司《帝國化學工業》的歷史中說：「一般以為，一九一四年英國的染料工業是紡織工業的奴僕，飢餓並無人所忽略。紡織工業則是英國工業實力堂堂的支柱，但已有點陳舊。」[11]

染料工業並非化學新研究方法的唯一產物。利比克曾研發了肉類的萃取物，從而又引起了保衛爾牛肉汁等其他產品。它也引起了食品工業的人工染色。不過關於所用人工合成染料的毒性，也達成一些驚恐。而後，在十九世紀的最後幾年，德國的科學家開始成功的製造出傳統藥物的人工合成形式，尤其是原來是由柳樹烘乾的樹木產的止痛藥阿斯匹靈。大的化學公司在成長中可以生產各式各樣的主要由煤焦油提取的人工合成產品。其中有香水、肥皂和為迅速擴展中的攝影業所用的化學物質。人數愈來愈多的化學家參與發明新物質，或發現生產有需求的化學物質的更有效生產方法。研究實驗室現在成為工業的動力泉源，而最大最考究的實驗室是德國巨大化學公司的實驗室。與愛迪生的門羅公園或柏塞麥的實驗室不同的是，德國的研究實驗室乃致力於以科學為根基的發現。它們設備良好，又聘用律師以確保它們的專利權。

這些化學大力士的非凡成長，可以用一個例子說明：德國巴斯夫公司的興起。它乃於一八六五年由前黃金工作人士與曼海姆工廠創辦人、精力充沛的企業家恩格翰與一家曼海姆化學公司創辦人的姪甥卡爾和奧格斯特．克倫姆合夥創辦。這家公司位於萊茵河西岸的小村勒德維格沙芬，因為較早的一個化學工廠由於造成污染而被曼海姆驅逐出境。巴斯夫公司最初製造紫紅色染料，但不怎麼成功。然而一八六八年，這些股東聘請到卡洛。卡洛時年只有三十八歲，但在紡織和染色工業上已有豐富的經驗。他曾在德國讀書，並在一個印花布染色公司工作。在此以後遷居英國的曼徹斯特，在那兒花了兩年的時間學習紡織和染色，而後以英國的羅勃茲和戴爾公司代表的身分回到德國。

卡洛在受任為巴斯夫公司的首席化學家以後，和另外兩個化學家發現了如何合成茜素；這在時間上與英國的柏金為同時。這種染料很受歡迎，於是他們大量製造：一八七二年十五噸，一八七七年七百五十噸，一九〇二年二千噸。這家公司也製造第一種獲得專利的德國染料——次甲基藍。一八七〇年代，它在擴張中又購得其他的公司，包括一家著名的染料商號；後者提供它銷售上的知識和技術。巴斯夫公司逐年成長。它在一八七〇年時有五二〇位員工，占地只有十五公頃，一八八五年時，有二，三三〇位員工，占地近六十公頃。到了一九〇〇年，有六，七一一員工，占地一，五五八公頃。新染料的研究、新的製造現有染料的方法，以及許多新穎和具有市場價值的化學物質的發現，使巴斯夫公司成為世界上最大的公司之一。

德國於一九一八年戰敗以後經濟崩潰，有一段時期染料工業受到極大的創傷。美國人取走了它的許多專利權和秘密，用它們和德國人所研發的知識技術，建立其自己的工業，一九一八年後其工業迅速成長。可是化學工業的復興，又促成德國在兩次世界大戰之間經濟的發展，而使德國成為一個大強國——由後來的情形看，也是一個危險的強國。

自十八世紀中葉起，英國是創新和發展新工藝技術驅動力的來源。全世界都在徵求其有專門知識和技術的工匠、工程師、土地測量員和企業家。其他國家的大半工業基礎——如其紡織廠、鑄鐵廠、蒸氣機和鐵路線——都是由英國奠定或以由假借的方法取得。甚至在一八七〇年代，英國人的地位似乎還不能動搖，不過它也顯然在受到美國新興和龐大市場經濟的挑戰。在那個年代，德國和俄國在經濟上仍然落後，而法國在英國技術領先的情形下，只略有進展。而日本當然只不過開始走上工業之路。

我們可以說：在十九世紀的下半葉，自信心過強的英國，由於熱衷自由貿易、慷慨地把其技術知識傳授給世界其他國家，以及提供給美國、法國、德國、尤其日本成為其競爭對手的手段，而撤下其本身的種子。工業制度傳播的故事，在一開始時心情完全不同——小心的保守秘密，工廠大門深鎖，禁止甚至只攜帶一袋子工具的技術工人離境。

第二十二章 跋

本書記錄了許多人的生平和成就。這些人都曾在工業制度由其於十八世紀在英國開始建立到一九一四年為止的傳播中做出重要的貢獻，他們努力的動機並不是愛國主義或利他思想，而是為了求名求利，或者至少是想過像樣的生活。冒險學習西方工藝技術祕密的年輕日本武士，或可說是個例外，不過他們並未曾區別什麼是他們自己的利益，什麼又是愛國責任。

成千企業家、工程師、土地測量員和有遠見的政客，為了自私的目的造成了一種新的工業社會。他們的手段在某種程度上證實了亞當．斯密所提出的原則。亞當．斯密在其最初發表於一七七六年的《國富論》中，清楚地說明了這一原則：

每一個人都不斷努力找尋他能力所及的任何有利益的工作。他的心目中只有他自己的利益而你有社會。但是對於他自己利益而做的研究，必然會引導他去選擇做最有利於社會的工作。通常他既不想促進公眾利益，也不知道自己在多大程度上促進了公眾利益。他之願意支持本國工業甚於願意支持外國工業，只是為了自己的安全。他為了使工作能產生最大價值結果而採取的工作方式，只是為了自己的獲益。而在這個情形和許多其他的情形下，他是受到一隻看不見的手所指引，讓他做了無意促進的目的。

驅動工業制度傳播的，自來不是任何政治運動，它大致是像亞當·斯密所描寫的那樣傳播。然而，亞當·斯密對國家財富的探究雖十分詳盡，卻未能認識到當時開始將英國轉化為第一個工業國家的技術性改變，其鉅大的影響會是什麼。他認識瓦特，也認識蘇格蘭卡隆鑄鐵廠的一個共同創辦人並一度資助瓦特實驗的盧柏克。可是他雖然到一七九〇年逝世以前，都在不斷修改他的鉅著《國富論》，而未能預見蒸氣機的重要性。

《國富論》中只提到一次「手泵」，而亞當·斯密心中所想的，顯然是薩佛瑞和紐柯曼原設計的型式，而非任何日後的型式。他對於以機械動力取代馬力或水力不感興趣，他只提到有個男孩發明了這種發動機的自動裝置，以便自己不需費事不斷轉動手柄開關這部機器。這絕對是個偽造的故事。對於到了一七七〇年代，已在採煤的方法上造成革命的以煤驅動的機器來說，這絕不是最重要的面向。

在亞當·斯密的時代，還有其他若干重要的發明，他也未能了解其重要性，因而在《國富論》中也未曾提到的一七六四年，法國里昂的賈爾斯來到蘇格蘭的卡隆工廠朝聖，看了如何以焦炭而非木炭煉鐵——十八世紀工業上的重要突破。可是亞當·斯密似乎並不十分了解它的重要性。至於紡織工業，他則沒有看出棉布的日漸重要。他讚揚紡車為新發明。紡車誠然曾經是新發明，但那是在早於他自己時代的一個時代。

在他的時代，有若干新工藝技術在他故世以後都非常重要。他沒有覺察到這個，若干其他的人也沒有覺察到這個。山謬·約翰生曾在倫敦多次見過亞當·斯密，他在他著名的字典中，對於蒸氣機一字不提，甚至在他本人可修訂的這部字典的一七七三版中，也一字不提。他給工程師的定義是：「對於炸藥有專長的軍人。」他所謂的「炸藥」中有一種地雷，這是原始而且不可靠的地雷，往往把工程師本人炸傷。（因而有句話說：「被他自己的地雷炸傷」——意為「害人反害己」。）他的字典一字不提輪機、工廠或馬拉鐵路。「工業」的定義是「勤勞、刻苦和實際勞動」。而「製造者」的定義是「工人、技師」。

看起來那些急切想把英國工匠利誘出國的外國間諜，比亞當．斯密及他當代的哲學家和知識分子對於創新更為警覺。而且，亞當．斯密認為法國人與英國製造業爭勝是一項錯誤，他們最好還是做他們所長於做的：造酒和種植穀類，尤其是種植山麥。他對美洲殖民地也持同樣的看法。這些殖民地在《國富論》出版的那一年開始反叛，終至獨立。亞當．斯密對於美國的革命分子相當同情，因為他反對英國強加在其美洲殖民地上的貿易和製造業限制。可是他認為美洲的殖民者成立自己的製造業是和法國人一樣魯莽的，這些殖民者最好以其農產品交換英國製的貨物：

> 我們美洲殖民地之所以能迅速富強，主要是因為其所有的資本到此為止都是用於農業。他們沒有製造品[1]——只有些家用和粗製的製造品是例外。這些農業進展所必須的製造品，是由每一個私人家庭婦孺製造出來的。如果美洲的殖民者或者是聯合在一起或者是用某種暴力終止進口歐洲的製造品，而使其可以製造類似貨品的自己的國人享有專利權，並將其一部分的資本用到這個方面，那麼他們便會延緩而非加速其年產品的增值，並阻止而非促進其國家向富強的道路上邁進。[2]

想要脫離英國的美洲革命分子卻不這麼想。亞當．斯密有時也會和富蘭克林晤面。富蘭克林是一七七六年美國獨立宣言最年長的簽字者。他們晤面時不知曾交換了什麼意見。據說富蘭克林事實上曾經看過「國富論」的草稿並加以評論。但是這個說法沒有什麼證據，而富蘭克林自己的文件也不提這件事。不論富氏怎麼想，美洲革命的領袖對於亞當．斯密所謂他們沒有發展自己製造工業的看法都不以為然。他們認為政治的自由是要建築在經濟和商業的獨立之上，因而他們決心不蒙受任何人的恩惠。當時限於住在東海岸十三州的美國人在一七八三年擺脫帝國主義的束縛以後，便竭力由英國和歐洲大陸進口最新的工藝技術。

美國一開始用由英國假借的知識和技術進行開鑿運河的計畫，歐洲方面所發生的事件更徹底改變了其在世界上的地位。當時美國以西的北美洲概略稱為「路易西安那」的龐大地區此時求售，包括今日阿肯色州、密蘇里州、愛荷華州、奧克拉荷馬州。堪薩斯州和內布拉斯加州的全部，以及密西西比河以南的明尼蘇達州，南北達科塔州的大部分，新墨西哥州的東北部和洛磯山分水嶺以東的科羅拉多州，以及密西西比河兩側的路易西安那州（包括新奧爾良市）。再加上阿拉斯加的一部分和薩斯克其萬的一部分，等於是十九世紀中葉以後成為現代美國的土地面積的近四分之一。

拿破崙因為急切的需要錢和英國及英國的盟邦作戰，乃不得不說服不情不願的美國總統傑佛遜及其在巴黎的代表，以一千五百萬美元的代價，買下這整個包括五億三千萬畝的地方（或三分美元一畝）。這一項一八○三年的「購買路易西安那事件」，開拓了以新奧爾良為其首邑的廣大副熱帶地區。在這個地區可以種植棉花樹，其所生產的棉花將供應英國紡織廠幾乎全部的需要。隨著棉花的供應，務農業的美國南部，和從事製造業的英國之間的關係，一如亞當．斯密所預料，但是美國北部的發展卻有不同。而南北戰爭爆發以後，獲勝的是以工業為主的北部。

有財富建陸海軍和資助其與拿破崙作戰中的盟邦的，也是工業英國。一八○五年，它在特拉法加擊敗法國人，一八一五年，它又在滑鐵盧擊敗法國人。這些勝利不但使英國人可以——在歐洲或是因拿破崙的入侵而殘破，或是由拿破崙的蹂躪中復原的時候自由發展其工業，也使任何想挑戰英國優勢的國家都充分認識到，它們也必須工業化。拿破崙本人也很了解這一點，並設法鼓勵法國人發展工業，但是當時該做的事太多而時間又太少。

到了十九世紀早期，大家都明白看出：工業制度不但可以富國而且可以強兵，而在經濟上落伍的國家是脆弱的：它們容易被戰敗，而到後來得奉承外國。這個理由，已足以刺激英國以前的北美洲殖民地，及英國在歐洲的競爭對手採取行動，而這無疑也是日本迅速工業化的原因。不過，接受隨工業制度而來的新社會秩序，對於任何國家的當權精英分子來說，誠然是不利的，因為他們已經很富有，而如果接受，便得把相當大的政權讓給新興的商人、製造業者和企業家的階級。另外也要考慮的是：英國也許的確已成為富有新工業社會的模範，不過在它生產力最高的區域，也非常醜惡——一八三七年日耳曼化學家來比格在初次訪問英國時，形容由里茲到曼徹斯特之間區域為「一個大的冒煙煙囪」。

因而，我們不能假定在一九一四年前已工業化到相當程度的那些國家，是全心全意、熱衷於加入大製造國家的俱樂部。法國有一段長時期是遲疑不決，而前神聖羅馬帝國的日耳曼諸邦又四分五裂。在每一個國家，都有人在工業上與英國競爭，而最後又彼此競爭。促進工業的人士，如日耳曼的李斯特和法國的奇華里，都不容易說服他們的同胞，讓他們明白他們都將因為放棄地方上的進口稅及其他稅收而獲益。

李斯特尤其是一個悲劇性的人物，因為他自一八二六年被流放到美國以後，眼界大開，看到一個比他故鄉維騰堡蓬勃得太多的經濟制度。而他欲使他祖國現代化的想法，又造成他自己的沮喪憔悴，最後自殺身亡。李斯特了解到，為了在英國的敵對下保護其初生的工業，美國必須採取保護主義的政策，暫時禁止廉價的進口貨。在這一點上，他和亞當·斯密有不同的意見；當然，那時亞當·斯密久已辭世，幸運的不知道那個他認為最好是一個農夫國家的美國，此時正要成為工業巨人。可以順便一提的是：以輕視態度稱英國為「小商人國度」的，是亞當·斯密而非拿破崙，因為亞當·斯密認為它視殖民地子民為被它的貨物拴住的顧客。

李斯特希望的是一個與英國聯盟的強大日耳曼，因為他已預見美國和俄國日後會成為超級強國。他十分讚美亞當·斯密的著作，但是在一個非常重要的問題上，他與亞當·斯密意見不同：他不認為國家的利益也就是個人的利益。亞當·斯密認為英國「縱然」有它對進口貨和出口貨強加以保護主義立法，卻也在商業上取得領先的地位。可是李斯特卻認為這些保護主義的立法，對英國的成功是絕對重要的，亞當．斯密以及英國政府後來連續提倡的自由貿易政策是短視的，只求在英國的製造上昇的短時期中取得短期的利益。

除了與亞當．斯密意見上的不同以外，李斯特對於工業制度的未來，看法也與比他著名得多的同胞馬克斯不一樣。用簡單的陳述去描述一位偉大哲學家的看法總是危險的事，不過我們可以公平地說：馬克斯展望工業制度不僅會摧毀傳統的文化和經濟，也會摧毀民族國家。將來不會有國家的敵對競爭，而會有社會階級間的競爭，而到了最後，所有的國家都會差不多：「在工業上比較發達的國家，只會使較不發達的國家看到自己未來的形象。」[3]雖然李斯特在一八四一年所發表的有創意著作《政治經濟的國家體制》，在十九世紀受到好評，可是馬克斯卻沒有時間去理會李斯特，他視李斯特為一個中產階級的小人物。

然而，十九世紀上半葉各種想了解造成工業發展的社會與經濟手法與未來會如何的企圖，均可視為失敗。工藝技術上的創新，事實上太過於影響深遠，放不進任何未來的模型中（石油工業的迅速發展便是一個好例子），而有些發展又過分奇怪，任何曾經預言它們將要發生的人，都會被視為瘋狂，而無疑遭到監禁。一個最著名的例子是，美國和歐洲強國打開日本門戶所產生的驚人結果。美國和歐洲國家所希望的，只不過是讓它們的捕鯨船有安全的避風港以及延伸已有根底的中國貿易。它們所得到的是一個新的強大工業國家，它在一九〇四——五年可以擊敗俄國，四十年後，又於一九四一年攻擊珍珠港，挑戰美國本身的軍事優勢。

關於日本為何可以這麼成功的採納和適應工業制度，使之進入其自己的文化，沒有一致的說法。基本上，在一八五三——四年海軍准將培里及其「黑船艦隊」造訪日本以後，工業制度便是其統治者所被迫接受的，因為他們想避免經濟隸屬和以條約保持其孤立的企圖，均不能說服年輕一代的驕傲日本人，讓他們同意這個策略行得通。長州和薩摩家族的武士，其在西方非法和危險的考察，讓他們明白日本在工業上是如何落後，在任何衝突中，日本均無法自衛——英國人在一八六三年的轟炸薩摩家族的港口鹿兒島，便使這一點十分清楚。在某些方面，日本人對工業制度到來的回應，與美國在幾乎一世紀以前對工業制度的回應相似：認識到如果不發展本土的工業，便會一直是原料的低下供應者，讓英國或歐洲國家的機器，把這些原料轉化為價值高的貨物。日本一度所謂的經濟奇蹟，卻是更了不起，因為它涉及真正轟轟烈烈的技術剽竊，以及採納一個完全外國文化的若干重要方面，而美國的殖民地居民大半是由英國和歐洲大陸遷來的。而且日本並沒有一八五〇年以後的美國自然資源。事實上，日本人工業化的成功關鍵，無可否認是文化上的，也就是說，它全是由明治維新改革者的意志力所達成的。以為工業化的關鍵不在於發明能力或技術天才，而是根植於價值觀念和文化，這種想法可以追溯到湯恩比一八八四年的《論工業革命的演講》，而又是二十世紀早期馬克斯·韋伯所研發的。在其《新教論理和資本主義精神》一書中，馬克斯·韋伯說，在他所謂的「冷靜中產階級的資本主義」的需求，與非英國國教徒和工作倫理之間有種「切合」。這個說法現在又很流行，因為當代的歷史學家和經濟學家設法研究，為什麼他們在一九六〇代所認為瀕於經濟起飛的許多國家，至今仍然貧困。例如，哈里遜在其所著《中央公正真理：政治如何可以改變一個文化並由其自救》中說，某些信仰系統與經濟進步是不相容的。他在發表於《華盛頓郵報》上的一篇文章中說：

有些宗教和文化比別的宗教和文化更能促進個人的責任感、教育、企業精神和信任——這些都是塑造政治和經濟發展的標準。說到民主政治、繁榮和法治，基督新教國家——尤其是丹麥、芬蘭、冰島、挪威和瑞典等北歐國家——一般情形比天主教國家好，尤其是比拉丁美洲的天主教國家妙。信奉儒家學說的社會，如日本、新加坡、南韓、臺灣以及目前的中國，已產生了轉型中的經濟。信奉回教的國家，即使有石油，情形也不好。[4]

在美國塔夫茲大學教書的哈里遜，根據他在南美和加勒比海國家的美國國際開發總署工作的經驗，舉了一個驚人的例子：

我於一九七〇年代後期在海地工作——它與多明尼加共和國共有希斯盤紐約拉島。海地在一八〇四年獨立的時候，比其東面的那個西班牙殖民地富強得多。但是今天的海地則是西半球最貧窮的國家：二〇〇三年時，其人均收入為一，七四〇美元，而根據聯合國的據計，多明尼加共和國的人均收入為為六，八二〇美元。海地當年的成年人文盲率為百分之五十一，而多明尼加為百分之八十八。雖然在過去四十年間多明尼加人的民主政治大致持續下來，但海地大致還是盛行威權主義。

多明尼加共和國的演化乃拉丁美洲典型的演化，而海地的演化乃非洲典型的演化。為何有此差別？海地具支配性的宗教是巫毒教——一個滋養懷疑和無理性的宗教。其根源是在西非達荷美地區，也就是今日的比寧共和國。今日海地和比寧的收入、兒童營養不良、兒童死亡率、平均壽命和識字率幾乎都是一樣。[5]

戴蒙是加州大學洛杉磯分校的地理與環境衛生科學教授。他的說法與哈里遜的說法正好相反。在他的著作《槍砲、細菌和鋼鐵：人類社會的命運》中說，歐亞民族所以能主宰世界，乃是由於現代歐洲人的祖先所享有環境上的有利條件，而與能力、智慧或文化無關。這是他在研究他所醉心的題目——新幾內亞島嶼上的鳥類生命一時所得到的論點。他的前提是：「原始」民族顯然和任何其他民族一樣複雜世故，而其明顯的「落後」乃是由於其祖先所擁有的有限環境機會，尤其是他們所種植或畜養和植物和動物的有限種類。由於無法發展複雜進步的農業方式，他們不能供養現代工業的先驅在其中得以發展的那種城市。

戴蒙的推理法是：如果他在新幾內亞朋友的祖先是在美索不達米亞出生，那麼他們便會是現代工業制度的先驅，而如果瓦特和愛迪生的祖先是在新幾內亞出世，那麼他們現在還會是以狩獵和採集謀生的人。想到一個像新幾內亞那樣的環境所受的嚴格限制，這個主張似乎並非牽強。然而，它完全不能解釋西方的工業主義是如何發展出來的。亞當・斯密、馬克斯・韋伯，以及比較晚近的哈里遜，其議論不注意先天的智慧而注意政治和社會文化；這是很不一樣的。

關於工業制度的興起和歐洲人的主宰世界，其宏大的理論是動聽的，但事實很少能解釋工藝技術究竟是如何發展的。例如，某人在歐洲發明蒸氣機這件事是不可避免的嗎？由於歐洲人在地理上占有優勢，他們與他們在美國的競爭對手便非發明電燈泡不可嗎？非有人會了解到可以用由地上鑽出來的石油作為發動機的燃料不可嗎？這些問題的答案必然是：我們不知道當年什麼事情可能發生，我們只能知道當年曾發生了什麼。然而，在此我們又容易視當年真正發生的事情乃不可避免，而在接受了它的不可避免以後，發明一個論點去解釋為什麼它一定會發生。這是一種廣為人所歡迎的歷史同語反復。

本書中所概述的工業企圖故事，應該可以反駁所謂農業社會到現代工業國家的轉型，乃由某種和個人無關的力量所驅動的說法。像戴蒙那樣把這驚人的發展過程歸因於歐洲人在時間和地點上正對了這一簡單事實，如果不是完全搞錯，也實在有點牽強。說實話，漫長的工業革命，不論是好是壞，的確都是人類千辛萬苦的結果，而其間的輝煌燦爛，更是十分驚人的。

註釋

引言

[1] 一八五一年七月十一日「致華生夫人書」（To the Hon Mrs Richard Watson），在提洛曾（Kathleen Tillotson）和柏吉斯（Nina Burgis）合編，《狄更斯信件》（*The Letters of Charles Dickens*），第六卷，（Clarendon Press, 1988, pp. 427-9）。

第一章　間諜

[1]《世鑒日報》（*Universal Register*），一七八五年四月十二日，第九一期，頁二。

[2] 老瑋緻活著，《致陶瓷製造業工人書談為外國製造業者服務》（*An Address to the Workmen in the Pottery, on the Subject of Entering into the Service of Foreign Manufacturers*）（Newcastle, 1783）。

[3] 德福（Daniel Defoe）著，《英國商業的計畫》（*A Plan of English Commerce.* Being a complete prospect of the trade of this nation, as well the home trade as the foreign, etc.）(Charles Rivington, 1728.）。

第二章　愛鐵成狂

[1] 拉．羅什富科著，《無罪的間諜活動：一七八五年拉羅契福考兄弟遊英格蘭》（*Innocent Espionage: the La Rochefoucauld Brothers' Tour of England in 1785*）, edited and translated by Norman Scarfe, Boydell Press, 1995.）。

[2] 哈里斯，《工業間諜活動和工藝技術的轉移：十八世紀的英國和法國》（*Industrial Espionage and Technology Transfer: Britain and France in the Eighteenth Century.* Ashgate, 1998）。

[3] 伯明罕公共圖書館布爾頓與瓦特收藏信件。查隆那，〈戰時與法國貿易的危險〉（Hazards of Trade with France in Time of War）。在《商業歷史》（*Business History*, 6, 1963/64）。

[4] 在安朱斯（C. Bruyn Andrews）編，《托林頓日記》（*Torrington Diaries*）（London, 1934），引自巴克（Richard Barker）著，「威京遜與巴黎水管」（John Wilkinson and the Paris Water Pipes），在《威京遜研究》（*Wilkinson Studies*）（vol. II）（Merton Priory Press, 1992, pp. 57-76.）。

[5] 伍瑞奇（A. P. Woolrich）著，《機械藝術和商品：工業間諜活動及旅人遊記——技術歷史家資料的一個出處》（*Mechanical Arts & Merchandise: Industrial Espionage and Travellers' Accounts as a Source for Technical Historians*）（De Archaeologische Pers, Eindhoven, c.1986.）。

[6] 達爾文致瓦特函（一七七五年三月二十九日），在伯明罕檔案（Birmingham Archives.）。

[7] 引自索當（Nonbert C. Soldon）著，〈英國製鐵業者和發明家約翰．威京遜〉（John Wilkinson (1728-1808), English Ironmaster and Inventor.）（Edwin Mellen Press, 1998）。

[8] 同上。

第三章　帶著工具的旅人

[1] 引自傑瑞米（David Jeremy）著，《工匠．企業家和機器：早期英美紡織工業論文集，一七七〇——一八四〇年代》（*Artisans, Entrepreurs and Machines: Essays on the Early Anglo-American Textile Industries, 1770-1840s*）（Ashgate, 1998, p. 40）。

[2] 亞當．斯密著，《國富論》□*Wealth of Nations*）一七七六年版；亦見〈http: //www.adamsmith,org/smith/won-intro.htm〉

[3] 引自史泰波頓（Darwin H. Stapleton.）著，《早期工業技術的輸往美國》（*The Transfer of Early Industrial Technologies to America.*）（American Philosophical Society, 1987）。

[4] 引自克比（Richard Shelton Kirby）著，《威廉．威斯頓與其對早期美國工程學的貢獻》（*William Weston and his Contribution to Early American Engineering.*）（The Newcomen Society, 2004）。

[5] 馬克思（Karl Marx）著，《資本論：評政治經濟》（*Capital: A Critique of Political Economy*）（3 vols, edited by Friedrich Engles, translated by Ernest Untermann, Charles H. Kerr and Co. Cooperative, Chicago, 1909, 1910; also online at 〈http://oll.libertyfund,org/Home3/Set.php?recordID=0445〉）

第四章　康瓦耳人的小型發動機

【1】引自柏頓（Anthony Burton）著，《理查・特里維西克：蒸氣巨人》（*Richard Trevithick Giant of Steam*）（Aurum Press, 2000.）。

【2】狄金森和提特雷（H. W. Dickinson and Arthur Titley.）合著，《特里維西克：這位工程師和這個人》（*Richard Trevithick: The Engineer and the Man.*）（Cambridge University Press, 1934.）。

第五章　首級得以保全

【1】卡布（Richard Cobb）編，《法國大革命：一個重要時期的心聲〈一七八九—一七九五〉》（*The French Revolution: Voices from a Momentous Epoch 1789-1795*）（Simon & Schuster, 1988.）。

【2】引自杜邦（Bessie Gardner Du Pont）著，〈由其當時通信資料中所見艾路西爾・杜邦的生手〉（*Life of Eluthère Irénée Du Pont from Cortemporary Correspondence*）（University of Delaware Press, 1923-6.）。

第六章　工廠中的一些美國人

【1】一八〇五年十月十八日《泰晤士報》，頁三。

【2】引自史密斯（R. A. H. Smith）著，〈羅勃・富爾頓：致納爾遜勳爵書〉（Robert Fulton: a Letter to Lord Nelson），在《英國圖書館學報》（*British Library Journal*, 25 February 1999.）。

【3】狄金森（H. W. Dickinson）著，《羅勃・富爾頓，工程師及藝術家，其生平與著作》（*Robert Fulton, Engineer and Artist. His Life and Works*）（John Lane, 1913.）

【4】同上。

【5】同上。

[6] 引自《泰晤士報》（一八〇七年九月二日，頁三）。

[7] 諾克斯（Thomas W. Knox）著《羅勃・富爾頓傳及蒸氣航海史》（*The Life of Robert Fulton and a History of Steam Navigation*）（G. P. Putnam's & Sons, New York, 1886.）。

[8] 豪爾（Basil Hall, RN）著，《豪爾遊記》（*Voyages and Travels of Captain Basil Hall*）（T. Nelson & Sons, 1895.）。

[9] 引自墨斯基和那文斯（Jeanette Mirsky and Allan Nevins）合著，〈惠特尼的世界〉（*The World of Eli Whitney*）（Collier Books, 1962.）。

[10] 豪爾著，《豪爾遊記》。

[11] 古德瑞奇（Samuel Griswold Goodrich）著，《回憶平生：或，致友人書記可見人與事》（*Recollections of a Lifetime: or, Men and Things I have Seen in a Series of Letters to a Friend*）（2 vols, New York and Auburn. 1857）。

[12] 引自二貝斯氏（Greville and Dorothy Bathe）著，《柏金斯——他的發明，他的時代和他同時代的人》（*Jacob Perkins-His Inventions, His Time and His Contemporaries.*）（Historical Society of Pennsylvania, 1943.）。

第七章　鐵路人物

[1] 引自卡森（Robert E. Carlson）著，《一八二一——一八三一的利物浦和曼徹斯特鐵路工程計畫》（*The Liverpool and Manchester Railway Project 1821-1831*）（David & Charles, 1969）。

[2] 引自羅特（L. T. C. Rolt）著，《喬治和羅勃・史蒂文生：鐵路革命》（*George and Robert Stephenson: the Railway Revolution*）（Longmans, 1960）。

[3] 引自卡森著，《利物浦和曼徹斯特鐵路工程計畫》。

[4] 同上。

[5] 柏頓（Anthony Burton）著，《雨山的故事：火車機車大試行》（*The Rainhill Story: the Great Locomotive Trian*）（BBC Books, 1980）。

第八章　火車前的排障器和木料軌道

【1】狄更斯（Charles Dickens）著，《美國筆記：為一般傳布作》（*American Notes: American Notes for General Circulation*）（Chapman and Hall, 1842; also online at〈http://www.online-literature,com/dickens/americannotes/〉）。

【2】引自卡森（Robert E. Carlson,）著，〈英國的鐵路和工程師與美國鐵路發展的開始〉（British Railroads and Engineers and the Beginnings of the American Railroad Development）（Business History Review, 34 (1960)）。

【3】引自艾倫（Horatio Allen）的日記，在〈http://www.dudleymall.co.uk/loclhist/agenoria.htm〉

【4】同上。

【5】同上。

【6】懷特（John H. White）著，《一八五〇年前運河與鐵路的土木工程》（*The Civil Engineering of Canals and Railways before 1850*, edited by Mike Chrimes, Ashgate, 1997）。

【7】引自艾倫的日記，在〈http://www.dudleymall.co.uk/loclhist/agenoria, htm〉

【8】最初發表在拉卓布（John H. B. Latrobe）著，《巴爾的摩俄亥俄鐵路：個人回憶錄》（*The Baltimore and Ohio Railroad: Personal Recollections*）1868，重印在哈特（Albert B. Hart）編，《同時代人所述的美國歷史》（*American History Told by Contemporaries*）vol. 3, 1927也在〈http://www.eyewitnesstohistory.com/tomthumb.htm〉

【9】引自史泰波頓著，《早期工業技術輸往美國》（*The Transfer of Early Industrial Technologies to America*）（American Philosophical Society 1987）。

【10】同上。

第九章　吃烤牛肉的英國人上工去了

【1】引自K.H.維格諾斯（K. H. Vignoles.）著，《查理・布來克・維格諾斯：一個浪漫的工程師》（*Charles Blacker Vignoles: Romantic*

Engineer)(Cambridge: University Press, 1982.)。

【2】同上。

【3】奇華里(Michel Chevalier)著,《美國的社會、習俗、和政治——一系列關於北美的信函》(*Society, Manners and Politics in the United States being a Series of Letters on North America* translated from 3rd Paris edition by Thomas G. Bradford Weeks, Jordan & Co, Boston. 1839.)。

【4】同上。

【5】查克威(Edwin Chadwick.)著,《在曼徹斯特統計學會上宣讀的論文—有關修築及操作鐵路工人因缺乏適當規則而造成風俗敗壞及傷害情事》(*Papers Read Before the Statistical Society of Manchester on the Demoralisation and Injuries Occasioned by the Want of Proper Regulations of Laborers Engaged in the Construction and Working of Railways*)(Simms and Dinham, 1846)。

【6】《泰晤士報》(一八四三年九月九日),頁三。摘錄自〈巴黎魯昂鐵路〉(The Paris and Rouen Railway),在《討論學報》(*Journal des Débats*)。

【7】同上。

【8】威廉斯(Frederick S. Williams)著,《我們的鐵路:其歷史,修築和社會影響》(*Our Iron Ronds: Their History, Construction and Social Influences*)(Ingram Cooke, 1852.)。

【9】同上。

【10】同上。

【11】同上。

【12】同上。

第十章 沒有官銜的先知

【1】引自韓德森(W. O. Henderson)著,《李斯特:一個經濟學家的產生》(*Friedrich List: the Making of an Economist*)(Hammer, 1977)。

【2】同上。

【3】同上。

【4】同上。

第十一章　一股熱氣流

【1】引自（〈http://www.buffalohistoryworks.com/ptracks/chapter5/chapter5.htm〉）

第十二章　摩斯電碼的解密

【1】引自維爾（Alfred Vail）著，《美國的電磁電報：附國會的報告及已知使用電力或由化學作用產生的電的已知電報的描述》（*The American Electro-Magnetic Telegraph: with the Reports of Congress and a Description of all Telegraphs Known, Employing Electricity or Galvanism*）（Philadelphia, 1845.）。

【2】同上。

【3】引自西佛曼（Kenneth Silverman）著，《像閃電一般迅速的人：摩斯不幸的一生》（*Lightning Man: the Accursed life of Sanmel E. B. Morse*）（Alfred A. Knopf, New York, 2003.）。

第十三章　奇觀之宮

【1】奇華里之言，引自拉德那（Dionysius Lardner）著，《「大博覽會」和一八五一年的倫敦》（*The Great Exhibition and London in 1851*）（Green and Longmans, 1852.）。

【2】同上。

【3】同上。

【4】同上。

【5】引自奧爾巴赫（Jeffrey A. Auerbach）著，《一八五一年的「大博覽會」：一個家的展示》（*The Great Exhibition of 1851: a Nation on Display*）（Yale University Press, 1999.）。

【6】引自達澤（Robert F. Dalzell）著，《美國的參展一八五一年的「大博覽會」》（*American Participation in the Great Exhibition of 1851*）（Amherst College Press, 1960）。

【7】同上。

【8】同上。

【9】《泰晤士報》（一八五一年九月四日），頁五。

【10】引自羅傑斯（Charles T. Rodgers）著，《美國在萬國博覽會上的優勝》（*American Superiority at the World's Fair*）（Philadelphia, 1852）。

【11】同上。

【12】引自達澤著，《美國的參展一八五一年的「大博覽會」》

第十四章 「一個十分漂亮的末尾」

【1】引自約翰．萬次郎（John Manjiro）著，《漂流向東南：五個坐船遇難日本人的故事》（*Drifting Towards: the South East: the Story of Five Japanese Castaways*）（translated by Junya Nagakumi and Junji Kitadai, Spinner Publications, New Bedford, 2003.）。

【2】摘錄自麥維爾（Herman Melville）著，《白鯨記》（*Moby Dick*）（Ist edn, The Whale, 3 vols, Richard Bentley, 1851.）。

【3】《泰晤士報》（星期五，一八五二年三月二十六日），頁五。

【4】同上。

【5】同上。

【6】重印在《泰晤士報》（一八五二年三月二十六日），頁八。

【7】同上。

【8】豪克斯（Francis L. Hawks）編，《一八五二—一八五四年遠征中國海與日本記》（*Narrative of the Expedition to the China Seas and Japan 1852-1854.*）（取材自海軍代將培里及其軍官的筆記和日記。應培里之請而作，並且在培里監督下寫成）（facsimile of original 1856 publication by Dover Publications, Mineola, New York, 2000.）。

【9】同上。

【10】同上。

【11】同上。

【12】同上。

第十五章　石油先驅

【1】吉斯納（Abraham Gesner）著，《實際論說煤、石油、及其它蒸餾油》（*A Practical Treatise on Coal, Petroleum, and Other Distilled Oils*）（New York 1861: 2nd edn, revised by G. W. Gesner, 1865.）。

第十六章　鋼鐵革命

【1】柏塞麥（Sir Henry Bessemer, FRS）著，《自傳》（*An Autobiography*）（Offices of Engineering, London, 1905; available online at 〈http://www.history.rochester.edu/ehp-book/shb/start.htm〉）。

【2】同上。

【3】引自威廉・曼徹斯特（William Manchester）著，《克羅布的武器，一五八七—一九六八》（*The Arms of Krupp 1587-1968*）（Michael Joseph,1969）。

第十七章 蘇格蘭人和武士

【1】引自切克蘭（Olive Checkland）著，《英國與明治時代日本遭遇》（*Britain's Encounter with Mejii Japan, 1868-1912*）（Macmillan, 1989）。

【2】引自麥凱（Alexander Mckay）著，《蘇格蘭的武士：格羅福，一八三九—一九一一》（*Scottish Samutrai: Thomas Blake Glover, 1839-1911*）（Canongate,1997）。

【3】布倫敦（Richard Henry Brunton）著，《給一個帝國當教師一八六八—一八七六》（*Schoolmaster to an Empire 1868-1876*）（Greenwood Press, 1991.）。

【4】同上。

【5】引自法蘭西斯．特里維西克（Francis H. Trevithick）著，《日本鐵路系統發展史》（*The History and Development of the Railway System in Japan*），在《日本亞洲學會記錄》（*Asiatic Society of Japan Transactions*）（vol. 22, 1874）。

【6】同上。

【7】布倫敦著，《給一個帝國當教師一八六八—一八七六》。

【8】同上。

第十八章 馬力

【1】引自戴維斯（Jennifer Davies）著，《古老騎馬者的故事》（*Tales of the Old Horsemen*）（David & Charles, 1997）。

【2】普勞登（William Plowden）著，《汽車和政治，一八九六—一九七〇》（*The Motor Car and Politics 1896-1970*）（The Bodley Head, 1971）。

【3】引自約翰．鄧洛普（John Boyd Dunlop）著，《氣胎的歷史》（*The History of the Pneumatic Tyre*）（A. Thom & Co., Dublin, 1924.）。

【4】引自勞克斯（James M. Laux）著，《一九一四年前的法國汽車工業》（*In First Gear: the French Antomolile Industry to 1914.*）

（Liverpool University Press, 1976.）。

【5】傑佛遜（Robert Louis Jefferson.）著，《騎腳踏車去莫斯科再回來：腳踏車之旅的記錄》（*Awheel to Moscow and Back. The Record of a Cycle Ride*）（Sampson Low & Co., 1895.）。

【6】引自迪索．戈白克．希德柏格（Eugen Diesel, Gustav Godbeck and Friedrich Schildberger）合著，《由發動機到汽車：發動機研發的五名拓墾者及其對汽車工業的貢獻》（*From Engines to Autos: Five Pioneers in Engine Development and Their Contribution to the Automotive Industry*）（Henry Regnery Company, Chicago, 1960.）。

【7】同上。

【8】同上。

第十九章　門羅公園的魔法師

【1】柯南．道爾（Arthur Conan Doyle）著，《波爾大戰》（*The Great Boer War*）（Smith, Elder & Co., 1902, Ch. 1.）。

【2】威爾斯（W. G. Wells）著，《布瑞特林先生看透了》（*Mr. Britling Sees it Through*）（Cassell, 1916）。

【3】巴克和羅賓斯（T. C. Barker and M. Robbins）合著，《倫敦運輸史：旅客行旅和這個大城市的發展》（*A History of London Transport: Passenger Travel and the Development of the Metropolis*）（vol.2, Allen & Unwin, 1974.）。

【4】引自以色列（Paul Israel）著，《愛迪生：發明的一生》（*Edison: a Life of Invention*）（John Wiley, 1998.）。

【5】同上。

【6】蕭伯納（George Bernard Shaw）著，《不合理的結》（*The Irrational Knot, Being the Second Novel of his Nonage*）（1880）（Brentano's New York, 1905.）。

【7】引自福瑞德、以色列及芬恩（Robert Friedel, Paul Israel, with Bernard S. Finn）合著，《愛迪生的電燈》（*Edison's Electric Light*）（Rutgers University Press, 1988.）。

【8】引自韓尼西（R. A. S. Hennessy.）著，《電力革命》（*The Electric Revolution*）（Oriel Press, 1972.）。

第二十章　魚雷的恐怖

【1】引自伍德（Walter Wood）著，《北海漁夫和鬥士》（*North Sea Fishers and Fighters*）（Kegan Paul & Co., 1911.）。
【2】《泰晤士報》（星期一，一九〇四提十月二十四日），頁七。
【3】引自格雷（Edwyn Gray）著，《魔鬼的發明：魚雷發明者懷德海的故事》（*The Devil's Device the Story of Robert Whitehead, Inventor of the Torpedo*）（Seeley, 1975.）。
【4】《泰晤士報》（一九〇五年十一月十五日），頁三：懷德海先生訃聞。
【5】《泰晤士報》（一九〇五年六月十二日），頁七「社論」。

第二十一章　合成的世界

【1】引自布洛克（W. H. Brock）著，《化學守門人來比格》（*Justus von Liebig: the Chemical Gatekeeper*）（Cambridge University Press, 1997.）。
【2】同上。
【3】同上。
【4】同上。
【5】同上。
【6】同上。
【7】引自《柏金教授的生平與事業》（*The Life and Work of Professor Wiliam Henry Perkin*）（The Chemical Society〔Great Britain〕, London, 1932.）。
【8】同上。
【9】同上。

【10】柏金（F. M. Perkin）著，〈人工色彩工業及其在本國的地位〉（The Artificial Colour Industry and its Position in this Country），在《染業者和著色者學會學報》（*Journal of the Society of Dyers and Colourists*）（10 November 1914.）。

【11】瑞德（W. J. Reader）著，《帝國化學工業史》（*Imperial Chemical Industries: A History*）（Oxford University Press, 1970.）

跋

【1】亞當·斯密（Adam Smith），《國富論》。一七七六年版見：〈http://www.adamsmith.org/swith/won-intro.htm〉

【2】同上。

【3】馬克思（Karl Marx）著，《資本論：評政治經濟》。

【4】哈里遜（Lawrence E. Harrison）著，〈心靈、才智、和學派〉（Hearts, Minds and Schools），在《華盛頓郵報》（*Washington Post*）（二〇〇六年十二月七日）。

【5】同上。

參考書目

阿薩德、佛瑞西奈里和凡迪它（Assad, Matt, Mike Frassinelli & David Venditta）合著，《鍛造美國：伯利恆鋼鐵故事》（*Forging America: the Story of Bethlehem Steel.*）（Andrews McMeel, 2004）。

巴克（Barker, Richard），〈約翰．威京遜和巴黎水管〉（John Wilkinson and the Paris Water Pipes），在《威京遜研究》（*Wilkinson Studies*）第二卷（Merton Priory Press, 1992）。

巴克豪司（Barkhouse. Joyce）著，《吉斯納傳》（*Abraham Gesner*）（Fitzhenry & Whiteside, 1980）。

貝斯（Bathe, Greville and Dorothy）著，《柏金斯：其發明，時代及其當代的人》（*Jacob Perkins: His Inventions, His Time and His Contemporaies*）（Historical Society of Pennsylvania, 1943）。

——《艾文思：美國早期工程界大事記》（*Olive Evans: a Chronicle of Early American Engineering*）（Historical Society of Pennsylvania, 1935）。

比米希（Beamish Richard）著，《馬克．布魯耐爾爵士傳》（*Memoir of the Life of Sir Marc Isambard Brunel*）（Longman, 1862）。

比頓（Beaton. Kendall）著，〈吉斯納博士的煤油：美國石油精煉的開始〉（Dr. Gesner's Kerosene: The Start of American Oil Refining），在《商業歷史評論》（*Business History Review* 29.1 March 1955）。

柏塞麥（Bessemer. sir Henry）著，《柏塞麥的爵士自傳》（*Sir Henry Bessemer FRS, An Autobiography*）（Offices of Engineering, 1905: also at <http://www.history.rochester.edu/ehp-book/shb/>）

布洛克（Brock. W. H.）著，《化學守門人來比格》（*Justus von Liebig: the Chemical Gatekeeper*）（Cambridge University Press, 1997）。

布盧克（Brooke, David [ed.]）編，《第一位國際鐵路包商麥肯錫的日記》（*The Diary of William MacKenzie, the First International Railway Contractor*）（Ashgate, 1997）。

布朗（Brown, Sidney Devere）著，〈明治復興時代的長崎：長州忠臣和英國軍火商人〉（Nagasaki in the Meji Restoration: Choshu Loyalists and British Arms Merchants），在《十字路口》（*Crossroads*）第一期（1993 [Nagasaki]）。

布倫敦（Brunton. Richard Henry）著，《給一個帝國當教師，一八六八—一八七六》（*Schoolmaster to an Empire 1868-1876*）（Greenwood Press, 1991）。

柏頓（Burton, Anthony）著，《特里維西克：蒸氣的巨人》（*Richard Trevithick: Giant of Steam.*）（Aurum Press. 2000）。

──《鐵路帝國》（*The Railway Empire.*）（John Murray, 1994）。
──《雨山的故事》（*The Rainhill Story.*）（BBC Books, 1980）。
柏特（Butt, John）著，《詹姆斯・「石蠟」・楊昂：創立礦物油工業的人》（*James 'Paraffin' Young: Founder of the Mineral Oil Industry*）（Scotland's Cultural Heritage. Edinburgh, 1983）。
卡森（Carlson. Robert E.）著，《利物浦和曼徹斯特的鐵路工程項目，一八二一—一八三一》（*The Liverpool and Manchester Railway Project 1821-1831*）（David & Charles, 1969）──〈英國鐵路與工程師和美國鐵路發展的開始〉（British Railroads and Engineers and the Beginnings of the American Railroad Development.），在《商業歷史評論》，三四，一九六〇。
查隆那（Chaloner, W. H.）著，〈工業的締造者：製鐵業者威京遜〉（Builders of Industry: John Wilkinson, Ironmaster），在《今日歷史》（*History Today.*），一九五一年五月。
切克蘭（Checkland, Olive）著，《英國與明治時代日本的遭遇，一八六八—一九一二》（*Britain's Encounter with Meiji Japan, 1868-1912.*）（Macmillan, 1989）。
化學學會（The Chemical Society），《柏金教授的生平與事業》（*The Life and Work of Professor William Henry Perkin.*），一九三二。
克拉克（Clark, Ronald W.）著，《愛迪生：創造未來的人》（*Edison: the Man Who Made the Future*）（Macdonald and Jane's 1977）。
克里門茲（Clements, Paul）著，《馬克・布魯耐爾傳》（*Marc Isambard Brunel*）（Longmans. 1970）。
寇德（Coad, Jonathan）著，《樸茲茅斯滑輪工廠：邊沁、布魯耐爾和皇家海軍工業革命的開始》（*The Portsmouth Block Mills: Bentham. Brunel and the Start of the Royal Navy's Industrial Devolution*）（English Heritage, 2005）。
達澤爾（Dalzell. Robert F.）著，《美國的參加一八五一年的「大博覽會」》（*American Participation in the Great Exhibition of 1851*）（Amherst College Press, 1960）。
戴維斯（Davies. Hunter）著，《鐵路之父喬治・史蒂文生傳》（*A Biographical Study of the Father of Railways George Stephenson.*）（Weidenfeld and Nicolson, 1975）。
戴維斯（Davies. Ron）著，《約翰・威京遜傳》（*John Wilkinson*）（Dulston, 1987）。
迪索，戈白克及希德柏格（Diesel, Eugen. Gustav Goldbeck and Friedrich Schildberger）合著，《由發動機到汽車：發動機研發的五名拓墾者及其對汽車工業的貢獻》（*From Engines to Autos: Five Pioneers in Engine Development and Their Contribution to the Automotive Industry*）（Henry Regnery Company, Chicago. 1960）。

狄金森（Dickinson. H. W.）著，《蒸氣機簡史》（*A Short History of the Steam Engine*）（University Press, 1938）。

——《瓦特及其蒸氣機》（*James Watt and Steam Engine*）（Clarendon Press. 1927）。

——《工程師和藝術家富爾頓，其生平及著作》（*Robert Fulton, Engineer and Artist. His Life and Works*）（John Lane. 1913）。

鄧洛普（Dunlop. John Boyd）著，《氣胎的歷史》（*The History of the Pneumatic Tyre*）（A. Thom & Co., 1924）。

杜邦（Du Pont. Bessie Gardner）著，《由其當時通信資料中所見艾路西爾．杜邦的生平》（*Life of Eluthère Irénee Du Pont from Contemporary Correspondence*）（University of Delaware Press. 1923-6）。

福吉斯．德聖芳（Faujas de Saint-Fond, Barthélemi）著，《一七八四年穿越英格蘭和蘇格蘭到海布里地群島之旅》（*A Journey Through England and Scotland to the Hebrides in 1784*），蓋克爵士編譯（edited and translated by Sir Archibald Geike）（Hugh Hopkins, Glasgow, 1907）。

福格森（Ferguson. Niall）著，《羅斯契爾德王朝：金錢的先知，一七九八—一八四八》（*The House of Rothschild: money's prophets 1798-1848*）（Penguin, 2000）。

費騰和華茲渥斯（Fitton, Richard and Alfred Wadsworth）合著，《斯卓特家族和阿克萊特家族，一七五八—一八三〇：早期工廠制度研究》（*The Strutts and the Arkwrights 1758-1830: a Study of the Early Factory System*）（Manchester University Press. 1964）。

費騰（Fitton, Richard）著，《阿克萊特家族：財富的紡織者》（*The Arkwrights: Spinners of Fortune.*）（Manchester University Press, 1989）

福克斯（Fox, Robert）著，〈多樣性與擴散性：工業時代工藝技術的轉移〉（Diversity and Diffusion: the Transfer of Technologies in the Industrial Age）在《紐柯曼學會學報》（Journal of the Newcomen Sociery, 70, 1988-99）。

福瑞德，以色列及芬恩（Friedel, Robert. Paul Israel with Bernard S. Finn）合著，《愛迪生的電燈》（*Edison's Electric Light*）（Rutgers University Press. 1988）嘉迪那（Gardner' Walter M. [ed.]）編，《英國的煤焦油工業》（*The British Coal-tar Industry*）（Williams and Norgate. 1915）。

嘉非爾德（Garfield, Simon）著，《淡紫色：一個人如何發明了一種改變世界的顏色》（*Mauve: How One Man Invented a Colour that Changed the World.*）（Faber and Faber, 2000）。

吉登斯（Giddens, Paul H.）著，《石油工業的誕生》（*The Birth of me Oil Industry*）（Macmillan Company, New York, 1938）。

格雷（Gray, Edwyn.）著，《魔鬼的發明：魚雷發明者懷德海的故事》（*The Devil's Device: the Story of Robert Whitehead, Inventor of the Torpedo*）（Seeley, 1975）。

格令（Green, Constance.）著，《惠特尼和美國工藝技術的誕生》（*Eli Whitney and the Birth of American Technology*）（Little

Brown, 1956）。

哈伯（Haber, Ludwig）著，《十九世紀的化學工業》（*The Chemical Industry during the Ninereenth Century*）（Clarendon Press, 1958）。

豪爾（Hall, Basil. RN.,）著，《豪爾的見聞錄和遊記》（*Voyages and Travels of Basil Hall*）（Nelson & Sons, 1895）。

哈里斯（Harris. J. R.）著，《工業間諜活動和工藝技術的轉移：十八世紀的英國和法國》（*Industrial Espionage and Technology Transfer: Britain and France in the Eighteenth Century*）（Ashgate. 1998）。

——〈霍克：法國工業中的一個蘭開郡的英王詹姆斯二世擁護者〉（John Holker: a Lancashire Jacobite in French Industry），紐柯曼學會第一次查隆那紀念演講，二〇〇四。

海爾普斯（Helps. Sir Arthur）著，《布拉西先生的生平和工作，一八〇五－一八七〇》（*Life and Labours of Mr Brassey 1805-1870.*）（Bell and Daldy, 1872）。

韓德森（Henderson. W. O.）著，《歐洲大陸上的工業革命：德國，法國，俄國，一八〇〇－一九一四》（*The Industrial Revolution on the Continent: Germany, France, Russia 1800-1914*）（Frank Cass. 1961）。

——《李斯特：一位經濟學家的形成》（*Friedrich List: the Making of an Economist*）（Hammer, 1977: Cass. 1983）。

——《德國工業力量的上升，一八三四－一九一四》（*The Rise of German Industrial Power 1834-1914*）（Temple Smith, 1975）。

——《關稅同盟》（*The Zollverein*）（Cambridge University Press. 1939; republished by Cass, 1984）。

侯歐（Hough, Richard Alexander）著，《必須死亡的艦隊》（*The Fleet That Had to Die*）（Hamish Hamilton,1958）。

以色列（Israel. Paul）著，《愛迪生：發明的一生》（*Edison: a Life of Invention*）（John Wiley. 1998）。

傑佛遜（Jefferson. Robert L.）著，《乘騎輪子通過一個大陸》（*Through a Continent on Wheels*）（Simpkin. Marshall & Co London, 1899）。

傑瑞米（Jeremy, David）著，《橫渡大西洋的工業革命：一七九〇－一八三〇年代紡織技術在英國與美國間的流布》（*Transatlantic Industrial Revolution: the Diffusion of Textile Technologies Between Britain and America 1790-1830s*）（Basil Blackwell. 1981）。

——《工匠，企業家和機器：有關早期英美紡織工業的論文，一七七〇年代－一八四〇年代》（*Artisans, Entrepreneurs and Machines: Essays on the Early Anglo-American Textile Industries 1770s-1840s*）（Ashgate. 1998）。

基輔（Kieve. Jeffrey L.）著，《電報的社會和經濟歷史》（*The Electric Telegraph: a Social and Economic History*）（David & Charles, 1973）。

拉羅什富科（La Rochefoucauld, François. duc de）著，《無害的間諜活動：一七八五年拉羅契福考兄弟之英倫之旅》（*Innocent Espionage: the La Rochefoucauld brothers' Tour of England in 1785*），史卡佛編譯（edited and translated by Norman Scarfer. Boydell Press, 1995）。

藍德斯（Landes, David S.）著，《獲釋的普洛米休士：西歐由一七五〇年到現在的技術變遷和工業發展》（*The Unbound Prometheus: Technological Change and Indusrial Development in Western Europe from 1750 to the Present*）第二版（Cambridge University Press, 2003）。

拉克威特（Lakwete, Angela）著，《發明軋棉機：在南北戰爭以前美國的機器和神話》（*Inventing the Cotton Gin: Machine and Myth in Antebellum America*）（Johns Hopkins University Press. 2003）。

拉德納（Lardner, Dionysius）編，《一八五一年倫敦的「大博覽會」》（包括奇華里的一篇論文）（*The Great Exhibition and London in 1851* [includes essay by Michel Chevalier] Green and Longmans, 1852）。

勞克斯（Laux, James M.）著，《一九一四年前的法國汽車工業》（*In First Gear: the French Automobile Industry to 1914*）（Liverpool University Press, 1976）。

李斯特（List, Friedrich）著，《政治經濟的國家制度》（*The National System of Political Economy*）（山普森〔S. Sampson〕由德文英譯）（Lloyd Longmans, Green, 1905）。

麥凱（McKay, Alexander）著，《蘇格蘭的武士：格羅福，一八三九—一九一一》（*Scottish Samurai: Thomas Blake Glover, 1839-1911*）（Canongate, 1993）。

萬次郎（Manjiro, John）著，《漂流向東南：五個坐船遇難日本人的故事》（*Drifting Towards the South-East: the Story of Five Japanese Castaways*）（translation by Jourga Nagakoni and Junzi Kitadai）（Spinner Publications, New Bedford, 2003）。

麥斯基和尼文斯（Mirsky, Jeannette and Allan Nevins）合著《惠特尼的世界》（*The World of Eli Whitney*）（Macmillan, New York, 1952）。

墨森和羅賓森（Musson, Albert Edward and Eric Robinson）合著，《工業革命中的科學與工藝技術》（*Science and Technology in the Industrial Revolution*）（Methuen. 1972）。

奧布來恩（O'Brien, Patrick）著，《英國和法國的經濟成長，一七八〇—一九一四：兩條去二十世紀的途徑》（*Economic Growth in Britain and France 1780-1914: Two Paths to the Twentieth Century*）（Allen and Unwin, 1978）。

柏金（Perkin. F. M.）著，〈人工色彩工業及其在本國的地位〉（The Artificial Colour Industry and its Position in this Country），在《染業者和著色者學會學報》（*Journal of the Society of Dyers and Colourists*）（10. November 1914）。

普勒沙可夫（Pleshakov, Konstantin）著，《沙皇的最後艦隊：馳向對馬海峽之役的宏偉壯麗旅程》（*The Tsar's Last Armada:*

the Epic Journey to the Battle of Tsushima）（Perseus Press. 2002）。

瑞蒙（Remond. André）著，《霍克：十八世紀法國的製造業者和大官》（*John Holker, Manufacturuer et Grand Fonctionnaire en France as XVIIIeme siecle 1719-1786*）（M. Rivière. Paris, 1946）。

羅傑斯（Rodgers. Charles T.）著，《美國在萬國博覽會上的優越性》（*American Superiority at the World's Fair*）（Philadelphia, 1852）。

羅特（Rolt, L. T. C.）著，《喬治和羅勃．史蒂文生：鐵路革命》（*George and Robert Stephenson: the Railway Revolution*）（Longmans, 1960）。

史華茲（Schwartz. Sharron P.）著，《在秘魯的一位「教授」：特里維西克和工業革命的橫渡大西洋移動》（*A Professor' in Peru: Trevithick and the Transatlantic Migration of the Industrial Revolution*）（Institute of Cornish Studies, 2002）。

西弗曼（Silverman. Kenneth）著，《閃電般快速的人：摩斯不幸的一生》（*Lightming Man: the Accursed Life of Samuel F. B. Morse*）（Alfred A. Knopf, New York, 2003）。

索當（Soldon, Norbert C.）著，《約翰．威京遜（一七二八—一八〇八），英國製鐵業者和發明家》（*John Willkinson (1728-1808), English Ironmaster and Inventor*）（Edwin Mellen, 1998）。

史泰波頓（Stapleton, Darwin H.）著，《早期工業技術的輸往美國》（*The Transfer of Early Industrial Technologies to America*）（American Philosophical Society, 1987）。

斯佐斯它克（Szostak, Rick）著，《交通在工業革命中的作用：英國與法國的比較》（*The Role of Transpirtation in the Industrial Revolution: a Comparison of England and France*）（McGill-Queen's University Press. 1991）。

湯姆斯（Thomas, Samuel）著，〈追憶早年無煙煤質的鐵工業〉（Reminiscences of the Early Anthracite-Iron Industry），在《美國採礦工程師研究所記錄》（*Transactions of the American Institute of Mining Engineers*, 29, 1899）。

湯普森（Thompson, F. M. L.）著，〈十九世紀的馬意識〉（Nineteenth-Century Horse Sense），在《經濟歷史評論》（*The Economic History Review*）（New Series, Vol. 29, No,1 [February 1976]）。

——《維多利亞時代的英國：馬拉的社會》（*Victorian England: the Horse-drawn Society*）（Bedford College, University of London, 1970）。

湯普森（Thompson, L. G.）著，《雪梨．湯姆斯：一個發明及其後果》（*Sidney Gilchrist Thomas: an Invention and Its Consequences*）（Faber and Faber, 1940）。

托弗（Tolf, Robert W.）著，《俄國的洛克斐勒家族：諾貝爾家族的英勇冒險故事和俄國石油工業》（*The Russian Rockefellers: the Saga of the Nobel Family and the Russian oil Industry*）（Hoover Institution Press, Stanford University, 1976）。

湯普京（Tompkins, Eric）著，《氣胎的歷史》（*The History of the Pneumatic Tyre*）（Dunlop Archive Project, Eastland, 1981）。

崔維斯（Travis, Anthony S.）著，《製造彩虹的人：西歐合成染料工業的源始》（*The Rainbow Makers: the Origins of the Synthetic Dyestuffs Industry in Western Europe*）（Associated University Press, 1993）。

湯則曼（Tunzelmann, G. N. von）著，《蒸氣動力和英國一八六〇年以前的工業化》（*Steam Power and British Industrialization to 1860*）（Clarendon Press, 1978）。

維爾（Vail, Alfred）著，《美國的電磁電報：附國會的報告及對已知所有使用電力或由化學作用所產生電的電報的描述》（*The American Electro-Magnetic Telegraph: with the Reports of Congress and a Description of All Telegraphs Known, Employing Electricity or Galvanism*）（Lea & Blanchard, Philadelphia, 1845）。

華奇豪斯（Wachhorst, Wyn）著，《湯姆斯．愛迪生：一個美國的神話》（*Thomas Alva Edison, an American Myth*）（MIT Press, 1981）。

華克（Walker, Charles）著，《湯姆斯．布拉西：修築鐵路的人》（*Thomas Brassey: Railway Builder*）（Muller. 1969）。

維柏（Weible, Robert [ed.]）編，《工業革命的世界：工業化的比較和國際方面》（*The World of Industrial Revolution: Comparative and International Aspects of Industrialization*）（Museum of American Textile History, 1986）。

惠騰（Whitten. David O. [ed.]）編，《惠特尼的軋棉機一七九三—一九九三諸家論文選輯》（Eli Whitney's Cotton Gin 1793-1993）（*Symposium Selected Papers*）（University of California. 1993）。

威廉斯（Williams, Frederick S.）著，《我們的鐵路：其歷史、修築及社會影響》（*Our Iron Roads: Their History, Construction and Social Influences*）（Ingram. Cooke and Co., 1852）。

威廉斯（Williams, Peter N.）著，《由威爾斯到賓夕凡尼亞：大衛．湯姆斯的故事》（*From Wales to Pennsylmnia: the David Thomas story*）（Glyndw Publishing, 2002）。

威廉森：與道姆（Williamson. H. F. and A. R. Daum）合著，《美國的石油工業：照明的時代，一八五九—一八九九》（*The American Petrolemn Industry: the age of illumination 1859-1899*）（North-western University Press, 1959）。

譯名對照表

二劃

七年戰爭Seven Years War
乃卡河Neckar
人格瑞里Horace Greeley
《人類的由來》*Descent of Man*
《十九世紀的馬意識》*Nineteenth-century Horse Sense*

三劃

三凱溪Sankey Brook
上匈牙利Upper Hungary
凡尼塔礁湖Laguna Veneta
凡達利亞號Vandalia
凡爾賽Versailles
凡德比爾特Vanderbilt
千里達Trinidad
土魯斯Toulouse
土薩上校Colonel Louis de Foussard
大公爵盧德維格Grand Duke Ludwig
大西方號Great Western
大英帝國製釘工廠Britannia Nail Works
「大恐怖」Great Terror
大組合運河Grand Union Canal
大博覽會Great Exhibition
大會合處運河Grand Junction Canal
大會合處鐵路Oyland Junction Line
大衛・湯姆斯David Thomas
小仲馬Alexander Dumas
「小毒蛇號」asp
「小英國鄉」Little Britain Township
小桑樹林Mulbergy Grove
小舒其河航行・鐵路與運河公司Little Schuylkill River Navigtion, Railroad and Canal Company
小禮拜堂路rue de l'Oratoire
山姆・巴奇Sam Patch
山姆・愛迪生Sam Edison
工藝學校Ecole Polytechnique

四劃

不列顛街Britain Street
《不合理的結》*The Irrational Knot*
不從國教學院Dissenting Academy
《中央公正真理：政治如何可以改變一個文化並由它自己中救出它》*The Central Liberal Truth: How Politics Can Change a Culture and Save It From Itself*
中西克斯郡Middlesex
中沙宛村Chavannes
五個日本人的故事，一個十分漂亮的末尾One Story of Five Japanese. A Very Handsome Tail
什羅浦郡Shrapshire
介爾斯Francis Giles
公園劇院Park Theater
公爵鐵路站Ducal Railways Station
《化學在農業和生理學上的應用》*Chemistry in its Application to Agriculture and Physiology*
厄爾巴島Elba
厄蘭根大學University of Erlangen
巴土木Batoum
巴巴利海盜Barbary Pirates
巴平Dewie Papin
巴伐利亞Bavaria
巴多克赫斯特塞特Paddockhurst
巴克George Barker
巴克斯頓Joseph Paxton
巴貝爾塔Tower of Babel
巴奇勒Charles Batchelor
巴拉克拉瓦Balaclara
巴品Denis Papin
巴倫汀Barentin
巴倫特Charles François Parent
巴庫Baku
巴特西Battersea
巴斯Bath
巴斯夫公司BASF（Badische Auilin and Soda Fakrik）
巴斯門Bathgate
巴斯柯Cerrode Pasco
巴頓Barton
巴爾的摩Baltimore
巴黎工藝學校Ecole Polytechnique

巴黎水公司Compagnie the Eaux de Pairs
巴塞隆納Barcelona
文契斯托城Winchester
文茲渥斯Wandsworth
文森Vincennes
文澤Frederick Winger
《日本商業新聞》*Japan Commercial News*
日塞尼加油Seneca oil
比弗瑞吉William Beveridge
比米希Richard Beamish
比林斯門Billingsgate
比斯凱灣Bay of Biscay
比奧Jean Baptiste Biot
比寧共和國Benin
毛茲雷Henry Maudslay
水牛城Buffalo
「火箭號」Rocket
《世鑒日報》*The Daily Universal Register*

五劃

加州大學洛杉磯分校UCLA
加利卡特Calicut
加利細亞Galicia
加來港Calais
加特賽家Gartside
加勒比海Caribbean
加爾各達Calcutta
包哈坦號Powhatan
《北美洲行紀》*Travels in North America*
北站Gare du Nord
卡內基Andrew Carnegie
卡它隆納Catalona
卡弗人Kaffirs
卡本提爾夫人Madame Carpentier
卡來爾Carlisle
卡拉奧港Callao
卡芬Isaac Coffin
卡洛Heinrich Caro
卡洛登Culoden
卡迪夫港Cardiff
卡特萊Edmund Cartreght
卡特瑞號Carteret
卡曼Kalman
卡密拉・赫頓Camilla Hutton
卡斯魯赫Karlsruhe
卡隆Carron
卡隆鐵工廠Corron Ironworks
卡塔吉那港Catagena
卡塔騷瓜域Catasauqua
卡爾Carl
卡爾・卡洛維其・嘉斯柯恩State Councillor Karl Kalovich Gaskoin
卡爾・尼可拉維奇・白爾德Karl Nikolaevitch Baird
卡爾・賓士Karl Benz
卡爾和奧格斯特・克倫姆Carl and August Clemm
卡豪巴Cohawba
古柏 Peter Cooker
古柏Kuper
古爾德Jay Gould
古德瑞奇Samuel G. Geedri
古樂德François Gouraud
史匹它非Spitalfields
史皮非它區Spitalfields district
史如斯百利Shrewsbury
史托克頓Stockton
史托克頓—達林頓鐵路法案Stockton-Darlington Railway Act
史托克頓和斯托克斯公司Stockton & Stokes
史托克頓港Stockton-on-Tees
史坦威William Steinway
史垂斯摩伯爵Earl of Strathmore
史徒頓Stourton
史徒橋Sturbridge
「史泰利茲號」Stieglitz
史泰波頓Darwin H. Stapleton
史泰爾斯the Reverend Ezra Stiles
史特拉斯堡 Strasburg
史特拉斯堡Strasbourg
史密斯C. A. Smith
史密斯、皮考克和譚能特公司Smith Peacock and Tannet
史密斯爵士Sir Sidney Smith
史密頓John Smeaton
史崔克蘭William Striekland
史提爾John Steel

史塔雷James Starley
史蒂文生公司Stevensons
尼卡河Neckar
尼古拉斯・奧古斯特奧圖Nikolaus August Otto
尼古拉斯大公爵Grand Duke Nicholas
尼亞斯Samuel Kneass
尼茅和西艾杜邦公司E. I. du Pont de Nemouns et Cie
尼茅的杜邦 du Pout de Nemours
尼茅區Nemours
尼斯大教堂Neath Abbey
尼斯市Nice
尼爾森James Neilson
布立瓦Simon Bolivar
布列坦尼Brittany
布呂其Blücher
布希耐爾David Bushnell
布里斯托市Bristol
布來克博士Dr. Joseph Black
布來恩・史都華Brian Stewar
布來頓Brighton
布來德雷Bradley
布宜諾斯艾利斯Buenor Aires
布拉西Thomas Brassey
布拉馬Joseph Bramah
布拉凱特Christopher Blackett
布林德雷James Brindley
布洛尼塔Boulogne
布若斯萊Broseley
布倫代爾Simon Blandel
布倫敦Richard Henry Breunton
布朗Brown
布朗克斯河Bronx
布勞德豪司工廠Bruderhaus
布斯Henry Booth
布萊梅Bremen
布隆Heil Bronn
布瑞吉華特公爵Duke of Bridgewater
布瑞吉華特運河Bridpewata Cannel
布瑞吉華特運河公司Bridgewater Canal Company
布瑞格Louis Breguet
《布瑞特林先生看透了》*Mr. Briling Sees it Through*
布瑞斯勞Breslau
布爾頓Matthew Boulton
布魯爾和華生公司Brewer and Watson
布羅丁納Bribdingnag
布羅斯Braseley
布羅斯泰Bcoadstaivs
布蘭京索John Blenkinsop
弗東其William Fletcher
弗蘭提Sebastian Ziani de Ferranti
本加明・亨利・拉卓布Benjamin Henry Latrobe
民團法案Militia Bill
瓜達盧比Guadeloupe
瓦克Newark
瓦特Scot James Watt
甘斯Gaines
白金紹John Birkinshaw
白宮White House
白莎・林吉Bertha Ringer
白爾德Charles Baird
《白鯨記》*Moby Dick*
白蘭地酒河Brandywine River
皮卡迪里街Piccadilly
「皮卡蘇斯號」Pegasuk
皮艾爾・杜邦Pierr Samuel du Pont de Nemours
皮克吉爾Pickersgill
皮林Perin
皮爾爵士Sir Robert Peel

六劃

伊凡・奈利多夫Ivan Nelidov
伊凡・勒文斯坦Ivan Levinstein
伊山巴・布魯耐爾Isambard Kingdom Brunel
伊尼塞德溫鐵工廠Yneyscedwyn
伊利沙維它號Elijaveta
伊利運河Erie Canal
伊芙麗娜Evelina
伊突利亞Etruria
伊留塞爾Eleuthère
伊留塞爾工廠Eleutherian Mills
伊斯林敦Islington

伊頓Eton
伊爾克斯Charles Tyson Yerkes
伍威奇Woolwich
伍德Nicholas Wood
休・馬提松Hugh Matheson
休倫河Huron River
伏特Volta
伏塔alesssndco Vatta
伏爾加河Volja
伏爾泰Voltaire
企圖號Endeavor
光榮號Gloire
匈多福Scherrdorf
印花布暴亂Caliro roots
印德勒島Isle Indret
吉伯特Davies Gilbert
吉姆Jim
吉林乃Emil Jellinek
吉林渥斯城Killingworth
吉迪Giddy
吉婁丁Dr. Joseph-Ignace Guillotin
吉斯Thomas Keith
吉森Giessen
吉爾・基督Percy C. Gilchrist
吉爾拉瓦Jiel-Laval
吉德Gerrit Parmele Judd
吉樂德James Gerard
合恩角Cape Horn
因斯布魯克Innsbruck
在馬伯樂街Marlberough Street
多佛Dover
多格灘Dogger Bank
多塞特Dorset
安大略湖Lake Ontario
安吉爾J. D. Angier
安米斯商號Andrews
安迪斯山Andes
安娜・高西Anna Gaossi
安格斯・麥克金農Angus Mackinnon
安德森大學Anderson University
安德瑞・道布瑞Andre Daubrée
托比・蒙迪Toby Mandy
托利多市Toledo
《早期工業技術轉移到美國》*The Transfer of Early Industrial Technology to America*
朱艾爾・巴羅Joel Barlow
朱爾斯・米其林Jules Michelin
汝奧Nicholas Ruarl
百利和寇克紡織廠Spinning Mill of Burley and Kirk
「百折不回號」Perseverance
米尼Minie
E. L.米勒E. L. Miller
喬治・米勒George Miller
菲尼亞斯・米勒Phineas Miller
米曉Pierre Mihaux
「米諾號」Mino
米蘭市Milan
老伊曼紐爾・諾貝爾Immanuel Nobel
考克瑞John Cockerill
艾文斯Oliver Evans
艾吉希隧道Edgehill Tunnel
艾吉諾利亞號Ageneria
艾米爾・勒瓦爾Emile Levassor
艾米爾・裴利爾Emile Péreire
艾伯非Elberfield
艾利—惠特尼工廠Eli Whitney works
艾希禮J. L. Ashley
艾里考特的工廠去Ellicott's Mills
艾里斯Lister Ellis
艾松Essonne
艾城Aix
艾威爾Irwell
艾倫Horatio Allen
艾倫尼Irénée
艾朗和查理・曼比Aaron and Charles Mamby
艾特伍Luther Atword
艾索普斯Esopus
艾都亞・道布瑞Edouard Daubrée
艾斯Frank Royce
艾森Essen
艾塞克斯郡Essex
艾爾和艾米爾・馬丁Pierre and Emile Martin
艾爾柯克爵士Sir. Rutherford Alcock
艾爾郡Ayrshire
艾爾賓Elbing

艾瑪・克茲Emma Kurz
艾維勒斯J.O. Eveleth
艾德林Edlin
艾德華和約瑟夫・皮斯Edward and Joseph Pease
西方聯合會Western Union
西市Westborough
西布隆維奇 West Bromwhich
西弗斯Natalia Sivers
西旦Sedan
西瓦斯托波Sevastopal
西利曼Benjamin Silliman
西里西亞Silesian
西拉庫斯Syracuse
西金Siege
西珂Mary Seacole
西格納里旅館Hotal Seignaly
西敏區Westminster
西奧多・羅斯福Theodore Roosevelt
西奧費勒斯Theophilus
西爾斯Adolphe Thiers
西德來登West Drayton
西摩爾West Moor
西點West Point
西點號West Point
西點鑄造廠West Point Foundry Works

七劃

亨利・史密斯Henry Smith
亨利・柯爾Henry Cole
亨利・柏塞麥Henry Bessemer
亨利・羅伊斯Henry Royce
亨利艾特・茅登瑞爾Henriette Moldenrl
亨茲曼Benjamin Huntsman
亨福瑞・戴維Humphrey Davy
佛拉奇Euzene Flachat
「佛陀號」Buddha
佛斯市Fürth
佛斯河River Foss
佛蒙特州Vermont
伯明罕Birmingham
克里米亞戰爭Crimean War
克里門Nicolas Clement
克里門斯山Mont. Clemens
克來蒙費朗市Clermont-Ferrand
克拉寺Kracow
克洛登Croydon
克耐兒Miles Macnair
克若布A. Crup
克朗福廠Cromford Mill
克勒蒙Clermont
克陶漢Chocktaw Creek
克勞哂Richard Crawshay
克隆斯塔Kronstadt
克隆斯塔Kronstadt
克隆斯塔Knonstadt
克爾Samuel Keir
克魯西John Kruesi
克羅西亞Croatia
克羅斯Harvey du Craos
克羅斯比Albert Crosby
克羅斯來兄弟公司Crossley Brothers
克羅頓河Croton River
克蘭George Crane
利比克Justus von Liebig
「利比克高地」Liebig Heights
利物浦Liverpool
《利馬新聞》*Lima Gazette*
利薩Lissa
努連堡Nuremberg
坎伯恩Camborne
坎伯恩燈塔Camborne Beacon
坎伯蘭郡Cumberland
坎城Cannes
坎柏蘭公爵Duke of Cumberland
坎特布里—惠茲泰保路線Canterbury-Whitstable
坎特伯里大主教Archbishop of Canterbury
坎索格林墓園Kensal Green Cemetery
坎斯塔德Cannstatt
宏福瑞Samuel Homfry
希林男爵Baron Pavel Lwowitch Shilling of Candstadt
希斯盤紐約拉島Hispaniola
希爾Richard Hill
希爾曼William Hillman
「我們的偶爾通訊記者」Our Occasional

Correspondent
《我們的鐵路：其歷史修築和社會影響》*Our Iron Roads: Their History, Construction and Social Influence*
改進道路與內陸航行協會Society for the Improvement of Roads and Inland Navigation
李Leigh
羅伯・李文斯頓Chancellor Robert E. Livingston
大衛・李文斯頓David Livingstone
李代爵士Sir Thomas Liddell
李斯特Friedrich List
杜伊勒瑞Tuileries
杜克James Buchanan Duke
杜邦Du Pont
杜邦將軍General Dupont
杜拉格教授Professor Dulague
杜賓根大學Tübingen University
沈乃塔迪Schenectady
狄更斯Charles Dickens
狄金森Henry Windram Dickinson
貝丹Baden
貝西・杜邦Bessie Gardner du Pont
貝克路Bakerloo
貝幸斯托城Basingstake
貝格拉維亞Belgravia
貝斯華特Bayswater
貝當大公國Grand Duchy of Baden
貝爾Alexander Graham Bell
貝爾法斯特Belfast
貝爾格瑞夫研究所Belgrave Institute
赤夏Cheshire
辛克來Sinclair
里克Leek
里昂Lyon
里海谷他Lehigh
里茲市Leeds

八劃

亞干Francois Piene Ami Argand
亞伯拉罕・吉斯納醫生Dr. Abraham Gernes
亞伯特Charles Albert
亞伯特親王Prince Albert
亞塞拜然Azhbaijan
「亞瑟港」Port Arthur
亞當・斯密Adam Smith
亞當斯John Quincy Adams
亞爾薩斯—洛林地區Alsace-Lorraine
亞德里亞海岸Adaustria Coast
亞歷山大・漢彌頓Alexander Hamilton
亨利・科特Henry Cort
依撒克Isaac
依薩克・波特Isaac Potter
佳農百利區Canonbury
來姆街隧道Lime Street Tunnel
佩吉Richard Page
坦吉爾Tangier
奇布公司Chubb
奇華里Michel Chevalier
奇薩皮克灣Chesapeake Bay
姑特Gutle
宗斯Michael Zons
底特律Detroit
彼得斯・佛瑞塞和鄧洛普公司Deters, Fnasen and Dculaf
所林Friedrich Heinrich Soalling
「所羅亞斯特號」Zoroaster
所羅門・懷特・羅勃茲Solomon White Roberts
拉卡瓦森溪Lackawaxen Creek
拉瓦錫Antoine Lavoisier
拉多嘉Ladoga
拉西安La Seyne
拉克蘭勛爵Lord Raglan
拉卓布Benjamin Henry Latrobe
拉法耶特Marquis de Lafayette
拉威Rahway
拉斯皮濟亞La Spejia
拉德納Dionysius Lardner
拉羅什富科兄弟brothers La Rochefoucauld
披頭四合唱團The Beatles
易北河Elbe
昂尼嘉Onega
林濟S. K. Linzie
杰克斯・比德曼Tacques Antoine Bidderman
波利華Simons Bolivar

波坦金Potemkin
波昂大學University of Bonn
波特蘭Portland
波普Franklin L. Pope
波普勞斯博士Dr. Laws
波頓Balton
波頓—勒—摩斯Bolton-le-Moors
波爾人Boers
波爾多港市Bordeaux
波濟亞Postrea
法拉第Michael Faraday
法新先生Mr. Farthing
法屬圭亞那French Guiana
法蘭西斯・史密斯Francis O. J. Smith
法蘭西斯・布魯爾Francis B. Brewer
法蘭西斯・伊格頓Francis Egerton
法蘭西斯・拉羅契福考François La Rochefoucauld
法蘭克福Frankfurt
法蘭索亞François
法蘭塞絲・瑪麗亞・約翰生Frances Maria Johnson
法蘭德斯Flanders
「油溪」Oil Creek
肯特郡Kent
肯特維爾Kelville
肯塔基州Kentucky
肯達Kendal
肯賓頓橢圓板球場Kennington Oval
芬尼・韓德森Fanny Henderson
邱吉爾Winston Chunshill
邱奇Arthur Church
金斯頓Kingston
門納橋Menai Bridge
「門羅公園的妖術家」The Wizard of Menlo Park
阿古義將學會Society of Arcueil
阿弗烈Alfred
阿弗烈・朗斯頓Alfred Longsdon
阿伯汀Aberdeen
阿克萊特Richand Arkwright
阿里堅尼瓶裝石油Allegeny-bottled rock oil
阿姆斯壯John W. Armstrong
阿姆斯壯・惠特渥斯Anmstring Whitworth
阿姆斯壯和米契爾公司W. G. Armstrong, Mitchell & Company
阿拉巴馬州Alabama
阿庫希乃河Acushnet River
阿班尼Albany
《阿班尼晚報》*Albany Evening Journal*
阿斯特雷Astley
阿嘉西Agathe
阿爾及利亞Algeria
阿德威克Ardwick
雨果Victor Hugo

九劃

侯約斯伯爵Count George Hoyos
俄亥俄河Ohio River
俄勒崗領土Territory of Oregon
勃艮地Burgundy
南卡羅來納州South Carolina
南卡羅來納鐵路South Carolina Railroad
南安普敦South Hampton
南肯星頓South Kensington
南特Nantes
南西Nancy
哈布斯堡帝國Hapsburg Empire
哈克渥斯Timothy Hackworth
哈克渥斯家族Hackworths
哈利街Harley Street
哈里法克斯絞臺Halifax Gibber
哈里遜Lawrence E. Harrison
哈格雷夫James Hargreavos
哈特福市Hartford
哈瑞亞特・韋布斯特Hamiet Webster
《哈潑週刊》*Harper's Weekly*
哈薩Erskine Hazard
城堡頭Castlehead
契斯特勒街Cester-le-street
契普斯托Chepetow
威克斯福County Wexford
威京碼頭Wiggines Landing
威明頓市Wilmington, Delaware
威茅斯Weymouth
威斯特Benjamin West
威斯頓William Weston

威廉·匹特William Pitt
威廉·布迪康William Buddicom
威廉·艾特威克William Attwick
威廉·亞瑟·勒格特William Arthur Lreggett
威廉·亞歷山大William Alexanda
威廉·派爾William Pell
威廉·麥肯錫William Mackengie
威廉·普芬特William Prout
威廉·詹姆斯William James
威廉·墨篤克William Murdoch
威廉和瑪的學院William and Mary College
威廉斯Frederik Sweeton Williams
威廉森Alexander Williamson
威爾斯H. G. Wells
威維安Andrew Vivian
威維爾Verviers
威靈頓公爵Sir Arthurs Wellesley, Duke of Wellington
「帝國化學工業」Imperial Chemical Industries
「帝國漂泊者腳踏車」Imperial Rover bicycle
恆魯斯特Hampstead
《政治經濟的國家體制》*The National System of Political Economy*
施奈帕Wolf Salomon Shnapper
施密德Tobias Schmiad
「染業者的著色者協會」Society of Dyers and Colarists
柯古洪Patrick Colguhoun
柯南道爾Arthur Conan Doyle
柯特尼William Courtenay
柯普雷獎章得主Copley Medalist
柯爾Henry Cole
柯爾克港Cork
查山Chatham
查茲渥斯Chatsworth
查理·古德義Charles Goodyear
查理·亨利Charles Henry
查理·拉斐特Charles Lafitte
查理·特隆Charles Terront
查理·馬歇爾Charles Marshall
查理·麥辛托希Charles MacIntosh
查理·華克Charles Walker
查理·羅爾斯Charles Ralls
查理王子Bonnie Prince Charlie
查理曼Charlemagne
查隆那George Chaloner
查爾斯頓市Charleston
《查爾斯頓信使報》*Charleston Mercury*
查爾斯頓最好的朋友Best Friend of Charleston
查爾頓村Charlton
查德維Edwin Chadwick
柏山Bersham
柏尼河River Berne
柏皮南Perpignan
柏多Morton Peto
柏克郡Berkshire
柏貝克學院Birkbeck College
柏拉提爾Nicholas-Jacques Pelletier
柏林那Emile Berliner
柏金W. H. Perkin
「柏金斯·培根和非奇」Perkins Bacon and Petch
柏根頭Birkenhead
柏格曼Sigmund Bergmann
柏索雷Claude Louis Berthollet
柏斯Perth
《柏塞麥小姐花卉寫生》*Studies of Flowers from Nature by Miss Bessemer*
柏爾柏Belper
《柳葉刀》*The Lancet*
洋娃娃坑Dolly pit
洪保德Alexander von Humboldt
洪福勒Honflerr
派克斯爵士Sir Harry Parkers
派斯萊Paisley
派瑞Perry
洛伊德Lloyed
洛希William Losh
洛希·威爾遜和貝爾Losh, Wilson & Bell
洛磯山脈Rockier
珍Jean
皇帝約瑟夫Emperor Franz Josef
皇家獎勵藝術，製造業和商業學會Royal Society for the Encouragement of Arts,

Manufacturer and Commerce
皇家學會 Royal Society
科文垂Coventry
科芬園歌劇院Covent Garden Opera House
科隆Cologne
科隆那Corunna
《科學美國人》*Scientific American*
科學院Academy of Sciences
紅銅黃銅工廠Copper and Brass Works
約克大樓York Buildings
約夏・懷特Josiah White
約拿森弟弟Brother Jonathan
約瑟・張伯倫Joseph Chamberlain
約瑟・斯旺Joseph Swam
約瑟夫・洛克Joseph Locke
約瑟夫・戴爾Joseph Chessborough Dyer
約翰・「愛鐵成狂」・威京遜John Iron-mad Wilkinson
約翰・布瑞斯維John Braithwaite
約翰・艾瑞克森John Ericsson
約翰・拉斯崔克John Rastrick
約翰・波特John Potter
約翰・威廉斯船長Captain John Williams
約翰・美耶斯John Meyers
約翰・婁當・馬格當John London Macadam
約翰・梅依John May
約翰・萬次郎John Manziro
約翰・霍克John Holker
約翰・韓德森John Henderson
約翰・瀬藍號John Howland
B.P.約翰生B. P. Johnson
山謬・約翰生Samuel Johnson
約翰斯Johannes
「美國之鷹輪」American Eagle
美國號America
《耐卡報》*Neckar Zeitung*
耐特潘Netpen
《致陶瓷製造業工人書談為外國製造業者服務》*An Address to the Workmen in the Pottery on the Subject of Entering into Service of Foreign Manufacturers*
茅森John Mawson
茅瑞斯和威廉・伍茲Maurice and William Werts
若弗Rover
若林根小市Reutlingen
《英國商業的計畫》*A Plan of the English Commerce*
英屬東印度公司British East-India Company
迪普Diepee
「面對面」Vis-a-vis
韋布斯特醫生Dr. Gsaac Weheter
馬克斯・韋伯Max Weber
威廉・愛德華・韋伯Wilhelm Eduard Weber
韋蘭的好東西Wylam Dilly
韋蘭煤礦場Wylam Colliery

十劃

修斯Charles Scholes
俾斯麥Bismarck
倫巴底Lombardy
倫尼John Rennie
倫納德Renard
《倫敦之河：泰晤士河的歷史》*London River: A History of Thames*
倫敦與西北鐵路公司London and North-Western Railway Company
倫敦與西南鐵路London and South-Western Line
倫敦橋London Bridge
《凍水貿易》*The Fonyen Water Trade*
唐力上校Colonel Townley
唐將軍General Don
哥廷根Göttingen
哥斯大黎加Costa Rica
哥達明市Godalming
夏綠蒂・懷特豪斯Charlotte Whitehouse
家辛普森・茅奧和尼柯森公司Simpson Maole & Nickolson
庫夫斯坦Kufstein
庫克船長Captain James Cook
庫其勒Conrad Heinrich Kushler
庫柯William Cooke
庫斯克Kursk
恩格William Unger
恩格和Friedrichs Engelhorn

拿破崙Prince Napoleon
「旅行」Locomotion
朗瑞吉Michael Longridge
朗諾茲Francis Ronalds
桂凱格Queequeg
桑吉運河Sankey Canal
桑達斯Joseph Sandars
桑德斯James Sanders
桑樹街Mulberry Street
格比William Gubby
格利弗Gulliver
「格拉本夫號」Gluckauf
格拉斯哥大學Glasgow Univessity
格拉摩根谷地Valleys of Glamergan
格拉翰Lieutenant Governor John Graham
格林威治Greenwich
格林將軍General Nathanael Greene
埃利薩・格雷Elisha Gray
湯瑪士・格雷Thomas Gray
格臨福草地Greenford Green
格羅斯維那藝廊Grosvenor Art Gallery
約翰・布雷克・格羅福John Blake Glover
湯瑪士・布雷克・格羅夫Thomas Blake Glover
泰因河River Tyne
泰因賽Tyneside
泰勒Taylor
泰晤士河River Thames
《泰晤士報》*Times*
泰晤士路Thames Count
泰爾紫Tyrian Purple
泰福Thomas Telford
泰福勳章Telford Medal
海地Haiti
海格Joseph Hagar
海蓋特Highgate
海德堡Heidelberg
海濱街Beach Street
烏維爾Francisco Uville
特克先生Monsieur Le Turc
特拉法加戰役 Battle Trafalgar
「真善美」The Sound of Music
索特維區Satteville
索雅Alexis Soya
《紐卡索新聞》*Newcastle Courant*
紐柯曼Thomas Newcomen
《紐約太陽報》*New York Sun*
《紐約仔使和詢問者報》*New York Courier and Enquirer*
《紐約前鋒報》*New York Herald*
紐海芬New Haven
紐奧良New Orleans
紐蓋特監獄Newgate Prison
納彥尼爾・戴爾Nathaniel Dyer
納森・梅耶Nathan Mayer
納爾遜Nelson
「航行者」Navigator
郝克斯Francis L. Hawks
馬卡洛夫Stephan Makarov
馬可尼Marconi
《馬可尼先生的魔法盒》*Signor Marcomic's Magic Box*
馬尼Marne
馬克Mark
馬克・布魯耐爾Marc Isambard Brunel
馬克辛Hiram Maxim
巴克思頓Joseph Parton
馬其頓號Macedonia
馬拉巴海岸Malabar Coast
馬修・布爾頓Matthew Boulton
馬夏西監獄Marshalsea
馬得拉群島Madena
馬瑞亞José Maria
馬達加斯加島Madagascar
馬爾它島Malta
馬蓋特Margate
高特利布・戴姆勒Gottlieb Daimler
高斯Gause
勒努瓦 Etienne Lenoir

十一劃

偉那和威廉・西門斯Werner and William Siemens
勒弗茲General Lefferts
勒本Philippe Lebon
勒克星頓號Lexington
勒克魯索Le Cruesot

勒哈佛Le Havre
勒維—哈里斯先生Mr Levett Harris
勒德維格沙芬Ludwigshafen
曼海姆Manheim
曼海姆煤油馬達工廠Gasmotorenfabrik Mannheim
曼雷Manly
曼徹斯特Manchester
曼徹斯特審察員報Manchester Examiner
曼澤爾Wolfgang Menzel
《國民報》*Le National*
「國家效率運動」National Efficiency Movement
《國家財富性質與原因的探究》*An Enquiring in the Nature and Cause of the Wealth of Nations*
《基督新教倫理和資本主義精神》*The Protestant Ethic and the Spirit of Capitalism*
培里海軍代將Commodore Matthew Calbnaith Perry
培根Joshua Butters Bacon
婁渥Lowell
寂靜谷Sleepy Hollow
密地運河Caral du Midi
密西西比河Mississippi
密西根湖Lake Michigan
密斯百樂Middlesbrogh
密德頓城Middleton
密德蘭Midlands
崔亞斯特Trieste
康乃狄克州Connecticut
康尼斯堡Königsberg
康瓦耳郡Cornwall
康格里夫William Congeneve
康格頓Congleton
康華里斯Cornwallies
強尼Johnnie
強那森・洪布婁爾Jonathan Hornblower
《晨間記事》*Morning Chronicle*
梅巴赫Wilhelm Maybach
梅休Henry Mayhew
梅西Mersey
梅西河Messey
「梅西迪斯」Mercedes
梅西提非Merthyr Tydfil
梅耶・艾姆契爾・羅斯契爾德Mayer Amschel Rothschild
梅風爾Mayfair
《梅斯東報》*Maidstone Gazette*
理其學Richmond
理查・特里維西克Richard Trevithick
理查・奧麥洛父子公司Richard Omerod & Son
理查茲爵士Sir Frederick Richards
理查遜Charles Lennox Richardson
畢賽爾Georye H. Bissell
第二伯爵喬治・約翰George John, 2nd Earl Spencer
莎拉・伊利莎白・格麗斯渥Sarah Elizabeth Griswold
莎拉・波以德號Sarah Boyd
莎拉・諾曼Sarah Norman
荷本陸橋Holborn Viaduct
荷里海線Holyhead
荷姆島Holme Island
荷姆斯教授Professor F. H. Holmes
荷首陶瓜Hokendauqua
荷爾姆Ryle Holme
通用電氣公司La Socié té Générale Eléctrigue
通貴斯特Alfred Tornquist
都林吉亞Thuringia
都柏林Dublin
都隆Pierre Louis Dulong
土倫Toulon
都頓Dutton
都維奇學院Dulwich College
都維橋bridge of Tourville
雪梨・湯姆斯Sidney Gilchrist Thomas
雪菲爾市Sheffield
鹿特丹Rotterdam
麥考米克Cyrus McCormick
麥克德莫先生Mr. MacDermatt
麥辛托希George Macintosh
羅斯・麥肯錫Ross Mackenzie
威廉・麥肯錫William Mackenzie
麥特可夫Robert Metcalf
麥瑞爾Josepha Menill

麥維爾Herman Melville
麥積Mechi

十二劃

傑可布Jakob Mayer
傑可布・柏金斯Jacob Perkins
傑布洛考夫燈Jablochkoff Lamps
湯瑪斯・傑弗遜Thomas Jefferson
羅伯・路易士・傑佛遜Robert Louise Jefferson
傑克表兄Cousin Jack
傑克遜Andrew Jackson
傑克遜博士Dr. Charles Jackson
傑利科Adam Jellicoe
傑索普William Jessoe
傑瑞米・邊沁Jeremy Bentham
傑維斯John B. Jervis
凱伊John Kay
凱格勒先生Mr. Kugler
凱斯特納K. W. G. Kastner
凱撒琳大帝Catherine the Great
勞森Harry J. Lawson
喬西區Chelsea
喬治・史蒂文生George Stephenson
喬治・皮巴德George Peabody
喬治・華盛頓George Washington
喬治・馮崔普Georg Ritter von Trapp
喬治・威斯汀豪斯George Westinghouse
喬治亞州Georgia
富爾頓Robert Fulton
富蘭克林Benjamin Franklin
《悲慘世界》*Les Miserables*
惠特比Whitby
埃里・惠特尼Eli Whitney
惠特尼William Whitney
惠特尼維爾Whitneyville
惠特風William H. Whitfield
惠特渥斯Whitworth
惠斯通教授Professor Wheatstone
惠靈頓Willington
《插繪倫敦新聞》*Illustrated London News*
提士斯維爾Titusville
提洛爾Tyrol
提特來A. Titley
揚・查理Jean Charles
斯皮德威Speedwell
斯托克代James Stockdale
斯托克維Stockwell
斯考特William Scott
斯卓特Jedediah Strutt
斯柯爾Scole
斯庫塔里Scutari
斯泰登島Staten Island
斯泰福Stafford
斯特加Stuttgart
斯特加工業藝術訓練學校School for Advanced Training in the Industrial Arts
斯特雷特福德Stretford
斯培雅市Speyer
斯梅威克Smethwick
斯梅頓John Smeaton
斯楚多夫工廠Stabilimento Stradhoff
斯萬西港Swansea
斯雷特Samuel Slater
「斯維特號」Sviet
斯維福特家Swift family
斯魯林威Springwell
普弗占Pforzheim
普瓦捷Poitiers
普利茅斯Plymonth
普來費爾Lyon Playfair
普拉Pullar
普瑞斯William Preece
渥伍漢普頓Wolver Hampton
渥特雷Stuart Wortley
渥斯Worth
渥斯來Worsley
渥斯特侯爵Marques of Worcester
「渥斯特號」HMS Worcester
湯生James M. Townsand
湯姆拇指Tom Thumb
湯姆斯・布拉西Thomas Brassey
湯姆斯・柯克蘭Thomas Cochrane
湯姆斯・湯姆森Thomas Thomson
湯姆森Robert William Thomson
湯恩比Arnold Toynbee
湯普森F. M. L. Thompson

焦煤Courbe
「無敵號」Sans Pareil
腓德烈・克羅布Friedrich Krupp
腓德瑞克Frederick
舒克特Sigmund Schuckert
舒勒上校Colonel John Schuyler
華平Wapping
華生爵士Sir William Watson
華來士父子公司Wallace & Sons
華林頓Warrington
華韋克郡Warwickshire
《華盛頓郵報》*Washington Post*
華麥城堡Walmer Castle
萊比錫Leipzig
萊頓瓶Leydon jar
菲三浦・泰勒Philip Taylor
菲立浦威廉奧圖Philip William Otto
菲德烈・希斯Frederich Heath
費利浦斯Benjamin H. Phillips
費茲若埃廣場Fitzroy Square
費爾海芬Fairhaven
費爾曼Gideon Fairman
費爾摩Millard Fillmore
賀拉西歐・艾倫Horatio Allen
鄂霍次克海Sea of Okhotsk
開普敦Cape Town
隆河the Rhone
雅祖土地購買Yazoo Land Purchase
「飲食對勞工的影響」The Effect of Diet on the Labourer
馮弗克贊von Felkerzam
馮艾拉其Joseph Emanuel Fischer von Erlach
馮委勤Hearoon Weiler
馮桑墨林von Summering
馮格斯特納F. von Gerstner
馮普拉騰August Grafvon Platen
馮霍夫曼August Wilhelm von Hofmann
黑考勒頓Black Callerton
黑鄉Black Country

十三劃

「圓底座」Cycloped
塞內加爾Senegal
塞文河River Serevn
塞特港市Sete
塞納Louis Jacques Thénasd
塞納河the Seine
塞爾登George B. Selden
塔夫茲大學Tufts University
塔里蘭Talleyrand
塔倫頓Tarentum
奧古斯它城Augustan
「奧倫治襲擊者」Orange Railer
奧斯特Hens Oested
奧斯特立茲Austerlitz
奧圖公司N. A. Otto Company
奧維尼區Auvergne
奧德漢Oldham
愛丁堡Edinburgh
愛迪生Thomas Alva Edison
愛迪生斯萬電燈泡Edisian light bulb
愛倫Ellen
愛德華・艾弗瑞特Edward Everett
愛麗斯・塞克里夫Alice Sutcliffe
《新月刊雜誌》*New Monthly Magazine*
新布隆斯維克New Runs
新百瑞港Newburyport
新罕布夏州康科德Concord New Hampshire
新阿靈頓New Arlington
新拜德福New Bedford
新斯科夏半島Nova Scotia
新港Newport
新蘭納克New Lanark
楚丁Daniel Charles Trudaine
楊昂James Young
溫莎Windsor
溫斯柏格Weinsberg
滑鐵盧Waterloo
「煤油」kecosene
煤溪山谷Coalbrookdale
瑞丁Readine
瑞吉卡Rijeka
瑞克斯漢Wrexham
瑞島Ille de Ré
瑞斯Arbraham Rees
瑞斯垂克James Rastrick
瑞德W. J. Reader

瑞騰巴赫Ferdinand Redtenbacher
聖巴多羅繆醫院St. Bartholomew's Hospital
聖布魯諾St. Bruno
聖吉曼St. Gremain-en-Laye
聖多明哥島San Domingo
聖托・多明哥Santo Domingo
聖西浮Saint-Sever
聖克勞德St. Cloud
聖彼堡St. Petersburg
聖拉潭St. Lazare
聖海倫斯城St. Helens
「聖勞倫斯號艦」St. Lawrence
聖奧古斯汀市St. Augustine
聖潘克拉斯站St. Pancras Station
葛拉漢Momase Graham
試驗號Trial
詹姆斯・莫斯布拉父子公司James Muspratt and Sons
詹姆斯二世James II
詹姆斯河運河公司James River Canal Company
《資本論》*Das Kapital*
賈西亞Josiah
賈爾斯Gabriel Jars
路易・菲立浦King Louis Philippe
路易・達格爾Louis Daguerr
路易莎・裘納Louisa Joyner
路易斯Louis
路易維爾市Louisville
道普Dawpool
達比Abraham Darby
達比家族Darbys
達卡布Dakar
達姆斯塔大公國Grand Duchy of Hessen-Dounsetadt Dasmstadt
達姆斯塔市Darmstadt
達拉謨大學Durham University
達林頓Darlington
達特茅斯市Dartmouth
達特茅斯伯爵Earl of Dartmouth
達特茅斯學院Dartmouth College
達特富Dartford
達茲AG煤氣發動機工廠Gasmotoren-Fabrik Deutz AG
達荷美地區Dahomey
達爾文Erasmus Darwin
達瑪斯Chanler Dalmas
達維斯Ira Davis
達德雷伯爵家族Earls of Dudley
雷諾Renault
《電報和其他電氣儀器描寫》*Descriptions of an Electric Telegraph and other Electrical Apparatus*
《電報員》
《電器技師》*The Electrician*
電機工程師研究所Institute of Electrical Engineer
「電燈法案」Electric Lighting Act
瑋緻活Josiah Wedgwood

十四劃

嘉凡尼Giavani
嘉汀馬提松公司Jardine Matheson
嘉柏特Samuel Garbett
嘉斯柯恩Charlers Gascoigne
圖爾Toars
「實際論說煤，石油及其他經蒸餾的油」A Practical Treatise on Coal, Petroleum and Other Dieztilled Oil
《實驗性研究》*Experimental Researches*
《槍砲，細菌，和鋼鐵：人類社會的命運》*Guns, Germs and Steel: the Fate of Human Societies*
漢考克Thomas Hancock
漢伯Humber
漢恩・蓋奧格・賓士Hans Georg Benz
漢堡Hamburg
漢敦宮Hampton Court
漢普夏Hampshire
「漢普夏號」HMS Hampshire
漢諾威市Hanover
瑪格達倫那河River Magdalena
瑪麗・安・劉易士Mary Anne Lewis
瑪麗・西德華Mary Siwell
瑪麗・李Mary Lee
瑪麗亞・克茲奇拉Maria Augusta Kutschera
瑪麗亞・哈里遜Maria Harrison

福佑姆地方Fiume
查爾斯・福克斯Charles Fox
梅瑟・福克斯Messrs Fox
福克斯—瓦特St. George Fox-pitt
福克斯頓Folkestone
福茅斯Falmouth
「福格森號」Ferguson
福特Henry Ford
福斯河與克來德運河Firth and Clyde Canal
福斯特和拉斯崔克公司Foster, Rastick and Company
福斯街工廠Forth Street Works
福瑞奇・李斯特Friedrich List
福臨夏Flintshire
綠岩Greenrock
維戈Vigo
「維多利亞」Viktoria
《維多利亞時代的英國：馬拉的社會》*Victorian England: the Horse-drawn Society*
維克多Victor
維克斯Vickers
「維洛」Velo
維耶拉Cote d'Azure
維格諾斯Charles Blacker Vignoles
維特吉夫特海軍上將Admiral Wilgelm Vitgeft
維特島Isle of Wight
維雷Wiley
維爾Alfred Vail
維騰堡Wüsttemberg
蒙尼Stephanie Mony
蒙吉Gaspard Monge
蒙特利格羅Mariano Montelegre
蒙森尼Montcenis
蓋—盧薩克Joseph Louis Gay-Lussac
蓋瑞特Garrett
喬治・威廉・利特勒・蓋瑞特George William Littler Garrett
蓋爾教授Professor Leonard Gale
裴利爾Périer
豪爾John Hall
豪爾上校Captain Basil Hall
賓士和西艾公司Benz and Cie
賓州促進內部改良協會Pennsylvanian Society for the Promotion of Internal Improvement
赫巴德O. P. Hubbard
赫本海姆市Heppennheim
赫伯特・勒注斯坦Herbert Levinstein
赫特福郡Hertford-shire
赫曼Hermann
赫斯—卡賽的威廉王子Prince William of Hesse-Kassel
赫斯奇森William Huskisson
赫頓Hetton
赫爾Hull
赫爾鬥雞船隊Hull Gamecock fleet
赫德雷William Hedley
赫德遜河Hudson
「颱風島」Hurricane Island
齊麥曼Wilhelm Iimmermann

十五劃

德・拉・胡利艾Marchant de la Hauliere
德文伯爵Earl of Devon
德文河River Desrwent
德比郡Derbyshire
德米拉拉Pemerara
德拉比嘉先生Monssieur Dolabigarr
德拉瓦與赫德遜運河公司Delaware & Hudson Canal Company
德波爾De Boer
德茲Deutz
德勒斯登Dresden
德聖方Faujas de Saint-Fond
德福Daniel Defoe
德盧皮斯Giovanni de Luppis
德羅茲Jean-Pierre Droz
摩伯斯Morpeth
摩坎比灣Morecambe Bay
摩飛Moffat
摩斯Peter Moss
摩瑞森George Morrison
摩爾爵士Sir John Moore
摩豪司Mulhouse
摩豪克河Mohawk River
「摩緬號」Moulmein

《數學原理》*Principia Mathmatica*
標緻Peugeot
模里西斯Moounitive
歐文Robert Owen
歐本漢Wolf Jacob Oppenheim
歐佛頓George Overton
歐特斯James Oates
潘尼達倫Penydarren
潘布魯克伯爵號Earl of Pembroke
潘克瑞吉Penkridge
潘哈德Panhard
緬因州Maine
衛河River Wey
《論工業革命的演講》*Lecture on the Industrial Revolution*
「論尿酸的溶解性產品」On the Decomposing Products of Uric Acid
《論鐵路》*On Iron Road*
鄧洛普John Dunlop
鄧斯特維Dunsterville
魯昂Rouen
魯爾區Ruhn
魯德維奇Ludwig
墨西哥戰爭Mexican War

十六劃

戰工號Warriors
樸茲茅斯Portsmouth
《歷史學家》*L'Historiew*
燕雀苔Chat Mose
盧柏克John Roebuck
盧桑湖Vierwaldstatter See
諾丁漢市Nottingham
諾弗諾克郡Nonfolk
諾克斯Thomas W. Knox
諾勒Abbé Nollet
諾曼第Normandy
諾斯桑布蘭Northumberland
「諾登斯奇約號」Nondenskjold
諾維其市Norwich
《選編譯論》*Eclectic Review*
錐克Edwin L. Drake
霍夫曼August-Whilhdm von Hofmann
霍召森村Halzhausen
霍布斯A. C. Hobbs
霍克John Holker
「鮑比」Bobby
鮑特克Pawtucket
鮑爾斯Hiram Pawers
鮑德漢Pewderham

十七劃

優斯頓站Euston station
戴及紐渥Day and Newell
戴維Edward Davy
戴蒙Jared Diamond
環繞雨山Rainhill
聯合公司Compagnie de L'Alliance
薛西克斯公爵Duke of Susse
謝德威區Shadwell District
賽得樂Samuel Sadler
「購買路易西安那事件」Louisiana Purchase
邁可・奧德雷Michael Hindley
韓雷Henley-in-Arden

十八劃

斷頭臺guillotine
簡那Edward Jenner
《簡述漂流向東南》*A Brief Account of Drifting Towards the South East (Hyosan Kiaykau)*
薩瓦那城Savannah
薩托Ernest Satow
薩佛瑞Thomas Savery
薩克拉曼多Saeramento
薩克森尼王國Kingdom of Saxony
薩里郡Surrey
薩里鐵路Surrey Iron Road
薩姆耳・湯姆斯Samuel Thomas
薩姆耳・芬雷・布瑞斯・摩斯Samuel Finley Breese Morse
薩姆耳・科特Samuel Colt
薩姆耳・泰勒Samuel Taylor
薩姆耳・邊沁準將Brigadih-general Samuel Bentham
薩拉托佳號Salatoga

薩拉曼加Salamanca
薩斯克其萬Saskatchewan
薩斯克漢那號Susquehanna
薩瑞津Edouard Sarazin
薩福Salford
薩羅門Saloman
藍京Eugene Langen
顏思將軍General Jannes
《騎腳踏車去莫斯科再回來》*A Wheel to Moscow and Back*

十九劃

《龐奇》*Punch*
懷俄明州 Wyoming
懷特John H. White
懷德海Robert Whitehead
羅必森John Robinson
羅艾斯醫師Dr. Antoine Louis
羅伯斯比Robespierre
羅亞爾河The Loire
羅勃．史蒂文生Robert Stephenson
羅勃．富爾頓Robert Fulton
羅勃．普拉Robert Pullar
羅勃．摩瑞斯Robert Morris
羅勃茲和戴爾公司Roberts, Dale and Company
羅勃茲公司Roberts and Company
羅浮百貨公司Grand Magasins du Louvre
羅傑斯特汶斯基海軍上將Admiral Iinovi Petrovich Rozhdestvenski
羅斯契爾德James de Rothschild
羅斯福Roosevelt
羅塞倫博士Dr. Caleb Rotheram
羅賓森Moncure Robinson
羅德島Rhode Island
羅澤希斯Rotherhithe
《藝術、科學和文學百科全書》*The Cyclopedia of Arts, Sciences Literature*
「藝術與製造業學會」Society of Arts and Manufactures
譚能特．克勞公司Tennant, Clow & Co
麗迪亞．劉易士Lydia Lewis
寶恩Hon. John Byng
《礦工的朋友》*The Mine's Friend*

二十劃

艦隊街Fleet Streer
蘇和Soho
《蘇格蘭人雜誌》*Scottish Magazine*
蘇格蘭少女Scottish Maidren
蘇菲亞．金當Sophia Kingdom
蘇黎世Zurich
議森Franz Reuleaux

二十一劃

攝政公園Regents Park
攝政王Prince Regent
蘭白斯Lambeth
蘭格多Languedoc
蘭森和梅爾Ransome and May
蘭開夏郡Lancashire
蘭開夏郡女巫號Lancashire Witch
蘭開斯特Lancaster
露克瑞西亞．比克林．華克Lucretia Pickering Walker
露斯．鮑德文Ruth Baldwin
「鶴號」Cname

二十二劃

「權力」La Force

二十四劃

鹽鄉Saline Township

二十五劃

《觀察家報》*Observer*

歷史迴廊 016

你所不知道的工業革命

現代世界的創建 1776-1914年

作　　者　蓋文．威特曼（Gavin Weightman）
譯　　者　賈士蘅
發 行 人　楊榮川
總 編 輯　龐君豪
企劃主編　歐陽瑩
責任編輯　何宜穎
特約編輯　謝政達
封面設計　王璽安
出 版 者　博雅書屋有限公司
地　　址　106台北市大安區和平東路二段339號4樓
電　　話　(02)2705-5066
傳　　真　(02)2706-6100
劃撥帳號　01068953
戶　　名　五南圖書出版股份有限公司
網　　址　http://www.wunan.com.tw
電子郵件　wunan@wunan.com.tw
版權代理　大苹果事業有限公司
法律顧問　元貞聯合法律事務所 張澤平律師
出版日期　2010年6月初版一刷
定　　價　新臺幣450元

國家圖書館出版品預行編目資料

你所不知道的工業革命 ： 現代世界的創建1776-1914年 / 蓋文.威特曼(Gavin Weightman)著；賈士蘅譯. 一 初版. 一 臺北市：博雅書屋, 2010.06
面； 公分. 一 (歷史迴廊；16)
參考書目：面
譯自：The industrial revolutionaries:the creation of the modern world, 1776-1914
ISBN 978-986-6614-70-5（平裝）
1.工業革命　2.企業家　3.傳記

555.29　　99007306